Siedler

Buch

Als Kritiker, Musikexperte und Autor hat Joachim Kaiser in den vergangenen Jahrzehnten einen einzigartigen Ruf erlangt. Was er über die großen Werke der Musik und der Literatur schreibt, besticht durch Gelehrsamkeit ebenso wie durch stilistische Brillanz. Auch *Leben mit Wagner* ist ein Glücksfall, nicht nur für Opernfreunde: eine umfassende Einführung in Leben und Schaffen Richard Wagners, zugleich aber Dokument der langen Passion, die Kaiser mit dem Werk des letzten großen Opernkomponisten verbindet. Kenntnisreich und kurzweilig würdigt dieses Buch die «Riesengestalt» Wagner und ihre durchaus widersprüchliche Bedeutung für die Musik- und Kulturgeschichte. Beginnend mit den vielfach unbekannten und lange verkannten frühen Opern, entfaltet es Wagners Schaffen: den *Lohengrin*, den *Tristan* und die *Meistersinger*, das späte Bühnenweihfestspiel *Parsifal*, vor allem aber den *Ring des Nibelungen*. «Was geschieht eigentlich im *Ring*?» Mit dieser Frage erschließt Joachim Kaiser den kulturhistorischen und mythologischen Hintergrund und führt den Leser an das komplexe Werk heran. Im Spiegel seiner Rezensionen aus vier Jahrzehnten erzählt der Kritiker die Geschichte wichtiger *Ring*-Aufführungen in Deutschland, etwa die der Bayreuther Inszenierungen. An diesem Hauptwerk zeigt sich besonders klar, was Wagners Kunst auszeichnet: Immer wieder neu gelingt es ihr, das Publikum zu faszinieren und zu begeistern.

Autor

Joachim Kaiser, geboren 1928, ist seit 1959 Kritiker und Feuilletonredakteur der *Süddeutschen Zeitung*, seit 1977 ordentlicher Professor an der Hochschule für Musik in Stuttgart. Zu seinen zahlreichen Veröffentlichungen zählen: «Große Pianisten in unserer Zeit» (1965), «Erlebte Musik» (1977), «Erlebte Literatur» (1988), «Was mir wichtig ist» (1996), «Kaisers Klassik» (1997).

Joachim Kaiser

Leben mit Wagner

Siedler

Umwelthinweis:
Alle bedruckten Materialien dieses Taschenbuchs
sind chlorfrei und umweltschonend.

Siedler Taschenbücher erscheinen im Goldmann Verlag,
einem Unternehmen der Verlagsgruppe Bertelsmann.

1. Auflage
Vollständige Taschenbuchausgabe Juni 1999
Copyright © 1990 Albrecht Knaus Verlag GmbH, München
Satz: Filmsatz Schröter GmbH, München
Umschlaggestaltung: Design Team München
Umschlagabbildung: Das Rheingold, 4. Bild.
Bayreuther Festspiele 1997 (Foto: Wilhelm Rauh)
Made in Germany 1999
ISBN 3-442-75563-8

Inhalt

Vorwort 7

TEIL I: Das Werk

1 Einführendes über Wagner, den Künstler 15
2 Das verfemte Frühwerk 39
3 *Lohengrin*, die Oper der Opern 85
4 Isoldes Wandlungen 106
5 *Die Meistersinger von Nürnberg* 116
6 Was geschieht eigentlich im *Ring*? 149
7 Die Welt der Wälsungen 162
8 Thomas Mann und der *Ring des Nibelungen* 180
9 Wege zum *Parsifal* 201

TEIL II: Die Interpretationen in vier Jahrzehnten

1 Bayreuther Tagebuch (1951) 219
2 Wieland Wagners Wagnis (1957) 231
3 Karl Böhm und Wieland Wagner wahren Bayreuths
  Vorsprung (1965) 254
4 Chéreaus Bayreuther Jubiläums-*Ring* (1976) 265
5 Der *Ring* des Münchner Nationaltheaters (1987) 286
6 Harry Kupfers Bayreuther *Ring* (1988) 305

Discographie von Claus-Dieter Schaumkell 321
Register 346

Vorwort

I

Leben mit Wagner meint in diesem Buch ein Doppeltes. Nämlich einmal: ausführliche Hilfestellung für solche, die gern Wagners Musikdramen in ihr Leben hineinnähmen – zum anderen die Dokumentation einiger wichtiger Momente meines Lebens mit Wagner.

Bei den Texten des ersten Teils versuchte ich keineswegs, mit Eingeweihten oder Spezialisten einen Dialog zu führen, der die genaue Kenntnis aller Werke und vieler Bücher vornehm voraussetzt. So groß ist weder mein Ehrgeiz noch auch mein Wagner-Wissen. Ich bemühte mich vielmehr, die Werke, ihren Gehalt, ihre Herrlichkeiten, ihre Schwierigkeiten so zu erläutern, daß jedem Interessierten, jedem gegenüber der Riesengestalt Wagner und der Unmenge von Wagner-Literatur hilfsbedürftigen potentiellen Wagnerianer, jedem zögernden oder begeisterten Wagner-Anfänger einleuchtend werde, um was es in den Musikdramen geht. Welche Beziehung oder Nicht-Beziehung zwischen Text und Musik, zwischen Wagners Kunst und Wagners Antisemitismus besteht. Oder: welche Erfahrungen in die Wälsungen-Tragödie eingingen, was alles das Frageverbot bedeutet, das in den *Feen* wie im *Lohengrin* eine so große Rolle spielt. Übrigens ist es mühevoller, kurz und bündig *Isoldes Wandlungen* mitzuteilen oder zusammenfassend die Frage zu beantworten: *Was passiert eigentlich im Ring?* – als grandiose Spekulationen zu äußern oder subtile Analogien zu suchen.

II

Der zweite Teil dokumentiert einige wichtige Momente moderner Wagner-Interpretation, die ich miterlebte zwischen 1951 (Beginn des Nachkriegs-Bayreuth) und 1988 (Harry Kupfers *Ring*-Inszenierung). Dazu ein bisher ungedrucktes Rundfunk-Feature von 1957: *Wieland Wagners Wagnis*.

Über eine Bayreuther *Ring*-Darbietung zu schreiben, gehört übrigens – diese persönliche Bemerkung sei gestattet – zum Anstrengendsten, was es im Bereich des kritischen Publizierens geben kann. Die Aufführungen dauern vom frühen Nachmittag bis in die Nacht. Den Opernmenschen möchte ich sehen, der unmittelbar nach einer aufregenden *Walküre*-Premiere einfach schlafen gehen kann. Das aber heißt: man kommt nach den vier Riesenwerken kaum vor Mitternacht ins Bett. Am nächsten Morgen sind dann die ja oft acht oder auch zehn Seiten langen Rezensionen zu verfassen, was einige schwere Stunden in Anspruch nimmt. Dann muß man das Zeug – grauenhafter Hör- und Druckfehler gewärtig – durchtelephonieren. Danach ist es aber bereits wieder Zeit, sich umzuziehen, ins Festspielhaus zu eilen, ... um Mitternacht heimzukehren, um am nächsten Morgen um sieben Uhr wiederum «fit» zu sein für den nächsten Kampf mit den Engeln.

Beim *Bayreuther Tagebuch*, das ich 1951 über die Eröffnung des Neuen Bayreuth verfaßte, war ich Gott sei Dank diesem Termin-Druck nicht ausgesetzt – der Text erschien in der September-Nummer der *Frankfurter Hefte*. Das umfangreiche Rundfunk-Feature *Wieland Wagners Wagnis* schrieb ich 1957 für die Redaktion des WDR. Da saßen verständige, opernkundige Herren – Karl O. Koch, Dr. Eigel Kruttge –, die dem Neuen Bayreuth, den Wagner-Enkeln radikal mißtrauten. Sie hielten das alles mehr oder weniger für Schwindel, für Mode. Ich erinnere mich, daß ihnen mein wahrlich nicht unkritischer Text zu positiv erschien und deshalb nicht gesendet (sondern nur mit einem Ausfall-Honorar bedacht) werden sollte. Später wurde er dann doch gebracht.

III

Ich will nicht leugnen: manchmal erfüllt mich ein Überdruß gegenüber Wagner-Inszenierungen. Es kann kein Zufall sein, daß mich der *Parsifal* nie so bewegte wie in Daniel Barenboims konzertanter Darbietung; daß heute noch Furtwänglers konzertante *Ring*-Interpretationen aus Mailand und Rom berühmt sind; daß Bernsteins konzertanter Münchner *Tristan* gleichfalls eine große Erinnerung darstellt. So wenig Opern Museumsexponaten gleichen, so gefährlich scheint mir jene Schere im Kopf mancher Regisseure, die ihnen zwanghaft alles das verbietet, was sie für Konvention halten, für dienendes «Vom-Blatt-Spiel», für unoriginell. Ein Glück, daß die Partituren, die Klavierauszüge, auch Platten-Aufnahmen es möglich machen, zwar nicht die *Sache selbst* wahrzunehmen (auch beim Notenlesen, bei höchster Objektivität *interpretiert* man unvermeidlich, weil man ein Tempo wählt, sich das Alter und die Artikulation der Singenden vorstellt), wohl aber die fixierte, unverstellte Absicht des Dichter-Komponisten.

IV

Ich möchte die Aufmerksamkeit des Lesers mit Nachdruck auf *Das verfemte Frühwerk* lenken, einen Text, den er wahrscheinlich überblättern wird, weil da von Stücken die Rede ist, die kaum jemand kennt oder schätzt: von den *Feen*, dem *Liebesverbot*, dem *Rienzi*. Als ich ihn schrieb, stieß ich auf so viele entlegene Schriften Wagners, daß mir schien, es müsse bald einmal ein Wagner-Buch vorgelegt werden, welches eben keine bloße Biographie ist, keine Analyse seiner Werke, sondern von neuem der Entwicklung des Wagnerschen Denkens nachgeht, dem wandlungsvollen Zustandekommen seiner Weltanschauung und seiner Urteile. So wie Wagners spätere Opern-Reform zurücknimmt, was er selber als junger Opernkomponist bis zum Exzeß sich erlaubte, so hat sich der spätere Antisemit feurig für Heine und Meyerbeer eingesetzt. Da stößt man auf Rätsel, die sich mit Begriffen wie «Überkompensation» oder auch «Konvertiten-Eifer» und «Opportunismus» nicht befriedigend lösen lassen. Im 4. Pariser Bericht vom 6. Juli 1841 schreibt der 28jährige Wagner beispielsweise über Heinrich Heine:

> Wir sehen aus unserer Mitte ein Talent hervorgehen, wie Deutschland wenige aufzuweisen hat; wir freuen uns der frischen, kecken Entfaltung desselben, – wir rufen ihm Triumph und Vivat zu, als es unsre jungen Geister aus einer vollständigen Lethargie aufweckt, ihnen mit dem Opfer seiner eigenen Fülle den Weg bricht und zeigt, wohin die neuzugebärenden Kräfte unserer Literatur sich richten sollen... Nicht genug aber, daß wir nachher geduldig zusehen, wie unsre Polizei dies herrliche Talent von seinem vaterländischen Boden verjagt... daß wir demzufolge mit schläfrigem Gähnen bemerken, Freund Heine hätte in Paris das Reisebilderschreiben verlernt, daß wir ihn durch unsre Indifferenz endlich gegen sich selbst blasieren, daß wir ihn zwingen, aufzuhören, Deutscher zu sein, während er doch nimmermehr Pariser werden kann... – nein! wir *freuen* uns auch und klatschen in die Hände, wenn diesem Heine endlich eine Behandlung widerfährt, wie wir sie bei uns gegen Sechzehngroschenrezensenten anzuwenden die Gewohnheit haben!

Diese Verteidigung Heines wird hin und wieder zitiert. Aber bedarf ihr Mitleid mit dem Todkranken, für den, laut Wagner, weder die (deutschen) Offiziere noch die deutschen Universitäten Aufmerksamkeit übrig hätten, nicht eindringlicher Deutung? Oder: daß Wagner in *Oper und Drama* die Relation zwischen dem Text (im weitesten Sinne) und der Musik anders umriß als später, im Aufsatz *Über die Benennung «Musikdrama»* von 1872, liegt offen zutage, ist ein Gemeinplatz der Wagner-Philologie. Im späteren Aufsatz steht die berühmte Formel, der Komponist möchte seine Dramen gern bezeichnen als *ersichtlich gewordene Taten der Musik*.

Wie aber paßt das zum zwischen 1837 und 1840 geschriebenen Aufsatz *Über Meyerbeers «Hugenotten»*, wo Wagner Meyerbeer zubilligt: «er schrieb Taten der Musik»? Im Zusammenhang heißt es:

Meyerbeer schrieb Weltgeschichte, Geschichte der Herzen und Empfindungen, er zerschlug die Schranken der Nationalvorurteile, vernichtete die beengenden Grenzen der Sprachidiome, er schrieb Taten der Musik – Musik, wie sie vor ihm Händel, Gluck und Mozart geschrieben –, und diese waren Deutsche und Meyerbeer ist ein Deutscher...

Und noch ein Paradox: Im ersten Absatz des ersten Aufsatzes, den der junge Wagner publizierte, findet sich eine Formel, die alle Wagner-Verächter bis auf den heutigen Tag gegen die Musikdramen verwenden könnten! Der 21jährige Wagner lobt Bellini. Eine schöne Kantilene hatte es ihm offenbar angetan:

Wohl haben die Italiener in den letzten Dezennien mit dieser zweiten Natursprache einen ähnlichen Unfug getrieben als die Deutschen mit ihrer Gelehrtheit, – und doch werde ich nie den Eindruck vergessen, den in neuester Zeit eine Bellinische Oper auf mich machte, nachdem ich des ewig allegorisierenden Orchestergewühls herzlich satt war und sich endlich wieder edler Gesang zeigte.

«Ewig allegorisierendes Orchestergewühl»? Ja – ist das nicht eine boshaft treffende Formel für jene unaufhörlich klug andeutenden Belehrungen, mit denen einem das *Ring*-Orchester ganz hübsch auf die Nerven gehen kann, falls man (oder auch der Dirigent) schlecht disponiert ist? Wagner wußte eben alle Rollen mit trefflichen Argumenten zu spielen – sogar die des prophetischen Wagner-Verächters.

München, im Februar 1990 J. K.

PS: Ich gehe in dem hier vorliegenden Text nur gelegentlich auf außerordentliche oder bemerkenswerte Schallplatten-Einspielungen und Mitschnitte von Wagner-Opern ein. Doch bietet am Ende des Buches mein alter Weggefährte Claus-Dieter Schaumkell eine umfangreiche, auch entlegene historische Aufnahmen dokumentierende Discographie, die eine wahrlich unerhörte Welt vermittelt, Entdeckungen und exakte Vergleiche möglich macht. Die Urteile, die Schaumkell preisend, kommentierend oder auch warnend gibt, entsprechen in jeder Weise meinen Ansichten und Erfahrungen. J. K.

TEIL I
Das Werk

I

Einführendes über Wagner, den Künstler

Unsere Wagner-Liebe krankt an einer Amfortas-Wunde. Niemand bezweifelt: Er war ein Genie. Aber als *Mensch* hatte er doch schlimme Schwächen. Egozentrik, beredte Selbstvergötzung, eine schreckliche Tendenz zur Selbstreklame, verbunden freilich mit beträchtlicher Selbst-Ironie. Wagner als Gott seiner Gemeinde. Wer den Meister nicht anbetet, ist des Teufels. Der Bayreuthianismus wurde zur Sekte, so wie ja auch die Psychoanalytiker um Freud, die intellektuellen Kommunisten um Lenin und Trotzki, die Komponisten um den eifernden Schönberg durchaus etwas Sektenartiges erkennen ließen mit Klüngelei und Eifersucht und plötzlichem Verrat. Wo derartige Religionen herrschen, wird nämlich immer *verraten*, gibt es immer «Abtrünnige» – man denke an Nietzsche und Bülow bei Wagner, an C. G. Jung oder Alfred Adler bei den Freudianern, an Trotzki oder Koestler bei den Kommunisten...

Was nun Richard Wagner betrifft, so versuchen manche deutschen Bewunderer mit dieser Amfortas-Wunde, die ihre Liebe kränkt, fertig zu werden, indem sie unterscheiden zwischen dem großen, visionären Künstler und dem Menschen mit seinen Schwächen. Den einen müsse man – den anderen brauche man nicht zu – lieben. Nun kann, das sagt in der *Zauberflöte* schon Sarastro baritonal-salbungsvoll zur Pamina, kein Mensch zur Liebe gezwungen werden. Aber doch zur Logik. Und läßt es die Logik zu, einen Künstler zu bewundern, der Menschen schafft, ihn selbst aber als Menschen abzulehnen? Richard Wagner hat dies Problem gespürt. Es bedrängte ihn offenbar. Darum schrieb er in der *Mitteilung an meine Freunde*, einer Kunstschrift aus dem Zürcher Exil von 1851: Er wünsche, verstanden zu werden. Nur seine Freunde könnten Neigung und Bedürfnis verspüren, ihn zu verstehen: «Für solche kann ich aber nicht die halten, welche vorgeben mich als *Künstler* zu lieben, als *Mensch* jedoch mir ihre Sympathie versagen zu müssen glauben. Ist diese Absonderung des Künstlers vom Menschen nicht eine ebenso gedankenlose, wie die Scheidung der Seele vom Leibe...» – fragt Wagner scharfsinnig. Und dann stellt er fest, «daß nie ein Künstler geliebt, nie seine Kunst begriffen werden konnte, ohne daß er – mindestens unbewußt und unwillkürlich – auch als Mensch geliebt, und mit seiner Kunst auch sein Leben verstanden wurde...»

Nun heißt jemanden lieben gewiß nicht, ihn wer weiß wie perfekt, fehlerlos, unanfechtbar zu finden. Leidenschaft hat ein wenig auch mit Zweifel zu tun. «Das bloß Vollkommene mit Begeisterung zu würdigen, bedarf es einer Ergebenheit fürs Gedachte und Vorbildliche, die Schulmeistersache ist» – behauptet Thomas Mann im zweiten Roman der Josephs-Tetralogie *Der junge Joseph*. Denn: «Wirklich will das Gefühl etwas zu verzeihen haben, sonst wendet sich's gähnend ab.»

Schön und gut. Manche Schwächen des großen Richard Wagner mögen verzeihlich sein. Aber ist nicht Richard Wagners erbitterter Antisemitismus wirklich schlimm, verächtlich, entsetzlich gewesen? Auch wenn der Antisemitismus des 19. Jahrhunderts, wo sich auch von Chopin, Liszt, Goethe, Marx und manchen anderen Großen antisemitische Äußerungen oder gar Theorien auftreiben lassen, etwas historisch unvergleichbar anderes darstellte als Antisemitismus nach Auschwitz.

Mir erscheint Wagners unleugbarer Antisemitismus als eine Form erstens seiner Kritik am bürgerlich-positivistischen und zugleich materialistischen Zeitgeist des 19. Jahrhunderts, den er vornehmlich durch intelligente geschäftstüchtige Juden repräsentiert sah, und zweitens als die Abwehr von Kritik und Widerstand, womit viele jüdische Publizisten ihn behelligten.

Gegen Juden, die sich begeistert für ihn einsetzten, wie Carl Tausig oder Hermann Levi oder Joseph Rubinstein oder Angelo Neumann, hatte er höchstbegreiflicherweise, außer ein paar hämischen Vorbehalten, falls es irgendwelche Meinungsverschiedenheiten gab, gar nichts. Ihm ging es vordringlich darum, das eigene «Wunderwerk», die eigene Wunderleistung durchzusetzen. Wer dabei schadete, wurde verdammt, wer dabei half, durfte auf Gnade hoffen. Eifrige Götter und Künstler sind so. Diese Erklärung von Wagners rassistisch-germanischer Obsession bleibt aber zu simpel und leichtgewichtig. Da gibt es mörderische Gesichtspunkte und Perspektiven. Ein unzimperliches Zitat möge folgen:

Er erholt sich hier von der Hetzjagd seiner ewigen (...) Reisen. Die Neigung zu den Kindern, die er um diese Zeit noch besitzt und die, bevor sie später verschüttet wird, auch echt ist, äußert sich in seinem Verhältnis zu den vier ungebunden aufwachsenden Kindern. Wieland, Mausi, Wolfi und die Jüngste, Verena. Er spricht von ihrer Zukunft und immer klingt der Gedanke auf, daß er einmal, wenn er an der Macht sein wird, woran er keinen Augenblick in diesen acht Jahren zweifelt, für sie da sein werde. (...) Das Band zur Familie, zu den Kindern, wird immer enger. Alle haben ihn gern, ja lieben ihn.

Wen? Das bliebe allerdings noch mitzuteilen: Adolf Hitler! So berichtet Erich Ebermayers 1951 erschienenes Buch *Magisches Bayreuth* über die Geschichte Bayreuths in den zwanziger und dreißiger Jahren unseres Jahrhunderts. Über Siegfried Wagner, Winifred Wagner und ihre vier Kinder Verena, Friedelind, Wieland und Wolfgang Wagner.

Wieland Wagner hatte 1943 und 1944 für Hitlers Kriegs-Bayreuth die *Meistersinger* ausgestattet. Nach 1951 wurde er dann der mutige und geniale Inspirator des Neuen Bayreuth. Er hat die Bühne entrümpelt, er hat mit der völkisch-affirmativen Tradition des alten Bayreuth – 1924 kam Ludendorff zur Eröffnungs-Premiere nach dem Ersten Weltkrieg: Das Publikum sang nach dem Ende der Vorstellung stehend die deutsche Nationalhymne – und des Nazi-Bayreuth gebrochen. Er hat nicht realistisch, sondern mythologisch, psychologisch, ja «sexistisch» inszeniert. Und sein Bruder Wolfgang, als Regisseur nicht so revolutionär, wurde nach Wielands Tod (1966) Chef der Bayreuther Festspiele. Man kann ihn als genial mutigen Theaterleiter, Organisator bezeichnen. Denn er wagte es, Patrice Chéreau und Pierre Boulez für den Jahrhundert-*Ring* zu verpflichten; er holte Harry Kupfer für einen brillant tiefenpsychologisch gemachten *Fliegenden Holländer* und den *Ring* nach Bayreuth. Er traute sich auch die Verpflichtung von Georg Solti und den konservativen Peter Hall zu – die soviel kritischen Wirbel machte. Wolfgang Wagner ist eben nicht dogmatisch, sondern frei.

Die Weltöffentlichkeit hat es nun aber auffälligerweise den jungen Wieland Wagner nie entgelten lassen, daß Adolf Hitler in Wieland Wagner und in Albert Speer gewissermaßen das schätzte und vielleicht sogar liebte, was er offenbar selber gern im bürgerlichen Leben betrieben hätte: In Albert Speer glaubte er seine eigene, schiefgegangene Architekten-Karriere kultivieren zu können, im blutjungen Wagner-Enkel seinen eigenen Wagner-Ehrgeiz. Noch in den vierziger Jahren, als der Diktator an der russischen Front eigentlich Wichtigeres hätte zu tun haben sollen, prüfte er, so erzählte mir Wieland einst, Wielands Bühnenbild-Entwürfe. Nach 1945 hat die Weltöffentlichkeit, die bei einem Furtwängler oder einem Franz Schmidt Kompromisse oder Opportunismen überhaupt nicht zu verzeihen geneigt war, es aber Künstlern wie Strawinsky oder Ansermet keineswegs übelnahm, während der Nazizeit in Berlin musiziert, Platten eingespielt zu haben – nach 1945 also hat die Weltöffentlichkeit es Wieland und Wolfgang, die sich einst mit Adolf Hitler, dem

«Onkel Wolf», duzen durften, überhaupt nicht entgelten lassen, daß sie Hitlers Schützlinge gewesen waren.

Um so mehr verübelte diese Weltöffentlichkeit es Richard Wagner, der sechs Jahre vor Hitlers Geburt gestorben war, daß Hitler für ihn schwärmte und sich auf ihn berief. Darius Milhaud stellte fest: «Wagner ist eine Art Hitler. Die Geistes-Art ist die gleiche.» Und der britische Staatsminister Hynd dekretierte 1946, als Deutschland noch von den Alliierten besetzt war: «Wir erlauben keine militaristische und nazistische Musik. Das bedeutet jedoch nicht, daß ein allgemeines Verbot für Wagner-Opern besteht.» Bekanntlich wird der Wagner-Boykott immer noch in Israel verteidigt – obwohl die musikalischen Juden oft besonders heftige Wagnerianer waren und sind und dazu neigten, ihre Söhne Siegfried zu nennen. Siegfried Kracauer, Siegfried Jacobsohn.

Daß Wagner mit seiner ganzen, liberal-flachen Gegenwart haderte, daß er den geldgierigen *Bürger*stand als riesigen *Miß*stand ansah und mehr als einmal befand, eine Reinigung, ein Untergang, ein Feuer müsse die bürgerlich-kapitalistische, die deutsche, die jüdische, die «ganze» Welt vernichten und eine neue schaffen, daß Wagner die intellektuellen Juden als gleichsam ausführende Agenten des schlimmen, positivistischen, verhängnisvoll wissenschaftsgläubigen Zeitgeistes betrachtete und darum antisemitische Überzeugungen hegte: es ist schlimm, und es ist bekannt. Seit Jahren wird nun darüber diskutiert, ob diese Überzeugungen auch Wagners Werk beflecken. *Das aber tun sie nicht!* Ja, wir haben es als befreiendes, hohe Genugtuung schaffendes Wunder hinzunehmen, als Beleg dafür, wie anständig und edel sich Richard Wagner als Künstler verhielt, daß er es schlechthin nicht fertigbrachte, wo es ihm existentiell wichtig war, nämlich im Kunstwerk selber, auch nur den Schatten von Antisemitismus zu gestalten! Was immer man gegen Wagner, «den kleinen Sachsen mit dem Bomben-Talent» auch vorbringen kann: feige ist er wirklich nicht gewesen. Wenn also irgend etwas ihn dazu getrieben hätte, antisemitische Haltungen oder Überzeugungen in Kunst umzusetzen, dann hätte er es getan. Doch er konnte es nicht. Jetzt sollen wir, so fordern es weltanschaulich strenge Wagner-Kritiker, die Schlußwendung des *Parsifal* – «Erlösung dem Erlöser» –, die im Kunstkontext des Bühnenweihfestspiels auch beim bösesten Willen nicht als irgendwie antisemitisch erkennbar wird, als heftigsten sogenannten Beweis für Antisemitismus in Wagners Tondramen anerkennen! Also: wenn das alles oder das Schlimmste ist, dann kann es wirklich gar nichts Antisemitisches gegeben haben zwischen *Feen*, *Liebesverbot*, *Rienzi*, *Fliegendem Holländer*, *Tannhäuser*, *Lohengrin*, *Nibelungen-Ring*, *Tristan*, *Meistersingern* und *Parsifal*.

Obwohl sich Wagner nämlich immerfort erklärte, obwohl ihm nichts dringlicher war, als verstanden zu werden – findet sich kein einziges gezielt antisemitisches Wort in seinen Dramen und erst recht kein irgendwie antisemitischer Takt. Auch hat Wagner nie stolz oder aggressiv oder verlegen auf irgendeine judenfeindliche Passage in seinen Tondramen hingewiesen. Da wird nun mühselig interpretiert und gefragt, ob nicht Negativ-Figuren wie der Beckmesser oder der Mime oder die Kundry vielleicht doch irgendwie Judenkarikaturen seien... Aber konkret belegen läßt sich der Verdacht schwerlich: Als Künstler arbeitete Wagner wirklich völlig anders denn als konservativer Zeitkritiker. Ja, seinen Negativ-Figuren gab er bemerkenswerterweise eine hochinteressante Musik, sie sind reicher und seltsamerweise meist sogar avancierter bedacht als die positiven Helden. Oft genug singt und spielt der Beckmesser – wer hätte es nicht erlebt – den Stolzing an die Wand und bekommt viel mehr Applaus. Die Beckmesser-Pantomime, Kundrys wunderbare Klagen, Verzweiflung und Hysterie, Mimes Erzählung des Wälsungenschicksals oder seine Beschreibung, wie die Vögel im Walde leben: alles das ist innige, große Kunst. Und es liegt auch offen zutage, daß Wagners Anti-Helden, wie die Politikerin Ortrud aus dem *Lohengrin* oder der Alberich aus dem *Ring*, eine gezacktere, chromatischere, interessantere und fortschrittlichere Musik umgibt als die positiveren Figuren – die so eindeutig positiv denn wieder auch nicht sind. Ein Künstler aber wie Wagner, der beim schöpferischen Produzieren über alle antisemitischen Ressentiments hinauswuchs, der vielschichtig empfand, der allen recht zu geben vermochte, der in den Helden das Verräterische erspürte und in den Widersachern die Qual, der des Mitleids fähig und «Orpheus allen heimlichen Elends» war: der soll die Geistesart Hitlers besessen haben? Das ist absurd, ist eine idiotische und unzulässige Aufwertung Hitlers.

Was nun die Wagner-Diskussion unserer Gegenwart betrifft, so hängen viele Positionen, die gewiß nicht ohne Grund vertreten, angefochten, widerlegt und erhitzt neu aufgestellt werden, mit der politischen Geschichte Deutschlands, des Nazismus und der Welt zusammen. Die Auseinandersetzung, *wie antisemitisch ein Künstler sein dürfe*, kann, nach Auschwitz, von keinem Wagnerianer als bloße Belästigung weggewischt werden. Nur haben die Schmähungen und Verteidigungen, zu denen in diesem Streit die Kritiker, Professoren, Literaten, Publizisten, Wagnerianer, Wagner-Verdammer sich herausgefordert fühlen, erschreckend wenig mit der ja auch nicht ganz beiläufigen Frage zu tun, warum die Welt Wagners Werke offenbar braucht, offenbar liebt, offenbar immer wieder hören, sehen, erleben, enträtseln will. Zwischen dem öffentlichen Gezänk über Wagner und der menschenverbindenden Kraft, die Wagners Werke heute noch bei jeder einigermaßen anständigen Aufführung bewähren, besteht nahezu kein Zusammenhang mehr. Der berühmte Literat, Professor und Wagner-Exeget Hans Mayer erzählt, wie er als junger Mensch mit Alban Berg zusammen war und wie er – aus politischen, postexpressionistischen, ideologischen Gründen – auf Wagner schimpfte. Berg nahm sich nicht mal die Mühe, den jungen Intellektuellen zu widerlegen. Sondern: «Alban Berg – unvergeßlich – sah von oben auf mich herab und sagte: ‹Ja, so können Sie reden, Sie sind ja nicht Musiker.›»

Über Fragen des Antisemitismus, des Donner-Pathos, des Rauschhaft-Deutschtümelnden kann in der Tat jeder aufgeklärte Zeitgenosse mitreden. Da genügen ein paar Zitate, ein paar Abneigungen, ein paar gute moralistische Gefühle. Geduldige Versenkung in die Werke, in Wagners Künstlertum bereitet entschieden mehr Mühe! Aber es fesselt auch, allmählich erkennen zu lernen, wieviel Lebenserfahrung und Schmerz in Wagners Werke eingingen. Er war wirklich ein Genie des Zu-Ende-Bringens. Die Kunstsprache machte sich selbständig in ihm, verbündete sich mit allen seinen Figuren. Jedem gab er gute Argumente. Jede These lockte ihren Widerspruch herbei, und das vermeintlich Eindeutige steigerte sich zum Unabsehbaren.

Wie ging das zu? Blicken wir einmal in des Künstlers Bewußtsein, Vorbewußtsein, Unterbewußtsein. Aus welchen Schichten seiner Seele und seiner Erinnerung entstanden die Werke? Welche Rolle spielen die Träume? Wie baute Wagner Charaktere auf? Wie doppeldeutig sind seine Helden, wie eindeutig seine Frauen? Und welches sind die Grenzen seiner Kunst?

Der Junge erschrak jedesmal und geriet in mystische Aufregung, wenn die Geiger des Zillmannschen Stadtmusikkorps im Dresdner «Großen Garten» ihre Instrumente stimmten. «Ich entsinne mich», berichtet Wagner, «daß namentlich das Anstreichen der Quinten auf der Violine mir wie eine Begrüßung aus der Geisterwelt dünkte.» Wagner schrieb weiter: Schon «als kleinstes Kind fiel der Klang dieser Quinten mit dem Gespensterhaften, welches mich von jeher aufregte, genau zusammen».

Von jeher? In Wagners Autobiographie *Mein Leben* heißt es:

Von zartester Kindheit an übten gewisse unerklärliche und unheimliche Vorgänge auf mich einen übermäßigen Eindruck aus; ich entsinne mich, vor leblosen Gegenständen als Möbeln, wenn ich länger im Zimmer allein war und meine Aufmerksamkeit darauf heftete, plötzlich aus Furcht laut aufgeschrien zu haben, weil sie mir belebt schienen. Keine Nacht verging bis in meine spätesten Knabenjahre, ohne daß ich aus irgend einem Gespenstertraum mit fürchterlichem Geschrei erwachte, welches nie eher endete, als bis mir eine Menschenstimme Ruhe gebot. Das heftigste Schelten, ja selbst körperliche Züchtigung erschienen mir dann als erlösende Wohltaten. Keines meiner Geschwister wollte mehr in meiner Nähe schlafen...

Ein übermäßig beeindruckbares Kind – er sagt es ja selbst. Und macht es Psychoanalytikern oder Literaten gefährlich leicht, alles mögliche aus dieses krankhaft sensiblen Kindes Schreckhaftigkeit, Gespenster-Verfallenheit (oder Gespenster-Phobie) herauszudeuten.

Doch Wagner interessiert uns nicht als genialer Patient, sondern als genialer Produzent. Wie wurden Eindrücke, die des Künstlers Seele von Jugend auf erfüllten, später zum Werk? Wie gestaltete er? Wählen wir als simples Beispiel den Anfang des *Fliegenden Holländer*. Daß Wagner im *Fliegenden Holländer* literarische Erlebnisse – zum Beispiel Heine-Lektüre – verwertete, ist bekannt. Daß er sich beim Entwurf dieser Gespenster-Oper auch an Heinrich Marschners *Vampyr* erinnerte, läßt sich ohne weiteres belegen. Schließlich hatte der 20jährige Wagner in seiner Funktion als Choreinstudierer am Würzburger Theater diese Oper Marschners kennengelernt, wo die Heldin Emmy im zweiten Akt ihre Romanze singt: «Sieh, Mutter, dort den bleichen Mann mit seelenlosem Blick.» Diese Romanze stellt eine dramaturgische und musikalische Vorform von Sentas Ballade aus dem *Holländer* dar. Der *Vampyr* war dem jungen Wagner immerhin so wichtig, daß er den Verzweiflungsschluß einer Arie neu komponierte. (Er tat es für seinen Bruder, der in Würzburg Sänger war.)

Auch die Eindrücke einer stürmischen Seefahrt von Pillau über Norwegen nach London, bei der übrigens Wagners Gattin

Minna eine Fehlgeburt erlitt, sind, wie Wagner selbst ausführlich mitteilte, in den *Holländer* eingegangen. Lauter nachprüfbare Voraussetzungen also. Aber wie setzt der *Künstler* Wagner die um?

Die ersten Takte der Ouvertüre – samt ihrem gespenstischen Holländer-Thema – bestehen aus heftigstem Tremolo, aus leeren Quinten und Oktaven. So kehrt die Schauer-Quinte der Kindheit im Werk wieder! Die Quinte erscheint als charakteristisch hohles Intervall auch in Sentas balladesker Beschwörung der Holländer-Gestalt. Sie prägt sich dem hörenden Bewußtsein oder Unterbewußtsein bereits während der Ouvertüre ein.

Die szenische Handlung der romantischen Oper beginnt nicht gleich mit einem Auftritt des verfluchten Holländers, sondern zunächst mit dem Auftauchen des bieder-bürgerlichen, sturmgeschüttelten Daland-Schiffes. Die Seeleute suchen Schutz, rappeln sich auf, bekämpfen Erschöpfung. Endlich geborgen, zieht sich die Mannschaft zurück, singt der Steuermann ein schwungvolles Lied und hält die Wacht. Aber er wird immer müder, sein Lied immer kurzatmiger, er schläft zum Schluß ein – zu Tode entkräftet (in einer Bayreuther Inszenierung einst, zu alledem auch noch, sinnlos besoffen). Jetzt naht mit blutroten Segeln der Gespenstersegler, während Dalands christliche Seefahrt pennt. Leicht modifiziert tönt die Quinte im Horn.

Mittlerweile ist der Holländer-Kapitän an Land geschritten, um seine Vorgeschichte auszubreiten («Wie oft in Meeres tiefsten Schlund stürzt' ich voll Sehnsucht mich hinab»). Was wir da hören, aber nicht sogleich wiedererkennen, ist nun wiederum das aus dem Vorspiel bekannte Holländer-Thema mit der Quinte – nur eben in Sechzehntel-Passagen aufgelöst, *verflüssigt*. Also symbolisch-naturalistisch in Bezug zum Meer gebracht (dabei aber keineswegs *verwässert*).

Doch die todmüden Daland-Matrosen schlafen bei alledem sehr fest. So wenig der mit Hilfe eines Schlaftrunks vorsorglich außer Gefecht gesetzte archaische Ehemann Hunding durch die

Liebesszene aufgeweckt wird, die in seinem Hause und unter bedenkenlos aktiver Teilnahme seiner Gattin Sieglinde zwecks Siegfried-Erzeugung stattfindet, so wenig erwachen hier die übernächtigten Daland-Matrosen. Der Fliegende Holländer kann im Fortissimo und mit Trompeten-Quinten ewige Vernichtung erfluchen und erflehen: Die Daland-Matrosen ahnen nichts von der Nähe des Übernatürlichen. Endlich stapft der Kapitän selbst an Deck und sieht die Bescherung: Das riesige, unheimlich fremde Schiff und seinen eingeschlafenen Steuermann, der keineswegs die Wacht hält! Nun aber – und das ist in allem Wirbel witzig – singt der von seinem Kapitän *wachgerüttelte* Steuermann verlegen schlaftrunken abwiegelnd sein Liedchen weiter – als wolle er dartun, daß er sein Singen eigentlich gar nicht unterbrochen hätte und daß deshalb auch nichts Besonderes passiert sein könnte. Dieser durch schlichten Augenschein sogleich widerlegte und darum komische Beschwichtigungsversuch des Steuermanns rundet heiter ab, was hier zusammengesetzt, also «komponiert» ist als wunderbar ineinandergefügte szenische Sequenz aus der Begegnung von Normalen und Verfluchten, von Leitmotiven und Abwandlungen, von Lebenserfahrung und Kunstgeschicklichkeiten, aus Vorgeschichte und menschlichem Steuermanns-Versagen...

Wenn nun aber bereits diese knapp andeutende, in vielfacher Richtung ergänzbare Schilderung einer einzigen, keineswegs besonders tiefsinnigen Wagnerschen Szene so viel Platz erheischt – dann schwant uns auch, was jeder Wagner-Exeget vom anderen übernimmt. Nämlich: daß über keine Großen der Weltgeschichte soviel reflektiert werden konnte wie über Christus, Napoleon, Shakespeare, Marx und eben – Wagner.

Wagner ist ein Meister der Szene gewesen. Aber er war darum kein bloßer Realist. Ohne Träume und Alpträume können seine Geschöpfe nicht leben und lieben. Im Traum, das wußten die alten Griechen, kommuniziert der Mensch oft mit dem Übergeordneten, den Göttern. Jokaste, im *Ödipus* des Sophokles, ist frevelhaft genug, dergleichen einmal aufgeklärt-ungläubig in den Wind schlagen zu wollen: «So fürcht auch du dich nicht», sagt sie zum Gatten, der, wie sich später zeigt, ihr Sohn ist, «vor deiner Mutter Bette. Denn viele sahen schon in ihren Träumen sich der Mutter zugesellt. Wer aber dies für nichts erachtet, trägt das Leben leicht.» In ein paar Sophokles-Zeilen begegnen wir also gleich mehreren Freudianischen Existentialien: Ödipaler Konflikt und Verdrängung. Auch in Wagners Musikdramen stehen Träume zentral. (Entsprechendes gibt es in unserer Literatur sonst wohl überhaupt nur bei Kleist.)

Wagners Holländer hat von Senta «geträumt» (seit bangen Ewigkeiten). Sentas Ballade wiederum erscheint als fast hysterischer Ausdruck der Träume eines jungen Mädchens von einem Bild. Aber auch die Elsa, aus dem *Lohengrin*, hat vom rettenden Ritter geträumt; Tannhäuser wiederum will aus dem ihm unerträglich gewordenen Venusberg-Traum-Kunst-Paradies in die Realität der Welt zurück-*erwachen*. (Erste Regieanweisung für den Titelhelden: «zuckt mit dem Haupt empor, als wache er aus einem Traume auf».) Daß Walther von Stolzing durch Sachs dazu gebracht wird, seinen Traum zu deuten und umzusetzen in Morgentraumdeutweise, ins Preislied, stellt die Voraussetzung des *Meistersinger*-Happy-Ends dar. Und wem, außer Wagner, hätte die entsetzliche Wachtraum-Szene einfallen können zu Beginn des zweiten *Götterdämmerungs*-Aktes, wo Alberich den finsteren Hagen: «Schläfst du, Hagen, mein Sohn?» zur Rache indoktriniert, den Bewußtlosen aufstachelt – so wie es im 20. Jahrhundert die «hidden persuaders» aller aktivierenden Werbung tun? Dabei bedient sich unsere Werbung – die Techniken aller avancierten Künste pflegen einige Zeit später zum Kunstgewerbe abzusinken – sogar absichtsvoll einhämmernder Leitmotive, die nur eben entsprechend banaler sind als Wagners Eingebungen.

Alle diese Momente des Träumens, Sich-selig-Erinnerns, Beschwörens und Verweilens haben beim Künstler Wagner vielfältige Funktion. Sie sind einerseits Keimzellen, nämlich weiterwirkende Verdichtungen der Handlung, darüber hinaus aber auch Augenblicke des Innehaltens, des Aktionsstillstandes, Leitmotiv-Reservoire. Die Helden kommen produktiv zu sich, wenn sie außer sich sind.

Verkennen wir diesen Sachverhalt, wenn wir aus ihm ablesen, daß er sich eigentlich nicht auf Wagners vielzitierten «Pessimismus» reime? Woher nehmen bei Wagner die Unterdrückten, die Reinen, die Schwachen den Mut, wenn nicht aus solchen Traum-Gewißheiten? Hier sei der Satz gewagt: Nichts an Wagner war größer als seine mitleidsvolle Menschlichkeit, sein Erbarmen zwar nicht mit den Mittelmäßigen, wohl aber mit den Kranken, Fallenden, Unmäßigen, Verlorenen. Wie todesbang und ergreifend nehmen sich die letzten Akte des *Tannhäuser, Tristan, Parsifal* aus und die ganze *Götterdämmerung* als sozusagen letzter Akt der *Ring*-Tragödie!

Wir haben schon vom Beckmesser gesprochen, der angeblich eine Juden-Karikatur sei, weil Wagner den Kritiker Hanslick nicht leiden konnte und darum in einem Frühstadium der *Meistersinger* den Beckmesser Hanslich nannte. Der berühmte Kritiker Hanslick war übrigens keineswegs Jude – was aber Wagner vielleicht nicht wußte oder wahrhaben wollte. Wie baut nun Wagner, der Künstler, einen großen komischen Charakter auf? Daß im alten Nürnberg jemand hochgeehrter und hochgelehrter Stadtschreiber sei und dabei eine Judenkarikatur darstellen soll, ist – auf den ersten Blick, auch auf den zweiten noch – denkbar unwahrscheinlich. Beckmesser steht vor uns als Einzelgänger, Hagestolz, dürrer Schlaukopf. Triumphiert irgendwo furchterregend derb die allzu gute, überschäumend kollektive Laune, dann fällt mir immer ein, was Kollege Beckmesser singt, wenn die Lage sich zuspitzt:

> Heimlich mir graut,
> weil es hier munter will hergeh'n

Wunderbar treffend ist dabei vor allem das «*heimlich* mir graut». Wer wagt schon, laut und offen zu bekennen, daß er sich leider gar nicht wohlfühlt, wo alle anderen so fabelhaft munter bei der Sache scheinen... Beckmesser ist jener betagte intellektuelle Nürnberger Stadtschreiber, der fühlt, daß er die Popularität des poetischen Schusters Hans Sachs nie erreichen kann, der aber beim Wettsingen einen Text vorzutragen versucht, den Sachs auf Stolzings Diktat eilig niederschrieb. Beckmesser hat diesen Text eifersüchtig entwendet, weil er glauben mußte, dieses Gedicht stamme von Sachs und der heuchlerische Schuster wolle damit womöglich auch um Evchens Hand konkurrieren.

Mit dem, was er nicht versteht, blamiert sich dann Beckmesser beim Festakt enorm. Es ist ein vollkommener Zusammenbruch. Beckmesser verläßt wütend die Szene, auf der er versang und vertat – während die anderen doppelt froh weiterfeiern. Noch in den Schlußtakten der *Meistersinger* wird das Motiv des Spottes des Nürnberger Volkes auf Beckmesser – «Scheint mir nicht der Rechte» – munter zitiert. Man kennt die Lustspielsituation: Ein alter, eingebildeter, gehässig witziger Hagestolz, der sich um ein hübsches Mädchen bemüht, wird blamiert, niedergelacht, niedergemacht – und das junge Ding kriegt seinen jungen Helden.

So will es seit Jahrhunderten die Mathematik der Lustspielform, die Logik des Schwanks, das Gesetz des Happy-Ends. So soll es sein – die natürliche Ordnung gebietet es! Die alten, komisch unglücklichen Liebhaber sind übrigens, tröstlicherweise, meist die besseren, beifallsträchtigeren Rollen, während es den sieghaften jungen Leuten oft genug schwerer fällt zu interessieren. Gleichviel: daß der verspätet geile Hagestolz sich blamiert, neben Beifall und Schadenfreude vielleicht auch ein wenig Mitleid provozierend – es gehört zum Lustspiel. Wagner tut das Seine, damit wir mit Herrn Beckmesser nicht allzu sentimental sympathisieren können: Dieser Stadtschreiber ist ein ziemlich giftiger, kreischender, pedantischer Oberlehrer- und Zensoren-

Typ, der sich in alptraumartige Situationen verstrickt, wo er sich mit mißgünstiger Ironie zu wehren versucht und am Ende heillos unter die Räder des Happy-Ends gerät.

Soviel zu Beckmesser in der ersten Dimension, sozusagen in seiner realen spielerisch-konventionellen Lustspielhaftigkeit.

Eine zweite, abgründigere Dimension existiert aber auch. Der Mann ist nicht nur *Verlierer* – einer muß ja verlieren beim Nürnberger Sängerkrieg wie bei dem auf der Wartburg –, sondern zugleich *Opfer*. Opfer im mythologischen Sinn. Man spürt förmlich, wie die schmähliche Auslöschung des intellektuellen Widersachers hier sozusagen die gute Laune, die Stimmung, das Glück des Volkes steigert. Beckmesser wird ja auch nicht – oder nur in sentimentalen Inszenierungen, gegen den Willen des Wagnerschen Textes – versöhnlich zurückgeholt. Sein Fall steigert die allgemeine Zufriedenheit: Ein bißchen Brutalität macht die Kirmes, macht das Volksfest erst richtig lustig. Beckmessers Zusammenbruch steigert den Triumph der Gesunden und Vernünftigen. Wenn jemand gerade daran scheitert, daß er so besonders schlau zu sein versucht – dann schäumt der lustige Spott.

So war unser Beckmesser also zunächst, in erster Dimension, ein Lustspiel-Geschlagener, in zweiter Dimension ein Opfer. Doch längst nicht genug auch damit. Es gibt noch eine progressive dritte Dimension. Beckmessers Ständchen-Musik erscheint in der chromatisch entwickelten *Meistersinger*-Tonwelt als Parodie auf eine fiktive Altertümlichkeit. Doch während der sogenannten Beckmesser-Pantomime – wenn der Stadtschreiber in der Schusterstube den Alptraum der Prügelnacht mimisch rekonstruiert – ereignet sich modernes Musiktheater. Und was endlich Beckmessers verlachtes, irrendes Preislied betrifft, in dem ursprünglich, weithin aber auch noch in der Endfassung, enorm surrealistische Wendungen vorkamen wie: «bitterlich gar / gellte mein Auge», oder: «Goldene Wagen, / auf den Bergen ritten sie; / ... und mich Toren zog man ein, tünchte mich;

ach, ich brenne nieder! Braut mir kalten Flieder!» – so darf man fragen: Wirken solche und ähnliche Verse aus Beckmessers Ständchen-Verzerrung nicht moderner, gewagter, kühner als Stolzings relativ brav gewordenes Preislied?

Das Zusammenspiel aller dieser Dimensionen aber – hier demonstriert an einer einzigen Figur – erklärt schlagend, was Wagners Kunst so gewichtig und unerschöpflich macht. Es ist die osmotische Durchdringung von Erkenntnis und Mitteilung einerseits sowie von Spiel, Komödien-Märchen und Formzwang andererseits!

Wagners Kunst ist – wer daran zweifelt, hat fast gar nichts begriffen – ungemein anspruchsvoll. Der Meister der riesigen Tetralogie und des großen Orchesters war außerdem ein Miniaturist differenziertester Wirkungen, Halbschatten und Heimlichkeiten.

Wagners Künstler-Interesse am germanischen Sagenschatz, an deutscher Mythologie hat ihm den Vorwurf des Deutschtümelnden eingetragen. Aber klingt Wagners nervöse, klangfarbenreiche Musik wirklich so ungeheuer «deutsch»? Falls das Wort überhaupt einen Sinn hat im Zusammenhang der Töne, dann wären Bach oder Schumann, Brahms oder Pfitzner bestimmt viel eher «typisch» *deutsche* Komponisten als der klangfarbendifferenzierte, nervöse und psychologische Orchester-Kolorist Richard Wagner.

Und Wagners siegende Helden? Stolzing, der nach genialem Anfang es den Meistern recht machen kann; Lohengrin, der scheiternd davon muß; Wotan, der stoisch verbrennt? Siegfried, dem wegen Verrats nicht nur Hagen, sondern auch seine Geliebte Brünnhilde nach dem Leben trachtet? Tristan, der einst Isolde verstieß und nun die Liebe verflucht... Waltrautes Erzählung vom Ende der Götter um Wotan hört sich an wie eine Beschreibung des fahlen, starren, verrückten Untergangs von Hitler im Reichskanzlei-Führerbunker von 1945. Aber das hatte Onkel Wolf, alias Adolf Hitler, gewiß nicht einkalkuliert bei seiner von einer *Rienzi*-Aufführung entfachten Wagner-Verehrung. Kein Wunder, daß man sich in den letzten Kriegswochen lieber an Friedrich den Großen hielt, dem am Ende des Siebenjährigen Krieges keine *Götterdämmerung* passiert war...

Und die Frauen? Auffällig, daß die großen *Opern*meister der Kunstgeschichte den Damen stets einen bevorzugten Platz einräumten. Denken wir an Richard Strauss: die rein instrumentalen symphonischen Dichtungen, vom *Macbeth* über den *Eulenspiegel*, den *Don Quixote*, das *Heldenleben*, haben noch sämtlich Männer oder Heroen zur Hauptfigur. Aber die Opern von der *Salome* über die *Elektra*, den *Rosenkavalier* mit der Marschallin und der Hosenrolle des Octavian, über die *Arabella*, die *Schweigsame Frau*, die *Frau ohne Schatten*, *Daphne*, die *Liebe der Danae* und das *Capriccio* mit der beherrschenden Gräfin scheinen sich, geradezu kränkend männer-uninteressiert, fast nur mit Frauenseelen zu befassen. Wem fällt rasch eine Tenor-Rolle von Strauss ein – außer dem Bacchus und dem italienischen Tenor im *Rosenkavalier*? Als ich an meinem «Who is who» über die Figuren der Mozart-Meisteropern arbeitete, wurde mir klar, daß auch bei Mozart, trotz Don Giovanni und Sarastro, die Partien der Damen spannender, differenzierter sind als die Herren der Schöpfung.

Richard Wagner nun – der wahrlich aus einer männlichen Kulturwelt kam, der mit Aischylos, Sophokles, Shakespeare, Bach, Mozart, Goethe, Beethoven, Schopenhauer umging wie mit seinesgleichen – zog die Frauen als Menschen vor. Das muß man nicht herausinterpretieren, das hat er mehr als einmal direkt bekannt. Zum Beispiel einmal im Privatbrief an Theodor Uhlig:

Mit Frauenherzen ist es meiner Kunst immer noch ganz gutgegangen, und das kommt doch wahrscheinlich daher, daß bei aller herrschenden Gemeinheit es den Frauen immer noch am schwierigsten fällt, ihre Seelen so gründlich verledern zu lassen, als dies unserer staatsbürgerlichen Männerwelt zu so voller Genüge gelungen ist.

Großartig formuliert – die Frauen seien nicht so *verledert* wie die Männer. Und der nächste Satz des Briefes lautet: «Die Frauen sind eben die Musik des Lebens: sie nehmen alles offener und unbedingter in sich auf, um es durch ihr Mitgefühl zu verschönen.»

Wer aus diesen Sätzen nur männlich-patriarchalische Gönnerhaftigkeit heraushört, ist entweder vernagelt oder fanatisch, oder dumm. Aber einmal erklärt Wagner auch ganz handfest, warum ihm die Frauen lieber sind: Nicht nur, weil er die Liebe liebt, was ja keine schlechte Begründung wäre, sondern, so heißt es in einem Brief aus Bordeaux, am 26.3.1850, an Theodor Uhlig:

Was Deinen Brief vollends in sein häßlichstes Licht stellte, war, daß er als Einlage in einem Briefe *Emilies* kam, den ich gerade vor dem Deinigen zu lesen bekam... dieses Mädchen ist Dir weit voraus, – und woher? Durch ihre Geburt, weil sie ein Weib ist. Sie ist als *Mensch geboren*, – Du, und jeder Mann, wird heutzutage als *Philister* geboren, und langsam und mühevoll gelangen wir Ärmsten erst dazu, Menschen zu werden.

Wagners vielleicht nicht fesselndste, aber gewiß rührendste Frauengestalt ist für mich die Elisabeth aus dem *Tannhäuser*. Da gelingt Wagner etwas ganz Außerordentliches. Sonst sind doch immer die Sünder interessanter als die Guten, sonst fasziniert der teuflische, ironische Mephisto mehr als der seelenvoll strebsame Faust. Aber im *Tannhäuser*-Kosmos ist die Heilige aufregender, menschlich fesselnder als die Sünderin! Elisabeth interessiert mehr als die aufgedonnerte Venus in ihrem schönen, mittelalterlich-mythologischen Bordell. Venus bleibt ja nur

«Prinzip», Kulissen-Erotik, so wie ihr eigentlicher Gegensatz – nicht Elisabeth, sondern der Papst – auch bloß ein «Prinzip» darstellt.

Wagners Elisabeth hält weder ihr direktes Gefühl zurück noch ihr Temperament, das sie übrigens in der Hallen-Arie zur wortgewandten Literatur-Kritikerin an den Weisen der anderen Minnesänger werden läßt. Elisabeth klagt den endlich zurückkehrenden Geliebten leise, aber herb und unbeirrbar an, worauf dieser nur mit unkonkreter, dumm-verlegener, männlicher Schwunggebärde zu antworten weiß. Wenn es während des «Sängerkrieges» zur Krise kommt wegen Tannhäusers greller Venus-Erinnerung, dann zücken die vorbildlich sittsamen Minnesänger in durchaus berechtigter, vom mittelalterlichen Tugendsystem gebotener Erregung ihr Schwert. Endlich, als wäre er aus einem Traum gerissen, wird dem schmerzlich ernüchterten Venus-Lobredner klar, daß er sich höllisch unpassend benommen hat. Nur Elisabeth steht über allem moralischen Tugendmut. Diese Heilige ist eine Nonkonformistin des Gefühls. Obwohl tief gekränkt, stellt sie sich vor den Mann, den sie soeben verlor. Später, wenn sie ganz ermißt, wie verfallen sie dem Tannhäuser und seiner Kunst war, wandelt sich ihre betroffene Heiligkeit in Weltflucht und Lebensopfer.

Was für Frauen! Elsa, die im Schwanenmärchen am Schwanenmärchen zweifelt. Oder Sieglinde, die dem faszinierenden Fremden, der ihr kein Unbill bringen möchte, gesteht, sie sei bereits unglücklich (schlimmer könne es gar nicht werden). Oder Brünnhilde, die aus Mitleid gottväterliche Weisungen nicht befolgt. Nehmen nicht wirklich manche der Wagnerschen dramatischen und hochdramatischen Soprane singend die Emanzipation vorweg? Ist Wagner nicht ein wahrhaft Großer gewesen, auch und gerade wegen des Mitleids, das er für seine Heldinnen empfand, die allemal sympathischer sind als die problematisch schwarzen oder gar blonden Helden – und doch nicht langweiliger? Wenige Tage, bevor der 69jährige in Venedig starb, begann er einen Essay: *Über das Weibliche im Menschlichen*. Die innere Berechtigung für solch ein Thema hatte er wahrlich erworben, auch wenn seine realen Gefährtinnen, Geliebten, Frauen (falls er wollte, konnte er übrigens unwiderstehlich wirken auf Juden und Christen) bestimmt gelitten hatten.

Um 1850 begründete er flammend, warum die Kunst seiner (und unserer!) Zeit revolutionär sein müsse. Bei den Griechen hätte die Kunst affirmativ dem öffentlichen Bewußtsein als gültiger Ausdruck entsprochen. «Bei uns ist die echte Kunst *revolutionär*, weil sie nur im Gegensatze zur gültigen Allgemeinheit existiert.» Der späte Marx, der Wagner als «Staatsmusikanten» verhöhnte, hat das wahrscheinlich gar nicht gelesen.

Richard Wagner selber schien Anfang der fünfziger Jahre die Behauptungen seiner Kunstschriften übrigens weniger vom bisher Geschaffenen abzuleiten denn als Regel fürs Zukünftige zu ersinnen. Erst der *Ring des Nibelungen* verifizierte Wagners Theorie, daß Musik, Text und szenische Gebärde untergeordnete Bausteine des «Dramas» wären. Als die Öffentlichkeit sich allmählich mit dieser relativ simplen Opern-Theorie zu befreunden begann, war Wagner schon wieder weiter und befand endgültig, die dramatische Handlung sei «die ersichtlich gewordene Tat der Musik». Im Leben dieses unfaßbar fleißigen Menschen hing alles miteinander zusammen. Energie ging nicht verloren, Kulturkritik, Pessimismus und Zukunftsvertrauen durchdrangen sich. Als Künstler kam er vom optimistischen Hegel her. Er war – obzwar von der Schauderhaftigkeit des Gegenwärtigen, von der Vorbildhaftigkeit großer deutsch-elisabethanisch-griechischer Vergangenheit aberwitzig durchdrungen – ein stürmisch fortschrittlicher, revolutionärer Komponist.

Diese abgenutzten Adjektive bedeuten im Bereich der Wagnerianischen (Opern-)*Revolution* folgendes: Alles müsse verständlich, motiviert, beziehungsvoll sein. Das heißt: die Partitur darf keine schematischen Gesangsnummern enthalten – sie soll erzählen. *Und sie gewinnt nur aus dem Erzählen ihre Formen.* Also: das Orchester konstituiert oder verdoppelt oder bereichert oder kritisiert mit motivischen Gesten, was die Gestalten gerade tun. (Auf diese Weise bekommen die Leitmotive ihre Namen. Nämlich: in welchem Zusammenhang erscheinen sie zum erstenmal?) Aber das Orchester entwickelt natürlich auf freie Weise neben der Handlung sein episches, oft symphonisch gesteigertes Eigenleben.

Zuerst, in Wagners frühen Werken, ist das klassische Schema symmetrischer Periodenbildung noch da, vielleicht nur als Norm – demgegenüber Varianten wie *bedeutungsvolle* Ausnahmen wirken, wie es etwa bei Mozart der Fall war, der ja auch «Unregelmäßigkeiten» liebte, dessen zweites *Figaro*-Finale als «dialogische Musik» und dessen Sprecher-Szene aus der *Zauberflöte* von Wagner als Vorbild seines Orchester-Rezitativs empfunden wurden. Die *Periodik* spielt für Wagner anfangs die Rolle, die der Blankvers, der fünffüßige Jambus, bei Grillparzer hatte. Ein Schema, wo die *Abweichungen* signifikanter wirken als die *Befolgung*. (Weil dieses Schema eben bei Grillparzer nicht mehr die Kraft besaß wie in Goethes *Tasso* und bei Wagner nicht mehr die Kraft wie in Beethovens Sonaten.)

Auch der mittlere oder späte Wagner hat noch reiche, melodische, rundperiodische Einfälle (und weist sie nicht zurück). Doch jetzt sind sie Ausnahme – jetzt hat das Musikdrama sich gesteigert zum strukturalistischen Beziehungsnetz, das man nur eben nicht abstrakt, sondern immer nur im Zusammenhang mit dem dramatischen Handlungsverlauf interpretieren darf. Claude Lévi-Strauss pries darum Wagner als Strukturalisten. Nun gibt es keine Konventionalität mehr, keine bloßen Wiederholungen.

Ernsthafter, klüger, anspruchsvoller, ehrgeiziger war Oper nie. Daran knüpft Richard Strauss an, der freilich in *Salome* und *Elektra* Wagners Erzähltempo rapide beschleunigte. Daran knüpft der Leitmotiviker und Textautor Pfitzner an. Aber auch

Strawinsky war eine Antwort auf Wagner, jener Strawinsky, der sehr nobel über die *Meistersinger* schrieb, der bei seinem Pariser *Sacre*-Debakel an Wagners Pariser *Tannhäuser*-Pleite erinnert wurde. Und der im Hinblick auf klassische Konventionalität wie Wagner zwischen «Wiederholungen» und dem Substantiellen unterschied. Daß Wagners Errungenschaften unüberhörbar bei Reger, Mahler, Schönberg, Berg (bei wem eigentlich nicht? Was wären die antigermanischen Pariser Les Six ohne den großen, sie zusammenzwingenden Gegner Wagner gewesen?) und tausend anderen fortwirkten: Es ist in jeder Weise ein Gemeinplatz...

Kunst müsse «weitergehen». Die Wiederholung ausgelaugter Formen führe zum «Eklektizismus». Jede Zeit könne nur *ihr* spezifisches eigentümliches Idiom haben; aller Epigonalismus, Neoklassizismus sei zum Tode verurteilt: Diese künstlerische Fortschritts-Überzeugung (Hegels Ästhetik verpflichtet, bei Adorno wieder anzutreffen, der sie zum Lobe Schönbergs und zum Tadel Strawinskys in seiner *Philosophie der Neuen Musik* entfaltete) lag auf dem Grunde von Wagners Kritik an Brahms, den Wagner offenbar als «Post-Modernen» mißverstand, nur daß es diesen Begriff damals gar nicht gab.

Ich kenne berühmte Komponisten, die ihr bei Konzertmaskeraden jetzt in der Larve des Bänkelsängers, morgen in der Halleluja-Perücke Händels, ein anderes Mal als jüdischen Csardasaufspieler und dann wieder als grundgediegenen Symphonisten in eine Numero Zehn verkleidet antreffen könnt.

Dreimal dürfen wir raten, aber schon beim erstenmal wissen wir es: Wer schrieb denn Beethovens *Zehnte*, wer komponierte *Händel-Variationen* und Händels Pathos im *Requiem*, wer entspannte sich bei Rhapsodien und Liebesliederwalzern? Antwort: Der blonde Johannes.

Nur hätte aber eben dieser Johannes Brahms sich gegen Wagners Kritik auf die Wagner-Nachfolger Schönberg und Mahler berufen können. Denn Mahler komponierte mit bewußt verschlissenen, banalen Versatzstücken in neuer, aufregender, epischer Konstellation. Und Schönberg zeigte, daß auch ohne deutlich offenbarte Neuerung musikalisches Material originell verwendet, total durchgeführt werden könne, was eben Brahms getan habe. Wie ernst es Wagner mit diesen historisch-dialektischen Kategorien war, lehrt das von ihm – längst nach der Vollendung des *Parsifal*, drei Jahre vor seinem Tod – ausgesprochene Lob für Mendelssohn:

> In dem bezeichneten Maskenspiele kann man Mendelssohn noch nicht als inbegriffen aufführen. Er sprach nicht immer aufrichtig und wich gern aus: aber er log nicht. Als man ihn frug, was er von Berlioz's Musik halte, antwortete er: «ein jeder komponiert, so gut er kann». Wenn er seine Chöre zu «Antigone» nicht so gut komponierte als z. B. seine «Hebriden-Ouvertüre», welche ich für eines der schönsten Musikwerke halte, die wir besitzen, so lag dies daran, daß er gerade das nicht konnte...

Man sieht, wie differenziert (und viel freundlicher als über Schumann) Wagner über Mendelssohn, zumal über dessen – die klassische Musiksprache nicht mehr nachahmende, sondern romantisch avancierte – *Hebriden-Ouvertüre* urteilte. Auch Wagners Beziehung zu Brahms war keineswegs so feindselig, wie die jeweiligen Parteigänger es uns glauben machen wollen. Brahms und Wagner haben sich gekannt; der jüngere Brahms wußte genau, wer Wagner war – und wir wüßten gern genau, welches seiner Klavierquartette Brahms einst vor Wagners Ohren spielte (leider läßt uns die mit einem unzulänglichen Register und Anmerkungs-Apparat ausgestattete Ausgabe der Cosima-Tagebücher auch da im Stich).

Wagners Drang nicht etwa zum einschläfernden Schwall, sondern zur Überdeutlichkeit, zum Einhämmern ist es, der manchmal irritiert. Er war gewiß nicht nur – wie Nietzsche und ein wenig auch Thomas Mann unterstellen – ein «Schauspieler» seiner Gefühle. Jemand, der sich nur imitatorisch in etwas hineinsteigert, erfindet nicht derart unmittelbar seine Motive, Farben (er war der größte Orchester-Kolorist der deutschen Musik) und Formen. Jemand, der zielbewußt schauspielert, macht es sich auch nicht so schwer wie Wagner, der vom *Tannhäuser* bis zum *Parsifal* in jedem Akt (also nicht bloß in jeder einzelnen Oper) eine neue Welt, eine völlig neue Konstellation erfand.

An Wagner irritiert nicht der Bombast, von dem diejenigen faseln, die sein Pianissimo überhören, sondern vielmehr der Riesenernst seiner Welt-Konstruktion. Er ist Prophet und Anwalt höchst komplizierter, leibhaftiger musikdramatischer Probleme gewesen. Doch seiner Problematik wird man – aus Unlust an der Überanstrengung, aus Widerwillen gegen dieses Wechselbad von übermäßiger Information und übermäßiger Bezauberung – manchmal schlechthin überdrüssig. So ging es Nietzsche und Claudel. So lechzt unsereins, wenn *Parsifal*-Aufführungen (oder Diskussionen) vorüber sind, heftig, und wahrscheinlich mit verhohlener Zustimmung des «Meisters», nach dem unwürdigeren Bezirk von Unfug und Spielerei. Man möchte dann nur zu gern von jenem Lastwagen zum Himmelreich abspringen, als welchen Lenbach Wagners Werke etikettierte. Doch solche Fluchtversuche vor der Größe beweisen weniger Wagners Schwäche – als daß wir armen Erdenbürger manchmal zu schwach sind für ihn. Oder: Daß er mehr als hundert Jahre nach seinem Tode oft noch zu stark ist für uns.

2

Das verfemte Frühwerk
Versuch, die *Feen*, das *Liebesverbot* und
den *Rienzi* zu rehabilitieren...

I

Der Fall ist einzigartig. Nicht, daß es Richard Wagner und seinen Bayreuther Gralshütern gelang, die berühmten Musikdramen des Meisters vom *Fliegenden Holländer* bis zum *Parsifal* durchzusetzen und zu kanonisieren, sondern daß es bis zum heutigen Tage möglich war, Wagners frühe Opern totzulächeln, totzuschweigen. Dabei geht es um drei durchaus fertige, keineswegs fragmentarische oder ergänzungsbedürftige Werke: die *Feen*, deren Text Wagner als 19jähriger zu schreiben begann und deren Musik er als 20jähriger am 6. Januar 1834 abschloß; das *Liebesverbot*, das er als 22jähriger komponierte (Uraufführung: 29. März 1836). Und endlich den *Rienzi*, dessen Text der 25jährige Wagner verfaßte, dessen Musik 1840 in Paris fertig wurde und dessen Uraufführung am 20. Oktober 1842 zum Sensationserfolg, zum Durchbruch für den mittlerweile 29jährigen Komponisten geriet. Schuld an diesem Bannstrahl, an dieser Mischung aus «Historisierung» und lächelnder Verachtung sind nicht etwa Wagners Gegner, sondern der Komponist selbst und seine folgsamen Jünger. Weil nämlich die drei Frühwerke mit der erst allmählich gewonnenen Idee des Musikdramas, mit Wagners romantisch-mythischem Konzept nichts, oder jedenfalls nichts Handfestes zu tun haben, sind sie so gut wie inexistent. Am besten wäre, es gäbe sie gar nicht. Von ein paar Philologen, Musikologen wie Ludwig Finscher und Friedrich Lippmann oder unternehmungslustigen Außenseitern abgesehen, kümmert sich kein Mensch darum, was musikalisch in diesen drei Frühwerken passiert, um welche Konflikte die Texte kreisen, wie die Ensembles beschaffen sind. Holt man die Stücke, aus Neugier oder aus einem typisch deutschen pedantischen Hang und Drang zur Vollständigkeit selten genug doch einmal auf die Bühne – was im Bayreuther Festspielhaus natürlich nie geschieht, weil der mystische Abgrund doch nicht etwas so Profanes gebären darf wie Große Nummern-Opern, wie Koloraturen, unverständlich durcheinander schreiende Massenchöre, Rezitative und Arien –, dann gelten die Aufführungen der frühen Opern nahezu als Kuriositäten. In kaum einer Kritik fehlt das Wort «Jugendsünde». Da es sich in der Tat keineswegs um große, höchst anspruchsvolle Musikdramen handelt, fallen die Inszenierungen meist entsprechend neckisch, munter, aufgeräumt aus. Selbst Jean-Pierre Ponnelles bunt-brillante Münchner *Liebesverbot*-Darbietung von 1980 machte da keine Ausnahme. Beim *Rienzi* bereiten die Längen Verdruß, die Kintopp-Katastrophen, die immer fürchterlich abgeschmackten «Friedensboten» mit ihren weißen Gewändern, Palmwedeln und Silberstäben. Die *Feen* gar, deren Text konfus und undurchschaubar wirkt, falls irgendein wohlmeinend ahnungsloser Mensch ihm unvorbereitet begegnet, ihn also nicht mit heißem Bemühen vorher studiert hat (es ist da unmöglich, auch nur halbwegs zu verstehen, inwiefern ein stets im Hintergrund bleibender Senior-Zauberer namens Groma für alle möglichen Verwandlungen und Happy-End stiftenden Wunder sorgt), die *Feen* scheinen kaum mehr als eine albern operettenhafte, günstigstenfalls muntere Fee-erie zu sein, falls man den Opernführern Glauben schenkt.

Auch ich hielt lange Zeit Wagners frühe Opern für banale Ungetüme. Abgeschreckt durch ebenso seltene wie unbefriedigende Aufführungen, durch die gelegentlich im Rundfunk erklingenden konventionell wirkenden Ouvertüren und durch trübe szenische Ausschnitte habe ich nachgeredet, was die «communis opinio» und viele *Fachleute* sagen: nämlich daß Wagners Laufbahn als Komponist und Dichter erst mit dem *Fliegenden Holländer* beginne. Richard Wagner selber behauptet das in seiner Autobiographie ja auch. Erst seit der Mitte der achtziger Jahre vertiefte ich mich ausführlich in den Text und in die Musik der drei Jugendopern. Tat es keineswegs mit jener wohlwollenden oberlehrerhaften Nachgiebigkeit, die bei allem irgendwie Gelungenen schulterklopfend lobt: «Erstaunlich für einen Zwanzigjährigen», und bei allem Zweitklassigen, Ärgerlichen, Banalen aber wangentätschelnd tröstet: «Na ja, er war schließlich erst zwanzig.» Nein – ich verlangte mehr von den *Feen* (dem am meisten unterschätzten, weitaus unbekanntesten der drei Werke), vom *Liebesverbot* und vom gefährlich demonstrativ auf Effekt getrimmten, allzu gut gemachten *Rienzi*. Nämlich Qualitäten, die so eindeutig, beschreibbar, nachvollziehbar, kräftig und «tragend» sein müssen, daß sie die offenbar existenten Schwächen auszugleichen, ja zu übertönen vermögen.

Mein Fazit: öffentliche Meinung und Opernbetrieb tun dem verfemten Frühwerk Wagners Unrecht. Es handelt sich um drei Opern, deren Stärken noch zu entdecken, zu reflektieren, unserem Wagner-Bilde einzufügen sind.

Als Wagner die *Feen* komponierte, äußerte er sich natürlich keineswegs jovial und geringschätzig über seine Arbeit (das kam später). Am 11. Dezember 1833 schrieb der Zwanzigjährige aus Würzburg an seine Lieblingsschwester Rosalie:

> ...Nun, Liebste, die *Komposition* meiner Oper ist fertig, und ich habe nur noch den letzten Akt zu instrumentieren! Meine etwas pedantische Manier, die Partitur sogleich so sauber und nett wie möglich zu schreiben, hat mir das Instrumentieren am allermeisten bei meiner Arbeit aufgehalten; – jedoch denke ich, wenn ich recht fleißig bin, werde ich ohngefähr in drei Wochen auch mit dieser letzten Arbeit an meiner Oper fertig

sein, und so etwa in vier Wochen hier abreisen können. – Wie soll ich Dir aber beschreiben, in welcher Stimmung ich in der letzten Zeit immer gearbeitet habe! ...O, Gott gäbe, daß ich Dich in Deinen freudigen Erwartungen nicht täusche; – es kann ja aber nicht sein, – es ist mir ja alles so aus meiner innersten Seele geflossen, – und man sagt ja, daß das auch wieder in die Seelen anderer überginge. – – Morgen ist ein Konzert, zu dem ich ersucht wurde, ein paar Nummern aus meiner Oper herzugeben. Eine Dilettantin mit schöner Stimme wird die große Arie der Ada singen, und dann wird von derselben, von Albert (Wagners Bruder, der Sänger in Würzburg war. J. K.) und noch einem jungen Bassisten ein Terzett daraus vorgetragen. Letzteres schließt sich an die Introduktion des zweiten Aktes an und ist die Situation, in der Arindal mit Morald in sein Reich zurückkehrt, und von seiner Schwester Lora empfangen wird. Der Chor begrüßt ihn jubelnd als seinen König, doch er unterbricht denselben mit schmerzvollen Äußerungen... Er ist den Träumen des Feenlandes entrückt, findet in seinem Reiche alles verwüstet und verloren, alles mahnt ihn an den aus Gram um ihn verstorbenen Vater, und zu dem allen kommt noch die Verkündigung Adas von den Schrecken, die ihm an diesem Tage bereitet seien. – Somit wird der Übergang in jene Stimmung gebahnt, in der er nachher im Finale Ada entgegentritt. Dagegen fühlen sich Lora und Morald durch Arindals Rückkunft neu erhoben und sehen einem glücklichen Ausgang des Kampfes entgegen. Diese Stimmung bezeichnet das Thema des eintretenden Allegros, dessen feierliche Erhebung Albert in der Probe so sehr packte, wie er mir versicherte, daß er nicht weiter singen konnte, und sechzehn Takte vorüberließ, ehe er weiter singen konnte. Diese Störung war mir angenehmer, als wenn er richtig fortgesungen hätte. Und dies ist im Grunde noch eine der unbedeutendsten Nummern; da habe ich z. B. im dritten Akt ein Terzett, in dem Arindal aus dem Wahnsinn erweckt wird, und er allmählich fühlt, daß dieser durch den Ruf seiner Gattin gewichen sei ...

So engagiert steckte der junge Wagner in seinen *Feen*, so bewußt disponierte er Stimmungs-Übergänge, er, der spätere Meister der Kunst des kleinsten Übergangs. Wagner schließt den Brief an Rosalie mit einer rührenden, aufrichtig herzlichen Coda:

Ich kann nichts weiter tun, als Euch innigst bei allem um Eure Güte und Nachsicht zu bitten! – Gott, ich bin ja erst zwanzig Jahre alt!

Daß ein junger Komponist mit Feuereifer und sorgfältigen Überlegungen arbeitet, daß er wegen seines gerade entstehenden Werkes auf ein Stellenangebot verzichtet, daß er nach Vollendung seiner Oper heftig bestrebt ist, sie auch aufgeführt zu sehen – es ist mehr oder weniger selbstverständlich, besagt gewiß nichts über Gelingen oder Mißlingen. Und wenn dann die Enttäuschung darüber, daß eine fest zugesagte Aufführung in Leipzig doch immer wieder hinausgezögert wird und endlich überhaupt nicht zustande kommt, den jungen Mann zu einer Erholungsreise nach Böhmen animiert, wenn während dieser Reise bereits sein nächstes Werk in ihm keimt, woraufhin er den Erstling ziemlich umstandslos zu vergessen scheint – so beweist auch ein solches Verhalten wenig über Qualität oder Fehlschlag, sondern höchstens einiges darüber, wie rasch sich bei jungen Leuten Interessen, Passionen, Begierden ändern.

Indes wäre festzuhalten: An Wagners ernsthaftem schöpferischen Engagement sowohl für die *Feen* wie auch (noch mehr) für das *Liebesverbot* dürften keinerlei Zweifel bestehen. Es waren für ihn nicht bloß Fingerübungen, Geläufigkeitsstudien. Bei näherer, genauerer Betrachtung der Stücke zeigt sich denn auch, daß der junge Komponist nicht etwa erst allmählich aus einem besseren Bohemien und Dilettanten zum Genie heranwuchs, sondern von Anfang an eines war. Man produziert nicht mit zwanzig Jahren talentloses Opernzeug und schenkt der Welt dann mit dreißig den *Tannhäuser*. Der Librettist und Komponist der *Feen*, des *Liebesverbots* und des *Rienzi* steht von vornherein, zumindest einige grandiose Szenen lang, durchaus als ein Genie vor uns, nur eben nicht gleich als Opern-Reformator und Bayreuther Meister.

Gnadenlos spottete der reife Wagner später über seine frühen Werke, und man hat ihm die Selbstkritik abgenommen. Ludwig II. schenkt er Weihnachten 1866 die Partitur des *Liebesverbotes* mit folgender Widmung:

> Ich irrte einst, und möcht' es nun verbüßen;
> wie mach' ich mich der Jugendsünde frei? –
> Ihr Werk leg' ich demüthig dir zu Füßen,
> daß deine Gnade ihm Erlöser sei.

Seinem *Rienzi*, den er freilich auch mal einen «Schreihals» nannte, stand Wagner alles in allem wohl gnädiger gegenüber. Mit dieser populären Großen Oper – auch wenn sie ihm entschieden weniger am Herzen lag als der *Fliegende Holländer* – war doch zumindest etwas zu verdienen. Liszt mühte sich freundschaftlich um eine *Rienzi*-Inszenierung in Weimar. In einem Brief an Liszt sprach Wagner ungeniert aus, worum es ihm bei *Rienzi*-Aufführungen eigentlich ging:

> O liebster! liebster Franz!
> Du antwortest mir viel zu pathetisch! Laß mich Dir meinen letzten Brief ganz humoristisch realistisch kommentieren! – Was Dingelstedt! Was Großherzog! Was Rienzi! – Alles dummes Zeug. – Ich brauch' Geld.

Der Ton, in dem Wagner sich über seine Jugendopern mokierte, der Bannstrahl, den die Bayreuth-Ideologie auf alles Noch-Nicht-Gesamtkunstwerkhafte richtete (so, als ob der Sprung von gewissen *Feen*-Naivitäten zum *Tristan*-Tiefsinn nicht viel mehr Bewunderung und Respekt geböte, als wenn Richard

Wagner sozusagen mit dem fertigen Musikdrama im Kopf auf die Welt gekommen wäre): das hatte fürs allgemeine Wagner-Verständnis beträchtliche Konsequenzen. Nämlich einmal, daß Wagner von Feind und Freund für einen Spätentwickler sondergleichen gehalten wurde und wird. Und zum andern, daß auch enthusiastische und gescheite Bewunderer Wagners ohne Scheu von seinem Dilettantismus reden. Man scheint sich einig: Richard Wagner, lange Zeit ohne rechte Technik, ohne professionelles Know-how, ein Langsamstarter, Spätzünder... Diese Behauptungen seien nun an den Opern des 20- beziehungsweise 22jährigen überprüft. Zum Vergleich: Als Mozart, Inbegriff des Frühvollendeten, in dem Alter war, in dem Wagner die *Feen* hinter sich hatte und das *Liebesverbot* niederschrieb, da hatte Mozart ja noch nicht den *Idomeneo* oder die *Entführung* komponiert, sondern *La finta giardiniera* und *Il re pastore*. Verdi wiederum schrieb im Alter des *Liebesverbots*-Wagner gerade an seinem Erstling *Oberto* und keineswegs schon am *Nabucco*.

Zitate gefällig? «Keiner zwar hat schlechter als Wagner begonnen», behauptete Ernst Bloch in seiner *Philosophie der Musik* und fuhr fort: «Er war bedenklich und geschmacklos, und manches davon ist nicht ganz gewichen.»

Daß Wagner als Dilettant begonnen und nur langsam zu sich selber gefunden habe, war auch Thomas Manns Überzeugung. In dem berühmten Essay *Leiden und Größe Richard Wagners* (dem souveränsten Wagner-Essay deutscher Sprache) variierte Thomas Mann den Dilettantismus-Verdacht respektvoll: Wagners Kunst sei «ein mit höchster Willenskraft und Intelligenz monumentalisierter und ins Geniehafte getriebener Dilettantismus». Noch in Theodor W. Adornos scharfsinnigem, manchmal keck-maliziös überspitztem Wagner-Buch hallt das Dilettantismus-Verdikt nach: «Grobe Ungeschicklichkeiten im Satz und in der Akkordverbindung werden tatsächlich erst seit dem Lohengrin getilgt; Fehlleistungen der Modulatorik, des harmonischen Gleichgewichts lassen noch in den Meistersingern sich beobachten.»

II

Die *Feen* – Romantische Oper in drei Akten – beginnen mit schwebenden, langsamen, wenig charakteristischen E-Dur-Klängen. Dieses E-Dur symbolisiert, das wird später klar, die Welt jenes Feen-Reiches, in welches König Arindal, wenn die Handlung einsetzt, bereits seit acht Jahren aus seinem Königreich Tramond desertiert ist. Zu Hause wird Arindal dringend benötigt, da geht es drunter und drüber, und böse Feinde dräuen. Aber der junge König hat sich halt sterblich in Ada verliebt; eine Fee, die eigentliche Hauptfigur und interessanteste Partie dieser Oper.

Nach gut sechzehn Takten zarter und harmloser E-Dur-Melodik läßt eine «espressivo»-Geste in Moll aufhorchen. Sie klingt bedrohlich und wird einer feenhaften Girlanden-Figur, die bereits am Anfang des Vorspiels erschien, konfrontiert. Der junge Wagner wiederholt diese knappe, eindringliche Moll-Geste dreimal nacheinander, und zwar auf verschiedenen harmonischen Stufen (h-Moll, fis-Moll, cis-Moll werden schwebend gestreift). Es herrscht frühromantische Chromatik. Tremolo-Begleitung, leise Erregung. Wer die Stelle hört, dürfte sogleich auf Wagner tippen, weil sie, was die thematische Gestik und die Stimmung betrifft, durchaus an das fis-Moll-Vorspiel zum zweiten *Lohengrin*-Akt erinnert.

In solchen persönlichen Eigentümlichkeiten oder Eigenheiten, die zu einer künstlerischen Individualität gehören und sich darum erkennbar durchs Gesamtwerk eines Komponisten ziehen, liegt eine auffallende, aber nicht die einzige Qualität dieser Ouvertüre. (Erschüttert stellten Karl Böhm und die Berliner Philharmoniker, als sie sämtliche Mozart-Symphonien für die

Schallplatte einspielten, fest, daß in der ersten Symphonie, KV 16, des acht(!)jährigen Mozart bereits eine melodisch-mystische Es-Dur-Wendung komponiert war, wie sie Mozart auch in seinen späten Werken, etwa dem Klavierkonzert Es-Dur KV 482, benutzte.)

Bei der Betrachtung des *Feen*-Vorspiels wollen wir uns nicht nur um den Nachweis eines mehr oder weniger intensiven Personalstils kümmern, sondern um etwas Bezeichnenderes, Auffälligeres: darum, daß der zwanzigjährige Wagner die Orchesterfarben bewußt und koloristisch-prägnant einsetzte! Jene dreimal nacheinander erklingende Espressivo-Geste wird beim erstenmal dem Fagott überantwortet, beim zweitenmal der Klarinette, beim drittenmal der Oboe. Wenn sich danach die Melodie ihres großen Umfangs (verminderte Septime) entledigt und zur zarten, engräumigen Überleitung wandelt, dann haben die tiefen Streicher das Sagen. Danach werden wir von der entschieden beschleunigten «Girlanden»-Figur in ein Allegro con molto fuoco getragen, das wie ein mäßig inspiriertes Stück Carl Maria von Webers klingt, bald aber – inzwischen fesselnder geworden – besagte Moll-Geste aufgreift und wichtige Motive der folgenden Oper präsentiert.

Wahrscheinlich neigen Leser, die neugierig darauf sein mögen, mit welchen Argumenten hier Wagners Frühwerk rehabilitiert werden soll, jetzt der Ansicht zu, ich führte mein Plädoyer schlecht. Sind nicht bei der Charakterisierung des *Feen*-Vorspiels Formulierungen wie «wenig charakteristisch», «harmlos» oder «mäßig inspiriert» gefallen, die ja allesamt keine Komplimente darstellen, sondern durchaus jene Einwände bestätigen, die man gegen Wagners Frühwerk hegt? Darauf könnte ich auf zweierlei Weise antworten. Ich könnte die Konventionalität, die mangelnde Plastizität der (das Feen-Reich charakterisierenden) E-Dur-Einfälle oder auch jener Wendungen, die für optimistische, positive Liebes-Bekundungen einstehen, hier schlicht und gewiß nicht unzutreffend als Folgen einer übergeordneten Dramaturgie erklären und sanktionieren. Das Dämonische, Bedrohliche, Entsetzliche spricht sich beim frühen Wagner halt plastischer und avancierter aus als das Harmlose und Idyllische. Auch im *Fliegenden Holländer* frappiert der offenkundige Kontrast zwischen einer relativ konventionellen Musik um den jovialen Kapitän Daland und der finster-charakteristischen Leidenssphäre um die verfluchte Titelfigur. Und daß im *Tannhäuser* die (1860, nach dem *Tristan*) komponierten Ekstasen des Pariser «Venusberg-Bacchanale» heftig abstechen von der harmloseren Musik der gut fünfzehn Jahre vorher entstandenen «Dresdner Fassung», hat Carl Dahlhaus nicht etwa als Stilbruch oder Divergenz beklagt, sondern «musikalisch-dramaturgisch als Ausdruck des Gegensatzes zwischen der alltäglich-natürlichen Welt, in die sich Tannhäuser zurücksehnt, und dem paradis artificiel, in dem Venus ihn zurückzuhalten versucht», rechtfertigen wollen.

Doch solche klugen Erklärungs-Umwege möchte ich gar nicht beschreiten. Ohne Umschweife sei eingeräumt, daß der junge Wagner – bei flüchtigem, oberflächlichem oder borniertem Hören der *Feen* vernimmt man es sofort, doch alles andere Gelungene eben leider nicht... – als Melodiker, als Kantilenen-Erfinder längst nicht so stark war wie etwa beim charakteristischen Abwandeln, beim dramatischen Steigern, beim wunderbaren und vielsagenden Verändern seines zunächst neutralen Materials.

Normalerweise verhält es sich umgekehrt. Bei jungen Komponisten funktioniert die sprudelnde Inspiration eher besser als die Kraft und die Konsequenz der verarbeitenden, variierenden Phantasie. Der junge Wagner aber brauchte szenische Entwicklungen, um Feuer zu fangen und seelisch Anteil zu nehmen. Wo keine handelnde Menschenseele zu beobachten, zu bemitleiden, zum Tönen zu bringen war, da blieb Wagners Musik kalt und leer. Seine frühen Symphonien und Klaviersonaten sind recht belanglos – weitaus schwächer als bereits die großen Verläufe und Affekt-Kurven der *Feen*-Oper. Gewiß, man spürt immer wieder das Vorbild Beethoven. Die große Florestan-Arie mit ihrem erstarrenden Schluß nach dem erregten Traum des Gefangenen, Leonores rasender Einspruch: «Töt' erst sein Weib» gegen den mordbereiten Pizarro: diese gewaltigen Urbilder müssen tief in des jungen Richard Wagner Seele gefallen sein. Aber weil er halt selber ein genialischer Kerl war und nicht bloß ein Epigone, darum konnte das Beethoven-Vorbild für ihn eminent fruchtbar werden – und zwar nicht bloß in den *Feen*, sondern auch im *Liebesverbot*, wo Wagner sich laut Autobiographie doch bereits von Beethoven ab- und Rossini, Auber, Marschner zugewandt hatte.

Der junge König namens Arindal, der acht Jahre verliebt bei Ada im Feenreiche weilte und dort Vater zweier Kinder wurde, ist also von seinen Landsleuten im Walde wiedergefunden worden. Den Aufenthalt im Feenreich hat er sich verscherzt, weil er ein Frageverbot brach: er hatte versprochen, nicht von seiner Gattin erfahren zu wollen, «wer und woher sie sei». Jetzt, vor dem ersten Finale, singt er mit den Seinen (die froh sind, ihren König wieder nach Hause führen zu dürfen) vor Beginn des großen ersten Finales ein Quartett. Text der drei Zufriedenen: «Oh, welches Glück! Er willigt ein». Text des jungen Königs, der zwar zugestimmt hat, aber unglücklich ist: «Oh, wer ermisset meinen Schmerz! Ich soll die Gattin nicht mehr sehn!» Das Quartett beginnt, nach erregten Ausrufen und Wendungen, mit einer schwungvollen «dolce»-Melodie der drei seligen Heimkehrer: «Nach meiner Heimath ziehe ich, zu unsren hübschen Mädchen hin» (so der offenbar unverheiratete Tenor-Buffo). Die beiden anderen setzen da brav den Namen ihrer jeweiligen Gattin oder Gefährtin ein. Daß der Text dieses Jubel-Quartetts, welches durchaus ans erste *Tannhäuser*-Finale erinnert (wenn die Ritter froh sind, den Tannhäuser wiedergefunden zu haben und zur Wartburg bringen zu können), daß dieser bemerkenswert schlichte Text die

Grenzen des Sagbaren erweitere, kann kein Menschen behaupten.

Doch meisterhaft komponiert und gesteigert ist das Quartett durchaus! Der Jubel-Schwung steigert sich: Weil aber Arindal der einzige Nicht-ganz-Glückliche ist, fügt er dem B-Dur-Ensemble, in dem sein Tenor als höchste Stimme erscheint, immer wieder die kleine Moll-Sext hinzu. Wagner charakterisiert das Stück fesselnd genau durch – und da das Ende des Quartetts nicht das Ende des Aktes darstellt, gibt er keinen zündenden Schluß, sondern einen verdämmernden. In doppelt langsamen Notenwerten versehren die Bläser das eben noch so muntere «Nach meiner Heimath ziehe ich» – ein elegisches Changieren zwischen Moll-Sexte und Dur-Terz schafft dabei eine spannungsvolle Unentschiedenheit.

Zu Beginn des ersten Finales wartet Arindal nun allein in einer Waldlichtung. Die Nacht bricht herein. Arindal will aufbrechen, «fühlt... sich plötzlich ermatten und sinkt allmählig auf einen Stein nieder». Eine nicht besonders auffällige Geste aus einem Viertel, drei Achteln und punktierter Terz-Bewegung leitet dieses Verdämmern ein.

Diese Geste wird oft wiederholt. Später, wenn Arindal endlich erwacht, seine Gattin wiedersieht und von ihr erfährt, unter welchen kaum erfüllbaren Bedingungen die beiden vielleicht doch zusammen weiterleben können, begegnen wir der Geste im Allegro-Duett noch einmal.

Aber zunächst, bei Arindals Ermatten, führt Wagner ein zwingendes Exempel psychologischer motivischer Arbeit vor. Mit reicher harmonischer Phantasie stellt er beim «Doch, was bemächtigt meiner Glieder sich? Ich will hinweg, doch weigert sich mein Fuß; mein Auge sinkt, – ist diess der nah'nde Schlummer?» den Verlauf eines Affektes und zugleich die Kunst des Überganges eindringlich überzeugend und mitleidsvoll dar.

Zu Beginn des dritten Aktes, wenn Arindal wegen seines Versagens vor Trauer wahnsinnig geworden ist, wird sich am

Ende der wilden Wahnsinnsszene ein solcher herrlich auskomponierter Übergang von der Verrücktheit zur Verzweiflung wiederholen. (Mir fällt kein anderer zwanzigjähriger Komponist ein, der so etwas gekonnt hätte. Und falls irgendein blutjunger Musiker in der Operngeschichte dergleichen tatsächlich vermocht haben sollte, dann würde er zweifellos als enormes Talent, ja Genie gelten – es sei denn, er hätte später das Musikdrama erfunden und die Kunstreligion Bayreuth geschaffen.)

III

Nichts im Bereich der Musikschriftstellerei ist für Leser (aber auch für den Autor) quälender als jene gedrängten, opernführerhaften Handlungszusammenfassungen, die zu verstehen sich jeder vernünftige Mensch unwillkürlich und ungeduldig weigert, weil man erstens doch nie einleuchtend erfährt, was warum wie zwischen welchen verfeindeten, verheirateten oder verliebten Figuren passiert, und weil man zweitens weiß, daß die «Handlung», also der «Inhalt», keineswegs mit dem «Gehalt» eines Dramas oder gar einer Oper gleichzusetzen ist. Trotzdem muß der Leser ohne diese Informationsinsel im Meer bloßer Beschreibungen und Deutungen versinken. Liefern wir also eine formalisierte Inhaltsangabe nach:

In den *Feen* gibt es zwei Parteien. Das Feen-Reich, dessen Angehörige die Fee Ada gern als künftige Königin behalten wollen, während Ada, die einen Sterblichen zu lieben wagt, auf die Feen-Blässe der Unsterblichkeit verzichten möchte.

Dies wäre das Feen-Reich. Es steht für Götter oder Aristokraten. Sowohl der Feen-König als auch die «Freundinnen» der Ada möchten, daß Ada ihren irdischen Geliebten einbüßt und ihnen erhalten bleibt.

Die andere Partei ist der menschlich-irdische Staat Tramond. In Tramond starb der alte König. Sein Sohn, der junge König

Arindal, ist seit acht Jahren verschwunden. Dort führt jetzt Arindals Schwester namens Lora die Geschäfte. Aber weil das Reich bedroht ist und Arindal fehlt, scheint sich Tramonds Untergang anzubahnen.

Angenehmerweise existiert in Tramond ein Zauberer, der nicht auftritt, wohl aber als «Stimme» hörbar wird. Er hilft, den Prinzen wiederzufinden und sogar das endgültige Märchen-Happy-End herbeizuführen.

Diesem Happy-End stellt sich Gewichtiges entgegen. Die Ehe zwischen Arindal und der Fee Ada basierte nämlich auf einem Frage-Verbot: Arindal durfte viele Jahre lang keine Auskunft über die Gattin begehren. Er tat es gleichwohl und wurde aus dem Feen-Paradies vertrieben.

Freilich hat der Unglückselige noch eine Bewährungs-Chance. Er soll geprüft werden – so wie einst Orpheus geprüft wurde, der unter einer bestimmten (für jeden wirklich Liebenden unerfüllbaren) Bedingung seine Eurydike aus dem Totenreich zurückbekommen hätte. Von Arindal wird also verlangt, daß er seine Gattin nicht verflucht – auch wenn sie vor seinen Augen noch so entsetzliche Untaten verübe. Adas Gefährtinnen wissen, daß kein Sterblicher derart standhaft sein kann. Und noch schlimmer: Ada selbst weiß es auch. Wenn aber ihr Mann sie verflucht – dann muß er sterben, und sie wird zu Stein, so wie in Strauss/Hofmannsthals *Frau ohne Schatten* der junge Kaiser.

Es kommt, wie es kommen muß: Wenn Ada vor den Augen ihres Gatten die eigenen Kinder zu töten scheint, wenn sie gar am Untergang des Reiches Tramond schuld zu sein scheint – dann verflucht Arindal die Gattin: «Ich war von je betrogen... Von jenen Zauberinnen bist Du eine, die zum Verderben uns mit Lieb umstricken! Du hieltest mich in schnöden Banden fest, verlocktest mich durch bösen Trug!... Um grausam mich zu quälen, gabst meinen Kindern Du den Feuertod, zertrümmertest mit arger List mein Reich, ich selbst bin der Verzweiflung preisgegeben!... Verruchtes Weib, sei denn verflucht!»

Nun ist das Unheil geschehen. Ada zeigt, daß sie Arindal prüfungshalber grausam täuschen mußte, während er ihr nicht genug vertraute. Arindal wird wahnsinnig. Ein Glück, daß der Zauberer Groma für einen – nach der fesselnden Wahnsinnsmusik ziemlich matt komponierten, aber gut ausgehenden – Schlußakt sorgt. Mit den Klängen einer Harfe (das erinnert wiederum an Orpheus) und lauter hilfreichen Ratschlägen gelingt es Arindal, die Schreckensfiguren des Feen-Reiches zu überwinden, seine versteinerte Gattin zu befreien, neben Ada zum Feen-König erhoben zu werden. Im befreiten Tramond regiert nun Arindals Schwester Lora samt Ehemann.

Als Vorlage für dieses von Wagner verfaßte Textbuch diente ein Stück von Carlo Gozzi: *La donna serpente*.

Was kann nun Wagner an dem Märchenstoff, der zu seinem ersten vollständigen Bühnenwerk wurde, gefesselt haben?

Ins Auge fallen zunächst einige Analogien. Daß Lohengrins Frage-Verbot hier gleichsam geschlechtsverkehrt erscheint. In den *Feen* ist es die Frau, die «Höhere», die nach ihrer überirdischen Abstammung nie – zumindest acht Jahre lang nicht – befragt werden soll. Daß ein alter König stirbt, weil sein Sohn die Pflicht versäumt, gemahnt an Titurel und Amfortas. Daß eine Heldin, also die Ada, lieber menschlich (alles erdenkliche Unglück in Kauf nehmend) liebt, als halbgöttlich feenhaft-kühl zu bleiben, antizipiert Brünnhildes Entwicklung von der todverkündenden Walküre, die als Überirdische für Siegmunds und Sieglindes Liebe zunächst kein wirkliches Verständnis hat, bis zu ihrer Zurückweisung der Waltraute in der *Götterdämmerung*. Weil Brünnhilde den Siegfried irdisch-menschlich liebt, erscheint ihr nun die ehemalige Kriegskameradin Waltraute als «fühllose Maid», der sie patzig den Abschied gibt: «zu mir nie steure mehr her!» Offenbar haben alle diese Motive bereits den blutjungen Wagner berührt, beunruhigt, befeuert – sonst hätte er einen anderen Text gewählt.

Doch die theatralische Produktivität des jungen Genies wurde von anderen Eigenschaften des Librettos noch mehr mobilisiert. Der junge Wagner hat gewußt, daß die Schrecken, die jemand sich in angstgeschüttelter Phantasie ausmalt, schlimmer sein können und sind – als das konkrete Unheil selber. Ada, die ihren Arindal grausam prüfen muß, ahnt von vornherein das Schlimme: «Weh mir, schon naht der Anfang meiner Leiden.» Während sie das Unglück voraussieht, hat der liebende Arindal, der sicher ist, die Gattin nie zu verfluchen, von der bevorstehenden Katastrophe keinen Schimmer. Er ist taub für Adas unheimliche Verkündung – und schwört eilig, was er nicht wird halten können.

Nach diesem Eid komponiert Wagner einen Adagio-Chor. Sein erstes *kontemplatives Ensemble*: «Was ist wohl die Bedeutung von dem, was er beschwor?» Hier kommt dem Jungkomponisten zustatten, daß er als Chorleiter in Würzburg offenbar viel gelernt hatte: die Ensembles sind wohlausgehört und fesselnd gesteigert. Richard Strauss hat den Chor «In wildem Brüten muß ich sie gewahren» aus dem zweiten *Lohengrin*-Akt als «kontemplatives» Ensemble gerühmt. Da Strauss selber am 29. Juni 1888 als 22jähriger am Münchner Prinzregententheater die Erstaufführung der *Feen* einstudierte, hätte er ein Beispiel für den Typus des *kontemplativen Ensembles* auch bereits aus den *Feen* zitieren können. Oder aus dem zweiten Akt des *Liebesverbots* das As-Dur-Adagio-Ensemble: «Sie schweiget in stummem Schmerz, was hat er ihr vertraut?»

Streng ritualisierte Prüfungen in Schauspielen oder Opern gehören zu den wirksamsten Szenen der Bühnenkunst, Theater auf dem Theater. Je genauer man weiß, worum es geht, desto spannender wird es – nichts auf der Bühne ist langweiliger als unmotivierte Überraschungen.

Die Prüfungsszene in den *Feen* steigert nun dieses theatralische Moment noch um eine wilde Energie. Denn die Person, die hier den Arindal entsetzlich prüfen muß, ist keine objektive oder zynische Instanz, sondern sie leidet unter der Heftigkeit ihrer grausamen Prüfungs-Aktivitäten. Ada muß tun, was sie tut. Sie sieht, was sie bewirkt und ist zerrissen vor Schmerz, während sie Arindal zum Fluch zwingt. Es ist, als ob Beckmesser voller Mitleid reagiere, während er als Merker Stolzings die Fehler anstreicht, oder – noch triftiger – als ob man Kundrys Qualen sehe, während ihre Verführungskunst funktioniert. Ada beginnt als Koloratur-Sopran, dann wird sie zur schmerzerfüllten Heldin einer Rettungs-Oper, in der sie selbst nur eben nichts zu retten vermag. Im *Liebesverbot* wiederum wächst die entschlossene Isabella von einer fast lyrischen Koloratur-Sängerin zu einem beinahe hochdramatischen Sopran.

Schon in den *Feen* fühlt sich Wagner beim Schrecklichen besonders wohl. So sehr ihm der mittlere Konversationston hier auch noch fehlt, so innig ist er in seinem Element, wo die Situationen sich zuspitzen. Wenn Ada um den Schwur bittet, gleich wieder Angst bekommt (*schnell*: «ach schwöre nicht»); wenn Arindal im Forte donnert: «Ich schwöre Dir's», die boshaften Gefährtinnen feststellen: «Habt ihr's gehört. Er hat geschworen!» und Ada verzweifelt schreit: «Weh' mir, er hat geschworen» – dann herrscht großes Opern-Pathos.

Ada weiß nur zu gut: «Ich häufe selbst die Schrecken an... sein letzter Stern, die Liebe, sinkt», was eine Anspielung darstellt auf Leonores: «Laß den letzten Stern der Müden nicht erbleichen, erhell ihr Ziel, sei's noch so fern, die Liebe wird's erreichen» aus dem *Fidelio*. Schreit aber Ada kurz vor der Katastrophe: «er rächt sich – und *verflucht sein Weib*», dann steigert sich die Anspielung zum Zitat. Denn das «und verflucht sein Weib» zitiert das «Töt erst sein Weib» des Fidelio musikalisch fast tongetreu!

Je wüster die Vorgänge, desto aufregender die Musik. Untergangsrausch – gleichviel, ob als Ende der bürgerlichen Welt, des Judentums, Rienzis im zusammenstürzenden Capitol, der germanischen Götter im brennenden Walhall – ist von Anfang an ein Existential des wagnerianischen Fühlens gewesen. Auch in den *Feen* donnert's fortissimo: «Zu Trümmern stürze alles hin, der Beste ist gefallen.» Mit enthemmtem Schwung wird das «Zu Trümmern stürze alles» gesteigert, wiederholt, beschworen.

Psychologisierende Motiv-Abwandlungen, das Prüfungsritual, die Doppelfunktion von Ada, der wilde Zerstörungsrausch: dergleichen ist hier nicht etwa ungeschickt oder «dilettantisch» komponiert – sondern höchst wirkungsvoll, ja fast zu routiniert, zu clever. Der zwanzigjährige Wagner war wirklich noch nicht lange Kapellmeister, aber seine *Feen* scheinen eher bedroht von der Aufgeblasenheit abgekarteter Kapellmeister-Routine als von jener Ungeschicklichkeit oder Unreife, die alle diejenigen dem Werk zuschreiben – die sich nach ein paar oberflächlichen Eindrücken oder Einblicken offenbar davon dispensiert glaubten, die *Feen* ernstzunehmen und genau zu studieren.

Zu leugnen, daß es – neben beträchtlichen, grandiosen Stärken – auch enorme Schwächen gibt in dieser Erstlingspartitur, wäre schlicht unwahrhaftig. Eine Aufführung, die den *Feen* Gerechtigkeit zuteil werden lassen will, eine Schallplatten-Einspielung, die des jungen Wagners Stärken retten möchte – was übrigens der 1977 mit kaum bekannten Wagner-Sängern sehr intensiv dargebotenen Edward-Downes-Interpretation aus Manchester entschieden besser gelingt als der «höher» besetzten, nur leider etwas pauschalen Sawallisch-Aufnahme bei Orfeo (1983), der man anmerkt, daß es den Solisten nicht immer glückte, rückhaltlos an die Partitur zu glauben und sie nicht nur als hübsche Vorstufe oder Anfänger-Arbeit zu empfinden – eine angemessene Schallplatten-Einspielung oder gar ein *Feen*-Film müßten selbstverständlich auch die Schwächen dieser romantischen Oper reflektiert haben, Striche und Retuschen riskieren, statt alles Gegebene mehr oder weniger achselzuckend hinzunehmen.

IV

Wollte man das, was an den *Feen* anfängerhaft oder irritierend wirkt, auf eine Formel bringen, dann müßte man sagen, der junge Wagner war wenig «wählerisch». Diese beim Erstlingswerk eines (Musik-)Dramatikers nicht allzu schwerwiegende Schwäche – Feinsinn, das Streben nach Erlesenheit, Eleganz und sublimem Niveau gehören gewiß nicht zu den Haupteigenschaften von Autoren, die für die Bühne schreiben und auf der Bühne wirken wollen – beeinträchtigt die *Feen*-Oper in folgender Weise: bei der Musik legt es der junge Wagner, ob nun aus Gleichgültigkeit oder aus Unvermögen, weniger auf die *Schönheit* an als auf die *Deutlichkeit* der Kontrastierung. Später, als seine Opern Gespinste von Leitmotiven werden sollten, sah er sich zu größerer Vorsicht gezwungen. Wir wissen, wie sehr er gejammert hat über Unvermögen oder Krisen: doch ein banales oder uninspiriertes «Leitmotiv» konnte sich der reife Wagner platterdings nicht leisten. Denn eine solche Schwäche hätte ja nicht bloß einen *Moment* tangiert (so wie in der traditionellen Oper halt eine weniger inspirierte Arie nur gegen sich selber spricht und schlimmstenfalls wegbleiben kann), sondern des Werkes *Totalität*, die sich aus den immer neuen Zuordnungen immer wiederkehrender Leitmotive zusammensetzt. So gibt es im *Ring* kein wirklich schwaches, kein mißlungenes Leitmotiv.

Solche Vorsicht lag dem *Feen*-Komponisten fern. Ob man die Ouvertüre mustert, die schwungvollen großen Ensembles, die wirkungsvolle Wahnsinnsszene Arindals, wo der Verstörte die Geliebte als Hirschin imaginiert und in wüster Jagd Hunde auf sie hetzen läßt: der Rang dieser Stücke besteht weniger in der Qualität des ersten Einfalls als in der Konfiguration von Kontrasten. Die Nummern werden – salopp gesagt – immer viel besser, als sie beginnen. Arindals Wahnsinnsszene steht in f-Moll wie die Introduktion und Arie des Florestan zu Beginn des zweiten *Fidelio*-Aktes. Wir finden, wie auch bei Beethoven, bereits am

Anfang des Vorspiels einen Lamento-Baß (also eine chromatisch absteigende Baß-Figur). Hinzu kommt beim jungen Wagner eine Wildheit des Tremolo und der Akzente, welche auf die dämonische Kraft des Vorspiels zum *Fliegenden Holländer* verweist. Doch der Zusammenbruch von Arindals Energien in dieser Szene sowie das empfindsam durchchromatisierte E-Dur («Es reicht sich eine Hand mir dar, voll Liebe führt sie mich hinauf») des dann folgenden tröstlichen Traumes – Schumanns Eusebius aus dem *Carnaval* und Isoldes «Liebestod»-Verzückung scheinen sanft imaginiert –, diese Fülle der Kontraste beeindruckt in ihrer zwingenden Folge noch weit mehr als die jeweiligen Einzelheiten.

Davon, daß auch in der Ouvertüre die Hauptmotive weniger durch sich selbst als vielmehr dank ihrer Gegensätzlichkeit wirken, war schon die Rede. Wie wenig wählerisch der junge Wagner komponierte, wird deutlich, wenn man das eigentliche zweite Thema dieser Ouvertüre (das etwa die Funktion hat wie Sentas Erlösungsmotiv im *Holländer*-Vorspiel) mit Adas Darbietung dieses Themas im großartigen Finale des zweiten *Feen*-Aktes vergleicht. Das «O Himmel, schütz ihn, schütz ihn vor Verdacht» scheint im Finale noch veredelt und bereichert. Im Eifer des Gefechtes fiel dem jungen Genie halt immer noch etwas «dazu» ein: So ist wirklich staunenswert, was er aus einem kleinen, kommentierenden Motiv in jenem Chor und Terzett, von dem er im Brief an Rosalie so enthusiastisch berichtete, wiederholend und steigernd herauszuholen weiß. Dergleichen erwartet man wirklich nicht, nachdem dieses Stück ziemlich unbefangen so begonnen hatte wie Beethovens Tripelkonzert Opus 56.

Beim Komponieren der *Feen* verhielt sich Wagner manchmal unwählerisch, weil er keine Leitmotiv-Verantwortung spürte, weil er es auf Kontraste und Steigerungen anlegte und nicht auf «schöne Stellen». Bei einigen «Nummern» (Romanze des Gernot, Aria der Lora, am störendsten beim schwachen, trotzdem rettenden Harfen-Gesang des Arindal im dritten Akt) ließ ihn zudem die Inspiration ein wenig im Stich. Aber kann ein vernünftiger Dirigent nicht auch mal streichen? Was die gelegentlich unwählerische Text-Gestaltung betrifft, so hat sie teils mit Sorglosigkeit zu tun, teils auch damit, daß der junge Wagner ein allzu ungebrochenes Verhältnis zum Humor unterhielt. Er mußte zum reifen Künstler werden, bis ihm die *Meistersinger*-Dichtung möglich war. Mit Ausnahme der wirklich bezaubernd komischen Brighella-Dorella-Szene aus dem *Liebesverbot*, deren Heiterkeit und Smetana-haft slawisch inspirierte Süffigkeit niemand bei Wagner vermuten dürfte – wirken die Witze des *Feen*-Komponisten läppisch. Wenn ein gewisser Gernot und eine überflüssige Drolla miteinander die Eifersuchtsszene eines Dienerpaares vorführen und am Ende versöhnt davonlaufen – dann glaubt man sich während dieser harmlosen, nett melodischen Szene in einer Operette. Der junge Wagner dachte wohl, dergleichen gehöre dazu. Platten Wortwitzen stehen freilich auch Sätze von dramatischer Intensität gegenüber: Ada, die um irdischer Liebe willen darauf verzichtet, «in Feenpracht unsterblich... zu blühn», schreit, da sie ihr Liebesglück entschwinden sieht, geradezu philosophisch auf: «Was, oh was ist die Unsterblichkeit! Ein grenzenloser, ew'ger Tod! Doch, jeder Tag bei ihm ein neues, ew'ges Leben.»

Nicht nach Harmlosigkeit, Feerie oder gar Heiterkeit sollte suchen, wer die Bedeutung von Wagners Erstling wahrhaft erkennen und recht eigentlich begreifen will, sondern danach, was an Ernst, Leidensfähigkeit und Leidenschaft in dieser Partitur steckt, die gewiß keine abgerundete, perfekte Oper ist, wohl aber ein geniales Reservoir. Man überschaut Wagners Größe nicht ganz, wenn man nichts weiß von der fesselnden Sopran-Partie der Ada oder von den kunstvoll ausgeführten Seelenzuständen und Zusammenbrüchen des Arindal. «Leubald und die Feen, Liebesverbot und Rienzi sind vom Schlage jener Stücke, von denen Gymnasiasten in Wachstuchhefte den Titel, das

Personenverzeichnis und die Überschrift ‹Erster Akt› zu schreiben pflegen» – spottete Adorno. Die *Feen* hat, wie es scheint, der wahrlich gebildete Wagnerianer Adorno kaum wirklich gekannt. Oder er hegte eine enorm hohe Meinung von den Fähigkeiten besagter Gymnasiasten.

V

«Rein will ich euch dem König übergeben», droht pathetisch der Statthalter Friedrich, der seinen Sizilianern Sittsamkeit beibringen will, aber später selber in Heuchelei und gemeine Passion versinkt. Darauf reagieren die Sizilianer frech, befremdet, spöttisch: »Mit welcher Salbung spricht der Mann, der Teufel hat's ihm angetan.» So geschieht es im *Liebesverbot*, in Wagners keckster, frechster, anti-autoritärster und heiter-anarchistischster Oper.

Daß «salbungsvoller Ton» etwas Belächelnswertes und Teuflisches sei, wirkt in einer Wagner-Oper überraschend. So ganz ohne Salbung äußern sich Rienzi, der *Tannhäuser*-Landgraf, Lohengrin, Pogner, Sachs und Amfortas ja nicht, ohne daß es ihnen gleich vorgehalten würde. Im *Liebesverbot* jedoch ist der hohe, moralisierende Ton verpönt, werden die Autoritäten samt ihren Stellvertretern grell blamiert – der richtende Statthalter ebenso wie der lustig-täppische Sbirren-Chef Brighella. Und es siegt am Ende das lebenslustige, dem heuchlerischen Herrn souverän verzeihende Volk. Obwohl sich der Bösewicht sogar reumütig selbst bezichtigt, erlösen ihn die Sizilianer: «Nein, das Gesetz ist aufgehoben! Wir wollen gnäd'ger sein als du.»

Wagner hat Shakespeares grimmige, menschenverachtende Komödie *Maß für Maß* zum *Liebesverbots*-Libretto nicht nur gekürzt oder eingerichtet, sondern radikal umfunktioniert, vom aristokratischen Kopf auf die demokratischen Füße gestellt. Hier lenkt nicht mehr ein gottähnlicher Herzog das Geschehen, indem er sich scheinbar zurückzieht, in Wahrheit aber unerkennbar (als Mönch verkleidet) stets dabeibleibt, Böse und Gute prüfend, die Intrigen-Handlung ersinnend. Ein solcher Harun ar-Raschid, diese allwissende Vaterfigur, fehlt bei Wagner. Die handelnden Menschen selber müssen (und können) sich im *Liebesverbot* auf listige Weise wehren – kein Fürst, Gott oder Vater herrscht, sondern das Volk.

Bei Shakespeare ging es auch keineswegs um die Aufhebung, sondern vielmehr um die Stärkung der Gesetze! Der Herzog hatte erkannt, daß in seinem Wien aus geltendem Recht ein unangewendetes, ein totes Recht geworden war. Nun soll und will in des Herzogs Abwesenheit der sittenstrenge Angelo Gesetz, Zucht und Ordnung wieder aktualisieren:

> Das Recht darf nicht zur Vogelscheuche werden,
> Als ständ' es da, um Habichte zu schrecken,
> Und bliebe regungslos, bis sie zuletzt
> Gewöhnt, drauf auszuruhn, statt zu fliehn.

Shakespeares *Maß für Maß* hat eine konservative, eine aristokratische Tendenz. Wer sich über des Volkes gutgemeinten Zuspruch freut, scheint dem allen überlegenen Herzog «kein Mann von reifem Urteil». Ihm schmeckt des Volkes «lauter Ruf, sein ungestümes Jauchzen» – genau das, was am Ende in Wagners *Liebesverbot* einspruchslos triumphiert! – gar nicht gut.

Kernstück des Wagnerschen *Liebesverbots* sind die großen Volksszenen, Chorszenen. Und zwar charakteristischerweise jene Momente, in denen das singende Volk *protestiert*: «Vor Wut und Ärger glühen wir... er raubt alle Lust und Freiheit hier.» Oder die geradezu ekstatische musikalische Steigerung, wenn die Sizilianer eine haarsträubende Gerichtsverhandlung zu sprengen drohen. Wo freilich am Ende der Oper – «Verbrennt zu Asche die Gesetze» – die radikale Freiheit positiv gefeiert und besungen werden müßte, da fehlt Wagner das große Pathos. Er begnügt sich mit einem sizilianischen Maskenfest und Charakter-Tänzen... Choralhafte Glücksverklärung zu komponieren so wie Mozart am Ende des *Figaro*, war Wagner hier nicht fähig. Zur Größe des Beethovenschen *Fidelio*-Schlusses, des Chores «Wacht auf» aus den *Meistersingern* langt es noch nicht, fehlt dem jungen Genie das affirmative Pathos. Die gleichsam kritisch-protestierenden Chöre indessen entwickeln einen hinreißenden, rücksichtslos überrennenden Schwung. Das Volk hat recht.

In den Protest-Chören vernimmt man noch jenen Beethoven-Überschwang, der für die *Feen* charakteristisch war. Auch das in den *Feen* zitierte «Töt erst sein Weib» der Leonore läßt sich hier wiederum andeutungsweise ausmachen, wenn Isabella im ersten großen *Liebesverbots*-Finale eingreift: «Erst hört noch mich!» Trotzdem ist nicht zu verkennen, daß Wagner, wie er später selber feststellte, im *Liebesverbot* versuchsweise auf dem Wege war, sich den Ausdrucksmitteln der italienischen Belcanto-Oper und der (französischen) Großen Oper zu nähern. Im *Liebesverbot* geht es ja nicht um märchenhafte Zauberverstrickungen, grausame Prüfungen, Wahnsinnsanfälle, sondern darum, daß Menschen einander überreden möchten, um Hilfeleistung bitten, Liebe empfinden und Liebe entzünden wollen. Shakespeares Drama hat dafür eine glanzvoll-metaphernreiche Rhetorik zu bieten. Was diese Poesie im Sprechdrama verrichtet, leistet in der Oper natürlich nicht das schöne verbale Argument, sondern die ausgeführte Kantilene. Wagner strich also Shakespeares grimmig-tiefgründige Gescheitheit weg, um Platz zu schaffen für seine Opernmittel. Die aber sehen im *Liebesverbot* anders aus als in den *Feen*.

VI

Ließ sich bei den *Feen* das Fazit ziehen, der zwanzigjährige Genius sei nicht sehr feinsinnig und «wählerisch», so klingen die Motive und Melodien des *Liebesverbots* zwar durchaus charakteristischer, persönlicher, gewinnender – aber unüberhörbar ist zugleich eine Tendenz zur Übertreibung. Alles wird bis ins Äußerste gesteigert. Hier bahnt sich jener Hang zum Kolossalen an, der sogleich im *Rienzi* kulminieren, also aus dem *Rienzi* die gewissermaßen größte aller Großen Opern – und nach Hans von Bülows vielzitiertem Witzwort «Meyerbeers bestes Werk» – machen wird.

Der junge Wagner übertreibt lustvoll. Isabella (die später den strengen Statthalter umgarnen soll, damit ihr Bruder vor dessen Urteilsspruch gerettet werde) und Mariana, die einst dieses Statthalters Verlobte war, aber aus politischem Ehrgeiz dann von ihm verstoßen wurde (dieses Motiv brachte übrigens Wagner neu hinzu – im Verhalten Tristans kehrt es unendlich gesteigert wieder) singen im Klosterhof. Zur Einführung der Klosterhof-Szene hören wir verdutzt das «Rom-Motiv» aus dem *Tannhäuser*. Es ist keine Anspielung, sondern genau erkennbar die Sache selber. Dann übertreffen die züchtigen Damen einander mit lyrischen Belcanto-Koloraturen, 32tel in Terzen, wie Bellini und Rossini sie nicht opulenter komponierten. Wagner forciert offenkundig. So wie in den hektisch gesteigerten Volkschören alle Beteiligten bis zur völligen Unverständlichkeit die verschiedensten Texte durcheinanderschreien, so wirken die überreichen Koloraturen nicht nur der beiden Frauenpartien, sondern auch des Tenors Lucio aufdringlich artifiziell. (Kein Wunder, daß jemand, der sich solches geleistet hat, später die rigorose Verständlichkeitsästhetik des Musikdramas wollte.)

Gewiß ist es statthaft, auch im *Liebesverbot* zu kürzen, schwache Nummern zu streichen, wenigstens zusammenzustreichen. Trotzdem raubt dem Stück viel von seiner kecken Unbefangenheit, wer alle Übertreibungen wegstutzt, die Koloraturen der Isabella und die überschäumenden Ekstasen der Chöre zähmt – wie es leider der Dirigent Robert Heger für nötig hielt, der eine hochbesetzte Schallplatten-Einspielung (Mitschnitt eines ORF-Konzertes) besorgte. Der Ambitus der Oper erscheint kleiner und harmloser, die Entwicklung der Isabella von einer Koloratur-Kunstfigur zu einer Hochdramatischen wird unbeträchtlicher, falls man das *Liebesverbot* geschmackvoll domestiziert.

Denn zur spannungsvollen Lebendigkeit dieser Partitur (auch hier, wie in den *Feen*, wirkt der Schlußakt am wenigsten überzeugend) gehört die manchmal fast aberwitzige Mischung aus frivol aufgedonnerter Opernhaftigkeit – und musikdramatischer Konsequenz. Dieses Spannungsfeld läßt aus der Isabella (der weiblichen Hauptrolle) eine interessante Charakterpartie werden. Dem Tenor Lucio indessen (ein Freund ihres Bruders Claudio, der die schöne Isabella dazu animieren soll, sich für ihren Bruder einzusetzen, dabei selber Feuer fängt und sie am Schluß sogar als Gattin heimführen darf) gelingt es bezeichnenderweise nicht zu interessieren, zur individuellen Gestalt zu werden. Da sind die schurkischen Baß-Rollen halt doch interessanter...

Wie aber sieht nun die Wirkungsweise musikdramatischer Logik gleichsam unter der Oberfläche dieser «Großen komischen Oper» aus? Bekanntlich bringt in Shakespeares *Maß für Maß* der väterlich überlegene, als Mönch das Stück durchgeisternde Herzog Isabella auf die Idee, sie möge doch dem Werben des heuchlerischen Statthalters zum Schein nachgeben, ihm dann aber Mariana im Dunkel der Nacht unterschieben, die mit dem Statthalter schon verlobt war und einst von ihm sitzen gelassen wurde, weil ihre Mitgift verlorenging.

Soviel Lustspielkonstruktion vertrug der 22jährige Wagner nicht mehr. In seinem *Liebesverbot* lenkt eben kein Gottvater-Herzog die Intrigen. Bei Wagner kommt die bedrängte Isabella selber auf ihre rettende Idee. Und zwar auf dem Wege einer logischen Deduktion!

Zunächst hat der Statthalter die schöne Bittstellerin in der Hand. Unter vier Augen unterbreitet er ihr sein zynisches Angebot: «Du hast in mich niemals geahnte Glut gehaucht...

Frei ist dein Bruder, wenn du selbst mich lehrst, wie himmlisch sein Verbrechen.» Das ist klar genug. Gleichwohl fragt Isabella sicherheitshalber nach: «Was willst du, nenn' es deutlich mir», um den Erhitzten zur Antwort zu nötigen: «Die höchste Liebesgunst von dir und frei ist dein Bruder Claudio.»

Jetzt schreit Isabella laut auf. Alle draußen sollen hören, was für ein Schurke dieser heuchlerische Asket eigentlich ist. Nur muß ein Schurke nicht notwendig auch dumm sein. Friedrich bringt sein aufgelöstes Opfer raffiniert zum Schweigen. «Bedenke», sagt er, «wer ich bin und wie du erscheinst... Du Törin sprich, wer wird dir glauben?» Und weil Friedrich in Palermo als kalter deutscher Tugendwächter gilt («Schickt ihn in seinen Schnee nach Haus, dort laßt ihn kalt und nüchtern sein», verspottete ihn das sizilianische Volk bereits im ersten Bild), spricht einiges dafür, daß er mit seiner gemeinen Spekulation durchkommen dürfte. In typisch Wagnerscher Weise reflektiert nun Isabella:

> Vor Wut und Scham glühn meine Wangen.
> Bin ich so elend, bin ich so schwach!
> O, wie könnt' ich ihn wohl vernichten?
> Enthüllen seine Heuchelei!
> Wenn ich ihn überführen könnte,
> und durch sein eigenes Gesetz,
> das frech er höhnet, ihn bestrafen?

Nun erleben wir, wie Isabellas Phantasie zugleich logisch assoziativ arbeitet:

> Doch sollt' ich selbst das Opfer sein?!
> O du betrogne Mariana!
> Mariana!

Dazu gibt Wagner die szenische Anweisung: *Sie springt von einem plötzlichen Gedanken ergriffen schnell auf.*

> Mariana? wie, o Götterlicht!
> Ha! wie begeistert mich die List!
> Statt meiner send ich ihm sein Weib,
> Ich überführ ihn durch die Tat,
> Und feßle ihn an die Verlaßne!

Heuchlerisch wendet sie sich nun an Friedrich, der wissen will, wozu sich sein schönes Opfer entschlossen habe.

> Du hast mich mächtig überwältigt.
> Was kann ich tun? ein schwaches Weib?

Ihr stück- und schicksal-entscheidender Einfall kommt Isabella mit jener logischen Plötzlichkeit, deren sich Wagner an entscheidender Stelle seiner größten Konzeption wieder besinnen wird. Nämlich im *Ring*, im *Rheingold*, wenn am Ende der heftig bedrängte Wotan seinen rettenden Einfall hat. *Er steht, wie von einem großen Gedanken ergriffen, sehr entschlossen!* Dazu ertönt im Trompeten-Fortissimo das Schwertmotiv. Wotans großer Gedanke sind die Wälsungen.

Die Art und Weise, in welcher Isabella, das Geschöpf des 23jährigen Wagner, assoziiert, kehrt sogar noch im *Parsifal* wieder. Während Kundry sich verführerisch um Parsifal müht und ihm, um ihn zu erweichen, den Tod der von ihm verlassenen Mutter schildert, arbeitet es in Parsifal:

> Die Mutter, – die Mutter – konnt' ich vergessen!
> Ha! Was alles vergaß ich wohl noch?
> Wes war ich je noch eingedenk? –
> Nur dumpfe Torheit lebt in mir.

Sein nächster Satz, nachdem Kundry ihn geküßt:

> Amfortas!...
> Die Wunde! – Die Wunde! –
> Sie brennt in meinem Herzen! –

So wie Parsifal von der Qual des eigenen Versagens und des eigenen Sexus zur Qual des Amfortas findet, so schließt Isabella in höchster Not vom eigenen Schicksal auf die gedemütigte Freundin.

Doch nicht nur der *Liebesverbot-Text* kennt solche Avanciertheiten. Die große Auseinandersetzungsszene zwischen Friedrich und Isabella, die zu Isabellas Bedrängnis und Rettungsidee führt, bringt auch *musikalisch* Erstaunliches.

Auf Friedrichs kühle Aufforderung: «Wohlan, so rede! Was hast du zu sagen», beginnt Isabella ihr Plädoyer mit einer seltsam ziellosen, gestaltlosen Kantilene. «Kennst du das Leid der Elternlosen?» Friedrich antwortet, anscheinend unerschüttert: «Die Schwesternliebe ehre ich, doch Gnade hab' ich nicht für dich!» Isabella merkt, daß die Partie schlecht steht, aber auch, daß sie möglicherweise doch einen gewissen Eindruck gemacht hat. Nun geht sie aufs Ganze. Die Holzbläser stimmen («Forte, espressivo») eine weitgespannte, plastische B-Dur-Melodie an: «Du schmähest jede andere Liebe, die Gott gesenkt in uns're Brust.» Eine Kantilene, die über eine Oktave sich ausweitet und Friedrich entflammt. Später, im letzten Akt, wenn Friedrich sich erinnert: «als Isabella mir die Erdenliebe erschloß», erklingt unmittelbar davor im Orchester genau jene B-Dur-Melodie – das Orchester zitiert sie freilich in leisem dolce und in anderer Tonart.

Ein Erinnerungsmotiv also. Wagner unternimmt mit dieser schönen, kantablen Gestalt aber noch mehr. Er bietet hier nicht nur thematische Arbeit mit Kurzmotiven wie in den *Feen*, sondern er macht die Kantilene, *wenn er sie statt in B-Dur in hohlem as-Moll erscheinen läßt*, zum Symbol für Isabellas Verzweiflung. Bevor Isabella ihren Rettungsgedanken faßt, erscheint sie – es war schon davon die Rede – als Opfer der diabolischen Argumentation Friedrichs: niemand würde ihr glauben, was sie über seine geheime Liebesgier sage, denn er gelte als kalter Asket. «Isabella sinkt stumm zusammen, der

Chor und die übrigen nähern sich ihr teilnahmsvoll.» In diesem Augenblick drückt die entstellte, ins Moll gewandte Liebeskantilene Isabellas leise und bitter verzweifelte Ohnmacht aus. Danach folgt ein zartes Ensemble, zunächst stockend («Sprich Isabella, was ist dir?»). Dann, es ist ein bewegender Höhepunkt der *Liebesverbots*-Oper, hören wir den kontemplativen Chor: «Sie schweigt in stummem Schmerz, was hat er ihr vertraut.» Dieser ausdrucksvolle As-Dur-Chor scheint eine Art Weiterentwicklung des Höhepunktes aus dem ersten Finale von Rossinis *Barbier* zu sein, wo nach aberwitzigem Wirbel ein plötzliches As-Dur-Andante: «Staunen und Schrecken, lähmt meine Sinne» alle Solisten bravourös vereint. Bei Wagner und seinem Vorbild Rossini treten übrigens zur choralhaften Langsamkeit geschmeidige Koloraturen.

Was die Moll-Entstellung der Liebeskantilene angeht, so hat Wagner erst Jahrzehnte später, im Essay *Über die Anwendung der Musik auf das Drama* an einigen Beispielen aus dem *Ring des Nibelungen* (Wagner benutzt eine Veränderung des Walhall-Motivs als Demonstrationsobjekt) dargelegt, wie bemüht er stets war, «das an sich Grelle solcher musikalischer Kombinationen nie als solches, etwa als besondere Kühnheit, auffällig wirken zu lassen». Bei Wandlungen und Abwandlungen «mit Hilfe einer fremdartig ableitenden Harmonisation» komme es einzig auf die «sich steigernden Leidenschaften der Handlung» an. So hat Wagner in der Tat die Musik auf das *Ring*-Drama «angewendet». Aber eben nicht erst dann – sondern bereits an entscheidender Stelle im *Liebesverbot*. Beim seelischen Zusammenbruch Isabellas verendet ihre schöne Dur-Kantilene als Moll-Gespenst.

VII

In seiner Schrift *Das Kunstwerk der Zukunft* kommt Wagner auf die «unverwischbar moralische» Bedeutung des Begriffs «Volk».

> Wer ist denn das Volk? Kann in der Gesamtheit aller Staatsangehörigen ein besonderer Teil, eine gewisse Partei derselben, diesen Namen für sich allein ansprechen? Sind wir nicht vielmehr alle «das Volk», vom Bettler bis zum Fürsten?

Und dann donnert die grandios romantische Verklärungsantwort:

> Das Volk ist der Inbegriff aller derjenigen, *welche eine gemeinschaftliche Not empfinden... nur das Volk handelt nach Notwendigkeit*, daher unwiderstehlich, siegreich und einzig wahr.

Das *Liebesverbot* ist eine Volksoper. Es führt den tragisch-pathetischen «Not»-Begriff der Wagnerschen Volksdefinition jugendlich schwungvoll als Lustspiel-Situation vor: Das von einem kalten deutschen Statthalter malträtierte Volk von Sizilien besteht auf seiner freien, sinnlichen Lebensform und setzt deren Sieg durch gegen heuchlerische, sanft sadistische Machthaber (der Statthalter sowie sein Polizeichef Brighella, der so gern «barbarisch» richtet). Gegen Machthaber freilich, die sich zuletzt gleichfalls als zum Volk gehörig erweisen und vom Volk akzeptiert werden: sie sind ja auch Menschen von Fleisch und Blut, *lieben* ja auch.

Volksoper – das heißt: Chor-Oper. Riesige, glänzende Chorszenen gliedern das *Liebesverbot*. Zu Beginn des ersten Aktes wehrt sich das Volk gegen einschüchternde Erlasse und die Verhaftung Claudios (des Bruders von Isabella). Auch in der großen Gerichtssaal-Szene greift das Volk ein. Wagner führt da, heiter und süffig-melodisch wie kaum je sonst in seinem Werk, vor, wie eine reizende Angeklagte namens Dorella dem Möchtegern-Barbaren Brighella derart den Kopf verdreht, daß der Baß-Buffo zu Schlaf-Harmonien wie aus der *Götterdämmerung* offenkundig Fassung und Bewußtsein verliert. Das reizende Verführungsthema der Dorella benebelt ihn chromatisch, der Boden unter seinen Füßen schwankt. Schnippisch spornt die siegreiche Angeklagte den umgarnten Richter sogleich an: «Signor Brighella, fahret fort, ich bin gespannt auf jedes Wort!» Aber diese Gerichtsszene ist nur zu Beginn ein buffa-hafter Zweikampf. Das Volk nimmt die Leitmotive auf und stürmt herein, sowohl empört wegen Brighellas Verhörmethoden als auch, danach, wegen der vom Statthalter schlau erstickten Hilfeschreie der Isabella. Daraus entwickelt sich das riesige Finale des ersten Aktes. Diese beiden Volksszenen waren von der Klosterhof-Szene unterbrochen worden. Lucio machte Aufwartung bei Isabella und Mariana, um Hilfe für Isabellas verhafteten und mit dem Tod bedrohten Bruder Claudio zu erbitten.

Nach dem riesigen ersten Akt – 387 (!) Seiten Klavierauszug – nimmt der abschließende zweite zunächst die Fäden der privaten Handlung auf: Isabella beim Bruder im Gefängnis, die Einfädelung der Intrigen. Das fällt ziemlich konventionell und redselig aus – weitaus schwächer als der Anfang. Schwächer auch als die Musik zu den *Feen*, weil Wagner dort von dem ihm näheren Beethoven-Vorbild inspiriert war.

Szene und Arie des Statthalters, in der Friedrich die Qual, das schlechte Gewissen, Entzücken des Verliebt-Seins durchmacht, gelingen dem jungen Wagner wieder fesselnder. Und ein umfängliches Carnevals-Finale bringt das burleske Ende.

Der Triumph der Sizilianer, die Überwindung starrer Gesetze, der Sieg populärer Anarchie: nimmt das nicht jene idealistische Festwiese vorweg, wo Nürnbergs Volk die neue Kunst begreift und den Vertreter obsoleter Zünftelei und Traditionshuberei verjagt? Des *Liebesverbots* Freiheits-Idee: das ist die Festwiesen-Gestimmtheit der *Meistersinger* – ohne «Meister».

Die Ouvertüre des *Liebesverbots* besteht aus drei Komplexen. Am Anfang jener rasche, verrückt wirbelige sizilianische Charaktertanz, der im Finale wiederkehrt und dort den Sieg der Lebensfreude symbolisiert (allerdings zum schrecklich papierenen, glücklicherweise im allgemeinen Getümmel völlig unverständlichen Text: «Heut ist Beginn des Carnevals, da wird man seiner sich bewußt»). Zweites Thema ist das schlagend-charakteristische Statthalter-Unisono-Motiv. Und das dritte schließlich die Allegro-Melodie der Isabella, wenn sie den Statthalter bestürmt: «O war dein Herz denn stets verschlossen, drang Liebe nie in deine Brust?» Wagner führt diese Ouvertüren-Themen gegeneinander – wie in einem Sonatenhauptsatz, mit Durchführung und Fugato. Schön und gut. Aber kurz vor der Reprise gelingt es dem jungen Komponisten dieser C-Dur-Ouvertüre, alle drei Themen innerhalb von vier Takten zugleich auszuspielen. Nicht gerade exakt kontrapunktisch, aber doch ineinander gedrängt. Wem fiele da nicht das *Meistersinger*-Vorspiel ein, das – gleichfalls in C-Dur – seine Motive heiter kontrapunktisch übereinanderschichtet? Sicher verbindet der Glaube ans «Volk» *Liebesverbot* und *Meistersinger*-Finale. Was allerdings Wagners Ideen über «Das Volk und die Kunst» damit zu tun haben, daß in der Ouvertüre zum *Liebesverbot* und im Vorspiel zu den *Meistersingern* ähnliche Kompositionstechniken auffallen, darüber nachzugrübeln erscheint mehr erbaulich als ergiebig.

VIII

Es scheint kein Weg zu führen vom *Liebesverbot* – dieser schwungvoll-rückhaltlosen Verherrlichung freier Sinnlichkeit – zum *Rienzi* – wo der Titelheld bereits in der ersten Szene seine

Schwester davor bewahren muß, von lüsternen jungen Adeligen entführt und geschändet zu werden – bis hin zum *Fliegenden Holländer*, dessen Protagonisten wenig zu tun haben mit Problemen der asketischen Reinheit, Sittlichkeit und Sinnlichkeit. Das kehrt erst im *Tannhäuser* wieder. Im *Fliegenden Holländer* will Senta, die Märtyrerin, zugrunde gehen mit dem verfluchten, faszinierenden Seemann, um ihn – auf andere Weise kann die untergangssüchtige junge Frau sich das nicht vorstellen – zu erlösen.

Das *Liebesverbot* gehört in die Gruppe der mehr oder weniger vergessenen Frühwerke, die weder zu Wagners Lebzeiten noch auch danach zu Repertoire-Stücken werden konnten oder durften. Der *Rienzi* war nicht nur Wagners sensationeller «Durchbruch», sondern hatte zu Lebzeiten des Meisters überall Erfolg. *Rienzi* «blieb eines der populärsten Werke Wagners bis ins 20. Jahrhundert hinein. In Bayreuth wurde es nie aufgeführt und ist heute, obwohl es nach dem Kriege einige Neuinszenierungen in gekürzter Fassung gegeben hat, nahezu vergessen» (so faßt das von Martin Gregor-Dellin und Michael Soden herausgegebene Richard-Wagner-Handlexikon die Wirkungsgeschichte des *Rienzi* zusammen). Der *Fliegende Holländer* schließlich hat Bayreuther Weihen, gilt als die erste von Wagners Großtaten.

Verschiedener können die Art und die Wirkungsgeschichte von drei Opern kaum sein. Dennoch genügt eine simple Reflexion, sich klar zu machen, wie nah *Liebesverbot, Rienzi* und *Fliegender Holländer* einander sind. Oder – wenn man die Entstehungsdaten betrachtet – doch sein müßten. Es handelt sich ja nicht um Werke, die ihr Autor aus einer kurzen Laune heraus in wenigen Tagen hinwarf, so daß ein Mißlingen, eine gewisse Beiläufigkeit oder Ungültigkeit des einen oder anderen erklärbar wäre. Nein, an allen drei Opern arbeitete der junge Wagner jahrelang. Und nicht nur das: Er beschäftigte sich fast gleichzeitig mit ihnen! Ist es da vorstellbar oder auch nur im mindesten wahrscheinlich, daß die Frühwerke lauter Stellen enthalten, die «schauderhaft», «scheußlich», «ekelhaft» sind (so Wagner am 31. Januar 1879, laut Cosima-Tagebuch), während alles Spätere ein eigenes Festspielhaus verdiente?

Das *Liebesverbot* komponierte Wagner 1835–1836. Als er sich 1839–1842 in Paris aufhielt, versuchte er verzweifelt, die Oper dort aufführen zu lassen. Eine Übersetzung ins Französische wurde angefertigt, im Mai 1840 fand im Théâtre de la Renaissance eine sogenannte Audition, eine Probevorführung, statt, für die Wagner 1840 mehrere *Liebesverbot*-Nummern eigens arrangiert hatte. Zu dieser Zeit aber war der Text zum *Rienzi* längst fertig und die *Rienzi*-Musik, die zwischen Sommer 1838 und November 1840 in Riga und Paris komponiert wurde, auch schon weithin vollendet. Daß ihn aber in diesem Jahr 1840, wo er sich um die *Liebesverbot*-Aufführung und die *Rienzi*-Vollendung kümmerte, auch bereits der Text und die Musik des *Fliegenden Holländers* beschäftigte, für den Wagner im Mai 1840 die Ballade und Matrosenchöre komponiert hatte – alles das demonstriert zumindest, wie nahe *Rienzi* und *Fliegender Holländer* doch beieinander lagen.

Natürlich kann ein Künstler jäh über ein Werk oder eine ganze Stilrichtung seines Schaffens hinauswachsen: Es gibt einen Sprung von Beethovens zweiter Symphonie zur *Eroica* – der Philosoph Kant, vom dogmatischen Schlummer erwacht, gab seine «vorkritischen Schriften» preis. In der Existenz jedes schöpferischen Menschen kommt es zu radikalen Neuanfängen, «Kehren» oder «Brüchen», die später von den Dissertanten frohlockend fixiert und gedeutet werden. Über die *Feen* und das *Liebesverbot* hat sich Wagner fast nur höchst abfällig ausgesprochen.

Die *Feen*-Ouvertüre gefiel ihm laut Cosima-Tagebuch (31.3.1878) nicht, «er fand sie zu dramatisch», wehrte sich überhaupt «sehr gegen das Herausgeben dieser Jugend-Werke», die er als «zu kindisch» abtut. Im Februar 1879, als 66jähriger Künstler, kommt Wagner wieder einmal kritisch auf das *Liebes-*

verbot: Diesmal ist sein Urteil geradezu entsetzt. Er sei erstaunt, «wie schlecht es sei; ‹welche Phasen man durchmacht! Man kann kaum glauben, daß man derselbe Mensch sei›». Über den *Rienzi* schwankten Wagners Aussagen ein wenig. Bei *Feen* und *Liebesverbot* läßt er überhaupt nur die Instrumentation gelten («das habe ich im Mutterleib gekonnt»). Doch der *Rienzi* ist ihm nicht nur – wenn auch weithin – peinlich. «Die peinigendsten Beängstigungen kamen mir jetzt von Paris her», schreibt er 1869 aus Tribschen an den König Ludwig II., «wo ich nicht gut abschlagen konnte, daß man sich mit dem *Rienzi* beschäftige: nun habe ich mich bestimmt entschlossen, von diesem Vorhaben gar keine Notiz zu nehmen». Der *Rienzi* war dem alten Meister eben «fremd». Doch andere sollten nicht so respektlos über den *Rienzi* reden. Da die Oper häufig aufgeführt wurde, stieß sie manchmal auf öffentliche Kritik gläubiger Wagnerianer. Dann nahm Wagner sein Opern-Kind sogar ein wenig in Schutz. Im Cosima-Tagebuch steht am 20.6.1871:

> In der Musik-Zeitung macht ein Wagnerianer Rienzi sehr schlecht (er ist soeben in Wien aufgeführt worden); R. sagt, «dem Rienzi, der mir sehr unangenehm ist, sollten sie doch das Feuer ansehen; ich war Musikdirektor und schrieb eine große Oper; daß dieser Musikdirektor ihnen hernach solche Nüsse zu knacken gegeben hat, das sollte sie wundern.»

Cosima selbst traut sich zumindest gewunden, den *Rienzi* schön zu finden laut Tagebuch vom 27.4.1879:

> Plauder-Abend, etwas aus Rienzi; Freude an dem Adel der Melodie, der durch keine Italianismen zu verkennen ist. Mir ist es eine liebe Beschäftigung, in dieser noch so umwickelten Knospe die göttliche Blume zu erkennen, welche daraus sich entfalten sollte. –

Einmal, am 22.3.1878 im Cosima-Tagebuch, und zwar wiederum im Widerspruch, äußert sich der Bayreuther Meister lachend-entspannt zu der Behauptung, er sei so etwas wie ein *Opern-Reformator* gewesen.

> Er lacht über den Ausdruck Reformator, welchen man für ihn gebraucht, «reformiert habe ich nichts, der Ausdruck paßt für Luther, ich habe an vorhandene Keime angeknüpft». Abends im Zwiegespräch ist alles von außen Erlebte vergessen, von uns nur sprechen wir oder von Dingen; z.B. heute von der Notwendigkeit, welche früher schien, daß jedes Finale «wie ein Taumel, ein besoffener Unsinn von Leiden und Freude; auch im Rienzi habe ich etwas darin geleistet».

IX

Was den blendenden Schwung – «besoffenen Unsinn»? – des Finale-Taumels und überhaupt der opernhaften Kraftentfaltung angeht, so hat Wagner im *Rienzi* Enormes geleistet. Man spürt erschrocken, peinlich berührt und fasziniert: Da will einer zeigen, was er kann, wie er die Bühne und die Affekte meistert. Das Stück wirkt paradoxerweise überhitzt und kühl zugleich. Aber nicht, weil Wagner des Brillanten allzuviel täte, sondern weil hier jemand *alle* Register zieht: sowohl die schlagend-martialischen wie auch die aufregend verdüsterten. Ein solches Aufgebot hat etwas unverkennbar «Show»-haftes. Die Figuren dieser Staatsaktion, ihr Seelisches, ihre Beweggründe scheinen Wagner nicht allzu sehr interessiert zu haben; uns wiederum ist das Kriegsgeschmetter und Roß-Geschnaube Hekuba. Oder eben: Große Oper. Dem *Rienzi* mangelt es nicht an grandiosen Momenten. Es ist, als ob ein Bühnengenie seine Mittel, seine Instrumente zeige. Immer wieder muß man aufhorchen: Nimmt dies nicht den *Fliegenden Holländer* vorweg, jenes den *Tannhäuser*, vieles sogar *Lohengrin, Walküre, Parsifal*? Wagner ist ganz auf dem Plan – nur hat er hier keinen, sondern bloß Wirkungsabsichten und feurig-herrliche Einfälle. Trotz allen melodischen Glanzes: Die Ada aus den *Feen*, die Spannung zwischen Isabella, Friedrich und dem sizilianischen Volk im *Liebesverbot* berührt (mich) eigentlich mehr als das glänzende *Rienzi*-Meister-Machwerk.

Hier braucht man nach den Stärken nicht zu suchen. Sie drängen sich vor. So ist die *Rienzi*-Ouvertüre vielleicht doch der zugleich «jugendlichste», schattenloseste und brausendste Orchesterreißer, den Wagner je hingelegt hat: Effektvoller, effektgieriger kann auch das Vorspiel zum dritten *Lohengrin*-Akt nicht aufspielen. Vieles im *Rienzi* ist mit einem gleichsam saugenden, unwiderstehlichen Furor gemacht, die Chromatik *reizt* nicht, *schmachtet* auch nicht, sondern sie *dramatisiert*. Und niemand wird auf den Gedanken verfallen können, die einander wahrlich kontrastierenden Themen seien für sich genommen neutral oder melodisch belanglos.

1841 schrieb Wagner aus Paris an Ferdinand Heine, den Dresdner Regisseur und Kostümbildner, über den *Rienzi*:

> Es ist meine dritte Oper, und ich bestehe mit eben der Gewissenhaftigkeit auf ihrer Aufführung, mit der ich meine beiden ersten Opern bis jetzt zurückgehalten habe. Ich habe dieser letzten Komposition eine ausschweifende Form und Ausdehnung gegeben – allein es stand nicht in meiner Macht, dieselbe zu verengern. Der Gedanke zu dieser Oper bemächtigte sich meiner und beherrschte mich dermaßen, daß ich unmöglich an etwas anderes denken konnte, als sie so fertig zu machen, wie ich sie konzipierte und wie sie konzipiert werden mußte.

Da nimmt Wagner, der in Paris hungerte, den Mund ganz hübsch voll. Aber er verfehlte ja die angestrebte Wirkung nicht, und der Sensationserfolg gab ihm recht.

«Ausschweifende Form der Ausdehnung» heißt glücklicherweise auch im *Rienzi* nicht um jeden Preis, was man in Hollywood den Drehbuchautoren rät, wenn der Erfolg garantiert sein soll: «Mit einem Weltuntergang beginnen und dann rasch steigern.»

Wagner war klüger: souverän verteilt er die Schatten und retardierende Momente – auf daß der Glanz noch heller strahlen könne. Bereits die erste Szene endet mit einem überzeugenden Triumph Rienzis. Es gelingt ihm, die Schwester zu retten, beide Parteien der Nobili – die Colonna und die Orsini – mit Hilfe des von ihm faszinierten Volkes zum Rückzug zu bewegen, den Römern, wenn sie sich zu keinen Übergriffen hinreißen ließen, die Freiheit in Aussicht zu stellen. Doch nicht hoffnungsfroh, auftrumpfend, sondern wunderbar nachdenklich langsam klingt diese Szene aus: Cello und Horn, betörend lyrisch eingesetzt, ahnen unüberhörbar, wie schwer diesem Volkstribunen der Sieg über die alten Mächte fallen wird. Und das fesselnde Ensemble vor dem zweiten Finale, dessen sich ein Verdi nicht hätte zu genieren brauchen, läuft auch wunderbar auf eine ausdrucksvolle Verlangsamung hinaus: Adriano, von seinem Vater Colonna niedergestoßen, «richtet sich leichenblaß vom Boden auf».

Diese zweite Szene des zweiten *Rienzi*-Aktes ist wahrlich ein Geniestreich. Folgende Situation: Adriano (eine Hosenrolle, bei der Uraufführung von Wilhelmine Schröder-Devrient gesungen) liebt Rienzis Tochter, verehrt den Tribunen – und wird vom Vater Colonna in einen Loyalitätskonflikt gezwungen: Willst du Verräter sein und ausplaudern, daß wir vorhaben, Rienzi sogleich beim Fest zu ermorden? Zu Beginn der Szene Verschwörerstimmung: «Er» (Rienzi) «ist der Götze dieses Volks, das er durch Trug verzaubert hält.» Wagner gibt da kunstvoll irisierenden Orchesterklang: Streicher, Horn, eine nachschlagende Trompete. Wer je im zweiten Akt der *Götter-*

dämmerung während der rasenden Eidszene mehrfach die so heikel einsetzende, gleichsam nachschlagende Trompete hörte («Heilge Waffe, hilf meinem ewigen Eide» singt Siegfried, und «Spitze, achte des Spruchs!», da muß die Trompete um einen halben Takt verschoben einsetzen, was sich wiederholt, wenn gleich darauf Brünnhilde wütend schwört), wer je diese Szene bewußt hörte – oder auch leider nicht exakt hörte, denn selbst in Bayreuth ging die Stelle schon oft schief –, der begegnet im *Rienzi* ihrem faszinierenden Muster! Wagner behandelt Trompete, Horn und Streichertremolo hier so, daß Trompetenton zum Ausdruck dämonischer Erregung umfunktioniert erscheint. Und was darauf besagtes immer vehementer sich steigerndes *Rienzi*-Ensemble an harmonischer Inspiration, Heftigkeit und mitreißender Freiheit zu bieten hat, ist so außerordentlich reich, melodiös, dramatisch und mitreißend, daß alle Verächter des Frühwerks diese zweite Szene des zweiten *Rienzi*-Aktes studieren müßten. Schwerlich könnten sie dann achselzuckend bei ihrer Mißachtung verharren. Nur wer taub oder unempfänglich ist für diesen Moderato-Anfang und erst recht für das dann folgende Allegro-agitato mit seinem ständigen Fluktuieren zwischen a-Moll, c-Moll, f-Moll, der mag Wagners Frühwerk verfemen. (Gewiß warf sogar G. B. Shaw nicht ganz grundlos der *Götterdämmerung* vor, sie frische Formen der Großen Oper wieder auf – weil tatsächlich gewisse Beziehungen zwischen dem *Rienzi* und dem zweiten *Götterdämmerung*-Akt aufweisbar sind!)

Im zweiten Akt des *Rienzi* – wo eine ausführliche und matte Ballett-Einlage stört – gibt es also einige Ensemble-Steigerungen von beträchtlicher Kraft. Das Terzett Irene, Adriano und Rienzi faßt harmonische Lieblingsgesten des jungen Wagner zusammen. Es lohnt zu vergleichen, wie sich das e-Moll-Terzett aus dem Finale des Schlußaktes der *Feen* (vom «Ha, endlich unterliegt sein Muth» der Farzana übers «Weh mir, es unterliegt mein Muth» des Arindal) in der zwischen G-Dur und e-Moll changierenden Szene des Friedrich aus dem zweiten *Liebesverbot*-Akt zumindest spurenweise wiederfindet, wie also dieser Gedanke dann wiederkehrt in besagtem *Rienzi*-Terzett (auch in e-Moll) und noch einmal im f-Moll-Schlußterzett des *Fliegenden Holländer* («Fort, auf das Meer». Senta: «Ha, zweifelst du an meiner Treue?»).

Zur Wirkungsstrategie des *Rienzi* paßt, daß Wagner die Bühnenvorkommnisse, als seien sie nicht schon hinreichend Staats-Aktion und Theater-Coup genug, ganz bewußt zu Ereignissen ernennen, gewissermaßen welthistorisch aufmöbeln läßt. Man kann das vielleicht mit der bühnengemäßen Steigerungstaktik vergleichen, als welche wir bereits in den *Feen* die Situation des «Theaters im Theater» durchschauten. Im *Rienzi* wird dem Publikum fortwährend suggeriert, daß etwas Gewichtiges geschehe. «Die Zeit ist da!», beteuert Rienzi. «Die Stunde naht, mich ruft mein hohes Amt», verkündet er später. Das Volk fühlt im ersten Finale: «Die Stunde naht! Vorbei die Schmach.» Wenn die Schlacht losgeht, erfahren Mensch und Tier unmißverständlich, wie sehr es nun drauf ankommt: «Ihr Rosse stampfet, Schwerter klirret laut, heut' ist der Tag, der eure Siege schaut.»

Dieser Tendenz des Text-Autors Wagner, den theatralischen Augenblick auszurufen, begegnen wir sogar noch im *Parsifal*. «Die Zeit ist da», dröhnt Klingsor zu Beginn des zweiten Aktes. «Mittag: – die Stund ist da. Gestatte Herr, daß dein Knecht dich geleite», bedeutet Gurnemanz im Schlußakt demütig dem Parsifal.

Nicht immer sind des jungen Wagner Theatralisierungs-Einfälle praktikabel. «Rienzi, ganz geharnischt und zu Pferd; Irene, ihn zu Fuß geleitend». Dergleichen kann doch nur schiefgehen. Auch die langweiligen Friedensboten, die leicht zur Verlegenheit werden, verdienen, gleich dem Kriegsroß, ein sinnvolles szenisches Äquivalent. Freilich wäre es banausenhaft, nur ironische Kritik zu üben an Wagners Phantasie, die ihn manchmal vom szenisch Machbaren wegreißt. So wie Wagner in erster *Rheingold*-Szene und letzter *Götterdämmerungs*-Szene ganz offenkundig filmische Wirkungen imaginierte, noch bevor es das Kino überhaupt gab; so kam er im *Rienzi* auf Geräusch-Effekte, noch bevor das Hörspiel existierte. Folgende szenische Anweisung aus dem *Rienzi* scheint wunderbar inspiriert, nur eben schwer realisierbar: «Wie von Windstößen getragen dringt der Schlachtlärm aus der Ferne her.» Was für eine Vorstellungskraft! (Im zweiten Akt der *Walküre*, wenn die geflohene Sieglinde verzweifelt wartet und Hundings Horn undeutlich von weitem droht, hat Wagner etwas Ähnliches musikdramatisch zu verwirklichen sich bemüht.)

X

Sind die «Schwächen» des *Rienzi* die Schwächen der Gattung *Große Oper*? Die Figuren wirken – ähnliches gilt für manche Libretti des mittleren Verdi – wie von außen geleitet. Handfest inspiriert wirkt der szenische Vorgang selbst, undeutlich bleiben die großen Zusammenhänge und Motivationen.

Im *Rienzi* müssen die zurückgedrängten Nobili einen Eid leisten. Der auf Ausgleich und Fairness bedachte Rienzi verzichtete um des herzustellenden Friedens willen sogar darauf, für seinen ermordeten Bruder Rache zu nehmen. Aber die vom Aufsteiger grimmig gedemütigten Nobili fühlen sich nicht an ihren Schwur gebunden, führen einen mißlingenden Anschlag auf Rienzi aus, werden von Rienzi zum Tode verurteilt, begnadigt und noch einmal zum Eid verpflichtet.

Hier wäre das «Stück» eigentlich zum ersten Male aus. Rienzi hat seinen Gegnern und dem Gegner Roms eine Chance gegeben, sie haben sie nicht genützt, sind dem Gesetz verfallen (erster und zweiter Akt). Aber es fehlt der Oper ja noch eine regelrechte Schlachtszene. Die Nobili rotten sich und ihre Truppen zusammen, um Rienzi zu stürzen. Der von Adriano beschwörend gewarnte Triumphator zieht in den Kampf, siegt –

Colonna fällt. Nun ist das Stück eigentlich zum zweiten Male zu Ende (dritter Akt).

Zu Beginn des vierten Aktes brechen Intrigen auf, deren Notwendigkeit weder szenisch noch psychologisch wirklich einleuchtet. Adriano bezieht gegen Rienzi Partei – obwohl die Nicht-Vertrauenswürdigkeit seines mittlerweile gefallenen Vaters, für den der Sohn sich tapfer verbürgt hatte, doch offenkundig war. Das Volk nimmt Rienzi übel, gegen die Aristokraten nicht gleich blutig durchgegriffen zu haben, obwohl er seine Friedensangebote in bester Absicht vorgetragen hatte. Die Kirche belegt ihn mit einem Bannfluch, für den auch nur einige schwache Motivationen erkennbar werden. Am Ende ist das Volk, nein: der Mob, gegen Rienzi. Lynchstimmung. Man will Rienzi steinigen, Feuerbrände ins Capitol schleudern. Im brennenden, donnernd zusammenbrechenden Riesengebäude stirbt Rienzi denn auch – zusammen mit seiner Schwester, die an seiner Seite geblieben, und Adriano, der um Irenes willen ins brennende Capitol gestürzt war.

Die «Fehler», die Rienzi begangen haben mag, sind keine tragische Schuld. Ein gewisser Hochmut, vielleicht. Immerhin lehnte er es brav ab, König zu werden. Nur «Schützer des Rechts» wollte er sein, so wie Lohengrin sich auch bloß «Schützer von Brabant» nennen ließ. Rienzi sieht sich als Werkzeug der Vorsehung – «Ja, Gott, der Wunder schuf durch mich», beteuert er begeistert. «Und weiter noch treibt Gott mich an: im Namen dieses Volks von Rom, und kraft der mir verlieh'nen Macht, lad' ich die Fürsten Deutschlands vor, bevor ein Kaiser noch gewählt», fügt er, offenbar etwas größenwahnsinnig geworden, hinzu. Auf Gott durfte Lohengrin sich berufen, der wundersam aus dem Gralsreich gekommen war. Rienzi indessen, der Sohn eines Gastwirtes, zum päpstlichen Notar und charismatischen Volkstribun aufgestiegen, müßte nicht immerfort Gott im Munde führen, um seine (meist durchaus vertretbaren) Handlungen zu rechtfertigen.

Doch während wir hier Rienzi, seine richtigen und falschen Verhaltensweisen reflektieren, als ginge es um Wotans Entschlüsse, spüren wir, daß wir den unglücklichen Römer vergewaltigen. Diese Figur mag Absichten, Ideale, Konflikte haben, aber sie hat keine Dimensionen. Nichts Widersprüchliches, kein ihr selbst unbewußtes Innenleben, wenig personale Substanz. Man könnte es anders sagen: Wagner schrieb ein grandioses Effekt-Stück, aber er gab dem Rienzi nichts Erkennbares von seiner Seele mit. Darum wirkt der Rienzi zwar gewiß nicht affektlos, aber eigentümlich seelenlos. Eine tolle Tenor-Rolle fürs politisierende Indianerspiel auf der Opernbühne. Wagner hält sich weder – darstellend, mitleidsvoll, ironisch – bei Rienzis eigentümlichen Schwächen auf (bei Rienzis – Wagner ja nicht gerade unendlich fernem – Hang zum Luxus, bei seinem charismatischen Retter-Gestus), noch macht er aus Rienzis Positivitäten menschliche, leicht oder schwer erworbene Stärken. Rienzi hält, Ende des ersten Aktes, eine etwas marschhaft-majestätisch tönende Rede auf die Freiheit Roms. Dem fällt nichts Charakteristischeres ein als eine banale 16tel-Koloratur bei der freien Römer «hohem» Sieg.

Im *Rienzi* steht Wagner eben noch nicht als der «Miniaturist» des Spätwerks vor uns: seine frühen Wirkungen haben oft mehr mit derbem Kalkül zu tun als mit differenziertem und durchgehaltenem Raffinement. Aber gerade weil ein 25jähriger Musiker sich entschlossen nur das Klassenziel «Große Oper» vorgenommen hatte und es schwungvoll erreichte – das Katastrophen-Ende des fünften Aktes mit mörderischer Massenekstase und brennend zusammenbrechendem Capitol donnert irrsinnig effektvoll (zugleich Größte Oper und ein wenig auch ihre Parodie) –, wirkt es um so faszinierender, wo Wagner im historisch-heroischen Kostüm doch und auch *er selber* ist. So bildet sich Rienzis berühmtes «Gebet» (gewiß nicht die Bravournummer eines «Schreihalses») allmählich heraus. Nachdem Rienzi gesungen hat «Zerschmettert liegt der Feinde Heer», worauf man die

Leichen Collonas und Orsinis auf die Bühne trägt, erklingt eine Wendung des Gebets. Und es ist ein fesselnder Augenblick, wenn Rienzis Kampfruf «Santo Spirito cavaliere», während der Schlacht in chromatisch aufgerauhte Moll-Akkorde verzerrt, von ferner Walstatt herüberbraust.

Die «Italianità» des Rienzi-Komponisten ist ambivalent. Manchmal vermag Wagner sich diese Haltung *anzueignen*; dann sind die gleichsam noch-italienischen Stellen des *Tannhäuser* oder *Lohengrin* melodisch strömend antizipiert. Manchmal aber bleiben die Eingebungen auch limonadig, ohne melodische Noblesse und ästhetische Inspiration. Dann fesseln die packend begleiteten Orchester-Rezitative mehr als die ariosen Nummern. Gelegentlich fehlt die harmonische Tiefendimension: Zwar kommen hier schon die leeren Terzen aus dem Vorspiel zum dritten *Tristan*-Akt vor (erste Szene des vierten Aktes) oder sogar die drei Melodie-Töne des «Schicksals»-Motives aus dem *Ring des Nibelungen*. Wenn man während dieser Momente an den späten Wagner denkt, läßt einen der frühe im Stich. Doch: Alles Brütende, Dunkle, Verzerrte und Hochdramatische lag dem jungen Komponisten bereits hier am besten. Der in dunkler Nacht anhebende vierte Akt beginnt mit einem finsteren, also gerade nicht affirmativen, Marsch – wie ihn später Tschaikowsky oder mehr noch Gustav Mahler – beide in ihren 6. Symphonien – komponiert haben. Solche Augenblicke entschädigen auch für manche Text-Floskeln, die man normalerweise in Opern nicht übelnimmt, aber dann schwer erträgt, wenn das Niveau des theatralischen Handwerks so hoch ist wie im auf Wirkung und nichts als Wirkung abgekarteten *Rienzi*-Reißer.

Vergleicht man Wagners frühe Opern unmittelbar mit seinen berühmten Schöpfungen, mißt man sie an den Ansprüchen, die Wagner selber erst langsam erarbeitete und entwickelte, dann schneiden sie natürlich nicht gut ab. So wirkt auch der *Fliegende Holländer* im Vergleich zum *Rheingold* oder zu den *Meistersin-*

gern noch wie ein unreifes Mischprodukt; und selbst mit seinem *Tannhäuser* war der späte Wagner bekanntlich nicht ganz einverstanden. Versucht man krampfhaft und defensiv, die *Feen*, das *Liebesverbot* und den *Rienzi* zu typischen Musikdramen zu stilisieren, dann vergewaltigt man um eines Prinzips willen Werke, die auf ihrer eigenen Freiheit bestehen können. Blickt man jedoch unbefangen auf das, was *Feen*, *Liebesverbot* und *Rienzi* an Theatralisch-Genialem enthalten, dann bereichert man sich – also das imaginäre Museum der eigenen Musikerfahrung – mit drei zwar nicht vollendeten, aber doch aufregenden, schönen und ergiebigen Opern. Es ist erfrischend und manchmal sogar beglückend, Wagners Frühwerk ernst zu nehmen.

3
Lohengrin, die Oper der Opern

Es mag aus Richard Wagners Feder ekstatischere oder gewichtigere Werke geben als die Melodien-Oper *Lohengrin* – etwa den *Tristan*, die *Götterdämmerung*, den *Parsifal* –, trotzdem überwältigt dieses romantische Musikgedicht vom Schwanenritter bei jeder nur einigermaßen hinreichenden Aufführung als Oper der Opern; als Inbegriff des aufgeklärt Opernhaften schlechthin. Schwung, Farbigkeit und Sinnfälligkeit haben hier etwas vom Zauber reiner Lebensfrische, Jugend und Romantik. Franz Liszt, der die Weimarer Uraufführung des *Lohengrin* erarbeitete, während sein hilfs- sowie geldbedürftiger Schützling Richard Wagner ins Zürcher Exil verbannt war, Franz Liszt nannte den *Lohengrin* ein «einziges, unteilbares Wunder», aus dem er nichts Besonderes hervorheben könne. Und der wahrlich kritische Peter Tschaikowsky pries den *Lohengrin* rückhaltlos als das vielleicht «gelungenste, das inbrünstigste Werk des berühmten deutschen Tonkünstlers».

Machen wir, statt positive Äußerungen zu häufen, folgende Gegenprobe: Ist es nicht ein noch triftigerer Beleg für die unschlagbare Popularität und Qualität des *Lohengrin*, daß über kein Werk der Musikgeschichte, über keine Oper zwischen Monteverdi und Verdi auch nur annähernd so viele Bühnenwitze gerissen, Anekdoten erzählt, Parodien verfaßt wurden wie über Wagners romantische Ballade vom Schwanenritter? Daß da ein Held in Silberrüstung, vom wilden Schwan gezogen, in letzter Sekunde auf schwankendem Nachen erscheint, um eine verfolgte Unschuld zu retten; daß da eine liebende Frau, unselig leidenschaftlich aufgestachelt, genau die Fragen stellen muß, die ihr der liebende Retter zu stellen verbot, daß da eine Hochzeitsnacht mißlingt und eine Tragödie sich grausam logisch vollzieht, und zwar keineswegs in irgendeinem fernen Märchenland, sondern in konkret historischer Zeit König Heinrichs des Ersten und der Ungarn-Kriege: darüber haben kluge, boshafte und kunstliebende Männer wie Nestroy, Mark Twain, Friedrich Nietzsche, Leo Slezak und viele andere schlecht oder allzu gut gelaunt gespöttelt, gewitzelt, gegrübelt. Der Beliebtheit des *Lohengrin* waren alle diese Persiflagen überhaupt nicht abträglich. Im Gegenteil...

Wagner führte bekanntlich viele und berechtigte Klagen, seine Werke müßten ankämpfen gegen die herrschende gehässige Presse, gegen eine verbohrte Musikkritik und reaktionäre Professoren. In der Tat waren die Anfeindungen, denen er sich ausgesetzt sah, enorm. Doch man sollte darüber nicht vergessen, mit welcher Bereitwilligkeit die musikalische Welt gleichwohl Wagners Opern noch zu Wagners Lebzeiten – danach erst recht! – gespielt hat. Der *Lohengrin*, das war einmal höchst moderne, schwierige Musik, auf deren gesangstechnische Anforderungen zudem keinerlei Schulen und Traditionen vorbereitet hatten. Trotzdem gab es bereits zu Wagners Lebzeiten eben nicht nur die Uraufführung, die am 28. August 1850, also an Goethes Geburtstag, in Weimar stattfand, oder die unselige Münchner Einstudierung von 1867, bei deren Generalprobe es zu einer ernsten Verstimmung zwischen Wagner und seinem königlichen Gönner kam, weil Ludwig II. fand, der immerhin 60jährige Tenor Tichatschek entspreche allzu wenig jenen romantisch-idealistischen Vorstellungen, die er von Lohengrin hatte. Deshalb ließ der Monarch den Tenor nach der Generalprobe einfach absetzen, obwohl Wagner ihn als ausdrucksstarken Lohengrin-Sänger schätzte. Berühmt geworden ist gewiß noch jene denkwürdige *Lohengrin*-Aufführung, die 1871 in Bologna stattfand und der – zurückgezogen in seiner Loge, fürs Publikum fast unsichtbar – Giuseppe Verdi lauschte, sich in den Noten kritische Notizen machend.

Aber wie viele oder wie wenige Aufführungen mögen darüber hinaus zu Wagners Lebzeiten vom *Lohengrin* unternommen worden sein? Wenn man da unbefangen schätzen möchte und als Anhaltspunkt heranzieht, wie oft heutzutage die erfolgreiche Oper eines lebenden Komponisten günstigstenfalls nachgespielt wird, dann vertut man sich heftig. Denn nicht in drei oder sechs oder zehn Opernhäusern wurde damals der *Lohengrin* gegeben, sondern in weit über achtzig Städten der ganzen Welt! Es waren darunter keineswegs nur Großstädte oder Hauptstädte wie Berlin, London, Moskau, Madrid, New York, Melbourne, sondern auch kleinere Orte wie Görlitz, Gotha, Barmen, Basel, Nizza, Schwerin, Stettin... Natürlich fragt man sich beklommen, wie denn wohl alle diese Aufführungen in Görlitz und Gotha, die – wie gesagt – noch zu Wagners Lebzeiten stattfanden, wohl ausgefallen sein mögen, wenn man sich vor Augen und Ohren hält, welche Schwierigkeiten heutzutage selbst die größten und reichsten Operninstitute damit haben, gute oder gar strahlende Wagner-Heldentenöre zu finden. Sicherlich waren die Orchester damals leiser und nicht ganz so brillant hoch gestimmt wie heute, sicherlich strich man die Opern notfalls zusammen, sicherlich fehlte jener grausame Perfektionsanspruch, wie ihn in unserer Zeit Schallplatte und Tonband unvermeidlich herstellen. Und wir wissen ja auch, daß Franz Liszt im kleinen Weimar für die Uraufführung des *Lohengrin* die Hauptrollen nicht adäquat besetzen konnte. Trotzdem: wenn man die anspruchsvollen Partien des Werkes überhaupt nicht hätte besetzen können, dann wäre der Siegeszug des *Lohengrin* schwerlich möglich gewesen.

Wahrscheinlich wurden gute, tragfähige Stimmen eben damals nicht so schnell überanstrengt und verdorben wie heute. Wahrscheinlich aber sind Wagners Heldentenor-Rollen auch deshalb so aberwitzig rücksichtslos, weil er, wie eine Selbstverständlichkeit, etwa den Tenor Josef Tichatschek zur Verfügung hatte, diesen harmlos jovialen Sänger, in dessen Filigran-Körper eine Riesenstimme steckte – und der Wagners bester Rienzi oder Tannhäuser war. Das Publikum liebte diesen Tenor – so daß Peter Cornelius maliziös schreiben konnte: Da «hatte dann nicht mehr Wagner komponiert, sondern Tichatschek sang es». Wahrscheinlich müssen die Tenöre unserer Zeit es ausbaden, daß Wagner auf Künstler wie Tichatschek oder den Tenor Ludwig Schnorr von Carolsfeld zählen konnte, dessen tragisch früher Tod eine von Wagner heftig beklagte Katastrophe war, weil nun jener Sänger fehlte, der die für unmöglich geltende Tristan-Partie seelisch und stimmlich, physisch und psychisch vollkommen bewältigte. So ist es eben auch für unsere Koloratur-Soprane Pech, daß Mozart die «geläufige Gurgel» der offenbar phänomenalen Catarina Cavalieri vor Ohren hatte: Wer weiß, ob manche Sopran-Partien Mozarts derart halsbrecherisch ausgefallen wären, wenn Mozart nur normal begabte Sängerinnen zur Verfügung gestanden hätten statt solcher Ausnahme-Damen.

Der *Lohengrin*, diese Oper der Opern, stellt gewisse szenische Entwicklungen sehr deutlich vor das Auge und Ohr des Betrachters. Da gibt es ein schwarzes, finsteres Paar – Ortrud und Telramund. Für die Ortrud hat Wagner eine großartig ausdrucksvolle Musik geschrieben. Wenn eine kluge, leidenschaftliche Sopranistin diese Ortrud mit großer Vehemenz darstellt, dann wird die wilde Seherin unversehens zur Hauptfigur. Der Ortrud und ihrem Gatten Telramund, einem «betrogenen Betrüger», stehen die lichteren Figuren gegenüber: Elsa und Lohengrin. Zwischen oder über diesen Paaren, gleichsam als Schiedsrichter, fungiert der König Heinrich.

Doch wir wollen jetzt nicht erörtern, was sowieso offen zutage liegt, wollen auch nicht zum 1001ten Male die Suggestiv-Frage stellen, ob Elsa wirklich zu weiblich-schwach war, ihrem wunderbaren Retter zu vertrauen. Über dergleichen zu spekulieren, macht gewiß Spaß, jeder kann seine Lebenserfahrungen einbringen und die rätselhaft tiefsinnige Sage so deuten, wie ihm gerade zumute ist. Es sei auch nur flüchtig angemerkt, daß der *Lohengrin* von der Nazi-Propaganda besonders heftig benutzt wurde. «In keiner Bühnengestalt Wagners fand sich», so verrät Gregor-Dellins Richard-Wagner-Handlexikon, «ein leuchtenderes Beispiel für Einsatzwillen, Opferbereitschaft, Kraft und Unbeugsamkeit des arisch-heroischen Menschen, dessen höchste Steigerung in der Figur des charismatischen, durch sein bloßes Erscheinen bereits hinlänglich legitimierten Befreiers und Führers sich ausdrückte.» So konnte man den *Lohengrin* also auch sehen, wobei man dann eben nur *übersehen* mußte, daß der heroische Rittersmann in seiner Liebe wie auch in seiner Mission am Ende scheiterte. Sei es drum. Schwungvoll strahlende Leidensfähigkeit verführt bekanntlich zur theatralischen Übertreibung, schlägt aber auch unversehens um in Komik und Ulk. Doch das beweist weder etwas über die pathetische Figur noch über die von ihr vertretene Wahrheit etwas.

Im folgenden seien vielmehr einige Fragen bedacht, die in der Oper zwar auch gestellt und mehr oder weniger knapp beantwortet werden – die sich aber dem ergriffenen Zuschauer nicht ganz deutlich lösen und erklären. Es wird sich zeigen, daß diese scheinbar disparaten, verschiedenartigen Fragen durchaus auch miteinander verbunden sind.

Erstens: Wo kommt Lohengrin eigentlich her? Ist sein Vater Parsifal jener reine Tor, der König des Männerbundes der Gralsritter? Heirateten die Gralsritter überhaupt? Wie hängt das alles zusammen? Zweitens: Was steckt hinter dem Frage-Verbot? Mit ungeheurer Eindringlichkeit, zunächst in as-Moll und dann eine schneidende halbe Stufe höher in a-Moll, verbietet Lohengrin seiner zukünftigen Gattin, ihn nach Nam' und Art zu fragen. Dadurch wird Elsa in einen unerbittlichen und durchaus begreiflichen Sog des Fragen-Müssens gezogen. Sie weiß, was sie riskiert, wenn sie fragt, aber sie kann nicht anders. Tut es dann unverhohlen. Zugleich mit der Antwort wird ihr die Verstoßung zuteil. Lohengrin erklärt sich und verläßt sie. Die

Verzweifelt-Erregte stirbt an gebrochenem Herzen und gebrochenem Schweigen. Gewiß. Was indessen nicht deutlich wird: *Warum* darf Elsa nicht fragen? Weshalb dieses grausame Verbot? Was spielt da mit? Über Schuld und Unschuld, weiblich tragische oder männlich dominierende Situation läßt sich doch eigentlich erst befinden, wenn diese Zusammenhänge erwogen sind.

Drittens, als Zusatzfrage: Ist es eigentlich sinnvoll, einen Theaterstoff, einen Mythos, ein mittelalterliches Epos, eine romantische Oper schlicht rational erklären zu wollen? Darauf fällt die Antwort leicht: Wagner ging es in der Kunst um nichts mehr als um *Verständlichkeit*, Verstehbarkeit. Seine Reform, sein Sprechgesang, seine leitmotivische Arbeit, sein unablässiges Erläutern, sein Hang zur Selbstinterpretation, alles das ist doch genaues Gegenteil vom bloßen Berauschen-, Benebeln- und Dröhnenwollen, welches ahnungslose Anti-Wagnerianer ihm so gerne unterstellen. Natürlich handelt es sich beim eigentlichen *Verstehen* eines Kunstwerkes – aber das ist eine Binsenweisheit – nicht um nur rationales, verstandesmäßiges Kapieren. Der Künstler wendet sich wahrlich auch ans Gefühl. Wird ihm *nur* mit dem Verstand geantwortet, dann sei er eben, so fand Wagner, nicht wirklich verstanden worden.

Als Wagner 1845 während eines Kuraufenthaltes, statt sich zu pflegen, zur Verzweiflung des Arztes das Exposé der *Meistersinger von Nürnberg* und den Prosa-Entwurf für den *Lohengrin* sowie das ganze Textbuch auszuarbeiten begann, kannte er Jacob Grimms *Deutsche Mythologie* sowie dessen *Deutsche Rechtsalterthümer und Weisthümer*. Und er hatte Wolfram von Eschenbachs mittelhochdeutsches *Parzival*-Epos bei sich, das er in einer Übersetzung las. In letzterem, nämlich dem 16. Buch dieses riesigen höfischen Epos *Parzival* wird auch der *Lohengrin*-Stoff vorgeführt. Loherangrin, so heißt der eine Sohn Parzivals da, erhält den Auftrag, einer bedrängten Fürstin von Brabant zu helfen. In Antwerpen steigt er von seinem Schwan ans Land und erklärt sein Vorhaben sogleich deutlich. Ich zitiere eine modernisierte Übersetzung:

> Frau Herzogin, so sprach er gleich,
> Soll ich erwerben dieses Reich,
> So setz' ich große Macht aufs Spiel.
> Drum hört, was ich Euch bitten will:
> Nie dürft Ihr, wer ich sei, mich fragen,
> Dann bleib ich bei Euch mit Behagen.
> Erfragt Ihr jemals, wer ich bin,
> Ist Eure Minne ganz dahin.
> So seid gemahnt! Befolgt Ihr's nicht,
> So mahnt mich Gott an meine Pflicht.

Offensichtlich kommt es den Gralsrittern und den erlesenen Helfern der Tafelrunde des Königs Artus – alle diese Geschichten spielen vielfältig durcheinander – gar nicht in den Sinn, unbedingt kinderlos zu sein oder zu bleiben. Parsifal ist der Sohn von Gamuret und Herzeleide – Namen, die wir aus dem *Parsifal* kennen. Bei Wolfram von Eschenbach hat Parsifal sogar einen Halbbruder namens Feirefiz, der einem Liebesverhältnis seines Vaters mit einer gewissen Belakane entstammt, die eine noble Negerin war aus dem Lande Zassamank. Feirefiz sah drollig schwarz-weiß aus, wie ein munteres Zebra offenbar.

Der Sagen-Parsifal selber hat nicht nur die Mitleidsfrage an Amfortas unterlassen, weite Irrfahrten unternommen, viele Kämpfe gefochten und schließlich das Grals-Königtum errungen, sondern auch mehrere Kinder gezeugt mit der schönen Kondwiramur. Nämlich einen gewissen Kardeiß, der das Land erben darf, und eben Lohengrin, dem der Gral zugesprochen wird.

Bei Wagner kommt das alles insofern etwas verwirrend heraus, als Wagner die Geschichte des Späteren, nämlich diejenige Lohengrins, früher gestaltete als die Geschichte von Lohengrins

Vater Parsifal. Wagnerianer begegnen also zuerst dem Sohn, dann dem Vater. Übrigens sollte der Parsifal nicht nur im *Lohengrin* vorkommen, als Vater, und im *Parsifal* als Titelfigur, sondern auch im *Tristan*. Wagner beabsichtigte zunächst, im dritten Aufzug von *Tristan und Isolde* den irrenden Parsifal auftreten zu lassen, für den er sich sogar eine Notenzeile aufschrieb. Die Entscheidung, Parsifal doch nicht beim todwunden Tristan erscheinen zu lassen, fiel erst im Laufe der Arbeit, 1857. Wagner hatte offenkundig eine Spiegelung zwischen allen diesen Sagenkreisen vorgeschwebt. Es sollte eine beziehungsvolle Episode werden, nämlich, so Wagner wörtlich, «ein Besuch des nach dem Gral umherirrenden Parzival an Tristans Siechbette. Dieser an der empfangenen Wunde siechende und nicht sterben könnende Tristan», so fährt Wagner fort, «identifizierte sich in mir nämlich mit dem Amfortas im Grals-Roman.»

So gibt es also nicht nur die eine, berüchtigte Prüfungsfrage für Wagnerianer, in welcher Oper Wagner *Tristan und Isolde* zitiert, sondern der *Parsifal* müßte im Zusammenhang mit drei großen Wagner-Werken genannt werden: im Zusammenhang mit dem Bühnenweihfestspiel, mit dem *Lohengrin* und mit dem *Tristan*. So viel zu den Verwandtschaftsverhältnissen. Was aber hat es nun mit dem Frageverbot auf sich?

Lohengrin – es ist von fesselnder, grandioser Bildkraft – verlangt von Elsa: «Nie sollst du mich befragen, noch Wissens Sorge tragen, woher ich kam der Fahrt, noch wie mein Nam' und Art'!» Elsa, das ist nicht unwichtig, antwortet darauf *leise, fast bewußtlos*: «Nie, Herr, soll mir die Frage kommen.» Das ist dem Lohengrin zu flau, zu wenig entschieden. Er wiederholt also sein Verbot, eindringlich gesteigert, noch einmal. Jetzt antwortet Elsa bewußt, innig und argumentativ. Weil er, Lohengrin, an ihre Unschuld glaube, wäre es eine große Zweifelsschuld, wenn sie sich den Glauben an ihn rauben ließe. «Wie du mich schirmst in meiner Not, so halt in Treu' ich dein Gebot.»

Fragen wir uns nun ganz kühl: Was kann es damit auf sich haben? Es ist offenbar sehr viel schwerer, die Notwendigkeit, den Grund oder gar die Berechtigung dieses Frageverbots – das Wagner ja keineswegs zu erfinden brauchte, sondern aus der Lohengrin-Sage übernehmen konnte – zu erfassen und zu erfühlen, als sich darüber lustig zu machen. Darin war Nietzsche, wohl aus enttäuschter Wagner-Liebe, unschlagbar. «Wer lehrte uns, wenn nicht Wagner», so spöttelte er in seiner Rechtfertigungsschrift *Der Fall Wagner*, «daß es von den schlimmsten Folgen sein kann, wenn man nicht zur rechten Zeit zu Bett geht» – womit Nietzsche gehässig auf die Brautgemach-Szene des dritten *Lohengrin*-Aktes anspielt, in welcher Lohengrin und Elsa scheitern, weil die beiden zu viel reden, statt glücklich den Mund zu halten. Nietzsche führt das dann maliziös aus: Wagner beweise mit dieser Szene, «daß man nie zu genau wissen soll, mit wem man sich eigentlich verheiratet».

Das ist boshaft – aber noch lange keine Erklärung oder gar Widerlegung. Richard Wagner selber beantwortet in der Oper nicht wirklich zwingend, *warum* der Schwanenritter das Frageverbot erläßt, warum er nicht beim Namen genannt werden will. Lohengrin verlangt das eben, der Stoff brachte es mit sich. Natürlich hat sich Wagner viel Tiefsinniges dabei zurechtgelegt. Nämlich einmal – so steht es in der Schrift *Eine Mitteilung an meine Freunde* von 1851 –, Lohengrin suche das Weib, das an ihn glaubte, das nicht frage, wer er sei und woher er komme, sondern ihn liebte, wie er sei ... und weil er so sei, wie er dem Weib erschiene. Nun folgt der entscheidende Satz:

> Er suchte das Weib, dem er sich nicht zu erklären, zu rechtfertigen habe, sondern das ihn unbedingt liebe. Er mußte deshalb seine höhere Natur verbergen, denn gerade ... in der Nichtoffenbarung dieses höheren ... Wesens konnte ihm die einzige Gewähr liegen, daß er nicht um dieses Wesens willen nur bewundert und angestaunt würde ... oder daß ihm demütig

gehuldigt würde, wo es ihn eben nicht nach Bewunderung und Anbetung, sondern nach dem einzigen, was ihn aus seiner Einsamkeit erlösen, seine Sehnsucht stillen konnte – nach Liebe, nach Geliebtsein, nach Verstandensein durch Liebe, verlangte.

Das sind gewiß wunderschöne Worte, aber auch sie erklären das Schwer-Erklärbare nicht hinreichend. Kann man Liebe durch Geheimhaltung erzwingen? Gerade wenn Lohengrin absolut, um seiner selbst willen geliebt werden will, dann liegt doch nahe, daß Elsa eben nicht nur die wunderbare Erscheinung ihres Wundermanns zur Kenntnis nehmen und ins Herz schließen möchte, sondern den Geliebten als ganze Person, mit allen seinen Gründen und Hintergründen.

Nun gibt es von Wagner aber noch einen zweiten Hinweis, warum das Frageverbot bestehe. Dieser Hinweis hängt nicht mit dem Glanz des männlichen Ego zusammen, das unbefragt und unbezweifelt nach liebendem Gehorsam verlangt, sondern mit dem Schutz der Frau. Hier geht es also nicht um die erhabene Einsamkeit des Künstlers, der sich jede Frage verbittet, sondern um das Schicksal der Geliebten, die zusammenbräche, falls die überirdische Wahrheit herauskäme. Weniger mit Unbedingtheit hat das zu tun als mit Unaushaltbarkeit. Im Zusammenhang mit dem Lohengrin-Mythos fragt Wagner: Wer kennt nicht Zeus und Semele? Der Gott liebt ein menschliches Weib und naht ihr um dieser Liebe willen selbst in menschlicher Gestalt. Die Liebende erfährt aber, daß sie den Geliebten nicht nach seiner Wirklichkeit erkenne und verlangt nun, vom wahren Eifer der Liebe getrieben, der Gatte solle in der vollen sinnlichen Erscheinung seines Wesens sich ihr kundgeben. Zeus weiß, daß er ihr entschwinden, daß sein wirklicher Anblick sie vernichten muß.

Das klingt alles gewiß sehr erbaulich, schön und tief. Aber wenn man nachzudenken beginnt, wird man mit dieser logischen Erklärung auch nicht recht glücklich. War denn Lohengrin eine tödliche, eine in Wirklichkeit und Wahrheit vernichtende Erscheinung? Es steckt offenbar – und Wagner kannte sich in den Mythen aller Zeiten und Länder schöpferisch aus – etwas hinter dem Frageverbot, was sich nicht auf handfeste Formeln bringen läßt.

Nämlich folgendes: Bestimmte Aufforderungen sind ihrem Wesen nach unerfüllbar. Wenn Gottvater seinen Geschöpfen Adam und Eva einen bestimmten Baum im riesigen Paradies verbietet, dann lenkt er zumindest die interessierte Neugier auf diesen Baum und seine verbotene Frucht. Wenn Orpheus die Eurydike, deren Sterben er voll schmerzlicher Liebe so herrlich besungen und beklagt hat, daß selbst der Totengott gerührt wurde, wenn Orpheus Eurydike wieder heimholen darf in seine Arme und ins Leben unter der ewig rätselhaften Bedingung – daß er sich im Totenreich *nicht nach ihr umblickt* –, dann scheint auch hier die Unerfüllbarkeit gleichsam tragisch-ironisch gesetzt: Wer so liebt und trauert wie Orpheus, der muß nach der Geliebten blicken, während er sie aus dem Totenreich geleitet. Wäre Orpheus vernünftig, beherrscht, ruhig abwägend à la «Nur nicht hinschauen, ich sehe sie ja noch lange genug», dann hätte er nämlich bestimmt nicht so traurig singen und den Totengott erweichen können.

Wir ahnen den analogen Tiefsinn des *Lohengrin*-Konfliktes. Erfüllbar scheint das Frageverbot offenbar immer nur ganz abstrakt. In den *Feen* forderte die Ada. Und ihr Gatte Arindal brach dann das Gebot. Womöglich verbirgt sich hinter alledem auch ein Tabu. Beim Tabu geht es um das Verbot einer Berührung, um das Verbot einer Namensnennung. Wie aber kommt dergleichen in diese Sage? Erinnern wir uns: War nicht der Vater Lohengrins, also der Parsifal, seinerseits zu schwach gewesen, eine wichtige Frage zu stellen? Erschrak er nicht so sehr vor der fürchterlichen Wunde des Amfortas, vor dem grauenhaften, vielleicht ekelhaften Leid des Königs, daß es ihm die Rede und die Frage verschlug? Hätte er seine Scheu überwunden und mitleidig gefragt, so wie es Wolframs Parsifal erst ganz am Ende des Epos tut: «Oheim, was fehlet dir?» (denn Amfortas war bei Eschenbach Parsifals Onkel, der Bruder seiner Mutter Herzeleide), dann hätte der junge Mann den König bereits bei der ersten Begegnung erlöst. Aber der junge Parsifal *traute sich nicht* zu fragen. Das dreht sich nun im *Lohengrin* genau um: Elsa wagt aus Liebe, Wissensdurst und geheimem Selbstvernichtungstrieb – sie kann im Grunde gar nicht anders – entschieden den Bruch des Gebots und des Tabus. Der dritte Akt ist nichts anderes als ihr unaufhaltsames Sich-Aufbäumen gegen das Frageverbot. Sie nimmt alles in Kauf, tut es um jeden Preis.

Nun hat Wagner – ich möchte sagen: leider – aus der großen Grals-Erzählung, mit der Lohengrin am Ende der Oper Elsas Fragen öffentlich beantwortet, einige bemerkenswerte Verse gestrichen und zu dem in der Gesamtausgabe schwer auffindbaren Fragment gemacht. Diese gestrichenen Zeilen geben Auskunft über Lohengrins seelische Situation. Demnach war der Schwanenritter kein Popanz, der Fragen verbietet, weil er nicht als Gott verehrt, sondern stolz um seiner Einsamkeit und seines geheimnisvollen So-Seins als Mann geliebt werden will. Es steckt ein Schicksal dahinter. Lohengrin teilt im dritten Akt mit, daß in Brabant, wo er als Retter erschienen ist, zwar alle an ihn glauben, nur ein Wesen leider nicht.

Das ist mein Weib, wie schmerzt mich's, daß ich's sage! –
ein Weib, auf das ich stolz mein Glück gebaut!
das Weib, zu dem ich reinste Liebe trage,
Elsa, die Gott mir gestern angetraut.
O Elsa! Was hast du mir angetan?
Als meine Augen dich zuerst ersah'n,

fühlt' ich zu dir in Liebe schnell entbrannt
mein Herz, des Grales keuschem Dienst entwandt.
Nun muß ich ewig Reu und Buße tragen,
weil ich von Gott zu dir mich hingesehnt...

Begreift man diese Verse, die in der dritten Szene des dritten *Lohengrin*-Aktes ähnlich vorkommen, aber ohne das Schuldbekenntnis Lohengrins, also etwas verharmlost, gereinigt – dann glaubt man plötzlich zu verstehen, was Wagner mit einem verblüffend psychoanalytisch klingenden Kommentar-Satz aus der *Mitteilung* an seine Freunde meinte, über den niemand rasch hinweglesen sollte. Nämlich mit dem Satz: «Elsa ist das Unbewußte, Unwillkürliche, in welchem das bewußte, willkürliche Wesen Lohengrins sich zu erlösen sehnt; dieses Verlangen ist aber selbst wiederum das Notwendige, Unwillkürliche im Lohengrin, durch das er dem Wesen Elsas sich verwandt fühlt.»

Dies alles aber heißt doch wohl: Lohengrin wagte eine menschliche Liebe, die ihn dem Gral entfremdete und die ihm Reue und Buße eintrug. Darum hielt er sich für berechtigt, auch von der liebenden Elsa ein waghalsiges Vertrauens-Verhalten zu fordern, das freilich gerade ihrer Liebe unmöglich sein mußte.

Dieser tragisch-ironische Vernichtungszusammenhang steckt also hinter Wagners Konstruktion. Zugegeben, allmählich könnte sich der Verdacht aufdrängen, über das gewiß differenzierte und bedeutsame Verhalten von Lohengrin und Elsa würde hier spekuliert, als ginge es vor Gericht um einen realen Scheidungsfall und nicht um eine romantische Oper. Aber eben diese Spannung zwischen Märchenhaft-Wunderbarem und Realistisch-Handfestem macht das Besondere der *Lohengrin*-Welt und des *Lohengrin*-Vorgangs aus!

Wunder und Wirklichkeit sind im *Lohengrin* ganz selbstverständlich ineinandergefügt. Nur ein Beispiel: Während das A-Dur-Vorspiel zum ersten Akt mit kühnen, neuen Klangfarben die Gralswunder überwältigend magisch entstehen läßt, beginnt die dann folgende erste Szene in trompetenhaftem, derbem C-Dur. Wir sind mitten in einem historischen Ritterstück. König Heinrich kommt nach Brabant, bereitet sich und die Seinen auf einen ungarischen Angriffskrieg vor. Er habe neun Jahre Frieden erhandelt, sagt er, während dieser Zeit Städte und Burgen gebaut, militärische Ausbildung betrieben. Nun sei aber die Friedensfrist vorbei. «Für deutschen Reiches Ehr» braucht der König Heeresfolge.

Das alles ist normaler Alltag der Rittersleut. Bevor König Heinrich an seinen Krieg denken kann, muß er aber rasch noch eine zivile Konflikt-Situation bereinigen. Also die Klage des Friedrich Graf von Telramund. Der ist von seiner Gattin Ortrud angestiftet worden, Elsa von Brabant des Mordes zu bezichtigen. In der nächsten Szene erscheint Elsa, die Beklagte. Wie alle großen Wagner-Figuren hat sie bereits geträumt von dem, der ihr sogleich vor Augen treten wird – nämlich vom hilfreichen Ritter Lohengrin.

Soweit scheint alles klar, zumal der Kontrast zwischen Realität und Märchenhaftem. Doch wenn man Elsa *nur* als Somnambule oder als Frivol-Neugierige, Verliebte mißversteht, dann kapiert man wiederum nicht den realistischen Kern, der sogar hinter ihrem wahnbefangenen Verhalten steckt. Von Ortrud im zweiten Akt aufgestachelt, tut Elsa etwas eigentlich ganz Logisches, was sich nur eben in einer romantischen Oper seltsam absurd ausnimmt. Mitten in einer Sage, wo Prinzen in Schwäne verwandelt werden und heidnisch-friesische Fürstentöchter mörderisch zaubern können, akzeptiert Elsa das Märchen, die Fabel nicht uneingeschränkt. Von des «Zweifels Macht» berührt zu sein, gibt sie am Ende des zweiten Aktes zu! Es ist, als ob sich der Fuchs, im Fabel-Dialog mit dem Löwen oder einer ängstlichen Gans, plötzlich fragt: «Aber warum können wir eigentlich sprechen? Das geht doch gar nicht!» Elsa, die dem Schwan nicht zu vertrauen vermag, gleicht auf ihre Weise ein wenig dem Hamlet, der einfach zu klug ist für jenes archaische Rache-

Drama, dessen Held er sein muß. Hamlet kann nicht ohne weiteres und ungeprüft hinnehmen, daß ermordete Väter sich unter Umständen in Geister verwandeln und mühselige Rache-Aufgaben stellen. Vielleicht, denkt er, war es doch irgend so ein teuflischer Spuk. Solche Skepsis macht natürlich alles Handeln schwer. Elsa guckt mitten in der Sage – so verliebt sie ist, oder gerade weil sie verliebt ist – gleichsam ängstlich über den Rand der Sage hinweg in spätere Zeiten der Psychologie, des Mißtrauens, der partnerschaftlichen Ehen.

Doch auch das ist nicht alles. Hans Pfitzner hat in einem schönen *Lohengrin*-Essay emphatisch dargetan, wie Elsa förmlich auf ihre Vernichtung hinarbeitet:

Was Lohengrin auch sagt, und wie liebevoll ... sie auch seine Worte empfindet und versteht – alles trägt dazu bei, die Frage zu beschleunigen ... Sie will weniger etwas wissen, was sie nicht weiß, als etwas haben, was sie nicht hat, oder nicht *ganz* hat, nämlich ihn; will etwas sein, was sie nicht ist, nämlich mehr. Genau genommen frägt sie ja schon alles Verbotene in diesem Gespräch: ‹Woher du kamst, sag' ohne Reu'› (das wäre die Fahrt), ‹Wie süß mein Name deinem Mund entgleitet, gönnst du des deinen holden Klang mir nicht?› (das wäre die verbotene Frage nach dem Namen) und ‹Meiner Treu enthülle deines Adels Wort› – das ist schließlich die Frage nach der Art ...

Was jetzt noch kommt, ist kaum mehr Frage zu nennen, ist Vernichtung und Selbstvernichtung. Wenn uns nur unsre *ewig sanften* Elsas diesen Vorgang vor Augen führen wollten! Leider sind in dieser wichtigsten Szene die Jugendlich-Dramatischen bestenfalls jugendlich, aber nicht dramatisch. Das Sterben der Elsa im letzten Akt ist kein willkürlicher Opernschluß; sie stirbt ihren Liebestod so gut wie Senta und Elisabeth, wie Isolde und Brünnhilde. Sie hat den Todessprung über die Kluft gemacht.

So finden wir die Protagonisten dieses Dramas eigentlich sämtlich in einer heftigen, tragisch-ausweglosen Spannung zwischen menschlicher, realer historischer Bedingtheit und übermenschlicher magischer Unbedingtheit. Bei Lohengrin ist das paradoxerweise nicht einmal so auffällig, weil er leider fast immer wie ein unantastbarer Silber-Ritter, wie ein von Glanz und Wunder umgebener Schwanengott wirkt und selten als das erkennbar wird, was er sein möchte, wonach es ihn drängt: als liebender, menschlicher Mensch. Wagner selber konnte offenbar, als er *Lohengrin* einstudierte, diesen Zwiespalt wunderbar verkörpern. Angelo Neumann, der berühmte jüdische Wagner-Regisseur, berichtet, wie Wagner die Szene im Brautgemach seinen Künstlern, es war wohl vor der Wiener Aufführung, vorspielte und vorsang:

> Unvergeßlich ist mir der Ausdruck immer tieferer Trauer, der sein Gesicht überzog, als Lohengrin merkt, daß Elsa immer näher daran sei, ihren Schwur zu brechen, und etwas Überirdisches lag in seinen Zügen, wenn er mit unnachahmlicher Anmut und verklärtem Ausdruck Elsa zum Fenster führte, es mit dem linken Arm leicht aufstieß und mit der an seinem rechten Arm hangenden Elsa das «Atmest du nicht mit mir die süßen Düfte» sang. Sein scharf geschnittenes, geistvolles und charakteristisches Antlitz wurde geradezu ideal schön in diesem Augenblicke. Und als wir darnach hingerissen ihm zujauchzten, ihn umdrängten und umarmten, da wußte er gar nicht, was uns bewegte. So sehr war all sein Spiel das Ergebnis eines unwillkürlichen Lebens in der Situation.

Solche Idealität mag für normale Sänger, die keine Genies sind, schwer erreichbar sein. Denn – Carl Dahlhaus hat in seiner souveränen *Lohengrin*-Analyse darauf hingewiesen – offenkundig wird Lohengrins Absicht durch Lohengrins Mittel durchkreuzt. Falls man, wie Dahlhaus es tut, Wagners Selbst-Interpretation für bare Münze nimmt, derzufolge also Lohengrin sein Frageverbot verhängt, «um nicht angebetet, sondern geliebt zu werden», dann scheint der Effekt gerade dadurch gefährdet. Ein solches Frageverbot wäre «für eine Anbetung, die sich in scheuer Distanz hält, erfüllbar, ist es jedoch gerade nicht für eine Liebe, die menschliches Maß hat».

Elsa wird von Traumgesichten, somnambulem Verhalten, von seltsamer Skepsis und leidenschaftlichem Untergangswunsch geprägt. Mit alledem hat Ortrud, eine Politikerin, nichts zu tun, die mit kühl berechnender Härte ihre alten Götter wieder durchsetzen will. Sie will der «weißen Magie» Lohengrins ihre schwarze heidnische Magie entgegenstellen.

Wagner hat sich Eindringliches und zwingend Anti-Reaktionäres bei seiner Ortrud-Gestalt gedacht:

Der Frau Fürstin v. Wittgenstein, die mich mit einem sehr freundlichen Briefe erfreut hat, bitte ich Dich, meinen größten Dank für ihre Güte zu melden. Das innige Interesse, das sie meinem Lohengrin, namentlich bei der letzten Aufführung wieder widmete, ist mir von unschätzbarem Werthe. Sehr fesselten mich namentlich ihre geistvollen Bemerkungen über die Rolle der Ortrud, und der Vergleich, den sie zwischen der Leistung der früheren Darstellerin und der jetzigen anstellt. Auf welche Seite ich mich neige, wird Deine verehrte Freundin sogleich erkennen, sobald ich meine Ansicht über diesen Charakter einfach dadurch bezeichne, daß Ortrud ein Weib ist, das – *die Liebe nicht kennt*. Hiermit ist Alles, und zwar das Furchtbarste, gesagt. Ihr Wesen ist Politik. Ein politischer Mann ist widerlich, ein politisches Weib aber grauenhaft: diese Grauenhaftigkeit hatte ich darzustellen. Es ist eine Liebe in diesem Weibe, die Liebe zu der Vergangenheit, zu untergegangenen Geschlechtern, die entsetzlich wahnsinnige Liebe des Ahnenstolzes, die sich nur als Haß gegen alles Lebende, wirklich Existierende äußern kann. Beim Manne wird solche

Liebe lächerlich, bei dem Weibe aber furchtbar, weil das Weib – bei seinem natürlichen starken Liebesbedürfnisse – etwas lieben muß, und der Ahnenstolz, der Hang am Vergangenen, somit zum mörderischen Fanatismus wird. Wir kennen in der Geschichte keine grausameren Erscheinungen, als politische Frauen. Nicht Eifersucht auf Elsa – etwa um Friedrich's Willen – bestimmt daher Ortrud, sondern ihre ganze Leidenschaft enthüllt sich einzig in der Scene des zweiten Aktes, wo sie – nach Elsa's Verschwinden vom Söller – von den Stufen des Münsters aufspringt, und ihre alten längst verschollenen Götter anruft. Sie ist eine Reaktionärin, eine nur auf das Alte Bedachte und deshalb allem Neuem Feindgesinnte, und zwar im wüthendsten Sinne des Wortes: sie möchte die Welt und die Natur ausrotten, nur um ihren vermoderten Göttern wieder Leben zu schaffen. Aber dies ist keine eigensinnige, kränkelnde Laune bei Ortrud, sondern mit der ganzen Wucht eines – eben nur verkümmerten, unentwickelten, gegenstandslosen – weiblichen Liebesverlangens nimmt diese Leidenschaft sie ein; und daher ist sie furchtbar *großartig*. Nicht das mindeste Kleinliche darf daher in ihrer Darstellung vorkommen: niemals darf sie etwa nur maliciös oder piquirt erscheinen; jede Äußerung ihres Hohnes, ihrer Tücke, muß die ganze Gewalt des entsetzlichen Wahnsinnes durchblicken lassen, der nur durch die Vernichtung Anderer, oder – durch die eigene Vernichtung zu befriedigen ist.

Welch ein Schluß kann aus all diesen Überlegungen oder Vermutungen gezogen werden?

Zunächst ganz offensichtlich derjenige, daß es Wagner gelang, die geschichtslose Märchenwelt mit historischer Realität, mit präzisen christlich-germanischen Bräuchen zu verbinden, zu versöhnen, zu verschmelzen. Wenn Lohengrin in der Menschenwelt scheitert, dann eben darum, weil diese reale Menschenwelt sich so konkret anders darstellt als Lohengrins heiliger Bezirk. Das aber heißt doch offenbar, beide Sphären müßten gleichermaßen sinnfällig werden auf der Bühne: der reale und psychologische Bezirk ebenso wie der märchenhafte und überirdische.

Darum verfehlt jeder einseitige, rein naturalistisch interpretierende Ansatz die Ganzheit des *Lohengrin*-Kosmos. Wenn ein Regisseur oder ein aufgeklärter Theatermann sagt, «der Schwan geht nicht mehr, sowas kann man heutzutage nicht mehr machen» – dann ist das Argument nicht etwa klug und historisch taktvoll, sondern banausisch. Der Schwan *ging*, rein rational, nie: der ist nicht nur im Jahre 1990 ein unglaubliches Wunder, sondern war es auch zu Wagners Lebzeiten und sogar zu denen Heinrichs I. Wagner *wollte* halt das Wunderbare, das Romantische als Folie für ein differenziertes Liebesdrama – und er brauchte das Historisch-Exakte als Folie für eine mythologische Tragödie. Wer also sagt, denkt oder fühlt, den Schwan nicht mehr ertragen zu können, weil der ihm zu opernhaft, zu surreal, zu unwirklich sei – der kann in Wahrheit die *Lohengrin*-Oper nicht ertragen. Und sollte nicht etwa einen *Lohengrin* ohne Schwan geben, sondern auf diese Oper verzichten. Was habe ich auf unseren Opernbühnen schon für feinsinnige Verrenkungen erlebt, weil die Prägnanz der Wagnerschen Konflikte die Regisseure zu dem Fehlschluß verführte, wo ein kluger Kopf walte, dürfe kein romantisch-wilder Schwan sein. Man hat schon Lichtbündel gesehen, die einen Nachen ziehen, was töricht steril wirkte. Oder menschenähnliche Schwäne mit langem gewundenem Hals und nasenartigen Schnäbeln agierten zum Befremden des Publikums als Wasserdroschken. Die sahen dann eher aus wie Karikaturen vom General de Gaulle, paßten schwerlich in die romantische Oper. Eine Aufführung, die für den Schwan zu schlau zu sein meint, ist in Wahrheit zu kleinmütig fürs Märchen: Die Verwandlung eines Menschen in einen Lindwurm oder in einen Schwan gehört im *Siegfried* wie im *Lohengrin* zur Sache. Dabei ist die schöne Vision eines im Wasser schwimmenden

Schwans natürlich künstlerisch-bühnentechnisch sehr viel schwerer zu bewältigen als irgendeine halbherzige Abstraktion, die sich dem Zwang der *Lohengrin*-Spannung zwischen Märchen und Historie entzieht. Offenbar ist die Mischung aus Intelligenz und Märchen schwer nachvollziehbar. Ein kluger DDR-Regisseur kam in Wien sogar auf die bizarre Idee, im *Lohengrin* nicht nur den Schwan zu streichen, sondern auch gleich den Lohengrin selbst! Die Sache war die, daß die Brabanter im 9. Jahrhundert unter Sturmfluten und Nachbarvölkern besonders heftig gelitten hatten, woraus folgte, daß eine allgemeine Sehnsucht nach Erlösung, also nach dem Gral, entstand. Daraus, so erklärte das Programmheft schlau, ergab sich natürlich eine offenbare Bereitschaft zur Autosuggestion. Elsa wand sich unter Krämpfen und gebar in ihrer Not den rettenden Lohengrin nebst einer Art Phantom-Schwan. Natürlich gelang der Umdeutungszauber nicht recht: denn die Mannen, das Volk, die da alle gelegentlich auch wohlgelaunt singen und sich des Schwans oder Schwanenritters erfreuen – sie wirkten keineswegs sämtlich als Opfer verzweifelter Autosuggestion...

So schwer ist das Märchen, ist die Romantik des *Lohengrin*, die Realität dieses tragischen Liebesstückes. Hat man die fordernde Kühnheit Wagners erst einmal begriffen, dann wird auch klar, warum der *Lohengrin* zur Oper aller Opern, zur opernhaftesten, populärsten Schöpfung Wagners geriet! Nicht wegen der Wunder. Märchenhaftes, Unnatürliches, Surreales wird im Bezirk von Kunst keineswegs als etwas so Auffälliges empfunden. Es gibt Fabeln, Legenden, sprechende Tiere weit und breit – ohne daß sich Protest regte oder der Hang zur Parodie. Andererseits müssen auch die Ritter-Realitäten – für sich genommen – ein Kunstwerk nicht unbedingt zur seltsamen Besonderheit machen. Kleists *Käthchen von Heilbronn*, der *Prinz von Homburg*, Shakespeares Königsdramen, Goethes *Götz von Berlichingen* leben bekanntlich ohne Not von und in dieser Sphäre.

Doch wenn die Bereiche sich schlagend bühnenwirksam, inbrünstig pathetisch, schwungvoll und tiefgründig mischen: dann entsteht etwas Besonderes. Dann kommt es zum Risiko des Umschlags. Dann kann Nestroy in seiner giftigen Parodie den Schwan in ein Schaf verwandeln –

Nun sei bedankt mein gutes Schaf, / Kehr wieder heim zum Zauberschlaf, / Du warst geduldig, lieb und brav, / Wie ich fürwahr kein Schaf noch traf; / Leb wohl, leb wohl, mein gutes Schaf!

Worauf das Schaf mit seinem phantastischen Wagen davonhumpelt, um am Ende der Geschichte als tragisches «Trennungsschaf» wiederzukehren. Wenn Märchen und psychologische Modernität sich durchdringen, dann wird die daraus resultierende, schlagende Wagner-Wirkung zum Anreiz, der Überspannung lachend auszuweichen. Lohengrins tadelnder Satz: «Elsa, mit wem verkehrst du da?», über den die Witzigen grinsen – ist gar nicht so komisch. Außer im *Lohengrin* eben, also in einer Sphäre aus göttlicher Liebe, übernatürlichem Wunder, menschlichem Versagen, tiefsinniger Psychologie.

Es mag eine dramaturgische Schwäche dieser Oper sein, daß der Schwanenritter keinerlei Anfechtungen durchzumachen hat, daß er sich nie irrt, immer im Recht ist, daß man nur bei sehr guten, verständnisvollen Aufführungen den schmerzlichen inneren Konflikt des einsamen Gralsritters ahnt, der menschlich lieben und geliebt werden möchte. Trotzdem hätten wir viel verloren, wenn wir es aus lauter kleinmütiger Klugheit verlernten, ein solches Bühnenmärchen angemessen aufzuführen und behutsam zu verstehen.

4

Isoldes Wandlungen
Kleiner Wegweiser durch ein großes Mysterium

I

Es mag banausisch wirken, *Tristan und Isolde* erklären zu wollen. Wer dieses Mysterium nicht zu begreifen vermag – so könnten feine Wagnerianer spötteln –, dem dürften pedantische Erläuterungen auch nicht viel helfen. Dem werde es wenig nützen, wenn er erfährt, wie und in welchen Stadien sich die Isolde während der ersten beiden Akte wandle, oder wenn man ihn darauf hinweist, daß die Liebenden im zweiten Akt zuerst die Gegenwart, dann ausführlich die Vergangenheit und erst danach wieder das unmittelbar Gegenwärtige beschäftige, weil nichts einer erfüllten Liebe mehr Seligkeit bereitet als die ewige Wiederkehr der Vorgeschichte im glücklichen Diskurs. Danach verschmelzen Tristan und Isolde im Kanon. Ihre Worte werden austauschbar, ununterscheidbar ...

Der Wert simpler Orientierungsmarken (die man vergessen kann, nachdem sie ein wenig geholfen haben) sollte darin liegen, ein anfangs vor dem Betrachter beängstigend riesig sich auftürmendes Gebirge überschaubar zu machen. Wer sich dem *Tristan* allzu naiv nähert, läuft nämlich Gefahr, stets dasselbe zu kapieren und dasselbe nicht ganz mitzukriegen. Wer in zehn Aufführungen immer wieder bestimmte Sachen begreift und andere leider nicht ganz versteht, der lernt genausowenig dazu wie jemand, dem ein zu schwerer fremdsprachlicher Text zehnmal nacheinander vorgelesen wird, ohne daß er zwischendurch dazu käme, mit einem Lexikon oder einer Grammatik hinter den Sinn der unverstandenen Wörter und Konstruktionen zu kommen. Ein musikalischer, unvorbereiteter *Tristan*-Besucher dürfte im ersten Akt der «Einleitung», dem berühmten Vorspiel, gewachsen sein. Aber die Ausbrüche der Isolde dann werden ihn eher erschauern lassen als über die Situation aufklären. Man erlebt gewaltige Zornes-Bekundungen wegen einer offenbar sehr komplizierten, auch blutigen Vorgeschichte, bis man dann in der fünften Szene des ersten Aktes, beim «Herr Tristan trete nah'», endlich wieder konkreten dramatischen Boden unter den Füßen spürt. Die Wirkung des vermeintlichen Todestrankes, der überwältigende Schluß des ersten Akts bedarf keiner Erklärung.

Im zweiten Akt geht es ähnlich. So deutlich sich der Beginn auch dem unvorbereiteten Besucher erschließen dürfte, beim danach einsetzenden riesigen Liebesduett verliert er doch wieder den Faden. Damit scheinen übrigens viele *Tristan*-Regisseure und Dirigenten sogar zu rechnen: sie haben einen großen, im Klavierauszug 25 Seiten umfassenden «Strich» längst sanktioniert! (Im Schott'schen Klavierauszug S. 174–199; in der Eulenburg-Partitur S. 447–528.) Alles Tiefgründige und Bedeutungsvolle, was Tristan und Isolde nach Isoldes «in Frau Minne's Macht und Schutz bot ich dem Tage Trutz» bis zum «daß nachtsichtig mein Auge Wahres zu sehen tauge» vorzubringen haben, hält diese sängerfreundliche und publikumsnahe Kürzung für entbehrlich. Immerhin fast 150 Verse, viele hundert Takte. Der fünften Szene im ersten Akt entspricht der zarte Beginn des Kanons «O sink' hernieder, Nacht der Liebe» im zweiten: Da schlägt die Gegenwärtigkeit von Musik und Gefühl auch Tristan-Anfänger wieder in ihren Bann. Der dritte Akt müßte, für sich genommen, am ehesten ohne allzu viel Verlust verstehbar sein. Doch ob ein unvorbereiteter Hörer nach alledem, was im ersten und im zweiten Akt aufzunehmen war, überhaupt noch die Kraft besitzt, Tristans Gedanken, Sehnsüchten und Leiden zu folgen, zumal wenn er nur undeutlich nachempfinden kann, welche Nöte den Tristan bedrängen – das steht dahin. Hat man sich jedoch irgendwann einmal Abfolge und Gliederung der Gedanken, Verzweiflungen, Ekstasen geduldig klargemacht, dann ist man der Gefahr entronnen, in den Wogen des Tristan-Meeres zu schwimmen oder unterzugehen. Dann wird das überschaute (was gewiß nicht auch heißt: das platt rationalisierte, entzauberte, geheimnislos gemachte, eindeutig gewordene) Werk immer kürzer, je häufiger man ihm begegnet.

II

Ein wenig überspitzt ließe sich sagen, jene Wagner-Forscher oder Interpreten, die darüber grübeln, warum der Dichter-Komponist ein Werk, in dessen Mittelakt sich angeblich «alles ohne Handlung und eigentlich sogar ohne Worte» ereigne, als «Handlung in drei Aufzügen» bezeichnete, lassen mit eben dieser Frage erkennen, daß ihnen die Eigentümlichkeit von *Tristan und Isolde* trotz aller Gelehrsamkeit doch nicht ganz aufgegangen ist!

Denn alles, was sich im *Tristan* zuträgt, folgt unvermeidbar zwangsläufig aus der Vorgeschichte. Folgt aus dem, was Tristan – bevor der Vorhang aufgeht – versäumte, und aus dem, was er statt dessen verblendet unternahm. Er hat nicht begreifen wollen, daß Isolde ihn liebte. Er hat Isolde zum Objekt seines Ehrgeizes gemacht. Er hat sich von ihr heilen lassen – um sie dem König Marke anzubieten. Der Begriff «Handlung» könnte sich hier ganz banal auffassen lassen als «Tat», als ein (falsches und folgenreiches) Handeln, als Untat Tristans, die zurückliegt und nun die Wirklichkeit der drei Akte und ihrer «Handlung» bestimmt. *Tristan und Isolde* ist – so verstanden – Wagners weitaus «analytischstes» Werk. Die Vorgeschichte beherrscht die «Handlung» wie nur in irgendeinem Drama Ibsens oder im *Ödipus*. Dabei tut nichts zur Sache, daß Tristan für sein Handeln und Nicht-Handeln gewichtigere Gründe hat, als die erboste Isolde im ersten Akt annimmt, wenn sie sich klirrend ironisch jenes abschätzige Männergespräch ausmalt, das Tristan und sein Onkel, der König Marke, Isoldes Ansicht nach über sie führten:

> Das wär' ein Schatz,
> mein Herr und Ohm;
> wie dünkt Euch die zur Eh'?
> Die schmucke Irin
> hol ich her;
> mit Steg und Wegen
> wohlbekannt,
> ein Wink, ich flieg
> nach Irenland;
> Isolde die ist Euer!
> mir lacht das Abenteuer...

III

Welche Folgen die durchchromatisierte *Tristan*-Harmonik auch für die Entwicklung der Musik im 20. Jahrhundert gehabt haben mag, deutliche tonale Zentren und sogar das traditionelle Rezitativ-Arie-Schema (wie Rudolf Stephan es noch im *Parsifal* aufgedeckt hat) sind auch bei der Isolde nachweisbar.

Isoldes erster Einsatz, nach dem «Wer wagt mich zu höhnen?», führt sogleich zum c-Moll. Ihr «Brangäne, du? Sag' – wo sind wir?» wird von einem Streicher-Tremolo begleitet, gleicht einem traditionellen Affekt-Rezitativ. Isoldes erstes Fortissimo wirkt danach wie der Beginn einer Rache-Arie in c-Moll: «Hört meinen Willen, zagende Winde! Heran, zu Kampf und Wettergetös!...» Dieser erste Ausbruch beginnt mit dem Ton c und endet mit ihm («Und was auf ihm lebt, den wehenden Atem, den laß ich euch Winden zum Lohn!»): das ist ein melodiös geformtes Furioso – entschieden arienhafter als der melodisch und harmonisch vagere rezitativische Beginn. Ohne allzu große Mühe könnte man aus diesem ersten Ausbruch sogar eine 4-Takt-Struktur mit Vordersatz und Nachsatz herausanalysieren, als handle es sich um Reste der vom späten Wagner verspotteten «Quadratur der Tonsatz-Konstruktion».

Als zweiter – dumpferer – Höhepunkt folgt dieser grandiosen Zornes-Arie dann Isoldes starre Reproduktion des «Liebestrank»-Motivs, mit welchem die Ouvertüre begann: «Mir erkoren, mir verloren... Todgeweihtes Haupt! Todgeweihtes Herz.» Das steht, sowohl den Vorzeichen wie auch der Kadenz nach, wiederum in einem anfangs verschleierten, am Ende eindeutigen c-Moll.

Wenn Brangäne, die ja den Grund von Isoldes Raserei (noch) nicht kennt, anerkennend von Tristan redet, «dem hochgepriesenen Mann, dem Helden ohne Gleiche», dann nimmt Isolde Brangänes C-Dur-Phrase bissig auf. Sie äfft die gute Brangäne nach. (Das ist höhnisch gesteigerte Tradition des heiteren deutschen Singspiels, wo in der *Entführung aus dem Serail* der ungeduldige Belmonte Osmins g-Moll-Melodie wiederholt, in schnellen Viervierteltakt verwandelt und dazu die unhöflichen Worte singt: «Verwünscht seist du samt deinem Liede; ich bin dein Singen nun schon müde.» In der *Zauberflöte* imitiert Monostatos gehässig die Angst-Achtel von Pamina und Papageno: «nur geschwinde, nur geschwinde, nur geschwinde», bevor er die beiden gefangensetzt.) Isolde, gleichsam unter Zornestränen witzig, wiederholt die Töne der Brangäneschen Tristan-Schwärmerei von «dem Helden ohne Gleiche» höhnisch mit dem boshaften Text: «Der zagend vor dem Streiche».

Die Partie der Isolde ist nicht ausschließlich dem Tongeschlecht C (c-Moll oder C-Dur) verpflichtet. Berichtet Isolde vom siechen Tristan in seinem Kahn an Irlands Küste, dann tut sie es mit einer Chopin-nahen e-Moll-Kantilene. Aber auffallend viele große melodische Bögen und Kadenzen Isoldes – jene zumal, die noch ein wenig daran zu erinnern scheinen, daß Wagner, als er den *Tristan* erwog, eigentlich endlich mal etwas Wirkungsvolles, Italienisches, leicht und dankbar Aufführbares machen wollte – tendieren zum pathetischen c-Moll. «Fluch dir Verruchter! Fluch deinem Haupt! Rache! Tod! Tod uns beiden!» diese in riesigen Oktaven geformte Raserei, mit welcher Isolde in der dritten Szene die gramvolle Schilderung des von ihr Erlittenen grandios abschließt, endet in c-Moll. Und wenn sie, etwas später, Kurwenal gegenüber die befehlsgewohnte Prinzessin herauskehrt: «Du merke wohl und meld' es gut» dann singt sie einfache Intervalle, beginnt in einem C-Dur, das sogleich nach e-Moll moduliert, aber dann als dichterisch-musikalische Periode wiederum in C schließt («für ungebüßte Schuld: – die böt' ihm meine Huld»). Die grell jauchzende Hochzeits-Tonart beim Alptraum-Ende des ersten Aktes ist C-Dur.

IV

Im zweiten Akt nennt Isolde ihre mädchenhafte c-Moll/C-Dur-Trotzhaltung, die während des ersten Aufzugs auf Mord und Selbstmord sann, «vermessen». Sie identifiziert sich nun mit der lebendigen Natur, mit Frau Minne. «Leben und Tod sind untertan ihr» singt sie in einer erlesenen dolce-Sequenz, die man einmal von Margaret Price, der großen Belcanto-Sängerin in Carlos Kleibers *Tristan*-Aufnahme, gehört haben muß, um die Seligkeit und Ruhe dieser Einsicht nie wieder zu vergessen. Isolde weiß mittlerweile: «Des Todes Werk, / nahm ich's vermessen zur Hand – / Frau Minne hat es / meiner Macht entwandt.» So hat sie sich gewandelt. Königlich befehlsgewohnte Prinzessin ist sie nun nicht mehr. Es sei denn, sie mahnt Brangäne verhalten: «Zur Warte du: dort wache treu!»

Im zweiten Akt ist es Tristan, der den As-Dur-Kanon beginnt («O sink' hernieder, Nacht der Liebe»), ist es Tristan, der seine

Todessehnsucht auf die Geliebte überträgt, ist es Tristan, der die erhabene Kantilene «So starben wir, um ungetrennt» anstimmt, an die sich Isolde beim «Liebestod» erinnern wird. Eine Wendung hat stattgefunden. Nicht mehr Isolde gibt den Ton an – sondern Tristan. Sie übernimmt folgsam auch seinen Todeswunsch. *Schwärmerisch zu Tristan aufblickend:* «Laß mich sterben!». In der Mitte des zweiten Aktes, und somit des ganzen Werkes, findet diese unauffällige Peripetie statt: Isolde tritt zurück, Tristan hervor. Isolde muß ihn sogar ans Gemeinsame, an das süße Wörtlein «und» erinnern...

V

Im ersten Akt, wenn Isolde vor Wut, Zorn, Gekränktheit und Rachedurst außer sich scheint, versucht Brangäne, die Rasende «mit ungestümer Zärtlichkeit» zu beruhigen. Sie wählt Koseworte: «Süße! Traute! Teure! Holde!». Und dann eines, ein vergessenes, das man, falls ich nicht irre, in Süddeutschland kaum kennt. Das wohl nur im sentimentalen Nord-Osten wirklich gebräuchlich war, wenn eine Tochter oder ein Sohn kosend angesprochen, getröstet, aufgerichtet werden sollte. «Meine Goldne.» «Mein Goldner» sagten die Eltern dann. Heute tut das wohl niemand mehr. Wagners *Tristan*-Dichtung aber hält diese verbale Liebkosung fest. «Gold'ne Herrin! Lieb' Isolde» singt Brangäne rührenderweise.

VI

Wie im ersten Akt Rache-Wut, bohrende Unseligkeit, Erinnerung, schmerzlich-ironischer Bericht und Todesfluch einander als seelische Stationen der Isolde folgen, so gliedert sich der zweite Akt, was das Liebesduett betrifft, folgendermaßen: Zuerst die stürmische Begegnung. In heftigstem Tempo, zum entfesselten Orchester, muß Isolde das hohe C zweimal singen. Sinnvoll phrasierbar ist das in hektischster Eile kaum: es soll wohl ununterscheidbar werden, ob das noch ästhetisch geformte Musik sei oder schon Lustschrei.

Nach der emphatischen Gegenwärtigkeit des unmittelbaren Wiedersehens lenkt das Gespräch in kunstvollem kleinem Übergang auf die Vergangenheit. Der Schein der Fackel, die – solange sie leuchtete – Tristan fernhielt, war Symbol für den «frechen Tag». Tristan beschwert sich:

> Selbst in der Nacht
> dämmernder Pracht
> hegt ihn Liebchen am Haus,
> streckt mir drohend ihn aus!

Isolde nimmt das auf:

> Hegt ihn die Liebste
> am eig'nen Haus,
> im eig'nen Herzen
> hell und kraus
> hegt ihn trotzig
> einst mein Trauter:
> Tristan, – der mich verriet!

Schlüsselwort ist hier das «einst»: jetzt geht es in die Vorgeschichte, wird von den Liebenden die lustvolle Trauerarbeit der Vergangenheitsbewältigung geleistet.

Es dauert lange, bis sich dann wieder die Gegenwart der Liebesnacht fast unmerklich geltend machen kann. Zum Beispiel in Isoldes Frage:

> Wie ertrug ich's nur?
> Wie ertrag ich's noch?

Tristan wiederum philosophiert schwärmerisch über des Todes

Nacht und über «Nachtgeweiht-Sein». Dann ist aber kaum mehr ein Übergang nötig vom Begriff der «Nacht» zur Nacht der Liebe, die herniedersinken möge. Und es ist der Sog der Musik, der den Widerspruch überwindet, daß, wenn die «Nacht» sowohl das Nirwana-«Nichts» als auch die «Liebesnacht» sein könne, «Nichts» und «Liebesnacht» identisch sein müßten.

VII

Tristan, liebend zur Rede gestellt, warum er das Bild verdrängte, welches er von Isolde im Herzen trug (während Lohengrins Elsa oder der Fliegende Holländer einem solchen Bilde vorbehaltloser zu trauen vermochten), schwindelt nicht so armselig-clever wie der von Fricka in die Enge getriebene Wotan. Die ganze Wahrheit aber vermag er nicht unmittelbar auszudrücken.

Es war der Ehrgeiz nach Ruhm und Macht, der Tristan bewog, dem König eine Frau zu verschaffen. Es war die Spekulation, dann ja Isolde in der Nähe zu wissen. Es war aber auch die Angst vor der Liebe – Tristan ahnte, daß Liebe auf Tod hinauslaufen werde.

Es war eine Mischung aus Tages-Opportunismus und Nacht-Flucht. (Frage: ob Isolde auch einen Tristan geliebt hätte, der ehrgeizlos, machtscheu, unheldisch und nichts als ein arg-loser Liebender gewesen wäre?)

VIII

Im dritten Akt rast der blinde Wille zum Leben und Lieben in Tristans erstem Ausbruch. Tristan meint, Isolde komme, obschon Kurwenal nur sagte, er habe jemanden nach der Ärztin Isolde geschickt. Es ist ein euphorischer Ausbruch vom «Isolde kommt» bis zum «Kurwenal! Siehst du es nicht?» Diese Euphorie bewirkt auch Tristans Lobpreis des Kurwenal. Nur das furchtbare Sehnen, das sei Kurwenal erspart. Dem euphorischen Ausbruch folgt die tiefe Depression. «Tristan hat mit abnehmender Aufregung gelauscht und beginnt nun mit wachsender Schwermut»:

> Muß ich dich so verstehn,
> du alte ernste Weise,
> mit deiner Klage Klang?

Als Thema war die traurige Weise zu Beginn des dritten Aktes unbegleitet erklungen. Nun kommt sie wieder und wird symphonisch durchgeführt, wird zur großen Schmerz-Symphonie mit Gesang. Etwas Vergleichbares gibt es in der Geschichte der Oper wohl nicht. In der ersten Variation übernimmt die Oboe die traurige Weise. Dann erklingt sie – Flöten, Violinen – im Fortissimo, während Tristan dazu einen Kontrapunkt vorzutragen hat («Im Sterben mich zu sehnen, vor Sehnsucht nicht zu sterben»). In der dritten Variation erscheint die traurige Weise als zweite Stimme, Tristan führt melodisch. Daraus entwickelt sich eine Riesen-Durchführung aller gewichtigen Themen, die ja sämtlich zu den Ingredienzien des furchtbaren, von Tristan verfluchten Trankes gehören.

Später, wenn Tristan nach Isoldes Ankunft in verrückter Freude taumelt, rast sein Puls unregelmäßig. (Takt- und Rhythmus-Wechsel fast wie in Strawinskys *Sacre du Printemps*.) Tristan ist genauso unerreichbar für alle Irdischen wie Isolde, die den toten Tristan als lebendigen imaginiert in ihrem Schlußgesang. Brangäne hatte mit dem Ton e geendet. Isolde schien es überhaupt nicht zu hören. Sie beginnt ihr «Mild und leise wie er lächelt» mit jenem Tone es, mit dem einst, in glücklicheren Zeiten, ihr Tristan diese Melodie angestimmt hatte auf die Worte: «So starben wir.»

5

Die Meistersinger von Nürnberg

Die *Meistersinger von Nürnberg* sind das reichste Kunstwerk über die Rolle der Kunst, welches im 19. Jahrhundert, ja vielleicht in der Musikgeschichte schlechthin, gedichtet und komponiert worden ist. Theodor W. Adorno nannte die *Meistersinger* «das Zeugnis des Wagnerschen Bewußtseins von sich selber». Und es läßt sich respektvoll staunend erspüren, wieviel Lebens- und Kunsterfahrung Wagner in seine *Meistersinger* hineingeheimniste, mit denen er bei ihrer Münchner Uraufführung von 1868 den reinsten Erfolg seines Lebens erzielte, während er von der Königsloge aus zuhörte...

So, im feurigen Fortissimo, könnte ein ausführlicher Essay über die Sachverhalte, Rätsel, Spannungen und Wunderbarkeiten des Werkes anfangen. So müßte er eigentlich anfangen. Da wäre über den Text zu referieren, über den Zusammenstoß von handwerklicher Meistersinger-Kultur und ritterlicher Genie-Kunst, über die Rolle des Merkers, über Wagners Verhältnis zur Kritik, zum Deutschtum, zur Musikgeschichte.

Wenn man mit Politikern in einer Bayreuther *Meistersinger*-Pause über den ersten Akt der Oper spricht, dann sagen die auffällig oft: «Das war ja eben genauso wie in einer Fraktionssitzung.» Womit solche ironisch-musikalischen Politiker natürlich die von Frotzeleien, Wichtigtuereien und Albernheiten erfüllte Beratung meinen, die da von den Meistern formgerecht durchgeführt wird und die letztendlich zur Blamage des Kandidaten führt. Wer berät das eigentlich im Schweiße unseres Angesichts? Es sind die Figuren, nach denen die Oper heißt: die Meistersinger also. Eine solche *Meistersingerkultur* hat es tatsächlich gegeben. Und zwar jahrhundertelang. Es war eine bürgerliche Stadtkultur. Örtliche Gemeinschaften pflegten den Meistersang. Diese Meistersinger-Kultur begann vereinzelt schon gegen Ende des 13. Jahrhunderts und dauerte noch bis ins 19. Jahrhundert hinein. Das 16. Jahrhundert war die Hauptzeit und Hochzeit der Meistersinger.

Was taten die Meistersinger? Nun, sie empfanden sich als eigentliche Nachfahren der höfischen adeligen Minnesänger. An hohen Festen, und regelmäßig am Sonntag, wurde Singeschule abgehalten! Die Darbietungen wurden bewertet; die Singenden erhielten beim Wettstreit wertvolle Preise, sie saßen auf dem Singestuhl, und mehrere sogenannte Merker achteten darauf, daß der biblische Text nicht verfälscht, keine Übersetzungsfehler gemacht, die Reinheit der Reime bewahrt und die musikalische Form der Regel gemäß ausgeführt werde. Zentren der Meistersinger-Kultur waren im 16. Jahrhundert Nürnberg und Augsburg. Doch auch in Straßburg, in Schlesien und bis weit hinaus in den deutschen Osten gab es Meistersinger-Schulen. Die Weisen, ohne Text, erhielten blumige Namen. Die Strophe hieß «Bar». Hatte sie eine Melodie, nannte man sie «Ton». Formprinzip war, wie bei den Minnesängern, die Dreiteiligkeit. 1697 hat der Barock-Professor Johann Christian Wagenseil die erste große Darstellung der Meistersingerkunst geliefert – Wagner kannte Wagenseils Buch und ließ sich von Wagenseils Notenbeispielen anregen.

Im deutschen Geistesleben des ausgehenden Mittelalters und der beginnenden Neuzeit gab es also, was die Meistersinger-Kultur betrifft, eine demokratische Tendenz. Von ritterlichen und klerikalen Standesvorurteilen machte man sich behutsam ein wenig frei. Nach den Rittern der Stauferzeit finden wir nun auch Ärzte, Juristen, Pfarrer, Lehrer und gebildete Handwerker als Poeten: Das führte freilich auch zu einer gewissen bürgerlichen «Moralität». Lehrhafte Tugend und Nüchternheit gewannen an Boden. Hans Sachs lebte von 1494 bis 1576. Er hat über 4000 Meistergesänge verfaßt, dazu Dutzende von Tragödien und Komödien, insgesamt weit über 6000 Einzelwerke. Er begrüßte Luther als die «Wittenbergische Nachtigall», was damals zum Schlagwort wurde. Denn es herrschten die Unruhen der konfessionellen Revolution. 1525 wurde die Reformation in Nürnberg eingeführt. Nürnberg war eine für damalige Verhältnisse sehr große Stadt, zählte immerhin an die 30000 Einwohner. Übrigens hat Hans Sachs, der historische, nicht nur beispielsweise eine Disputation zwischen einem Chorherrn und einem Schuhmacher verfaßt, sondern auch eine naive, aber heftige *Tragedia von der strengen Lieb zwischen Herrn Tristrant und der schönen Königin Isalden*. Der historische Hans Sachs kannte also den Tristan-Stoff durchaus, hat ihn sogar selbst nachgedichtet! Sachs stand als Meistersinger keineswegs allein, er hatte Schüler und zahlreiche Kollegen in Nürnberg. Diesen Hans Sachs und seine poetische Sendung entdeckte Goethe für das deutsche Geistesleben. Albert Lortzing schrieb 1842, nach einem Textbuch von Philip Reger, das auf einem Drama des Hofdichters Deinhardstein beruhte, seine Hans-Sachs-Oper. Aber dies alles ist Bildung, fast vergessen.

Dann kam Richard Wagner. Richard Wagner, der nicht nur ein Genie, sondern ein staunenerregend, ja absurd fleißiges Genie war, jemand, der unentwegt las, sich informierte, schrieb und produzierte – Richard Wagner hat sich auf seine *Meistersinger* ziemlich genau vorbereitet – mit den Mitteln, wie sie ihm die damalige Literaturwissenschaft zur Verfügung stellte, die sich im 19. Jahrhundert für deutsche Vergangenheit glühend zu interessieren begann. Bei der Singeschul-Verhandlung im ersten Akt ragen der Stadtschreiber Beckmesser, der einzige Gelehrte unter lauter Handwerkern, Hans Sachs und Pogner deutlich heraus. Man argumentiert keineswegs ungeschickt: ein wenig beschränkt, aber doch zur Sache. Manchmal sehr witzig, manchmal auch sanft vertrottelt. Übrigens, die Sache, um die es geht, pflegt auch heutzutage viel Schwafelei zu provozieren: Wie kann *neue* Kunst von denen begriffen werden, die sich nur in der *alten* auskennen und fest an die engen Regeln glauben?

Die *Meistersinger* sind als Komische Oper entworfen in ihrer ersten Fassung. Eine Oper, die in Dur beginnt, in Dur ausgeht. Der Held bekommt das reiche junge Mädchen, der ältliche, schlaue, kümmerliche Mitwerber blamiert sich. Und die Gottvater-Figur dieses Kosmos, der nicht mehr ganz junge Hans Sachs, sieht ein, daß es manchmal besser ist zu resignieren, als gegen das Biologisch-Natürliche aufzubegehren. Außerdem imponiert ihm sein junger Gegenspieler um Evchens Gunst, Walther von Stolzing. Das ist ein Feuerkopf, ein hochmütiges Originalgenie. Der alte Sachs fühlt so zärtlich mit dem jungen Ritter aus dem Frankenland, wie der alte Wotan mit dem derben Siegfried oder der alte Gurnemanz mit dem jungen Parsifal gefühlt haben. Wagner selber war als Kind mit Vaterliebe nicht gerade verwöhnt worden. In seinen Werken, man hat es oft bemerkt, taucht nun das Motiv um so häufiger und ergreifender auf. Aber indem ich so die *Meistersinger*-Handlung schildere, lege ich einen Irrtum nahe. Nämlich den, daß da alles hübsch harmonisch aufs Happy-End zuläuft. In Wahrheit stellt sich gewiß Harmonie her – und es wäre unsinnig, aus ein paar Prügeleien, wie sie im derben 16. Jahrhundert von Lehrbuben oder Handwerkern lustvoll betrieben wurden, gleich auf einen wer weiß wie terroristischen Untergrund zu schließen. Da wird von feinsinnigen modernen Interpreten immer so maßlos, so scheininteressant übertrieben. Wie dem auch sei: Es stellt sich zwar am Ende der *Meistersinger* ein harmonisches Fazit her, doch diese Harmonie hat nichts mit Ausgeglichenheit zu tun, sondern sie entspringt großartig ausbalancierten Extremen des menschlichen Wollens, Irrens und Für-wahr-Haltens.

Wagner-Opern haben nämlich selten, eigentlich nie nur eine Handlung oder nur einen Spielort. So wie sich *Tristan und Isolde* auch als Tragödie des Königs Marke oder sogar als unauffällige Geschichte des liebenden Verräters Melot deuten läßt, so stoßen in den *Meistersingern* ungemein zahlreiche Überlegungen, Wünsche, Menschen und Argumente zusammen. Ohne weiteres ließe sich ein *Meistersinger*-Quiz veranstalten. Das wäre mehr als nur ein müßiges oder nettes Spiel. Die Quiz-Aufbereitung würde verdeutlichen, auf welch verschiedenen Ebenen und mit wie verschiedenen Gefühlen sehr unterschiedliche Menschen da etwas wollen. Das Außerordentliche der Wagnerschen Kunst besteht darin, daß Wagner als Textdichter die Kraft besaß, dergleichen zu planen, zusammenzubringen, zusammenzuzwingen. Darüber hinaus besaß er eine nicht geringe Begabung für Konversationswitz. Die Meistersinger sind zwar gewiß keine Meister-Denker, aber sie sind doch geistreich, sie stechen einander aus, sie haben Lebenslust und gutes Gedächtnis. Ein Autor wie Wagner, der dramaturgisch planen kann und darüber hinaus noch effektvoll Dialoge zu schreiben versteht, ist schon ein seltener Fall. Ein solcher Autor verführt dazu, den gedichteten Text mit all jenen Abgründen, Widersprüchen und durchdachten Ideen, die dieser Text enthalten mag, für die Sache selbst zu nehmen. Aber bei Wagner war der gedichtete Text, das kunstvolle Libretto immer nur die eine Seite, die eine Säule der Sache. Die andere stellt die Musik dar – die sich eben nicht nur witzig und meisterhaft, sondern auch herzlich, mitleidvoll, empfindsam und rührend äußern kann.

Man könnte *Die Meistersinger von Nürnberg* mühelos viermal nacheinander so nacherzählen, daß sie sich als vier ganz verschiedene Dramen darstellen. In welchem Drama kommt folgende Figur vor? Der Mann ist ein älterer Intellektueller, schlagfertig, mit bösem Wortwitz begabt, etwas dürr. Wie alle Intellektuellen träumt er von Popularität, die er nicht hat; und von einer jungen Frau, die er infolge günstiger Verkettung der Umstände sogar bekommen könnte. Er bereitet seinen Werbefeldzug sorgfältig vor und besorgt sich sogar ein Lied, von dem er sich äußerste Volkstümlichkeit verspricht. Denn er weiß, als theoretisch gelehrter Herr bekäme er aus eigenen Kräften etwas wirklich Volksnahes gar nicht zustande. Freilich ist denkbar, daß der Mann sich verkalkuliert. Er steht der Bevölkerung so fern, daß er überhaupt nicht spürt, womit er imponieren könnte. Die Antwort, wer das sei, liegt nun nahe: der Beckmesser.

Welches Drama, so könnte eine zweite Frage lauten, führt den Sieg eines Außenseiters vor, der sich alles zutraut, weil er begabt, nobel-unternehmungslustig und überdies verliebt ist? Wo kommt ein junger Mann vor, der selbstbewußt, als Autodidakt, als jemand, der sich in seinen Abendstunden allein ausgebildet hat, ohne weitere Vorbereitung die Fachleute besiegen und als im Wettsingen triumphierender Liebhaber die Braut heimholen will, wobei er übrigens von den spezifischen Wettbewerbsbedingungen und auch von denen, die sie ausgeschrieben haben, verdammt wenig hält und versteht. Wo also wird die Selbstherrlichkeit eines jungen Talents zugleich gefeiert, kritisiert und endlich sogar *domestiziert*? Antwort: in den *Meistersingern*; gemeint ist Walther von Stolzing.

Dritte Quizfrage: Wer ist der ältere Herr, der sich als warnender Künstler in einer kriegsbedrohten Welt fühlt? Der Mann durchschaut die Menschen, er lächelt über ihre wahnhaften Veranstaltungen, über ihre Verstrickungen. Er besitzt heiteren Scharfblick, er ist populär, ist verschmitzt, ist Inbegriff von Verehrung und keineswegs pingelig. Man kann ihm nichts vormachen, weil er sich selber nichts vormacht. Zwischen Menschenverachtung und Menschenliebe ärgert er sich ein wenig darüber, als großmütiger Regisseur und Schiedsrichter eines Streites fungieren zu müssen, an dem er sich eigentlich gern beteiligt hätte, weil er sich eine Glückssekunde lang auch noch heiratsfähig wähnte. Aber dann werden Gottähnlichkeit, Kunstverehrung und Selbstkritik in ihm so stark, daß er heiter resignierend und hochgefeiert ein Happy-End besorgt. Wer ist das? Natürlich Wagners Hans Sachs.

Letzte Quizfrage: In Shakespeares *Kaufmann von Venedig* begegnen wir einer liebenswerten Erbin. Sie heißt Porzia, ist wunderschön, klug und fabelhaft wohlhabend. Obwohl sich sehr viele Bewerber um die begehrenswerte junge Dame bemühen, hat es noch keiner geschafft, sie zu kriegen. Denn Porzias Vater machte die Tochter zum Objekt eines gefährlichen märchenhaften Spiels: Nur der darf sie heiraten und nur dem darf sie die Hand zur Ehe reichen, der bei einer *Kästchen-Probe* von drei Kästchen – einem goldenen, einem silbernen und einem bleiernen mit beziehungsvoller Inschrift – das richtige Kästchen wählt. Allerdings muß der Betreffende Stillschweigen beschwören und versichern, falls er falsch wählen würde, in seinem Leben auf jede weitere Heiratsabsicht zu verzichten. Welcher reiche, kunstbegeisterte Mann, so könnte nun unsere Quizfrage lauten, macht seine Tochter zum Preis-Objekt eines ähnlichen Wettbewerbs? Wer am richtigsten und besten singt, der darf das Fräulein heiraten! Die Tochter wird dadurch zu einem Kunstpreis, aber sie hat wenig Spaß an der gewiß schmeichelhaften Sache. Denn der Rabenvater, der zeigen will, wieviel ihm die Kunst wert sei, läßt seinem Kind nur folgende Alternative: entweder du heiratest den Sieger oder du heiratest überhaupt nicht. Ein Meistersinger muß es sein. Was für eine verwegene Nötigung! Wenn man die Geschichte so erzählt, fällt die Antwort auf unsere Quizfrage auch nicht mehr schwer. Es ist der Pogner.

Bisher haben wir nur erwogen, welche Wünsche und Spannungen zwischen den Menschen des *Meistersinger*-Kosmos existieren. Daß es in der Oper darüber hinaus um ein Nebeneinander von Religion und Kunst geht – der erste Akt beginnt mit einem Choral, auch im dritten Akt spielt eine Choralweise eine große Rolle, davon war noch gar nicht die Rede. Schauen wir uns jetzt die riesige Konstellation, die eben so weitläufig beschrieben worden ist, einmal aus der Nähe an, sozusagen mikroskopisch.

Am Anfang jener Meisterversammlung teilt der alte Pogner mit, er wolle seine Tochter, die ein großes Vermögen erben wird, als Siegespreis fürs Wettsingen bei der morgigen Festveranstaltung aussetzen. Was für ein unangemessen hoher Preis für gutes Singen! Mit Recht sinniert ein Meister, der verheiratet ist und sich darum nicht bewerben kann, etwas resigniert: «Wer möchte da nicht ledig sein?» Hans Sachs sieht die Sache noch realistischer: «Sein Weib gäb' mancher gern wohl drein!» Klare Verhältnisse. Wagner läßt, ohne dergleichen vorzudrängen – ja, im Ensemble hört man's oft gar nicht –, die Gelegenheit zu keinem Wortspiel aus. Seine Zeitgenossen beschrieben ihn als sprühend witzigen Gesellschafter. Wie funktioniert Wagners Dialog-Witz? Nun, manchmal bietet Wagner regelrechte Kalauer. Die Magdalene beispielsweise bestraft im zweiten Akt ihren Liebhaber, den David, dafür, daß Walther beim Probesingen nicht bestanden hat. David, der ältliche Lehrbube von Hans Sachs, sollte doch den Walther instruieren. Aber der Ritter ließ sich nicht rasch genug belehren. David, der sich auf leckere Sachen von seiner Geliebten gefreut hatte, geht darum leer aus. Er bekommt seinen Korb mit dem guten Essen nicht. Die anderen Lehrbuben singen über David: «Wie glücklich hat er gefreit! Wir hörten's all' und sahen's an: Der er sein Herz geweiht, für die er läßt sein Leben, die hat ihm den Korb nicht gegeben.» Hier dreht also Wagner die Redensart, daß eine Liebende dem Liebhaber einen Korb gibt, ihm also eine Absage erteilt, witzig und stichhaltig um. Lene gibt David den Korb, nämlich den Freßkorb, nicht.

Doch das sind nur Plänkeleien. Wenn es um die Kunst geht, werden die Argumente, mit denen man sich streitet, gewichtiger. Die Wahrheitsfindung spielt sich dabei zwischen folgenden Positionen ab: Erstens gibt es wohltradierte Grundgesetze, die man lernen und einhalten muß, damit man sie kann und notfalls die Poesie zu kommandieren vermag. Zweitens gibt es Genies, die aus sich heraus neue Gesetzmäßigkeiten bewußt-unbewußt entwickeln. Sie schaffen gewiß nicht völlig regellos, aber sie erschaffen Regeln, die noch niemand kennt. Diese Genies haben es nun gerade mit den gelehrten Vertretern des konservativen

Wissens besonders schwer. Drittens neigt jede methodisch ausgeübte Kunstbeschäftigung zu einer gewissen Erstarrung. Diese Erstarrung kann nun aber nicht durch Kritik, gar durch Fachkritik, in Ordnung gebracht, aufgelöst, überwunden werden, sondern vielmehr dadurch, daß man die hochentwickelte Artistik gelegentlich den Bedürfnissen des ungebildeten, aber auch unverbildeten Volkes konfrontiert. Hin und wieder muß die Meisterkunst ihren elfenbeinernen Turm verlassen. Richard Wagner glaubte offenbar nicht an die akademische Kritik, wohl aber an einen göttlichen Funken, der im Volk unter günstigen Umständen, wenn es unverbildet und unverführt ist, lebendig sein könne. Insofern war Wagner Romantiker. Auch der unromantische Bertolt Brecht, der Wagner nicht leiden konnte, hat formuliert: «Das Volk ist nicht tümlich», womit Brecht sich gegen alle verkitschten Vorstellungen von primitiver Volkstümlichkeit aussprach.

Noch in jüngster Zeit hat es eine solche Tendenz gegeben, alle hochentwickelte Spezialisierung, die zur Erstarrung führt, durch eine notfalls auch brutale Konfrontation mit *unmittelbarem Leben* zu überwinden. Ich meine damit nicht die Studentenrevolution der sechziger Jahre, die doch eher eine akademische Revolution war, sondern die chinesische Kulturrevolution.

Was passiert, wenn ein junger Mann, keck und talentiert, auf die Regeln der Meisterzunft trifft? Beckmesser, eifersüchtig und regelkundig, hat den Walther von Stolzing abblitzen lassen. Er hat nicht etwa gesagt, er halte Stolzings Lieder für *schlecht* oder für *verrückt*. Beckmesser ist schlauer und vorsichtiger. Er stellt eifernd fest, daß der junge Ritter sich nicht an die hier herrschenden Vorschriften gehalten habe. Beckmesser sagt darum zusammenfassend: «Singt, wo Ihr wollt! Hier habt Ihr vertan!» Zu deutsch: Mein junger Herr, ich kann Sie nicht daran hindern, anderswo zu machen, was Sie für richtig halten. Nur: Bei uns in Nürnberg hält man Ihr Singen nicht für richtig.

Welche Argumente fallen eigentlich, wenn Walther von Stolzing seine Modernität bei den Meistern durchsetzen will? Es sind dieselben Argumente, die Richard Wagner sein Leben lang zu hören bekam. Hier meint man zu spüren, wie Wagner sich mit seinem jungen Mann identifiziert. Wie aber verhält sich das Meister-Publikum? Der eine Meister hat schlicht nichts kapiert. Er behauptet: «Ich ward draus nicht klug.» Ein beliebtes Argument. Wenn sich jemand mit einer ihm unsympathischen Kunstrichtung gar nicht erst beschäftigen will, dann sagt er nicht: das ist schlecht (weil er dieses Urteil kaum begründen könnte). Dann zieht er sich in sein Subjektiv-Privates zurück, stellt sich stur und äußert unangreifbar: «Tut mir leid, das versteh' ich nicht.» Der andere Meister begründet seine Verlegenheit, indem er erklärt, er habe nicht gespürt, was Anfang und Schluß sei: «Ich ersah kein End'!» Auch diese Reaktion ist eine wohlbekannte. Bei moderner Musik erschrickt man ja nicht über Dissonanzen. Sondern man kommt nicht mit, weil man ihren Zusammenhang nicht kapiert, ihre Sprache nicht begreift, weil man *schwimmt*. Genau davon hat Meister Zorn geredet. Beckmesser, der hier das Merker-Kritiker-Amt ausübt, weiß es natürlich noch besser: Es habe der ganzen Chose völlig der Sinn, die erkennbare Absicht gefehlt. Und natürlich auch jede Melodie. Beckmesser verteidigt seinen Standpunkt aufgeregt, erbittert, aber nicht unwitzig. Wenn zum Beispiel, bevor die Prüfung stattfinden kann, Walther von Stolzing nach den Personalien und seiner Herkunft befragt wird, dann beantwortet Stolzing diese Fragen zur Person mit seinem schönen: «Am stillen Herd zur Winterszeit». Er erzählt, wie er im Walde das Singen gelernt habe. Meister Vogelgesang imponiert Walthers Herkunft, er bemerkt: «Zwei art'ge Stollen faßt er da ein.» Damit kommt er aber bei Beckmesser nicht an. Der antwortet gehässig: «Ihr lobt ihn, Meister Vogelgesang, wohl weil vom Vogel er lernt den Gesang.» Wenn Walther von Stolzing sich auf den Minnesänger Walther von der Vogelweide als Vorbild und Lehrer beruft, wirft Sachs ein: «Ein guter Meister!» Aber nun gibt sich Beckmesser sogar fortschrittlicher, indem er entgegnet: «Doch lang schon tot.» Und er amüsiert sich zusammenfassend: «Von Finken und Meisen lerntet ihr Meisterweisen? Das wird dann wohl auch darnach sein.»

Man sieht das Genie Walther im Kampf mit dem borniertem Fachmann Sixtus Beckmesser. Und wie der Fachmann immerhin damit recht hat, daß die Aufhebung der Kunstgesetze vor allem die Barbaren und die Buben erfreuen würde, die nun nicht mehr zu lernen brauchen, so hat das Genie gewiß im Größeren recht, weil es ja durchaus noch Gesetze produziert, die eben nur die Umwelt noch nicht begreift. Genau über diesen Zusammenhang grübelt Sachs im zweiten Akt. Da geht ihm durch den Kopf, daß Walther von Stolzing doch irgendwie einerseits durchaus existente, zur Musiksprache gehörende althergebrachte Kunstgesetze reproduziert habe. «Es klang so alt.» Aber auf der anderen Seite sei die Sinnfälligkeit dieser Gesetze nicht erkennbar geworden, weil die Sache so unverständlich, ungewohnt blieb. «Und war doch so neu.»

Neu war an Walther von Stolzings Gesang auch die Ambivalenz der Gefühle. Die Verbindung aus Glück und Schmerz, die süße Not. Also das gemischte Gefühl und die frei ungezwungene rhetorische Diktion. Im dritten Akt nimmt der talentierte, junge Mann im Preislied die totale Ungezwungenheit bereits zurück. Da hat er sich den Meistersinger-Gesetzen dank der klugen Hilfe von Hans Sachs bereits etwas näherbringen lassen. Man könnte sagen, er verhalte sich opportunistisch, weil er gewinnen will. Man könnte aber mit genau der gleichen Berechtigung sagen, er sei offen und bereit, etwas dazuzulernen.

Liebe ist in den *Meistersingern* etwas, was man als junger Mensch wie einen Traum, wie einen jähen Schlag erfährt. Stolzing verliebt sich unmittelbar in Evchen. Und sie sich gleichermaßen widerstandslos in ihn: «Den oder keinen.» Die beiden schwärmen erhitzt, aber ohne tragische Allüre für einander. Die Oper handelt von Liebesglück. Darum heißt auch eine märchenschöne Regieanweisung des zweiten Aktes, wenn Evchen mit Walther von Stolzing fliehen will, bezaubernd rückhaltlos so: «Sie wirft sich ihm *heiter* an die Brust.» Dazu singt sie unwiderstehlich: «Das tör'ge Kind, da hast du's, da!» Und die Musik beschwört schwungvoll-lyrisches Glück dazu. Jäh verliebt in Meister Pogners schöne, übrigens etwas hochmütige, ihrer Wirkung auf Männer vollkommen sichere Tochter, entschließt sich Stolzing in aller Eile, Meistersinger zu werden. Denn anders ist Evchen Pogner hier ja nicht zu haben. Ein Meistersinger muß es sein. Mit dieser Eile beleidigt er natürlich jene Gesellen und Lehrbuben, die schon seit Monaten und Jahren die Meisterkunst studieren: Aber auf ein paar Kränkungen mehr oder weniger kommt es dem jungen Edelmann ohnehin nicht an. Jetzt muß also – so will es Evchens Amme Magdalene von deren Liebhaber David – dieser arme David wohl dem Stolzing wie auch dem Opernpublikum erklären, worum es bei den Meistersinger-Regeln eigentlich geht. David demonstriert ein enges Regelsystem sowohl des Dichtens wie des melodischen Aussetzens. Wer sich darüber lustig macht, vergißt, daß David diese Regeln nicht etwa vom pedantischen Beckmesser, sondern von seinem Meister Hans Sachs gelernt hat!

Indem wir uns vor Augen halten, was uns David im ersten Akt lehrt, nämlich die Regeln der Meistersinger-Kunst, erkennen wir, daß Wagners Idee, diese Regeln einem jungen Ritter vorzuführen, eine wirklich geistreiche, historische Pointe darstellt. Haben wir nicht schon erwogen, daß die Meistersinger-Kunst des 15. und 16. Jahrhunderts gewissermaßen eine abgesunkene höfische Dichtkunst war? Wenn aber die bürgerlichen Meistersinger kraftvoll fortsetzen, was im hohen deutschen Mittelalter die adeligen Minnesänger so herrlich begonnen hatten, dann ist es eine tolle Volte, daß nun ein Ritter, ein feudaler Junker, hinabsteigt zu den Bürgerlichen, um bei ihnen jene Kunst wiederzufinden, die diese Bürgerlichen sozusagen von seinen Vorfahren übernommen haben.

Eilige, nur auf Arien und Effekte begierige Zuhörer interessieren sich für dergleichen nicht. Sie lechzen nach Melodien. Franz Werfel hat einmal darüber gespöttelt, daß man im ersten Akt der *Meistersinger* ruhig auch mal zehn Minuten seine Loge verlassen könne. Wenn man zurückkehre, werde David immer noch mit dem gleichen Leitmotiv die Meistersinger-Bräuche erläutern.

Und Julius Stettenheim, der bekannte Satiriker des 19. Jahrhunderts, der einen herrlich dummen Kriegsberichterstatter namens «Wippchen» erfand, welcher den gröbsten Unfug, stilblütenverziert, als Korrespondenzbericht weitergibt, dieser pfiffige Julius Stettenheim hat sogar ein Gedicht darüber gemacht, wie ungern sich bei der Berliner Erstaufführung der *Meistersinger* die großbürgerlichen Kaufleute und Juden diese ihnen endlos scheinenden Meistersinger-Erläuterungen anhörten. Stettenheims Gedicht heißt: *Das Judentum in den Meistersingern*.

> Er hat der Juden nie freundlich gedacht.
> Drum ließ er, so meint man eben,
> Auch in Berlin, in der Freitagsnacht,
> Die Meistersinger geben.
>
> Es war ein Jagen, es war eine Hetz,
> Bis sie ein Plätzchen hatten!
> Sie zahlten die pappenen Billetts,
> Als wären es Silberplatten.
>
> Das Geld war fort, das Haus war heiß,
> Sie lauschten verdrießlich im Kreise
> Der Frösch-, der Kälber- und Vielfraß Weis'
> Der Zinn- und Zimtröhren-Weise.
>
> Der Lerchen-, Schnecken- und Bellerton
> Langweilte sie ungeheuer,

Und endlich sprach der alte Kohn
Zum Kommissionsrat Meier:

«Wir Juden haben viel Mahlheur!
Was haben wir nicht schon geduldet
Für das, was Jakob Meyerbeer
Und Mendelssohn verschuldet!

Dafür hat Wagner uns voll Verdruß
Gefoltert in allen Stadien,
Nun aber, nach dem heut'gen Genuß,
Könnt' er uns wirklich begnadigen!»

Bei schlechten Aufführungen des ersten *Meistersinger*-Aktes kann man Stettenheims Hohn gut nachvollziehen. Doch warum gab Wagner so gnadenlos ausführlich das Meistersinger-Brauchtum wieder – wenn auch mild ironisiert? Beabsichtigte er mit alledem, wie im *Tannhäuser*, eine Verklärung der deutschen Vergangenheit? Auf diese Frage darf mit einem eingeschränkten Ja geantwortet werden. Gewiß, die *Meistersinger* sind kein Zeitbild, sondern sie sind eher, wie Adorno ausgeführt hat, der Traum von eines Volkes Jugend. So träumt sich eine Nation ihre Vergangenheit, wo die Menschen bieder und rein waren, aber auch ein bißchen ruppig, wo sie ihre liebenswürdigen Schwächen hatten, weil eben Lehrbuben nicht vollkommen, Liebhaber nicht besonnen, reiche junge Mädchen nicht züchtig und Kritiker nicht produktiv sind.

Doch ist das alles überhaupt im guten oder im fragwürdigen Sinne deutsch? Die Musik setzt den schwärmerischen Avantgardismus des Original-Genies Walther von Stolzing von dem altdeutschen, polyphonen, nicht ohne pompöse Ironie gebotenen, archaisierenden C-Dur-Thema der *Meistersinger*-Ouvertüre ab. Carl Dahlhaus, der 1989 verstorbene Berliner Ordinarius für Musikwissenschaft und Wagner-Forschung, hat ein wenig forciert darauf hingewiesen, daß als geschichtliches Modell für die Attitüde des *Meistersinger*-Themas am ehesten gedacht werden könnte an die Gravität der langsamen Teile in Französischen Ouvertüren von Bach. Der «altdeutsche» Stil sei ein Zitat eines internationalen oder französischen Modells. Also keineswegs so schrecklich deutsch-national. Dazu kommt noch eine weitere historische Schicht: Beckmessers musikalische Äußerungen kontrastieren durchaus zur Tonsprache seiner Meistersingerkollegen. Parodiertes «Altes» und extrem Chromatisches, Fortschrittliches durchdringen sich.

Oft genug spricht die Musik auch aus, was der Text nicht sagt, ja manchmal erhebt sie sogar Einspruch oder Widerspruch, etwa wenn sie mit großartiger a-Moll-Geste in deutlich markiertem Forte Kothners Tabulatur-Vorschriften aus der Sphäre muffiger Lächerlichkeit heraushebt oder wenn sie den pedantischen Beckmesser zum interessanten Charakter erhebt.

Nein – simpel deutsch-national kann man die *Meistersinger* wirklich nicht nennen, sie sind in jeder Weise gebrochener und durchtriebener. So lehnt sich das *Meistersinger*-Vorspiel bewußt an Bachs kontrapunktische Kunst an. Als im Hause Wahnfried im Frühjahr 1878 jemand aus Bachs *Wohltemperiertem Klavier* spielte, soll Wagner gesagt haben: «Wir wollen jetzt angewendeten Bach vornehmen», und daraufhin hat er dann das *Meistersinger*-Vorspiel am Klavier vorgetragen. Aber das bürgerliche Meistersinger-Thema wird ja einerseits pompös, andererseits auch offen-ironisch-dürr vorgeführt. Da wird also das Meisterhafte affirmativ und parodistisch zugleich geboten. Und dann in Sehnsucht übersetzt. Friedrich Nietzsche, bereits in Zeiten seines tiefen Zerwürfnisses mit Richard Wagner, schrieb wunderbar über die *Meistersinger*-Ouvertüre. In der Schrift *Jenseits von Gut und Böse*, zu Beginn des berühmten 8. Hauptstücks *Völker und Vaterländer* heißt es:

> Ich hörte, wieder einmal zum ersten Male – Richard Wagner's Ouverture zu den *Meistersingern*: das ist eine prachtvolle,

überladene, schwere und späte Kunst, welche den Stolz hat, zu ihrem Verständnis zwei Jahrhunderte Musik als noch lebendig vorauszusetzen: – es ehrt die Deutschen, dass sich ein solcher Stolz nicht verrechnete! Was für Säfte und Kräfte, was für Jahreszeiten und Himmelsstriche sind hier nicht gemischt! Das muthet uns bald alterthümlich, bald fremd, herb und überjung an, das ist ebenso willkürlich als pomphaft-herkömmlich, das ist nicht selten schelmisch, noch öfter derb und grob, – das hat Feuer und Muth und zugleich die schlaffe fahle Haut von Früchten, welche zu spät reif werden. Das strömt breit und voll: und plötzlich ein Augenblick unerklärlichen Zögerns, gleichsam eine Lücke, die zwischen Ursache und Wirkung aufspringt, ein Druck, der uns träumen macht, beinahe ein Alpdruck –, aber schon breitet und weitet sich wieder der alte Strom von Behagen aus, von vielfältigstem Behagen, von altem und neuem Glück, *sehr* eingerechnet das Glück des Künstlers an sich selber ... eine gewisse deutsche Mächtigkeit und Überfülle der Seele, welche keine Furcht hat, sich unter die Raffinements des Verfalls zu verstecken, – die sich dort vielleicht erst am wohlsten fühlt; ein rechtes ächtes Wahrzeichen der deutschen Seele, die zugleich jung und veraltet, übermürbe und überreich noch an Zukunft ist. Diese Art Musik drückt am besten aus, was ich von den Deutschen halte: sie sind von Vorgestern und von Übermorgen, – *sie haben noch kein Heute.*

Nietzsche weist in dieser Charakterisierung aus *Jenseits von Gut und Böse* mit Recht auf das Zusammenfassende, auf das Summenhafte der *Meistersinger*-Musik hin: In diesem Werk ist nicht nur die Kunsterfahrung Wagners ausgebreitet, sondern hier sind viele Jahrhunderte Musik- und Geistesgeschichte, so zwischen Sachs, Bach, Goethe und *Tristan*-Chromatik versteckt. Mit anderen Worten: Es handelt sich um ein Spätwerk, um ein Stück jener Art, wie sie der alte Beethoven komponierte, als er seine letzten Klaviersonaten und Streichquartette schrieb, die historische Kompendien vieler musikgeschichtlicher Ausdrucksweisen und Formen sind. So etwas macht und kann kein junger Musiker.

Im Jahre 1845, am 16. Juli, schrieb der 32jährige Richard Wagner in Prosa den ersten Entwurf der *Meistersinger*-Handlung nieder. Es ist ein kühner, genialer Entwurf, in dem bereits alles Entscheidende steckt. Da sind die Namen zum Teil noch nicht gefunden – und der Schluß klingt ohne jedes nationale Pathos, halb ironisch, halb ernst mit einem Lobe der Meistersinger-Zunft und dem Brautzug aus. 1845 war Wagner noch nicht emigriert, war die Revolution noch nicht gescheitert, hatte der junge Komponist noch keinen inneren Anlaß, über die heilige Kunst und das Heil'ge römische Reich deutscher Nation zu grübeln.

Dem ersten Prosa-Entwurf folgte ein Jahr später, als Wagner bereits nach Zürich emigriert war, in der Zürcher Kunstschrift *Eine Mitteilung an meine Freunde*, bereits ein deutlicher öffentlicher Hinweis auf den *Meistersinger*-Plan. Wagner nennt den Titel und schreibt über sein Projekt:

> Ich faßte Hans Sachs als letzte Erscheinung des künstlerisch produktiven Volksgeistes auf, und stellte ihn mit seiner Geltung der meistersingerischen Spießbürgerschaft entgegen, deren durchaus drolligem, tabulatur-poetischem Pedantismus ich in der Figur des ‹Merkers› einen ganz persönlichen Ausdruck gab.

Hier finden wir nun bereits die Schlußzeilen fast in ihrer letzten Gestalt: «Zerging das heil'ge römische Reich in Dunst, / Uns bliebe doch die heil'ge deutsche Kunst.» 1861 schrieb Wagner einen zweiten Prosa-Entwurf nieder. Da hieß das Evchen noch Emma. Aber Eva paßt ja zu dem jungen Mädchen, das gerade die

Sünde, nämlich die Flucht mit dem Geliebten, plant und mit der Eva des Paradieses zu tun hat, besser als Emma. Ein Glück, daß Wagner später Emma Bogler beziehungsvoll in Eva Pogner umgetauft hat. Der Merker des zweiten und des dritten Entwurfs von 1861 heißt noch nicht Beckmesser, sondern Veit Hanslich. Und das war nun eine böse Anspielung auf den Dr. Eduard Hanslick, den Wagner als seinen gewichtigsten Kritiker der Lächerlichkeit preisgeben wollte. Übrigens kannten sich Wagner und Hanslick längst. Hanslick hat den Wagner der *Tristan*-Musik zwar verabscheut, hat Wagner für völlig humorlos gehalten – aber manche frühen Werke Wagners klug respektvoll gewürdigt.

Als Wagner Anfang der sechziger Jahre in Wien war, wo sein *Tristan* aufgeführt werden sollte und dann doch wegen der großen Schwierigkeiten der Partitur und der vielen Intrigen der Wiener Oper nicht aufgeführt wurde, da begegnete er Hanslick. Wagner war ein glänzender, virtuoser Vorleser seiner Texte. Er hatte mit dem *Meistersinger*-Text an vielen Orten Erfolg gehabt. Doch als in Wien in der Wohnung des Arztes Dr. Standhartner, eines glühenden Wagnerianers, wieder eine Vorlesung anberaumt worden war und Standhartner auch Eduard Hanslick dazu eingeladen hatte – da konnte das nicht gutgehen. Der Wiener Kritiker hätte ein Übermensch sein müssen, um die persönliche Polemik nicht zu verübeln. Wagner erzählt das alles in seiner Autobiographie etwas scheinheilig.

Eine erste Aufführung des Vorspiels fand 1862 in Leipzig statt. Und die endlich am 21. Juni 1868 in München – mit Hilfe Ludwigs II. – herausgebrachte Uraufführung war der größte Triumph in Wagners Leben. Hans von Bülow dirigierte, Hans Richter, bei dem später der große Hans Knappertsbusch gelernt hat, studierte die Chöre ein. Wagner saß in der Königsloge wie ... so flüsterte Bülow liebevoll spöttisch ... wie einst Horaz neben Augustus gesessen hatte.

Der zweite *Meistersinger*-Akt ist ein phantastisches Nachtstück. Ein Nocturno mit barbarischem Schluß – könnte man sagen. Die Nacht machte Wagner hellsichtig. Er liebte die Wesen der Tiefe, er wußte auch viel über die Gefahren, die wilden terroristischen Versuchungen, die Abgründe der Finsternis. Im zweiten Akt der *Meistersinger*, einem bizarren, fast übermütigen Nachtstück, begreift der Nachtwächter – und er ist wirklich ein solcher – überhaupt nicht, was da vor Evchen Pogners Haus an Ständchen-Konkurrenz und aberwitziger Prügelei passierte. Auch Hans Sachs findet im dritten Akt keinen Schlüssel für diese handgreiflichen Auseinandersetzungen.

In einer leisen, berühmten Szene, der vierten des zweiten Aktes, will Evchen von Hans Sachs wissen, ob ihr Liebhaber, der Ritter, wirklich versungen habe, und was nun geschehen soll. Eine unendliche Melodie – zwei einander umkreisende Themen, erläutern und steigern sich zum dramatischen melancholischen Gehalt. Sachs sagt hier, was er wirklich denkt über des Ritters Genie – und über den Haß, mit dem die neidvollen Normalen ein großes Talent zu verfolgen pflegen: «...für den ist alles verloren, und Meister wird der in keinem Land; denn wer als Meister geboren, der hat unter Meistern den schlimmsten Stand.» So pessimistisch redet Sachs später dann zum jungen Ritter selber keineswegs. Er will ihn ja nicht verhärten, vertrotzen, sondern dazu motivieren, sich mit den Nürnbergern auszusöhnen und auf ihre Forderungen einzugehen. Aber des Nachts enthüllt Sachs, was er weiß über Menschenneid und Genie-Schicksal. Er ist wohl auch gerührt, denn die beunruhigte Eva kokettiert liebevoll mit ihm: wenn schon nicht den Ritter, dann immer noch lieber den Witwer Sachs als den Beckmesser, dürfte die Verzweifelte erwägen. Aber die Musik – das mit tausend leisen Stimmen begleitende Orchester – plaudert mehr über Evchen aus, als ihre Worte es tun. Sachs geht nicht auf das Angebot der sanft doppelzüngigen, bürgerlichen Eva ein. Die bringt einfach nichts aus ihm heraus und sagt verärgert: «Ich hätt' Euch für feiner gehalten.» (Einen Satz, den der kranke Franz Kafka zitierte, als er ahnte, daß er sterben muß. «Ich hätt' ihn für feiner gehalten» – sagte Kafka damals über Gott.) Die zarte und schmerzliche Stimmung dieser *Meistersinger*-Szene ist weder laut noch bombastisch. Von solcher Melancholie ahnt der Ritter Walther von Stolzing zu seinem Glück gar nichts. Der möchte am liebsten mit Schwert und Entführungsabenteuer wie ein richtiger Held agieren. Und wenn er sich aufgeregt daran erinnert, wie man ihn in der Singschule durchfallen ließ und demütigte, wenn er um sich schlagen will, dann ertönt erschreckend der starke Ruf des Nachtwächterhorns. Walther schreit auf, legt mit emphatischer Gebärde die Hand ans Schwert, starrt wild vor sich hin wie ein Nibelungen-Held. Aber die bürgerliche Eva weiß ihren Freund zu nehmen und zu besänftigen.

Am Ende des zweiten *Meistersinger*-Aufzugs gibt es ein fürchterliches Geraufe, das von den realistischen Nürnberger Frauen mit einem wirksamen Hausmittel abgekühlt und beendet wird. Die Damen praktizieren dieselbe Lösung, die in dem unvergeßlichen brillanten Wildwestfilm *Destry rides again*, zu deutsch *Der große Bluff*, James Stewart als fabelhaft friedlicher Hilfssheriff auf Kosten von Marlene Dietrich erfolgreich anwendet. Marlene Dietrich, als seelenvolle Bardame, hat sich da in eine Keilerei mit einer Konkurrentin verwickelt, woraufhin der junge Sheriff in aller Ruhe zu einem Wassereimer greift und Marlene samt ihrer Gegnerin, die sich auf dem Boden wälzen, ausführlich begießt, was die sogleich pudelnassen Damen dazu bringt, prustend und ernüchtert von einander zu lassen. Unvergeßlich komisch, wie James Stewart sorgfältig den Eimer leert, damit nur kein Tröpfchen ungenutzt bleibe.

In dieser entzückenden Wildwest-Film-Parodie des Regisseurs George Marshall aus dem Jahre 1939 waren die Damen die Leidtragenden und Blamierten. Bei Richard Wagner sind es die Männer. Lehrbuben und Handwerker. Sie haben sich am Ende des zweiten Aktes der *Meistersinger* in eine umfangreiche

Prügelei verstrickt, bei der nicht nur der zufällige Anlaß, sondern manches Nicht-Geheure mitspielt. Die verzweifelten Nürnbergerinnen, die ihre Ehemänner nicht als Krüppel oder halbtot geprügelte Invaliden zurückbekommen wollen, reagieren sehr vernünftig in der sogenannten Prügel-Fuge am Ende des zweiten Aktes – die freilich keine regelrechte Fuge ist, sondern ein munteres Fugato, wo das Hauptthema des Beckmesser-Liedes: «Den Tahag seh ihich erscheiheinen» als Cantus firmus auftaucht. Richard Wagners Regie-Anweisung dazu:

> Sogleich mit dem Eintritte des Nachtwächterhornes haben die Frauen aus allen Fenstern starke Güsse von Wasser aus Kannen, Krügen und Becken auf die Streitenden hinabstürzen lassen; dies, mit dem besonders starken Tönen des Hornes zugleich, wirkt auf alle mit einem panischen Schrecken. Nachbarn, Lehrbuben, Gesellen und Meister suchen in eiliger Flucht nach allen Seiten hin das Weite, so daß die Bühne sehr bald gänzlich leer wird; die Haustüren werden hastig geschlossen; auch die Nachbarinnen verschwinden von den Fenstern, welche sie zuschlagen.

Dann betritt also der Nachtwächter die Szene und fängt mit leise bebender Stimme seinen Ruf an: «Hört, ihr Leut, und laßt euch sagen...». Jetzt wird der Vollmond tröstend sichtbar – und der Nachtwächter zieht einigermaßen beruhigt seines Wegs. Die Frage ist – ob er überhaupt etwas bemerkt hat. Anscheinend nicht, sondern der geistesschlichte Mann glaubt offenbar, bei der ihm gewiß auch zu Ohren gekommenen Schreierei habe es sich um irgendwelche Halluzinationen gehandelt. Im Münchner Nationaltheater hat August Everding 1979 das sehr geistreich inszeniert: Der Nachtwächter stimmte etwas beklommen seinen Ruf an – dann bemerkte er die plötzlich sich bewegenden Überreste des jämmerlich verprügelten Beckmesser, der mit gebrochener Laute von der Stätte seiner schmerzlichen Niederlage wegzuhumpeln versuchte – und taumelte vor dem wahrhaft Bemitleidenswerten zurück wie vor einem Gespenst.

Wollte Wagner mit diesem Ausbruch einer wilden kollektiven Keilerei etwas über die schlimmen Abgründe andeuten, die unterhalb der netten, bürgerlichen, fränkisch-nürnbergerischen Oberfläche nächtlich rumoren? Kluge Wagner-Bedenker haben da etwas zu interpretieren. Egon Voss, der die neue Wagner-Gesamtausgabe betreut, schreibt:

> Kulminationspunkt der Gefährlichkeit dieser Gesellschaft, in der die Meistersingerzunft den Ton angibt... ist das Finale des 2. Aktes. Eine harmlose nächtliche Ruhestörung – Beckmessers Ständchen – entfacht eine allgemeine Prügelei, in der einer der Feind des anderen ist... Man bewegt sich eher in der Nähe von Mord und Totschlag, als im Bereich der Knüffe und blauen Augen. Die Feindseligkeit, die Destruktivität und das Chaos, die in dieser Szene so unberechenbar schnell ausbrechen, sind freilich nichts anderes als die Kehrseite des zeremoniellen Wesens der Meistersingerzunft und der von ihr geprägten Gesellschaft.

Das wäre eine gruppenpsychologische Deutung: Wo tagsüber geordnete Zeremonie herrscht, kommen nachts die unterdrückten Aggressionen heraus. Theodor W. Adorno, nach Nietzsche der intelligenteste aller musikalischen Soziologen und der philosophischste Musiker, sieht sogar eine Beziehung zwischen Rauferei und unterlassener Revolution: die Rauferei sei ein «schlechter Ersatz der politischen Aktion». Doch ob man gerade den aufgeregten Deutschen der Reformationszeit öffentliche Passivität vorhalten kann? In *Mein Leben* hat Wagner einen Bericht über jenen Wirtshausaufruhr gegeben, dessen Zeuge er als zweiundzwanzigjähriger Musiker wurde. Das war tatsächlich in Nürnberg. Wagner, junger Musikdirektor aus Magdeburg, reiste 1835 nach Nürnberg, wo seine Schwester beim Theater engagiert war. Er hoffte, sie könne ihm ein paar Tips geben, weil er Verstärkung für sein Magdeburger Ensemble brauchte.

In Nürnberg erlebte er ein imponierendes Gastspiel der berühmten Sängerin Wilhelmine Schröder-Devrient. Und eine phantastische nächtliche Keilerei!

Aus der Beschreibung, die der reife Wagner dieser Nürnberger Mischung aus Prügelei, Hänselei und aggressiv besoffener Schreierei angedeihen läßt, stechen zwei Worte heraus, die betroffen machen: das Wort «dämonisch» und das Wort «Revolution». Dazu fügte der späte Wagner die Verklärung der «heiligen deutschen Kunst», also jenen *ästhetischen* «Meistersinger-Chauvinismus», der das Werk zu Hitlers Lieblings-Oper und zur Fest-Oper der Nazizeit werden ließ. Die Schlußrede des Hans Sachs: «Verachtet mir die Meister nicht», samt der Mahnung zur nationalen Einheit gegen die Bedrohungen von außen – das alles wird am Ende des dritten Aktes zum direkt ausgesprochenen Fazit. Sachs muß dem hochmütigen jungen Ritter, der nach seinen trüben Erfahrungen mit der pedantischen Vereinsmeierei der Meister keine Lust hat, ihrer Zunft beizutreten, erst klarmachen, was es mit der Tradition und der *Heiligkeit* der Kunst, der Gefahr der *Überfremdung* und der Notwendigkeit, einig zu sein, überhaupt auf sich habe.

Als Wagner 1845 den ersten Prosa-Entwurf der *Meistersinger* niederlegte, da hatte er gerade den *Tannhäuser* vollendet. Dessen vollständiger Titel lautet: *Tannhäuser und der Sängerkrieg auf der Wartburg. Große romantische Oper in drei Akten.* Im *Tannhäuser* singen die Ritter im zweiten Akt kunstleistungssportlich um die Wette: Wolfram von Eschenbach, der Biterolf, Walther von der Vogelweide. Zu diesem adeligen Sängerkrieg sollten die *Meistersinger von Nürnberg*, das war Wagners erster Plan, ein Satyrspiel darstellen – eine Art lustig-satirisches Gegenstück. Den Tragiker und Theatraliker Wagner reizte es offenbar dabei, wieder einmal die Möglichkeiten des Wettkampfes auf der Bühne, des *Spiels im Spiel*, auszuschöpfen.

Im ersten Akt trägt Walther von Stolzing sein Probelied vor und fällt durch. Im zweiten Akt singen Hans Sachs und Sixtus Beckmesser neben- und gegeneinander. Sie stören sich, Sachs korrigiert den Stadtschreiber lautstark. Im dritten Akt erleben wir, wie ein Lied, drei Verse lang, entsteht, wenn Hans Sachs den überströmenden Visionen des jungen Stolzing behutsam eine Form gibt und dabei Stolzing den Sinn von Formen erklärt. Und wir erleben im dritten Akt weiter, wie dieses dank seinem Entstehungsvorgang uns so wohlbekannte Preislied dann im entscheidenden Wettbewerb vorgetragen wird. Zuerst falsch vorgetragen vom mißverstehenden Beckmesser und danach triumphal-richtig durch Walther von Stolzing. Weiter und sinnfälliger, bedeutungsträchtiger kann die szenische Technik des «Spiels im Spiel» kaum getrieben werden.

Wagner beläßt es nicht einmal dabei. Alle diese Nummern der Meistersinger, die gewiß keine unmotivierten Arien sind, sondern im Zusammenhang der Handlung erscheinen müssen, wie der Probesang des Stolzing, das Werbelied des Beckmesser, das Johannes-Sprüchlein des David oder das hinreißend derbe und aufregende Schusterlied des Hans Sachs: alle diese Gesangsnummern hat Wagner mit der jeweiligen dramatischen Situation auch noch unauffällig *inhaltlich* verknüpft. Wie schmettert der junge Ritter sein Probelied im ersten Akt? «Fanget an! – so rief der Lenz in den Wald, daß laut es ihn durchhallt.» Ein Frühlingslied. Aber später kommen die Zeilen vor: «Aus finst'rer Dornenhecken die Eule rauscht' hervor, tät' rings mit Kreischen wekken, der Raben heis'ren Chor.» Das ist, mitten im Probelied, offenbar eine Anspielung auf die Situation: Beckmesser, im Finstern des Gemerks lauschend wie eine Eule, weckt mit seinem Kreischen die Raben – also die kritisch borniert Meistersinger!

Ähnliches geschieht im zweiten Akt. Ungeschickt, aber höchst situationsbezogen, singt Beckmesser sein Ständchen: «Will heut mir das Herz hüpfen, / werben um Fräulein jung, / doch tät' der Vater knüpfen / daran ein' Bedingung...» Klarer kann der von dieser Bedingung frustrierte Bewerber seine Besorgnis nicht ausdrücken als in diesem Ständchen.

Wahrhaft geheimnisvoll und tiefsinnig ist die Beziehung zwischen dem Schusterlied des Sachs und der tragischen Konstellation des Werkes. Um diesen weitreichenden Zusammenhang wirklich zu verstehen, müssen wir uns daran erinnern, was Peter Wapnewski aus einem bisher unbeachteten Wagner-Satz über die Entsagung des Hans Sachs herauszulesen vermochte.

Wagner erzählt nämlich in seiner Autobiographie, wie er sich im November 1861 ziemlich teilnahmslos die Kunstschätze Venedigs ansieht. Er hatte andere Sorgen. Dann aber heißt es: «Bei aller Teilnahmslosigkeit meinerseits muß ich jedoch bekennen, daß Tizians Gemälde Himmelfahrt der Maria im großen Dogensaale eine Wirkung von erhabenster Art auf mich ausübte, so daß ich seit dieser Empfängnis in mir meine alte Kraft fast wie urplötzlich wieder belebt fühlte.» Punkt. Neuer Absatz. Und dann ein einziger kurzer Satz, der mit alledem scheinbar überhaupt nichts zu tun hat: «Ich beschloß die Ausführung der ‹Meistersinger›.» (Allerdings hatte Wagner dem Schott-Verlag schon im Oktober 1861 über seinen *Meistersinger*-Plan geschrieben.)

Peter Wapnewski ist die Sache mit dem Tizian symbolisch vorgekommen. Nicht, weil Tizian und Hans Sachs beide im gleichen Jahr, 1576, starben. Sondern weil Wagner damals seiner Liebe zu Mathilde Wesendonck entsagte, entsagen mußte. Tizians Bild aber ist das Bild einer himmlischen, entsagenden Liebe. Und wer entsagt in den Meistersingern? Antwort: Hans Sachs. So habe die Darstellung der unbefleckt in den Himmel fahrenden Jungfrau Maria Wagner einen letzten Anstoß zur Ausführung seiner Entsagungs-Oper gegeben. Sachs erklärt sich und Eva, warum er nicht auch für sich Liebesglück verlangt, folgendermaßen: «Mein Kind, von Tristan und Isolde weiß ich ein traurig Stück; Hans Sachs war klug und wollte / nichts von Herrn Markes Glück.»

Aber man entsagt ja nicht, wenn man nicht auch seine Gründe

dazu hätte. Eben davon handelt das Schusterlied. Dessen erste Strophe ist noch fast neutral. Als Eva aus dem Paradies verstoßen war und sich barfuß auf dem bloßen Kies quälen mußte, da befahl Gottvater mitleidig den Engeln, sie sollten der Eva Schuhe anmessen.

In der zweiten Strophe wird Sachs deutlicher: «O Eva! Eva! schlimmes Weib, das hast du am Gewissen» – Wagner und sein Sachs können hier so deutlich und doppeldeutig werden, weil die Heldin der *Meistersinger* ja eben nicht mehr, wie vormals geplant, Emma heißt, sondern Eva, nach der Urmutter (und Ursünderin) des Menschengeschlechts. Sachs beklagt im dritten Vers seine Not und sein schwer Verdrießen. Evchen aber ist nicht so dumm, alle diese Anspielungen zu überhören. «Mich schmerzt das Lied, ich weiß nicht wie!» – flüstert sie dem Geliebten Walther von Stolzing zu. Sie ahnt sehr wohl, daß Sachs nicht nur den Beckmesser ärgern, sondern auch Walther und ihr eine Rüge erteilen will. Der alte Sachs entsagt. Und der alte Wagner entsagt auch – er macht sich von Mathilde Wesendonck los.

Besonders schwer ist es (zumal wenn in der fünften oder sechsten Opernstunde Ermüdung quält), Walthers Preislied – so genau man es auch, Strophe für Strophe, Abgesang für Abgesang zu kennen glaubt – inhaltlich zu kapieren. Was will der Ritter eigentlich singen und sagen? Die Wagner-Philologie hat herausgebracht, daß Wagner bei Stolzings Preislied zuerst die Melodie erfunden habe – und danach erst den Text. Das könnte eine Erklärung dafür sein, warum nun Melodie und Text so schwer verständlich werden. In der ersten Strophe werden Sätze herausgehoben, die nur Nebensätze sind, während der Hauptsatz dunkel bleibt. Es ist nötig, das Preislied grammatisch durchzukonstruieren – was man wirklich nicht kann und soll, wenn man in der Oper sitzt oder ihr zuhört. Referieren wir den Inhalt von Walthers Preislied in nüchterner Prosa: Ein Garten, der morgendlich leuchtet und dessen Luft von Blüten und Duft geschwellt war, lud den Sänger ein. Lud ihn dazu ein, unter einem Wunderbaum im Liebestraum das schönste Weib zu schauen: Eva im Paradiese. Jetzt aber – das enthält die dritte Strophe – sei dieser Traum Wirklichkeit geworden: Das Paradies liege hell da, und die Muse in diesem Paradies – es ist Eva – werde durch Sanges Sieg gewonnen. So daß der Parnaß – also der griechische Kunsthimmel – und christliches Paradies jetzt in glücklicher Liebe zusammentreten. Nun spüren wir, warum diese Oper mit einem Kirchenchoral beginnen darf und mit einer Verklärung der Kunst enden kann. Wagner stellt neben die Religion die Kunst. Hans Mayer hat diese Zusammenhänge in seinem großen Aufsatz *Parnaß und Paradies* subtil erläutert.

Wie aber fügt sich der Zusammenbruch des Beckmesser in diesen anscheinend so harmonischen Verlauf? Beckmesser – Eitelkeit ist bekanntlich eine Berufskrankheit, eine déformation professionelle bei Kritikern – benutzt seinen Namen selbstbewußt, um hemmungslos aufzutrumpfen. Er kräht: «Beckmesser – keiner besser.» Er, der Intellektuelle, der Regelfetischist, der ältere, impotente, ein bißchen zu ehrgeizige Herr, ist die Negativ-Figur dieses Kosmos. Eine liebenswerte Negativ-Figur? Bei Beckmesser wollte Wagner gewiß nicht so «fair» sein. Er schrieb vier Jahre nach der Uraufführung der *Meistersinger* an den Sänger Rudolf Freny über den Beckmesser: «Große Borniertheit und viel Galle. Nehmen Sie irgendeinen boshaften Rezensenten zum Muster. Die äußerst hohen Noten sind natürlich nur heftige oder lächerliche Sprechakzente, kein Gesang...»

Wie hieß es hier über den «Kritiker» Beckmesser? «Große Borniertheit und viel Galle.» Auch Friedrich Nietzsche benutzt, wenn er in *Also sprach Zarathustra* über die Journalisten redet, vernichtend witzig eine analoge Formulierung: «Krank sind sie immer; sie erbrechen ihre Galle und nennen es Zeitung.»

Also gut: der gallige Kritiker. Wagner erfindet viel glänzende Situationskomik, den Stadtschreiber zu blamieren. Schon das lange Stimmen der Laute ist grauenhaft drollig. Warum eigentlich? Nun, weil es immer komisch wirkt, wenn jemand sich pedantisch um pseudo-wichtige Einzelheiten kümmert, während offensichtlich längst das Ganze verloren ist. Sehr drollig wirkt auch folgendes: Beckmesser läßt sich, bevor er anfängt, zu einem wüsten Wutausbruch hinreißen, und Sachs fragt scheinheilig mißverstehend: «War das Euer Lied?» Analog überschüttet in der *Cyrano*-Komödie von Rostand ein unangenehmer Mensch den Helden mit lauter Schimpfworten wie «Affe, Schwein!» Der antwortet mit seinem Namen: «Sehr angenehm... Ich heiße Cyrano» – mißinterpretiert also gehässig die Beschimpfung so, als habe sich der Fluchende mit diesen Tiernamen gleichsam vorgestellt. Selbst im Augenblick höchster Begeisterung kann der Beckmesser sich nur so wie ein typischer Literat verhalten. Wenn er glaubt, Sachs habe ihm einen Gefallen getan, verspricht er selig: «Weil Ihr so minniglich; / für Euch nun stimme ich, / kauf' Eure Werke gleich, mache zum Merker Euch.»

In der Geschichte des deutschen Geistes hat es immer wieder eine antifeuilletonistische, antizivilisatorische Tendenz gegeben. Thomas Mann, Hermann Hesse, Oswald Spengler und viele, viele andere ließen sich in diesem Zusammenhang aufführen, von Rosenberg und Hitler gar nicht zu reden. Einem Religionsstifter ähnlich möchte Wagner am liebsten alle Tagesjournalisten und Kritiker aus dem Tempel seiner Kunst jagen. Für schlechtes Deutsch und für Verlogenheit möchte Wagner Strafen ersinnen. Ein Zeitungsmensch kann, laut Wagner, in seiner elenden Gesellschaft keinen anständigen Gedanken haben oder auf die Dauer behalten. Die Journalisten sind für Wagner gleichbedeutend mit moderner, schadenfroher, hämischer Unverbindlichkeit.

Nun werden manche Leser bei der eben gegebenen Zusammenfassung sicherlich verstohlen gedacht haben, so völlig falsch seien Wagners Ansichten vielleicht gar nicht gewesen. Gewiß war Wagner – zumal er sich tragisch tief und einsam fühlte –

mit der Stoßrichtung seiner Zeitkritik nicht völlig im Unrecht. Er machte aber aus seinen Erfahrungen, Beobachtungen, Vor- und Nachurteilen ein paranoides Wahnsystem. In seine Werke gingen *nur die Voraussetzungen dieses Wahnsystems* ein – also gewisse kritische, auch antikapitalistische Überzeugungen. Doch Wagners paranoider Haß ging nicht in die Werke ein.

Denn sogar der Beckmesser geriet unter Wagners Händen genauer, interessanter, reicher, aufregender – als es Wagner wahrscheinlich gewollt hat. Ernst Bloch und Walter Jens haben ausführlich analysiert, wieviel Positives in dieser Negativ-Figur steckt. Die Melodie von Beckmessers Ständchen ist einfach, hübsch und unvergeßlich.

Wenn der Beckmesser dann – in einer Alptraumszene gewaltigsten Stils – vor einer riesigen Zuhörermenge mit einem unverstandenen Text versucht, die Gunst der Massen zu ersingen, weil er so volksfern ist, daß er annimmt, was ihm nicht einleuchtet, müsse darum populär sein; wenn Beckmesser also aus einem etwas zu schwungvollen, aufgedonnerten Preislied seinen herrlich surrealistischen Widersinn, diese originelle Mischung aus Morgenstern und Dadaismus, herausholt: dann wird der arme Stadtschreiber sozusagen im Untergang gleichsam kühn und unsterblich.

Im ersten Beitrag dieses Buches: *Einführendes über Wagner, den Künstler* war schon ausführlich die Rede von den Dimensionen im armen Beckmesser... Beckmesser läuft am Ende des dritten Aktes weg, stiehlt sich fort aus dem Kreis der Glücklichen. Walter Jens bedauert das. Er meint, Beckmesser solle doch bitte bleiben. Denn dieser Beckmesser habe doch immerhin den Mut gehabt, es mit Schwerverständlichem zu versuchen. Aber so human auf Ausgleich bedacht, wie Walter Jens es wünscht, sind große Dramatiker nicht. Zwar hat Da Ponte, der Textdichter Mozarts, einmal behauptet, im Finale einer komischen Oper müßten um jeden Preis, und sei es noch so unlogisch, unbedingt alle wichtigen Figuren auf der Bühne erscheinen. Denn sie gehören zusammen. Die Musik, die sie umschließt, hält sie zusammen. Aber bei dem sehr «Bösen» scheint es Ausnahmen zu geben! Schon in Mozarts Singspiel *Die Entführung aus dem Serail* flieht fluchend der verbitterte Osmin, weil sein Herr, der Bassa Selim, die Christen begnadigt, statt sie aufzuhängen. In Shakespeares *Was ihr wollt* stürzt Malvolio davon. «Ich räche mich an eurer ganzen Rotte» schreit er und läuft weg. Beckmesser, das Opfer der Festwiesenheiterkeit schließt sich im Augenblick des Happy-Ends aus der Gemeinschaft der Glücklichen aus. Hans Sachs indessen, der weise ist und nicht so verliebt-ehrgeizig wie Beckmesser – hat resigniert. Er wird dafür ja auch hinreichend geehrt und gefeiert.

Wagner hat einen Teil der *Meistersinger*-Handlung E. Th. A. Hoffmanns in Nürnberg spielender Novelle *Meister Martin der Küfner und seine Gesellen* entlehnt. Dieser Meister Martin von Ernst Theodor Amadeus Hoffmann besteht darauf, daß seine Tochter nur einen Küfner, also einen Böttcher, einen Faßmacher-Meister, heiraten dürfe. So wie Pogner sagt, «ein Meistersinger muß es sein», sagt der Nürnberger Meister Martin: *ein Küfer muß es sein – oder niemand.* Auch kein Adeliger! Aber der Sohn eines adeligen Kunden hat sich doch in die schöne Rosa verliebt. Er überlegt sogar, ob er das Mädchen, das unter dem bizarren Wunsch des Vaters leidet, nicht einfach entführen soll...

Die Analogien zu Wagners *Meistersingern* sind offenkundig. Bei Wagner kommt es jedoch nicht nur zu unvergleichlich größerer, machtvollerer Fülle – sondern am Ende zu einem wohlkalkulierten deutsch-nationalen Bekenntnis.

Hans Sachs' so demagogisch wirkende Würdigung der deutschen Kunst ist freilich – man kann es nicht inständig genug betonen und wiederholen – mit dem Gedanken an den Tod des Vaterlandes verknüpft. Auch wenn Deutschland («das heil'ge röm'sche Reich» deutscher Nation) aufhören sollte, uns bleibt die deutsche Kunst. Das ist nun wahrlich und wirklich kein faschistischer Appell. Die Nazis redeten doch vom Tausendjährigen Reich – aber keineswegs davon, daß ihr Drittes Reich in Dunst zergehen würde... Der junge Wagner hatte freilich noch weitaus weniger patriotisch empfunden als der Vollender der *Meistersinger*. Im ersten Entwurf kam er nicht darauf, Deutschland und die deutschen Meister zu glorifizieren. Oder von den bösen «Wälschen» zu reden, die über deutsche Kunst Entartung bringen würden. Später wurde Wagner dann die ernste Größe deutscher Kunst zu etwas Heiligem, zum einzigen Trost gegen die Verderbnis ringsum. Diese Vergottung der Kunst der deutschen Meister berührt viele, gewiß nicht «vaterlandslose» Deutsche peinlicher als der Lobpreis Athens durch die Athene in des Aischylos' *Eumeniden* oder als der Lobpreis Englands und der Tudor-Dynastie in Shakespeares Königsdramen. Zudem dachte Wagner im Geist des 19. Jahrhunderts, wenn er das Nationale, das «Deutsche», als eine gottgewollte, von Gott geschaffene Qualität verehrte. Und Wagner empfand konservativ, wenn er im Bewußtsein seiner hohen Überzeugungen das eigene, untergangswürdige 19. Jahrhundert angriff.

Wir skeptischen Kinder des 20. Jahrhunderts hegen Wagners Glauben, daß Kunst etwas Absolutes und Heiliges sei – auch wenn sie uns gewiß groß und überwältigend erscheint –, wohl nicht mehr. Ein Mozart indessen, der prononciert «deutsch» fühlte, oder auch ein Beethoven hätten die Überzeugung, Kunst sei ein heiliger Bezirk, keineswegs komisch oder falsch oder abwegig gefunden...

Dieser Überzeugung haben schöpferische Menschen vergangener Jahrhunderte gedient und Opfer gebracht. Auf aufgeklärte, «moderne» Zeitgenossen mag ein solcher Kunst-Enthusiasmus altmodisch, hinterwäldlerisch, überholt, «obsolet» wirken – zumal wir auch erfahren haben, wie schnöde und propagandistisch Kunstwerke mißbraucht werden können. Aber läßt sich leugnen, daß ein Enthusiasmus, der an die Kunst und die sinnvoll geordnete Welt glaubte, einst gewaltige Werke ermöglichte, förderte, schuf? Deshalb sollten wir Späteren solche produktiven Überzeugungen, wenn schon nicht zu teilen, so doch zu respektieren bereit sein.

Strawinsky, bestimmt kein Wagnerianer, wurde nach den *Meistersingern* befragt. Da schwärmte er von seiner «Aufregung und Freude» beim ersten Hören der *Meistersinger*; ihm, als jungem Komponisten, kam es aufs «Handwerkliche» an. Das Handwerkliche aber, so Strawinsky, «ist ein großer Teil dessen, worum es in den *Meistersingern* geht». Strawinskys jüngerer russischer Komponisten-Kollege Aram Chatchaturian erschienen die *Meistersinger* «als eine der leuchtendsten Verkörperungen der mächtigen Kraft des Volkes, der Idee der unteilbaren Einigkeit des Künstlers und Meisters mit tiefen nationalen Traditionen». Zahllose andere Stimmen aus Frankreich, England, der Schweiz, aus der ganzen Welt, ließen sich anführen, die alle den *Meistersingern* huldigen – zu schweigen von Künstlern, die so innig und tief in der deutschen Tradition lebten wie Hofmannsthal, der an Richard Strauss einen wunderschönen Brief über die Unnachahmbarkeit des Wagnerschen Nürnberg schrieb, oder Wilhelm Furtwängler, der darauf aufmerksam machte, daß in den *Meistersingern* die Begegnung zwischen Genie und Volk zur Katastrophe geworden wäre – wenn nicht Hans Sachs dem Genie Stolzing den Weg zum Volk gewiesen hätte.

So leben denn Wagners *Meistersinger* bis auf den heutigen Tag. Sie sind kein Bild, das man überblickt, kein eindeutiges Exempel. Sie gleichen vielmehr einem lebendigen Organismus, der sich ausdehnt in Raum und Zeit: Man kann in dieser Schöpfung herumgehen, kann sie wie eine Stadt von außen betrachten, kann sich in ihr verlaufen. Seit der Uraufführung vom 21. Juni 1868 ist die Musikwelt um ein heiter-ernstes Kunstwerk obersten Ranges reicher: glücklich, es zu besitzen, bereit, es immer wieder von neuem zu interpretieren und in Frage zu stellen. Aber doch von Herzen sicher seines Zaubers, seiner raffinierten Ambivalenz und seiner Unerschöpflichkeit.

6
Was geschieht eigentlich im *Ring*?

Was geschieht eigentlich zwischen *Rheingold* und *Götterdämmerung*, wenn die Rheintöchter das Gold, das ihnen geraubt wurde, endlich wieder in Händen halten, eine ganze Welt zugrunde gegangen ist und eine neue vielleicht entsteht? Wer den Text nicht genau gelesen hat – einen klugen, tiefsinnigen, bewußt das Stabreimschema einsetzenden Text, der höchsten Respekt verdient und nicht den Spott derjenigen, die in Opern keineswegs nachdenken wollen –, wer den Text nicht genau gelesen und sozusagen Wort für Wort begriffen hat, der wird in den Aufführungen des *Ringes* das tun, was nur die Rheintöchter dürfen, er wird *schwimmen*. Aber der phasenweise Fortschritt der sagenhaften, mythologischen, menschlichen, göttlichen und politischen Handlung läßt sich gar nicht so leicht verstehen. Szenen, die uns heftig berühren wie die jähe Liebe zwischen Siegmund und Sieglinde, wie die Todverkündigung im zweiten Akt der *Walküre*, wie die Verzweiflung der Brünnhilde in der *Götterdämmerung* oder wie der nächtliche Trauermarsch am Ende des Werkes; solche wunderbar sinnfälligen und komponierten Opernszenen drängen sich nämlich im Bewußtsein, in der Seele des *Ring*-Zuschauers, des Opernhörers mächtig vor. Andere Augenblicke, die für den Gang der Handlung mindestens ebenso wichtig sind, treten demgegenüber unangemessen zurück: wenn Wotan einen großen Gedanken faßt, wenn die Erda den Gott verzweifeln läßt oder wenn sich herausstellt, daß der machtverheißende Ring nur dem hilft, der um unmenschlicher Macht willen auf die menschliche Liebe verzichtet. Bleibt dergleichen unbegriffen, dann versteht man nicht recht, warum die Figuren so handeln, wie sie handeln. Man sieht und erlebt nur, daß sie es tun.

Der urtümliche Beginn des *Rheingolds* ist ein beinahe literarischer Einfall. Das tiefe summende Es der Kontrabässe, das allmähliche Entstehen des Dreiklangs soll den absoluten Anfang symbolisieren – keine Stauwerkstufe, sondern eher die Stufe Null.

Allmählich entwickelt sich das Naturmotiv. Wir hören einfache, schöne Brechungen in Es-Dur. Heiter schwimmen die Rheintöchter umher, scherzen miteinander, vereinigen sich zum Ensemble, nichts scheint ihr Glück zu trüben. Aber dann wird das Rheingold erwähnt – «Des Goldes Schlaf hütet ihr schlecht» – mahnt die ernsteste Rheintochter ihre Schwestern. (Wenn vom Gold die Rede ist, hören wir den ersten Moll-Akkord des Werkes.) Nun erscheint Alberich. Er möchte mit den Nixen anbandeln. Sie narren ihn und entziehen sich ihm. Der dauernd getäuschte, enttäuschte Mann wird begreiflicherweise wütend, er spürt, daß es mit der Liebe nicht klappt. Die Rheintöchter bringen ihn vermittels ihrer heiteren, koketten, spottlustigen Unangreifbarkeit so weit, nur noch an Macht zu denken und die Liebe zu verfluchen. Alberich schwört der Liebe ab, raubt das Gold – das Geld, die Macht –, und das goldene Zeitalter hört auf. Mit der Peitsche und mit Erpressung wird er nun seine Artgenossen zwingen, für ihn zu schuften.

Was das eigentlich bedeutet, hat George Bernard Shaw erklärt:

> Es ist so, als ob ein armer, derber, ungehobelter Bursche sich erbötig machte, eine Rolle in der aristokratischen Gesellschaft zu spielen, und mit dem Bescheid abgefertigt würde, nur als Millionär könne er jemals hoffen, sich diese Gesellschaft gefügig zu machen und sich eine schöne Frau zu kaufen. Die Wahl wird ihm aufgezwungen. Er schwört der Liebe ab, wie Tausende von uns täglich der Liebe abschwören, und im gleichen Augenblick ist das Gold in seiner Gewalt, er ver-

schwindet in der Tiefe und läßt die Wasserjungfrauen zurück, die vergeblich schreien: Haltet den Dieb!

So beginnt das *Rheingold*. Die erste Phase des *Ringes*.

In der zweiten Phase haben wir es wiederum zu tun mit Machtverhältnissen: nur nicht zwischen Rheintöchtern und einem häßlichen Zwerg, sondern zwischen einem Gott, seiner Gattin und riesenhaften Arbeitskräften. Die Sache ist die, daß Wotan sich aus vielen guten Gründen eine große Burg hat bauen lassen, Walhall. Als Lohn für diesen Bau versprach er den arbeitswilligen Riesen, die Walhall vollendeten, die Göttin der Jugend, Freia, deren goldene Äpfel Frische und Vitalität garantieren.

Nun sind die Riesen fertig, sie wollen den Lohn, und der Gott ist verlegen, weil er Freia schätzt und weil man in Walhall die Äpfel der schönen Göttin, dieses Jugendelixier, natürlich benötigt. Wotan läßt sich etwas einfallen, was auf die Phase eins zurückführt. Alberich habe doch das Rheingold geraubt und daraus einen Macht versprechenden Ring schmieden lassen, ob das die beiden Riesen nicht zufriedenstelle, ob sie also statt der Freia den Ring akzeptieren würden?

Nachdem am Ende der ersten Phase sich der Rhein verfinsterte, weil das Gold geraubt worden war, herrscht am Ende der zweiten Phase wiederum ein finsterfahler Nebel, weil nämlich die Riesen die Göttin der Jugend als Pfand solange mitnehmen, bis sie den Ring bekommen.

In der dritten Phase ist Wotan gezwungen, einen Raub zu begehen, um den Riesen ihren Lohn zu gewähren. Er muß den goldenen Ring aus Nibelheim stehlen, dessen Gold Alberich den Rheintöchtern weggenommen hatte. Wir hören Amboßgedonner in der Tiefe Nibelheims oder Nebelheims. Wir sehen Arbeitssklaven, wir begegnen Alberich, der mittlerweile zum Diktator geworden ist aus Enttäuschung, Ressentiment und Neid. Hier hat Wagner so soziologisch, so zivilisationskritisch gedichtet und komponiert wie sonst kaum je. Doch mitten in diese intellektuell hochgespannte Darbietung von Menschen und Mächten, von Alberich und seinem armen, zur Sklavenarbeit gezwungenen Bruder Mime – mitten in dieser Darbietung neigt sich die Handlung zum Märchen. Wie im Märchen wird Alberich überlistet, wird ihm der Ring geraubt. Er erscheint da als Opfer seiner Eitelkeit.

Die drei Phasen, die wir bisher umrissen haben, bereiten die Katastrophe exakt vor, die zur *Götterdämmerung* führen wird, denn in der vierten Phase besitzt zwar Wotan den Goldhort und den Ring, aber Alberich, der betrogene Betrüger, hat den Ring verflucht. Des Ringes Gold, Geld und Macht solle Unglück bringen. In dieser vierten Phase glauben die arroganten Götter, nämlich Wotan und der listige Feuergott Loge, nicht an die magische Wahrheit und Welt von Verwünschung und Fluch. «Lauschtest du seinem Liebesgruß?» fragt Loge ironisch, nachdem Alberich so entsetzlich unwillig geflucht hatte. «Gönn ihm die geifernde Lust», antwortet Wotan hochmütig. Er hat eben das Fluchmotiv auch nicht begriffen.

Keineswegs will er den Riesen den Ring geben. Darum muß der Störrische in dieser vierten Phase des Werkes erst von der Urmutter Erda gewarnt werden, doch vom Ringe zu weichen. Er tut das. Und die Riesen fangen sofort an, tödlich um Ring und Hort zu streiten. Die Götter aber beziehen stolz die Burg, ohne sich Gedanken darüber zu machen, wieviel Unrecht sie bereits in Bewegung gesetzt haben. Nur Loge weiß es besser – «ihrem Unheil eilen sie zu». Drunten im Rhein jammern die Nixen um das verlorene Gold. Wotan ahnt, daß er sich tief verstrickt hat. Es kommt ihm ein großer Gedanke, auf welche Weise er sich und die Götter vielleicht zu retten vermag. Im Orchester ertönt das Schwertmotiv, also die Fanfare jenes Schwertes, welches Siegmund und Siegfried später schwingen werden.

Diese eng ineinander verflochtenen vier Phasen einer Geschichte, in der es um Macht, Gold, Verträge, Mord und das

Lebensglück der Jugendlichkeit geht, sind nicht nur der Inhalt, sondern auch der künstlerisch gestaltete Gehalt des *Rheingold*-Vorabends. Was aber war nun Wotans großer Gedanke? Sollte ihm klargeworden sein, daß es auf der Welt niemanden gibt, der völlig unbeeinflußt und frei für die Gerechtigkeit kämpft? Niemanden, der nicht von blindem Machtwillen oder scharfäugiger Herrschaftslust beseelt seine egoistischen Zwecke verfolgt? Fast scheint es so. Denn die fünfte Phase unserer *Ring*-Parabel führt vor, auf welche Weise Wotan, der längst an Verträge und Versprechen Gebundene, nun doch einen Helden zu erschaffen versucht, der einerseits frei ist, also niemandem etwas versprochen hat, und zugleich andererseits bereit oder zumindest fähig, den edlen Göttern zu helfen. Siegmund, und damit setzt die fünfte Phase ein, erscheint. Er ist ein unabhängiger Held, ist der männliche Teil eines Zwillingspaares, das Wotan mit einer irdischen Frau zeugte. Siegmund wurde zur Selbständigkeit und Aufsässigkeit erzogen von seinem Vater. Natürlich ahnt Siegmund nicht, daß der oberste aller Götter sein Vater ist.

Die fünfte Phase beginnt mit einem Gewitter. Aber da grollt nicht nur der Donner, da knallt nicht nur der Blitz, sondern diese Naturlaute sind Allegorien für germanische Götter. Hinter der Gewalt des Donners steckt ein Gott, hinter dem Sengen des Blitzes auch. Verfolgt von Gewitter und Feinden sucht Siegmund Schutz im Heim eines gewissen Hunding. Siegmund ist Flüchtling. Später stellt sich heraus, daß auch Hundings Leute ihn jagten. Dieser Siegmund verliebt sich sogleich in Hundings Frau, der er im Hause Hundings begegnet. Sie heißt Sieglinde, und wenn Sieglinde erzählt, daß einst ein Gott ein Schwert in den Stamm einer Esche gestoßen habe, als sie ihren schrecklich ungeliebten Hunding heiraten mußte, wenn das Schwert-Motiv ertönt, dann ahnen wir plötzlich die Beziehungen zu dem, was im *Rheingold* geschah und was Wotan wollte. Siegmund wurde ja früh von seiner Schwester getrennt. Nun ergreift ihn die Liebe zu Hundings Gattin. Er bittet um Mitleid als Flüchtling und nimmt dem Gastgeber die Frau. Es ist eine Liebe gegen alle Sitte und Norm, über das sogenannte Naturrecht hinweg. Hunding wird betäubt, man flieht. Mit einem Wort: Ehebruch. Und dieser Ehebruch, den Siegmund und Sieglinde, die sich mittlerweile als Geschwister erkannt haben, jauchzend begehen, führt vor, was Wotan will und was Wotan muß. Wotan will nämlich die freie Entfaltung Siegmunds, er will ihm im Duell den Sieg schenken über den finsteren Hunding. Aber Wotan hütet auch Recht und Gesetz als Göttervater, und darum muß er sich von seiner Gattin überzeugen lassen, daß Siegmund, der Ehebrecher, den Tod verdiene. Anders ausgedrückt, Wotans Plan, einen freien Helden zu schaffen, der ihm aus eigenem Antrieb helfen kann, scheitert. Wotans Tochter, die Walküre Brünnhilde, möchte – wie Wotan – zunächst natürlich auch den kühnen Siegmund retten. Dann läßt sie sich, vom grämlich überzeugten Wotan, auch dazu bringen, daß sie leider Hunding den Sieg verleihen müsse über den Ehebrecher und Gastrechtschänder Siegmund. Hier, am Ende der fünften Phase, im großen Monolog-Dialog Wotans zu seinem lauschenden zweiten Selbst, erleben wir die Zusammenfassung des ganzen Werkes. Wotan, der keinen Ausweg mehr sieht, will – einstweilen? – nur noch das Ende. Alle diese Götterbeschlüsse donnern in der sechsten Phase, es ist die zweite Hälfte des zweiten *Walküren*-Aktes, vernichtend auf die armen Menschen nieder. Sieglinde, geflohen, vor Verzweiflung und Verliebtheit halb wahnsinnig, ein archaisches Gretchen, von Träumen gepeinigt und getröstet, diese arme junge Frau erlebt mit, wie ihr Geliebter, also Siegmund, fallen muß. Sie will dann auch nicht mehr leben. Aber Brünnhilde, die Wotans Gebot trotzte, weil ihr Siegmund so sympathisch wurde – der trotz feierlicher Tod- und Walhall-Verkündigung tapfer bei seiner Geliebten blieb und nicht um der Wonnen Walhalls willen die arme Sieglinde in ihrer Not allein lassen wollte –, Brünnhilde also verkündet der halb Ohnmächtigen, daß sie ein Pfand der Liebe Siegmunds im Schoße trage und fliehen solle. Bei der Tod-Verkündigungsszene hatte sich Siegmund als wahrer liebender Held erwiesen. Er hält seiner Sieglinde und dem Traum von Freiheit die Treue. Er weigert sich also, Walhalls Spiel mitzuspielen, so selbständig ist dieser freie Mann. Lieber Mord an Sieglinde und Selbstmord – als ein schnödes Walhall. Das macht die Walküre weich, die ja weiß, daß Wotan es im Grunde auch so wollte.

Und nun, am Ende der sechsten Phase, muß dann Wotan eingreifen: also den Sohn umbringen, Hunding mit grimmiger Geste vernichten und seine Wut an der ungehorsamen Lieblingstochter Brünnhilde auslassen. Logischer, zugleich auch verworrener und aussichtsloser kann keine Situation sein. Kein Wunder, daß Wotan nur noch das Ende will, aber sich gleichwohl, weiterdenkend, zur Installierung des «Feuerzaubers» und zum «Wandern» samt Wissens-Wette entschließt.

Die siebte Phase, der berühmte Feuerzauber-Akt der *Walküre*, macht das rauschhaft klar. Die Strafe an Brünnhilde wird vollzogen. Die Szene wiederholt das Märchenmotiv vom Dornröschen, vom schlafenden Mädchen, das nur ein Held retten kann. Ein lodernder Feuerkreis schließt die Schlafende ein. Mitleidsvoll und sentimental verabschiedet sich Wotan, der Vater. Nach den Zauberschlaf-Harmonien möchte er verhindern, daß jeder Wegelagerer seine Lieblingstochter sich nehmen könnte. «Wer meines Speeres Spitze fürchtet, durchschreite das Feuer nie!»

Aber einen Helden scheint es zu geben, der nicht einmal vor Wotans Speerspitze Angst hat. Dessen Thema erscheint groß und erhaben im letzten Akt der *Walküre*, in der siebten Phase dieser gewaltig verästelten Geschichte.

Es ist Siegfried. So wie am Ende der vierten Phase, nämlich am Ende des *Rheingold*, das Schwertmotiv gleichsam die nächste Oper vorbereitete, so bereitet am Ende der siebten Phase das Siegfried-Motiv jene Oper vor, die der *Walküre* folgt. Wir befinden uns zu Beginn des *Siegfried* in der Phase acht. Der junge Siegfried, ein überaus schwer erziehbares, herrisches Kind, wächst beim Schmied Mime auf. Mime möchte ihn benutzen, möchte mit Siegfrieds Hilfe jenen Nibelungenhort erlangen, den der Überlebende der beiden Riesen, der sich zum Drachen Fafner verwandelt hat, in aller Ruhe besitzt, und zwar in seiner Wohnung namens Neidhöhle. Mime hat also, obwohl er das Kind hilfreich aufzog, unlautere Absichten. Und damit es noch gerechtfertigter erscheint, daß er um dieser unlauteren Absichten willen sogar sein Leben verlieren wird, muß er zunächst einmal eine Wette auf Leben und Tod verlieren, und zwar eine Wissens-Wette, in welche ihn ein unheimlicher «Wanderer» verwickelte. Das ist der mittlerweile ruhelose Wotan, der gespenstisch und pessimistisch die Welt durchstreift. Natürlich verliert Mime die Wette, die er weiß Gott nicht wollte, und verwirkt so sein Haupt. Übrigens erfährt Siegfried in dieser achten Phase, wer sein Vater war, daß dieser Vater im Kampfe gefallen ist, daß seine Mutter ihn unter Schmerzen in Mimes Höhle geboren hat – groß war die Not – und daß ein paar Überbleibsel vom Schwert seines Vaters noch da sind. Nun ist aber Mime hauptberuflich Schmied. Warum kann er denn aus den Splittern des alten Schwertes kein neues schmieden? Antwort: Weil er nur ein Fachmann ist, jedoch kein Genie. Ein Genie ist der derbe Siegfried. Der schafft, was sein Ziehvater, der Fachidiot, nicht vermochte, nämlich jenes Schwert zu schmieden.

Fachmann Mime dankt ab und kocht bloß noch Sudel und Sud, ähnlich wie Rossini, der, nachdem er das Opernkomponieren aufgegeben hatte, sich im wesentlichen auch auf Kochkünste verlegte. So hat denn der Mime auch seine Tragödie sowie seinen grotesken Herrscher-Traum in dieser achten Phase der *Ring*-Tetralogie. Wunderbar zeigt Wagner, wie der Ältere Angst empfindet im wilden Forst, wie der Knabe Siegfried die Furcht nicht kennt, wie sich ihm die Chromatik zum gemessenen E-Dur läutert. Was Angst ist, das wird unser junger Freund auch noch kennenlernen. Nämlich dann, wenn er dem anderen Geschlecht begegnet, wenn er auf jene Brünnhilde trifft, von der wir wissen, daß Wotan sie in der siebten Phase dieser langen Geschichte auf einen Felsen gebannt hat.

Doch vorher hat Siegfried – wir befinden uns mittlerweile in der neunten Phase – noch viel zu tun. Er muß einen Drachen erlegen, den Fafner. Mime, der seine bösen Absichten ausplaudert, wird nebenbei auch umgebracht. Alberich lacht schadenfroh darüber. Und weil das Blut eines Drachen demjenigen, der sich damit benetzt hat, die Ohren öffnet, kann Siegfried in dieser neunten Phase auch verstehen, was das Waldvöglein ihm von einer merkwürdigen, schlafenden Frau erzählt.

In der zehnten Phase – es ist der dritte Akt des *Siegfried* – will Wotan seine Situation zum letztenmal zusammenfassen. Er beschwört also die Urmutter Erda und erfährt, während die Göttin bitter hoffnungslos Abschied nimmt, daß fast alles aussichtslos sei.

Erda kann Wotan nicht helfen. Nun stürmt ein junger Mann heran, dem bisher eigentlich lauter alte Kerle im Wege standen. Dieser junge Mann hat Lust auf irgendeine schlafende Frau, aber gar keine, sich mit einem weisen Wanderer wunderschön zu unterhalten. Siegfried – eilig und unwillig – zerschlägt Wotans Speer. «Zieh' hin, ich kann dich nicht halten», sagt Wotan zu dem jungen Mann, während das *Götterdämmerungs*-Motiv ertönt. Und der stürmt auf den nahen Berg, erweckt Brünnhilde zum Leben, erfährt einen wunderbaren, jugendlich männlichen Freiheitsmoment. Leuchtende Liebe, lachender Tod.

Zehn Phasen der Tetralogie sind nun vorbei. Das *Rheingold*, die *Walküre* und der *Siegfried* liegen hinter uns. Jetzt beginnt die *Götterdämmerung*. Und sie beginnt beinahe so wie einst, als Wagner 1848 die ersten Entwürfe niedergeschrieben, die Oper *Siegfrieds Tod* begonnen hatte, nämlich mit dem, was Thomas Mann witzig als den «weihevollen Weltenklatsch» der Nornen bezeichnet hat. Drei Nornen raunen sich in der elften Phase zu, wie weit es mit dem Verfall der Welt bisher gekommen sei. Das

Schicksalsseil reißt, sie streben hinab zur Urmutter; der Welt künden Weise nichts mehr. Es ist, als ob die alten Schicksalssymbole und Geheimnisträger abdanken. Von alledem weiß der junge Siegfried nichts. Der verläßt seine geliebte Brünnhilde tatendurstig bei Tagesanbruch. Diese liebt ihren Helden so rückhaltlos, daß sie nicht daran denkt, sich seiner jugendlichen Aktivität, seinem Mut und Übermut, seinem Tatendurst in den Weg zu stellen.

Zwölfte Phase: Alles Bisherige spielte sich ab in einer jungen Welt. Die Geschichte Siegfrieds, das war auch ein Bildungsroman gewesen, ein derber Bursche, der allmählich zum Menschen wurde, weil er Abenteuer erlebte und weil die Liebe ihn Menschlichkeit lehrte.

In der zwölften Phase befinden wir uns ganz woanders, in einem dekadenteren Bezirk, auf Gunthers Schloß am Rhein. Gunther, seine Schwester Gutrune, sein Freund Hagen, der bleiche Sohn Alberichs – wir haben Alberich ja bereits in Nibelheim kennengelernt –, diese drei Figuren ersinnen eine Intrige gegen Siegfried, denn in dieser zwölften Phase erscheint Siegfried in Gunthers Schloß. Er erhält dort einen schlimmen Vergessenstrank, Liebestrank. Er verliebt sich in Gutrune, verspricht, indem er mit dem von Fafner gewonnenen Tarnhelm die Gestalt verändert, daß er gleichsam als Gunther verwandelt die Brünnhilde für Gunther (noch einmal) auf ihrem Felsen überwinden werde. Dafür will er die Gutrune. Siegfried ist also hier auch ein betrogener Betrüger. Ein treulos Treuer wie Tristan. Ein paar Zaubermittel, und er läßt sich dazu einspannen, die Geliebte einem grämlichen König namens Gunther zuzuführen. Dies ist die zwölfte Phase der Tetralogie. Doch was geschieht in dieser *Götterdämmerung* eigentlich mit den Göttern?

Wir erfahren es in der 13. Phase. Noch bevor Brünnhilde vom verkleideten Siegfried eiskalt sadistisch überwältigt und in Gunthers Schloß geschleppt wird, erscheint bei der einsam Wartenden ihre Walkürenschwester Waltraute. Die schrecklich Aufgeregte verlangt von der liebenden Brünnhilde, sie solle doch bitte sofort Siegfrieds Liebespfand, nämlich den Ring, aushändigen, damit endlich Friede in der Welt herrschen könne und die Götter vielleicht noch einmal davonkämen. Waltraute erzählt ergreifend, wie verzweifelt und hoffnungslos alle diese Götter in Walhall sitzen und auf das Ende warten. Es ist ein gespenstischer, phantastischer *Götterdämmerungs*-Augenblick.

Ähnliche Endsituationen gab es im 20. Jahrhundert, zum Beispiel 1945 in Hitlers «Führer-Bunker», bevor die Rote Armee Berlin besetzte. Brünnhilde aber denkt nicht daran, Siegfrieds Liebespfand wegzugeben. Ihr, der liebenden Frau, sind die auf ihr Ende wartenden Götter in Walhall gleichgültig. Sie hält ihre besorgte einstige Schwester für verrückt, Waltraute entfernt sich verzweifelt. Nun strebt die Geschichte allmählich ihrem Ende zu.

In der 14. Phase erleben wir mit, wie sich die Gegenmacht formiert. Hagen wird von seinem Vater Alberich im Tagtraum beeinflußt, treu zu sein, alles zur Zerstörung beizutragen. Und er hat in dieser 14. Phase sogleich Gelegenheit, sein Intrigantenmeisterstück, das zu Siegfrieds Tod führen wird, einzufädeln. Zunächst findet ja die Alptraumhochzeit Gunther/Brünnhilde statt. Aber Brünnhilde erkennt, und dabei dient ihr der Ring, den Siegfried ihr nächtlich in Gunthers Gestalt abstreifte, als Indizienbeweis – sie erkennt, daß sie betrogen worden ist. Brünnhilde verweigert Gunther den Gehorsam und beschämt den verlegenen König zu Tode. Der denkt nur noch an Rache, die Siegfried-Intrige kommt heraus, und in einem unheimlichen, zugleich verdihaften Terzett schwören sich die entfesselten Betrogenen – es sind Brünnhilde, Hagen und Gunther –, daß sie Siegfried den Tod geben wollen. Siegfried soll fallen.

Aber in der 15. Phase der Geschichte hat Siegfried noch einmal Gelegenheit, aus dem Verhängniszusammenhang auszubrechen. Er ist mit Gunthers Mannen auf die Jagd gegangen, verirrt sich, begegnet den Rheintöchtern. Die bitten ihn um den Ring, den er am Finger trägt. Da er großzügig ist, möchte er ihnen das Kleinod sogar überlassen. Dann freilich bedeuten die Rheintöchter ihm ernsthaft und tragisch, wie wichtig der Ring sei. Bedeutungsschwanger erpressen aber läßt sich ein Siegfried nicht. Er behält nun gleichmütig den Ring, wendet den Rheintöchtern den Rücken, stößt zu den Jagdfreunden. Weil er nichts erjagt hat, soll er wenigstens etwas erzählen. Er hat ja den Vergessenstrunk im Leibe, aber den entschärft Hagen mit Hilfe eines neuen Trankes, und während Siegfried nun im dritten Akt in dieser 15. Phase mitteilt, wie das alles so kam, wie er einen Drachen erschlug und eine Frau aus dem Feuer holte, da blitzen die Erinnerungsmotive nur so in dem Unseligen auf. Dann wird er erschlagen von Hagen. Ein Trauermarsch faßt alle Motive, von Wälsungenlust und -leid, Schwertglanz und Brünnhildenliebe zusammen, während nächtlich marschierende Krieger Siegfrieds Leiche hinabtragen zum Rhein. Als die Kunde von Siegfrieds Tod ertönt, es geschieht in der letzten, 16. Phase des Werkes, durchschaut Brünnhilde, wie übel man ihr und ihrem Freunde mitgespielt hat. Was sie am Schluß tut, wirkt von der *Götterdämmerung* aus gesehen vielleicht durchaus indisch, pessimistisch, resignativ. Mit ihrem Pferd Grane reitet sie ins Feuer und findet als Witwe des Helden den Flammentod, während das Feuer aus dem gehäuften Eschenholz hochschlägt und die Burg Walhall verbrennt. Doch vom gesamten Zusammenhang des *Ringes* her ist es, wie Carl Dahlhaus dargelegt hat, ein wenig anders zu begreifen: Denn da wird, während die Überlebenden aufs verbrennende Walhall blicken, mit Sieglindes am Ende aufklingendem jubelnden G-Dur-Thema ein Hinweis gegeben auf die alles überwältigende Kraft der Liebe. Den Hagen indessen, der nach dem Ringe taucht, den Brünnhilde ins Wasser geworfen hat, ziehen die Rheintöchter mitleidslos in die Tiefe.

Mit einem rauschhaften Hinweis darauf, daß die Welt nicht an Macht genesen, wohl aber durch Liebe erlöst werden kann, schließt die 16. Phase dieser enormen Geschichte.

Die Phasen eins bis vier – und ich habe diese Aufgliederung nicht nach künstlerischen oder emotionalen Höhepunkten vorgenommen, sondern nach jenen wichtigen Handlungsstufen, die den dramatischen Transport besorgen –, die Phasen eins bis vier entsprechen den vier Szenen des *Rheingold*, die Phasen fünf bis sieben der *Walküre*, die Phasen acht bis zehn dem *Siegfried* und die Phasen elf bis sechzehn der *Götterdämmerung*. Unüberhörbar und unübersehbar besteht zwischen den emotionalen Höhepunkten, zwischen dem konkret Auskomponierten und dem handlungsmäßig Geschehenden manchmal ein Kontrast. Daran könnte eine sinnvolle Kritik der Tetralogie anknüpfen. Manches Geschehende sieht man eher mit dem Gefühl: so ist der Lauf der Welt – als daß man sich gleichsam privat subjektiv mit den Figuren identifizierte. Man erkennt die tiefsinnig bedeutende Handlungskurve, die zum Unheil führen muß. Aber man empfindet doch nicht in einer Weise mit Siegfried oder Gunther oder Hagen, wie man mit der Senta oder der Elisabeth oder dem Tristan empfindet. Siegmund und Sieglinde bieten zwar Ergreifendes, aber eben doch nur eine herrliche Episode, die zur Geburt Siegfrieds führt.

Es ist die Frage, ob wir den jungen Siegfried noch als Identifikationsfigur empfinden können. Es ist die Frage, ob wir Brünnhilde nicht zu lange als Göttin und zu kurz als Mensch erleben, um ihre Verzweiflung so tief mitfühlen zu können, wie es ihr zukommt. Man wird im *Ring des Nibelungen* eine Art Komplize des Schicksals, läßt sich dabei überwältigen von zarter, kluger, wissender und großer Musik.

7

Die Welt der Wälsungen

Die meisten Opernfreunde empfinden die *Walküre* als das Aufregendste und Zwingendste der *Ring*-Tetralogie. Denn hier agieren nicht nur Götter, Zwerge und Riesen, sondern liebende und leidende Menschen. Wälsungen-Schicksal und Wotan-Plan überkreuzen sich: Schon zu Beginn, wenn Siegmund erschöpft von Kampf, Flucht und Gewitter in Hundings Haus Schutz sucht und soviel mehr als nur Schutz findet – nämlich einen einzigen, ersten Augenblick, da der Unstete und Unglückliche aufatmen, ja lieben darf – donnert und blitzt die tönende Darstellung des aufgewühlten mythologischen Götterhimmels. Bei großen Dirigenten – etwa in Wilhelm Furtwänglers grandioser Schallplatten-Einspielung – begreift, spürt und fühlt man das unmittelbar. Und wenn man dann miterlebt, wie zwei Unglückliche, zwei aufbegehrende Menschen einander zum Trost werden, wie sie im zweiten Akt bitter dafür bezahlen müssen, daß sie sich über alles hinwegsetzten in ihrer Liebes-Leidenschaft – über die Sitte, die Norm, die Heiligkeit der Ehe, das Verbot des Inzestes – dann ist es fast unmöglich, unbewegt, unberührt zu bleiben.

Gegenüber der hinreißenden Gewalt, die von einer guten *Walküre*-Aufführung ausgehen muß, hat es dann der *Siegfried* schwer. Zu einem recht langwierigen Bildungsroman wird manchmal nach der fesselnden *Walküre* die Geschichte und Vermenschlichung des furchtlos vitalen, schwer erziehbaren Naturburschen Siegfried, der einen wilden Wurm erschlägt und am Ende das Fürchten doch lernt, weil er der Frau, der Liebe und dem Mysterium des Eros begegnet.

Richard Wagner selbst sah die Sache bekanntlich anders.

Während der Kompositionsarbeit hielt er die *Walküre* für allzu gewichtig und tragisch, für überladen. Er wollte sogar in einem Moment der Entmutigung die ganze riesige Wotan-Szene des zweiten Aktes «verwerfen», obwohl sie doch so wichtig für den Gang der Handlung ist.

Als Wagner dann den *Siegfried*, also den vorletzten Abend der Tetralogie, begonnen und den ersten *Siegfried*-Akt beendet hatte, da schrieb er, berauscht von der Arbeit und vom Gelingen, an Julie Ritter (seine reiche Freundin, die Witwe eines russischen Kaufmanns, die ihm übrigens seit 1851 eine jährliche Rente von 800 Talern in seiner Emigrations-Geldnot zahlte) über *Walküre* und *Siegfried* im Mai 1857 folgendes:

Wollen Sie nun noch etwas Erfreuliches von mir vernehmen, so sei die Mitteilung, daß ich diesen Winter... zwar nur den ersten Akt des *Siegfried* fertiggebracht habe, daß dieser aber mir über alle Erwartung gelungen ist. Es war mir ein ganz neuer Boden, und nach der furchtbaren Tragik der *Walküre* betrat ich ihn mit nie gefühlter Frische: Nach dem Ausfall dieses Aktes habe ich jetzt die Überzeugung, daß der *junge Siegfried* als mein populärstes Werk eine sehr schnelle und glückliche Verbreitung gewinnen und nacheinander alle übrigen Stücke nach sich ziehen wird, so daß er vermutlich der Gründer einer ganzen Nibelungen-Dynastie werden soll.

Da hat sich Wagner nun offenkundig getäuscht: nicht der *Siegfried* zieht als Glanznummer der Tetralogie die *Walküre* «nach sich», wie der Komponist es ausdrückt, sondern der *Siegfried* bereitet manchen kritischen Opernfreunden des 20. Jahrhunderts Schwierigkeiten.

Daß Figuren wie Siegmund und Sieglinde so unvergleichlich menschlich und aufregend gerieten, daß sie zwar beide Verlierer sind, aber tapfere Verlierer, mutige Verlierer, die auch in der Not zueinander halten, daß sich Siegmund selbst im Elend nicht vom Himmel dazu verführen läßt, der Geliebten zu entsagen und an Walhalls heroischen Vergnügungen teilzunehmen: es macht die Wälsungen überwältigend sympathisch. Noch etwas kommt hinzu. Siegmund, der sich am Anfang als eine Art Outcast beschreibt, als Wehwalt, als jemand, der immer nur Unglück hat und Unglück bringt – dieser Siegmund ist etwas ganz anderes, Menschlicheres als ein immerfort strahlender und siegender Heroe, wie ihn Sagen und Märchen und Wildwest-Filme sowohl produzieren als auch benötigen. In den Siegmund und seine Geschichte ging viel von Richard Wagners eigener Elendserfahrung ein. So sehr Wagner den Siegfried, also Siegmunds und Sieglindes Sohn, den großen Heroen des *Ringes*, auch liebte und zum Träger, zum Symbol einer neuen, freieren Welt zu machen versuchte: Der Siegmund war ihm eigentlich näher, als er zwischen 1851 und 1857 am *Rheingold*, der *Walküre* und den ersten beiden *Siegfried*-Akten arbeitete, wonach es dann zu jener riesigen Pause kam, in welcher Wagner den *Tristan* und die *Meistersinger* komponierte. Aber weshalb stand ihm damals der Siegmund näher?

Richard Wagner hatte, man vergißt das nur zu leicht, Siegmunds Not- und Außenseiter-Schicksal einst, 1840 in Paris, am eigenen Leibe, mit eigener Seele erlebt. Damals hatte er gehungert und gelitten und Demütigungen hinnehmen müssen – in jenem Paris, wohin er denkbar unvorsichtig und wagemutig gegangen war als junger Komponist, der allzu leichtsinnig an seinen Erfolg in der damaligen Hauptstadt Europas geglaubt hatte. Aber er wäre beinahe zugrundegegangen in der Fremde, wo er 1841 eine sehr autobiographisch klingende Musiker-Novelle verfaßte mit dem allessagenden Titel *Ein Ende in Paris*. Wenn man die entsetzlichen Bettelbriefe, Jammersignale, Notschreie liest, die Wagner – der ja in Paris anscheinend sogar ins Schuldgefängnis geworfen worden war, der kein Geld hatte, um seiner Frau Arzneien zu besorgen und einigermaßen satt zu werden – damals aus Paris an seine Freunde richtete, fühlt man sich an manches Wort, an manche Attitüde des unseligen Siegmund erinnert. «Not lehrt nicht nur beten, sondern auch einen gewissen Grad von Unverschämtheit», schreibt Wagner, wenn er Verleger Avenarius zum so und sovielten Male um Geld, um Vorschuß anbettelt. (Unverschämt benimmt sich Siegmund als Gast Hundings wahrlich auch, wenn er Hunding tadelt: «Willst Du Dein Weib drum schelten?») Und die Worte, die Wagner in einem erschütternden, flehenden Brief an seinen (mittlerweile wegen eines Unfalls erblindeten) Jugendfreund Theodor Apel richtet, den er um dreihundert Taler angeht am 20. September 1840, sie klingen wie eine Vorwegnahme von dem, was Siegmund der Sieglinde zu Beginn des ersten Aktes über sein Leben und Leiden erzählt. «Mangel und Not verfolgte mich», schreibt der 29jährige Wagner an Apel – von Verfolgung und höchster Not singt auch Siegmund bewegend. «Aller Frohsinn, alle Freiheit, alle Offenheit wich von mir», schildert Wagner seinen Zustand, seine Angst. Im Brief an Apel kommt er zu dem Fazit: «Mehr als einmal habe ich mir den Tod gewünscht; wenigstens bin ich gänzlich gleichgültig gegen ihn geworden.» Das alles hätte Siegmund so ungefähr auch äußern können, nur mit ein bißchen andern Worten: «Immer doch war ich geächtet: Unheil lag auf mir.»

Nun ist Siegmund aber als Sohn Wotans, der ihn zur Aufsässigkeit erzog, schlechthin zu tapfer, zu wild, zu hitzig, um gleich an Selbstmord zu denken. So weit läßt er sich erst in höchster Not hinreißen, wenn die todverkündende *Walküre* ihm im zweiten Akt bedeutet, er müsse sich von der armen Sieglinde trennen und nach Walhall kommen, die Geliebte aber dürfe nicht mit.

Wahrscheinlich können wir uns heute schon gar nicht mehr klarmachen, wieviel sperrigen und kühnen, sittenwidrigen Inhalt Wagners *Walküre*-Tondrama in drei Akten ausbreitet. Mitten im prüd-bürgerlichen 19. Jahrhundert eine Geschwisterliebe mit blühendem Wälsungenblut, Ehebruch, Ungehorsam, Wahnsinn! In höchstem Entsetzen, während Hundings Horn dumpf grollt, die Nebel aufsteigen, verliert Sieglinde, die mit dem Geliebten aus ihrer Ehe und ihrem Haus geflohen ist, fast Besinnung und Verstand! Sie reagiert wahnhaft, träumt angstvoll von jener Nacht, in der sie als Kind erleiden mußte, wie die Mutter erschlagen wurde, der Vater verschwand, ihr Bruder verlorenging.

Jeder der drei *Walküren*-Akte erscheint als ein riesiges Drama, als neue Welt für sich. Jeder enthält mindestens soviel oder mehr als sonst eine ganze große Oper. Erster und zweiter Akt schließen mit einer heftigen Steigerung, einem beispiellosen Aplomb, höchster dramatischer Gewalt; und das endgültige Finale leuchtet im Feuerzauber des Schlußaktes. Zwischendurch teilen die Hauptfiguren anspielungsreich ausführlich ihr Leben mit, ihre Lebenserfahrungen, ihre Pläne. Da ist man dann in der 6. Stunde mit Wotan sofort ein wenig einverstanden, wenn der Gott sich zur Ordnung ruft: «Doch fort muß ich jetzt... zu viel schon zögert' ich hier» – was ihn übrigens keineswegs daran hindert, noch lange zu verweilen und von seiner Lieblingstochter Walküre ausführlich Abschied zu nehmen. Der Regisseur Harry Kupfer sieht übrigens in den Modalitäten dieses Abschieds einen Umschwung Wotans. Indem Wotan sich von seiner Lieblingstochter zur Installierung des Feuerzaubers (der Feiglinge abhalten und den Siegfried anlocken wird) bewegen läßt, komme der Götter-Vater über die Resignation hinaus, meint Kupfer. Das sei keine väterlich-sentimentale Geste, sondern Rückgewinnung der Handlungs-Energie. Im ersten *Siegfried*-Akt, bei der «Wissens-Wette», die nötig sei, um die für Wotan positiven (für Mime, Fafner, Alberich negativen) Ereignisse des zweiten *Siegfried*-Aktes zu bewirken, werde erkennbar, wie listig und aktiv Wotan nun wieder agiere und keineswegs nur mehr vom Wunsch nach dem «Ende» besessen sei...

Adorno hat den Wotan erläutert als eine Art gealterten Turnvater Jahn und enttäuschten Revolutionär, dem – wie den deutschen Sozialdemokraten – alles schiefging. Der geistere nun herum als «Phantasmagorie der begrabenen Revolution». Der rüstige völkische Kleinbürger, älterer Mann im Schlapphut und Wettermantel, von Ludwig Thoma beziehungsreich verspottet mit den Versen: «Ich schreite kühn, hussa, hajo, mit langem Schritt aus dem Büro.»

Es ist wahr: dieser Wotan wird zum namenlosen Wanderer, er hat kein Leitmotiv, welches sich präzis auf ihn bezieht. Nur das Vertragsmotiv und das Walhall-Motiv umschreiben ihn, wobei das Walhall-Motiv ja eher die strahlende Burg meint als Wotans Charakter. Und es will auch niemand mehr mit ihm reden: Die Erda verweigert sich, den Mime muß er zu einem Quiz zwingen, nachdem er als ungebetener Gast abgewiesen worden ist. Jung-Siegfried schließlich nimmt weiß Gott kein Blatt vor den Mund, wenn Wotan väterlich werden möchte. Wotan, der sich an Verträge gebunden fühlt und sich notgedrungen an sie hält («Walhall ist Wallstreet», war eine polemische Überspitzung Wieland Wagners, der in Wotan mehr den egoistischen Schurken als den Gott der Verträge ernstnehmen wollte) – Wotan versucht seit dem *Rheingold*-Finale einen Helden zu schaffen und zu erziehen, den heftige Not selbständig und aufsässig gemacht hat und der aus freiem Willen das tun soll, was Wotan selber (einzuhaltender Verträge wegen) nicht tun kann. Ein Willensfreier, der freiwillig ausführt, was sein Vater möchte: das ist der Plan, die göttliche Intrige. Weil aber der Willensfreie sich in seine Schwester verliebt, zwingt im großen Gespräch des zweiten Aktes Fricka den Gott-Vater mit ärgerlicher weiblicher, unwiderlegbarer Logik dazu, seinen Sohn Siegmund zu opfern, während er doch viel lieber den grimmigen Ehemann Hunding zum Verlierer gemacht hätte, den er am Schluß aus diktatorisch gereiztem Unwillen erledigt. Es ist gesagt worden, daß die rechthaberische und rechthabende Gattin Fricka – die durch solches Rechthaben übrigens keineswegs sympathisch wird –

sozusagen Wotans Gewissen bedeute, während die spontane, den Vater anhimmelnde Tochter Brünnhilde Wotans Wünsche vertritt.

Wenn man über das Schicksal und die Welt der Wälsungen nachdenkt und dabei das plastische Wälsungen-Not-Motiv im Ohr hat, das ja noch im Trauermarsch der *Götterdämmerung*, wenn die Mannen Siegfrieds Leiche forttragen, wunderbar wiederkehrt, dann spürt man, wie ungeheuer ernst und gewichtig Richard Wagners Anspruch war. Solcher tragische Ernst fordert die äußerste Anspannung des Zuhörenden und Zuschauenden heraus. Provoziert aber natürlich auch Abwehrreaktionen, befreienden Spott. «Und nun kein ernsthaftes Wort mehr!», soll Wagner selber nach großen Aufführungen gesagt und dann sorglos sächsisch gealbert haben.

Doch der – wenn man so sagen darf – Leidensschwung des *Walküre*-Dramas war so riesig, so unaustilgbar, daß weder die immense Ernsthaftigkeit noch die Kompliziertheit des Textes eine gewiß zu Spott, ungeduldiger Leistungsverweigerung und ironischem Achselzucken bereite Nachwelt davon abhalten konnte, dem Anspruch der Walküre zu erliegen.

Auch wer nie ein Opernhaus von innen sah, hat von der Wälsungen-Not, von Brünnhildes Todverkündigung und auch von Wotans Abschied gehört: diese musikdramatischen Einfälle sind genauso populär geworden wie Lohengrins Schwan. Wagners *Walküre* reizte die Schriftsteller bis auf den heutigen Tag.

Der spöttische Wiener Publizist Daniel Spitzer – er war gegen Ende des 19. Jahrhunderts Kolumnist, satirischer Feuilletonist, ein Vorgänger von Karl Kraus – demonstrierte mit schadenfroher Brillanz, wie damals ein durch österreichische Boshaftigkeit angereicherter, sogenannter gesunder Menschenverstand auf den ersten *Walküre*-Akt reagierte. Spitzer referiert spöttisch die Vorgänge. Seiner Ansicht nach handelt es sich nur um eine häßliche Ehebruchsgeschichte. Einziger Unschuldiger:

der Ehemann. Schon die Art, wie Spitzer die Handlung zusammenfaßt, verrät vergnügte Gehässigkeit.

Siegmund erzählt seinen Lebenslauf vom Tage, da er «zu zweit zur Welt kam», bis zu seinen jüngsten Erlebnissen. Hunding erkennt jedoch in dem Erzähler den Feind, gewährt ihm aber für diese Nacht ahnungslos Gastfreundschaft.
Sieglinde entfernt sich, um dem Gatten, der sich, ermüdet von der Biographie des Gastes, in sein Schlafgemach zurückzieht, den bestellten Schlaftrunk zu bereiten. Nach einer Weile kehrt sie zurück, doch hat die sorgsame Hausfrau, damit für den Fall, daß der Gastfreund zudringlich werden sollte, ihre Toilette nicht in Unordnung geriete, diese mit einem einfachen weißen Nachtkleide vertauscht. Auf alles bedacht, hat sie auch in den Schlaftrunk ein kleines Betäubungsmittel gemischt, und es steht nicht zu befürchten, daß Hunding durch das intensive Geschrei der beiden, sowie durch deren tumultuarisches Treiben, aufgeweckt werden könnte.

Soweit Daniel Spitzer, der seine *Walküren*-Eindrücke folgendermaßen zusammenfaßte: «Weh, wie wenig Wonne ward mir wanderndem Wiener Spazierwalt durch Wagners *Walküre*!» Daß der «Meister», durch solche Feuilletons lächerlich gemacht, auf Journalisten und Juden – er unterschied da kaum – schlecht zu sprechen war, kann man ein wenig verstehen.
Der Dramatiker George Bernard Shaw begriff Wagner besser, nahm ihn ernster. Shaw war ein früher Bewunderer und Förderer Wagners. Sein Buch *The Perfect Wagnerite* gab eine stupend intelligente, soziologisch-sozialistische Deutung des *Ringes* bereits im Jahre 1898! Es ist ein geistesgeschichtliches Unglück gewesen, daß Shaws Interpretation des *Nibelungen-Ringes* bis zu Beginn der siebziger Jahre unseres Jahrhunderts weder von Wagnerianern noch von Wagner-Gegnern sorgfältig zur

Kenntnis genommen worden ist. Nun erst liegt im Suhrkamp-Verlag eine Ausgabe vor, nachdem man sich ein halbes Jahrhundert lang nicht wirklich darum gekümmert hatte, was immerhin der Dichter der *Heiligen Johanna* und des *Pygmalion* (den unsere Zeit nur noch als Urheber von *My fair Lady* kennt), über Wagners Werk zu sagen weiß. Dabei gab es eine deutsche Übersetzung von *The Perfect Wagnerite* schon 1908. Hätte man Shaws Kommentare bereits im Zeitalter der enthusiastischen Wagner-Rezeption, in der Zeit vor den Weltkriegen, zu begreifen vermocht und konsequent weitergedacht, dann wäre unserem letzten populären Tragiker wohl einiges erspart geblieben.

Sowohl das patriotische, deutschtümelnde Mißverständnis als auch das demokratisch anti-wagnerianische Mißverständnis wären unmöglich gewesen, wenn Zuhörer und Zuschauer mit Shaw zu begreifen gelernt hätten, statt sich ohne Shaw bloß entweder berauschen oder verständnislos langweilen zu lassen.

Shaw macht auf die Leiden der Wälsungen aufmerksam, indem er auf seine geistvoll kühle Art erzählt, was vorgeht:

> Die Tür geht auf, und ein erschöpfter Mann wankt herein, ein Kundiger aus der Schule des Unglücks. Sieglinde findet ihn am Herde liegend. Er erzählt, daß er sich in einem Kampf befunden habe und daß seine Waffen zerbrochen seien, weil sie nicht so stark wie seine Arme waren, und daß er fliehen mußte. Er verlangt einen Trunk und eine Weile Rast. Dann wolle er seiner Wege gehen, denn er sei ein unglücklicher Mann und nicht willens, sein Unglück über das Weib zu bringen, das ihm ein Obdach gewährt. Aber sie ist gleichfalls unglücklich, wie es scheint, und eine starke Sympathie keimt zwischen den beiden auf. Als ihr Gemahl eintritt, bemerkt er nicht nur diese Sympathie, sondern auch eine Ähnlichkeit zwischen dem Mann und dem Weib, das helle Schlangenglitzern in beider Augen. Sie gehen zu

Tisch; und der Fremdling erzählt seine unglückselige Geschichte. Er ist der Sohn Wotans, der ihm nur als Wolfing bekannt ist und vom Stamme der Wälsungen.

Vor allem erinnert er sich, daß er einst mit seinem Vater von einer Jagd heimgekehrt ist und sein Heim zerstört, seine Mutter ermordet und seine Zwillingsschwester entführt gefunden hat...

Des Flüchtlings Schicksal ist aber jetzt sogar noch furchtbarer, als er vermutet: denn Hunding, an dessen Herd er geflüchtet, ist ein Stammesgenosse der erschlagenen Brüder und verpflichtet, sie zu rächen. Er sagt dem Wälsungen, daß er am nächsten Morgen, mit oder ohne Waffen, um sein Leben werde kämpfen müssen. Dann befiehlt er dem Weibe, zu Bett zu gehen, und folgt ihr selbst, nicht ohne vorher seinen Speer mitzunehmen.

Obwohl George Bernard Shaw wahrlich ein hochmusikalischer Mann gewesen ist, kam er nicht eine Sekunde auf die Idee, Wagners Text nur als Vorwand für zündende Musik-Nummern mißzuverstehen. Er beschrieb ihn vielmehr als tiefsinnig dramatischen Vorgang. Aus Shaws Beschreibung läßt sich ohne weiteres eine realistisch-symbolische Inszenierung – zwischen Ibsen und Gerhart Hauptmann – herausspinnen. Die berühmteste Schilderung dieses ersten *Walküre*-Aktes stammt aus der Feder von Thomas Mann. Die *deutsche*, vor allem die prominente *Münchner Öffentlichkeit*, war ja 1933 verbohrt und feige genug gewesen, den glühenden Wagner-Bewunderer Thomas Mann wegen seiner Rede *Leiden und Größe Richard Wagners* zu verketzern und zu beschimpfen.

Thomas Manns Novelle *Wälsungenblut* konnte man damals freilich noch nicht gelesen haben: Wegen ihres skandalös-familiären Inhalts hatte der junge Thomas Mann sie zurückziehen müssen. In dieser Novelle besucht ein Geschwister-Paar – zwei ineinander verliebte junge Leute, erfüllt von Wälsungenblut –

eine Aufführung der *Walküre*. In ihren Augen, von Thomas Mann gesehen, stellt sich nun der erste Akt folgendermaßen dar:

Der Vorhang flog auf, wie vom Sturm auseinandergeweht. Der heidnische Saal war da, mit der Glut des Herdes im Dunklen, dem ragenden Umriß des Eschenstammes in der Mitte. Siegmund, ein rosiger Mann mit brotfarbenem Bart, erschien in der hölzernen Tür und lehnte sich verhetzt und erschöpft gegen den Pfosten. Dann trugen seine starken, mit Fell und Riemen umwickelten Beine ihn in tragisch schleppenden Schritten nach vorn... Er sang kurz, daß er rasten müsse, wem immer der Herd gehöre; und beim letzten Wort ließ er sich schwer auf das Bärenfell fallen und blieb liegen, das Haupt auf den fleischigen Arm gebettet. Seine Brust arbeitete im Schlummer.

Eine Minute verging, ausgefüllt von dem singenden, sagenden, kündenden Fluß der Musik, die zu den Füßen der Ereignisse ihre Flut dahinwälzte... Dann kam Sieglinde von links. Sie hatte einen alabasternen Busen, der wunderbar in dem Ausschnitt ihres mit Fell behangenen Musselinkleides wogte. Mit Staunen gewahrte sie den fremden Mann...

Sie pflegte ihn. Zu ihm gebeugt, daß ihre Brust aus dem wilden Fell ihm entgegenblühte, reichte sie ihm mit beiden Händen das Horn. Er trank. Rührend sprach die Musik von Labsal und kühler Wohltat. Dann betrachteten sie einander mit einem ersten Entzücken, einem ersten, dunklen Erkennen, schweigend dem Augenblick hingegeben, der unten als tiefer, ziehender Sang ertönte...

Dann brach er auf, verdüstert, in schmerzlicher Abwehr, ging, indem er seine nackten Arme hängen ließ, zur Tür, um sein Leid, seine Einsamkeit, sein verfolgtes, verhaßtes Dasein von ihr fort, zurück in die Wildnis zu tragen. Sie rief ihn, und da er nicht hörte, ließ sie sich rücksichtslos, mit erhobenen Händen, das Geständnis ihres eignen Unheils entfahren. Er stand. Sie senkte die Augen. Zu ihren Füßen sprach es dunkel erzählend vom Leid, das beide verband. Er blieb. Mit gekreuzten Armen stand er vor dem Herd, des Schicksals gewärtig. Hunding kam, bauchig und x-beinig wie eine Kuh. Sein Bart war schwarz, mit braunen Zotten durchsetzt. Sein geharnischtes Motiv kündigte ihn an, und er stand da, finster und plump auf seinen Speer gelehnt, und blickte mit Büffelaugen auf den Gast, dessen Gegenwart er dann, aus einer Art wilder Gesittung, gut und willkommen hieß. Sein Baß war rostig und kolossal. Sieglinde rüstete den Abendtisch; und während sie schaffte, ging Hundings langsamer und mißtrauischer Blick hin und her zwischen ihr und dem Fremden. Dieser Tölpel sah sehr wohl, daß sie einander glichen, von ein und derselben Art waren, jener ungebundenen, widerspenstigen und außerordentlichen Art, die er haßte und der er sich nicht gewachsen fühlte...

Dann saßen sie nieder, und Hunding stellte sich vor, erklärte einfach und mit zwei Worten seine einfache, ordnungsgemäße und in der allgemeinen Achtung ruhende Existenz. Er zwang aber Siegmund so, sich ebenfalls bekannt zu geben, was ungleich schwieriger war.

Das ist nicht nur poetische Prosa, die sowohl Spitzers Ironie als auch Shaws Verstehen-Wollen in sich aufbewahrt und aufhebt zur höheren Vergegenwärtigung, sondern förmlich ein artifizielles Mirakel: Wer den ersten *Walküren*-Akt im Ohr hat, imaginiert ihn wieder, diesen «singenden, sagenden, kündenden Fluß der Musik, die zu den Füßen der Ereignisse ihre Flut dahinwälzte». Musikologisch genauer läßt sich kaum ausdrücken, was Wagners «Reform» will, seine «unendliche» Melodie und seine Kunst, aus dem Orchester gewissermaßen einen kommentierenden Chor, wie in der griechischen Tragödie, zu machen...

Es war bereits die Rede davon, daß Wagner während des

Komponierens irrtümlich den *Siegfried* für populärer und wirkungsvoller hielt als die *Walküre*. Der stolze Knabe Siegfried, als Sohn Sieglindes und Siegmunds – der Vater starb vor der Geburt, die Mutter an der Geburt – gehört auch zur Welt der «Wälsungen». Und so wie das vergangenheitssüchtige 19. Jahrhundert den zugleich treuen und treulosen Siegfried *vergötterte* – neigt unsere Zeit dazu, Siegfrieds Naturburschen-Naivität allzu streng zu beurteilen. In Wahrheit ist Siegfried ein ahnungsloser, blutjunger Mensch, der wirklich nichts wissen kann von der Welt. Der, so sagte mir der Regisseur Günther Rennert überrascht, als er den *Ring* inszenierte, ja doch zwei Akte lang immer nur «alten Säcken» begegnet, die etwas von ihm wollen, ihn auszunutzen versuchen – während ihm der Sinn begreiflicherweise auf lustige Abenteuer und eine rätselhafte schöne junge Frau steht, von der das Waldvöglein animierend singt.

So gewiß Richard Wagner selber die Figur des jungen Helden liebte und sich unter heißen Tränen von ihr verabschiedete, weil er sich nach 1857 anderen Geschäften zuwandte, so offensichtlich ist seither ein Umschwung eingetreten: Uns scheint der unglückselige, nicht auf Sieg abonnierte *Walküren*-Siegmund mittlerweile der eigentliche, wenn auch schwarze Held der Tetralogie zu sein. In der Zeit vor dem Ersten Weltkrieg galt Jung-Siegfried als bewunderungswürdiger stolzer Knab'. Die vermeintlich instinktsichere Naivität dieses jungen Helden wurde vom 19. Jahrhundert, von Romain Rolland und Thomas Mann bewundert. Heute haben selbst bedingungslose Wagnerianer mit *Siegfried* ihre Schwierigkeiten.

Beim Versuch, einen «reinen», einen ersten Menschen zu schaffen, geriet Wagner in Zweideutigkeit. Gewiß, Siegfried fühlt, daß er nur ein Werkzeug Mimes ist und scheint im Recht mit seiner Aversion. Aber Morddrohungen im Stabreim: «Beim Genick möcht' ich den Nicker packen, den Garaus geben dem garstigen Zwicker!», oder schlichte jugendliche Unverschämtheit: «Mich dünkt, des gedachtest du schon» – wenn der Pflegevater sich senil wiederholt: das paßt allzu gut auch zum Bilde der blonden Bestie, deren Roheit als Jugendkraft verklärt wird. Siegfried, der überlegene Mensch, der blühende Knabe, der rosige Held, der helläugige Jüngling, dem finsteren Gesindel überlegen – dieser Siegfried ist einerseits bereit zu glühender Liebe, andererseits aber auch zu Totschlag, Vergewaltigung, Verrat.

Heute beginnt man allmählich, dem Siegfried zu verzeihen. Naivität, von einem allzu gescheiten Dramatiker als Wunschbild hergestellt, hat eben ihre Abgründe.

Noch George Bernard Shaw interpretierte den jungen Siegfried sehr nobel. Das sei der unverkennbare und typische Sohn seines Vaters – der nur eben das Glück hat, ein unbedingter Jungstar sein zu dürfen, weil er nicht von einem Gott zur «Mißwende», zur programmatischen Unseligkeit bestimmt ist:

Mime ist ein blinzelndes, schlurfendes, uraltes Wesen, zu schwach und feige, auch nur im Traum daran zu denken, selbst zu den Waffen zu greifen und Fafner zu berauben, der noch immer, in einen riesenhaften Drachen verwandelt, auf dem Gold in einer Felsenhöhle liegt. Mime braucht dazu die Hilfe eines Helden; und er ist schlau genug, um zu wissen, daß es sehr gut möglich ist und tatsächlich im allgemeinen auch geschieht, daß Greisenhabgier und List die Arbeit durch die Jugend und die Tapferkeit verrichten lassen, um selbst dann die Herrschaft an sich zu bringen. Er weiß von der Abkunft des Kindes, das bei ihm zurückblieb, und erzieht es mit großer Sorgfalt zum Mann.

Seine Mühen haben mehr Erfolg, als ihm lieb sein kann. Der Knabe Siegfried, den kein Gott in der Kunst, glücklos zu leben, unterweist, erbt nichts von des Vaters Mißgeschick, aber dessen ganze Widerstandskraft. Die Sorge, der Siegmund die Stirn bot, und das Leid, das er überwinden mußte, kennt der Sohn nicht...

Für den Sohn gibt es kein anderes Gesetz als die eigene Laune; er verabscheut den häßlichen Zwerg, der ihn aufgezogen hat, fährt wütend auf, als dieser etwas Erkenntlichkeit für seine zärtliche Fürsorge beansprucht, und ist – mit einem Wort – ein völlig amoralisches Geschöpf, der geborene Anarchist, das Idealbild von Bakunin, eine Vorahnung von Nietzsches «Übermensch». Er ist ungeheuer stark, erfüllt von Leben und Übermut, gefährlich und zerstörerisch gegenüber allem, was er nicht mag, und voller Zuneigung für das, was er mag. Daher ist es ein Glück, daß seine Vorlieben und Abneigungen vernünftig und gesund sind. Alles in allem ist er ein mitreißender junger Waldbewohner, ein Sohn der Frühe, in dessen Person das Heldengeschlecht... aus der Nacht des tragischen Konflikts seines Vaters mit diesem Gesetz ins Licht der Sonne getreten ist.

Wenn man den derben Siegfried-Humor anklagt, tut man sowohl Wagner als auch seinem jungen Helden ein wenig Unrecht. Grausamkeit gegenüber armen (oder auch hochmütigen, intellektuellen, verklemmten, impotenten) Opfern gehört zum Grundbestand bühnenwirksamer Dramatik. Shakespeare setzt im *Kaufmann von Venedig* seinen Shylock nicht nur dem Spott und einem fragwürdigen Rechtskniff mitleidloser Christen aus, sondern auch der Überlegenheit eines hochmütigen Juden namens Tybalt, der in einer ebenso meisterhaften wie lässig-sadistischen Szene den Shylock abwechselnd mit guten Nachrichten erhebt und mit schlimmen niederschmettert... Mozarts agiler Figaro kümmert sich nicht einen Moll-Akkord lang um die Not des wider Willen in den Krieg verdonnerten Cherubino; Freund Leporello liest der darob keineswegs erheiterten Donna Elvira schadenfroh das Register der Erfolge ihres Gatten Don Giovanni vor, wobei die Flöten boshaft kichern. Zugegeben; was Siegfried mit seinem Pflegevater Mime anstellt, geht wohl noch über dergleichen hinaus. Auch die ungerechte Wette, die

Wotan dem Mime im ersten *Siegfried*-Akt aufzwingt (eine Art mythologisches, lebensgefährliches Quiz), ist wahrlich nicht nur sozusagen naiv-grausam.

Gewiß, der Zwerg Mime – Adorno und Ernest Newman sahen in ihm eine Judenkarikatur, zugleich auch ein verräterisches Wagnerisches Selbst-Portrait – will Siegfried als verhaßtes Mittel benutzen und sich seiner dann entledigen. Doch auch bevor Siegfried Mimes Absichten durchschaut, behandelt er den zugleich winselnden und selbstgerechten Zwerg ganz instinktiv dominant schon so wie blonde Burschen einen «Untermenschen». Es beginnt mit einem herzigen Scherz: Siegfried führt einen Bären in die Höhle und jagt ihn auf den angstschlotternden Schmied. Wagner hat die Überlegenheit eines blonden Helden gegenüber einem häßlichen Zwerg ausgespielt, unzweifelhaft. «Ich kann dich ja nicht leiden, vergiß das nicht so leicht», bedeutet Siegfried dem Mime lachend überlegen. Das klingt irgendwie «rassistisch» – könnte man hellhörig finden.

Nun kennt die Weltliteratur freilich viele solche Darstellungen selbstsicheren Zurückweisens. Zum Beispiel Martials berühmtes Epigramm («Non amo te, Sabidi, nec possum dicere quare: Hoc tantum possum dicere, non amo te» – Ich liebe dich nicht, Sabidius, und kann nicht sagen, warum: dies nur kann ich sagen, ich liebe dich nicht) oder auch dessen sprichwortähnliche englische Fassung des Thomas Brown aus dem 17. Jahrhundert («I do not love thee, Doctor Fell / The reason why I cannot tell...»). Diese leicht vermehrbaren Beispiele laufen ebenso wie die bereits erörterte Grausamkeit großer Dramatiker auf die unbefangene Darstellung direkten Widerwillens hinaus. Bei Wagner schwingt ein fatales Element von biologischer Überlegenheit mit, das durch den Hinweis auf naive Komik oder bloße Jungenhaftigkeit nicht entschärft, sondern eher noch unangenehmer, weil selbstverständlicher wird.

Doch werden nicht Siegfried, Siegmund und Sieglinde für ihren Mut und Übermut vom Verlauf der *Ring*-Handlung streng bestraft?

Die Wälsungen sollten ja aufbegehren gegen starre Ordnungen. Siegmund sollte ein aufsässiger und todesmutiger Held sein – da darf dann niemand plötzlich moralisch entsetzt reagieren, wenn ein Ungebundener beispielsweise auch eheliche Bindungen nicht zur Kenntnis nimmt. Brünnhilde und Siegfried sollten als freie Menschen ein Reich der Freiheit verkörpern und verkünden nach dem Untergang der alten Welt – so hat sich doch der junge Wagner wohl den Schluß des *Ringes* gedacht und ihn dann vielfach verändert: pessimistisch, tragisch, schopenhauerisch, aber eben doch mit Sieglindes strahlendem Liebesmotiv schließen lassen. Wie schlimm auch alles ausgeht: Der Wille zum Leben und Lieben wird am Ende nicht verneint, sondern im Untergang bekräftigt, nachdem Siegfried und Brünnhilde ja bereits im Liebesduett des dritten *Siegfried*-Aktes als glücklich freies Paar gejubelt hatten: «Leuchtende Liebe / Lachender Tod.»

Siegfried, der zum Symbol des freien Menschen bestimmt war, ist seinem Vater Siegmund nicht nur blutsverwandt. Auch die Seelen-Art ist die gleiche.

Denn wenn *Siegmund* in der vierten Szene des zweiten *Walküre*-Aktes sich von den wunderbar schwebenden Harmonien des «Schicksalsmotivs» nicht beeindrucken läßt, auch von den «himmlischen Wonnen» nicht, die ihm Brünnhilde verspricht, sondern sich tapfer und um seiner Liebe willen wehrt gegen den Himmel, die Götter, die Tod verkündende Wotans-Tochter – dann bedeutet auch dieser Protest einen menschlichen Aufstand gegen den germanischen Himmel und gegen das Fatum! Lieber Selbstmord und Mord an der Geliebten, als daß Siegmund seine Sieglinde im Stich ließe. Der Selbstmord wäre mehr als Verzweiflungsakt: nämlich die Bekundung menschlicher Selbstbestimmung gegen das versprochene Walhall-Himmelreich.

Im Aufstand, im Tod bezeugen die Wälsungen, was ihnen die Liebe und unsere Erde gelten trotz aller himmlischen Walhall-Wonnen. Sie müssen teuer dafür zahlen. Die Wälsungen der Wagnerischen *Walküre* sind stark und trotzig wie Prometheus oder wie der Sisyphos des Camus. Sie nehmen ihr irdisch-schweres Liebesschicksal auf sich – trotz göttlich-himmlischer Verführung. So erweist sich die Welt der Wälsungen als tragisch und tröstlich zugleich.

8

Thomas Mann
und der *Ring des Nibelungen*

Daß Thomas Mann Richard Wagner bewundert hat, daß er immer wieder, ein Schriftstellerleben lang, enthusiastisch, aber auch kritisch-ironisch auf Wagner zurückkam, ja daß er von Wagners musikdramatischer Technik Wichtiges für seine Kunst übernahm, ist wohlbekannt. Noch am Ende seines Lebens, nachdem Thomas Mann sich wegen seines Musiker-Romans *Doktor Faustus* fleißig mit der modernen Musik, der Zwölfton-Technik auseinandergesetzt hatte, gibt Thomas Mann in einem Brief an Hans Heinz Stuckenschmidt, der ihm ein Schönberg-Buch geschickt hatte, sehr nüchtern und ehrlich zu:

> Ich verstehe mich auf die neue Musik nur sehr theoretisch. Ich weiß wohl etwas davon, aber genießen und lieben kann ich sie eigentlich nicht. Ich habe ja offen erklärt, daß die Dreiklangwelt des *Ringes* im Grunde meine musikalische Heimat ist.

So denken viele, auch wenn sie es vielleicht nicht so unumwunden aussprechen wie Thomas Mann. Doch was nun die «musikalische *Heimat*» Thomas Manns, also den *Ring*, betrifft, so gibt es auch mannigfache unpatriotische, sozusagen feindselige Äußerungen aus Thomas Manns Feder. 1911, er war damals 36 Jahre alt, hatte er in München die *Götterdämmerung* gesehen. Darüber schrieb er an Ernst Bertram:

> Ich hörte letzten Montag probeweise die *Götterdämmerung* – mein innerer Widerstand gegen diese wüste Schau-Spielerei mit menschlicher Leidenschaft und menschlicher Tragik ging

bis zur halblauten Empörung. Dieser Produktion Tempel bauen, dachte ich in meiner Bitterkeit, kann nur eine barbarische und geistig halbblinde Nation. Gut, daß ich dergleichen nicht geschrieben habe; mit der Zeit werde ich wohl ruhiger und gerechter denken lernen.

Merkwürdger Fall. Spricht man so über seine – musikalische – Heimat? Auch aus späteren und spätesten Zeiten ließen sich ohne Mühe – neben zahlreichen beredt bewundernden – heftig gegen Wagners Wirkungen aufbegehrende Zeilen Thomas Manns zitieren. Hinter diesem Schwanken verbirgt sich etwas. Ein Rätsel, eine Passion, ein produktives Nicht-zurecht-Kommen.

Wenn man Thomas Manns Leben und seine Schriftsteller-Existenz mit Wagners Leben und Produzieren vergleicht, fällt zunächst eine seltsame Ähnlichkeit ins Auge, die derart aberwitzig scheint, daß man sich hüten muß, zum paranoiden Analogien-Jäger zu werden. Das reicht bis ins einzelne, Winzige. Wagners *Rheingold*-Vorspiel beginnt mit dem berühmt tiefen, raunenden Kontra-Es; Thomas Manns «Höllenfahrt-Vorspiel» zu den *Geschichten Jaakobs* beginnt mit dem Wort «Tief». «Tief ist der Brunnen der Vergangenheit.» Wagner hat die vier Musikdramen der *Ring*-Tetralogie noch in Deutschland begonnen, sie nach der Dresdner Revolution als Flüchtling in der Schweiz fortgesetzt, sie schließlich unter königlich-märchenhaften Umständen in Bayreuth beendet. Genauso hat Thomas Mann die vier Bände seiner *Josephs*-Tetralogie noch in Deutschland begonnen, sie als Flüchtling in der Schweiz fortgesetzt, und schließlich als gefeierter Emigrant unter Bezug auf Roosevelts New Deal in Amerika vollendet. Thomas Mann schrieb in der Schweiz seine Tetralogie weiter, schob dann freilich ein verklärendes historisch-episches Deutschland-Intermezzo ein, die heitere Goethe-Vergegenwärtigung *Lotte in Weimar*. Wagner wiederum, bevor er den *Ring* zu Ende schmiedete, trug sich während hektischer Emigrations- und Reise-Zeit mit dem *Tristan* und den *Meistersingern von Nürnberg*, ja er notierte die Idee zum Allerdeutschesten, zum «Wacht auf»-Chor, tatsächlich in einer Pariser Kneipe. Nach den *Meistersingern* kehrte Wagner dann wieder brav-vollendungswillig zum *Ring* zurück, so wie Thomas Mann nach der Weimarer *Lotte* brav-vollendungswillig wieder in die Patriarchenluft des *Joseph* eintauchte. Und wie bei Thomas Mann der reife Joseph dem jungen Pharao klug lächelnd Traum-Rätsel deutet, löst und erfüllt, so hat einst der reife Wagner die phantastischen Romantik-Träume des jungen König Ludwig sächsisch-realistisch-klug erfüllt. Thomas Manns Joseph vor Pharao, Richard vor Ludwig Zwo – hat das alles nicht etwas von einer geradezu mystischen Wiederholung historischer Muster? Bereits wenige Wochen, nachdem Thomas Mann in Kalifornien die *Josephs*-Tetralogie beendet hatte, begann er den Musiker-Roman *Doktor Faustus*. Er schrieb darüber seinem Sohn Klaus: «Es wird mein *Parsifal*.» Thomas Manns Haltung gemahnt gespenstisch an eine «Imitatio Dei», also an eine Nachahmung seines Kunst-Gottes Richard Wagner, den er *tiefromantisch in sich* hatte und über den er hochdemokratisch hinaus wollte. Was Wagners *Nibelungen-Ring* betrifft, über den Thomas Mann 1937, lange nach dem Essay *Leiden und Größe Richard Wagners*, in Zürich einen Einführungsvortrag hielt, so bekannte Thomas Mann, der «*Ring* sei für ihn ein Werk ohnegleichen». Und er faßte zusammen:

Ein scheinbar aus aller Modernität tretendes, und doch nach der Verfeinerung, Bewußtheit und entwickelten Spätheit seiner Mittel extrem modernes Werk, primitiv nach seinem Pathos und seinem romantisch-revolutionären Willen: ein mit Musik und weissagender Natur verwachsenes Weltgedicht, worin die Ur-Elemente des Daseins agieren, Tag und Nacht Zwiesprache halten, mythische Grundtypen der Menschheit, die Lichten und Goldhaarig-Großgemuten und die in Haß,

Gram und Aufruhr Brütenden sich in tiefsinniger Märchenhandlung begegnen.

Was aber steckt hinter Thomas Manns Bewunderung und seinem liebenden Schwanken gegenüber Wagner und gegenüber dem *Ring*? Eines ist offenkundig: da spricht immer ein Betroffener, ein leidenschaftlich Schwärmender. Nachdem seit Beginn der achtziger Jahre nun endlich auch die Tagebücher des 1955 verstorbenen Thomas Mann in wohlkommentierten Ausgaben vorgelegt werden, finden wir dokumentiert, was uns zwar nicht überrascht, aber doch belehrt und, falls wir Thomas Mann mögen, beglückt: nämlich, daß für diesen Autor der tagtägliche Umgang mit Frau Musica etwas Selbstverständliches und Lebensnotwendiges gewesen ist. Musik, Musikerfahrungen, Musikerlebnisse waren für ihn so wichtig und so natürlich wie die Luft zum Atmen. Die Welt konnte untergehen oder neu geschaffen werden: Das nimmt in seinen Tagebucheintragungen keinen anderen Platz ein als Musikalisches. Ich gebe nur drei Beispiele.

Am 14. April 1944 beendet Thomas Mann seine Notizen mit zwei Eintragungen, die objektiv verschiedenartig, aber subjektiv für ihn gleichwertig zu sein scheinen.

Da steht unter Freitag, den 14. April 1944: «Deutsches Desaster in der Krim.» – Dann: «Klavier gestimmt.» Was geradezu komisch-unvermittelt zwei für Thomas Mann gleichermaßen wichtige, nur eben absurd verschiedene Vorgänge nebeneinanderrückt. Oder, ein paar Tage später: «Zum Abendessen bei Adornos. Wundervoller Pfälzer. Schlechtes Klavierspiel Adornos: Schubert und Chopin.»

Oder: «Nach dem Abendessen... Hörte Strauss' *Heldenleben* unter Toscanini. Sehr deutsch und sehr hitlerisch, trivial, brutal, raffiniert, ‹gigantisch›, egozentrische Selbstfeier, revolutionärer Kitsch. Man soll nicht zu trennen und zu unterscheiden suchen. Der Apparat klang wundervoll.»

Alles das hat Thomas Mann also wirklich Tag für Tag, ein langes, reiches Leben lang, gehört, fixiert, bedacht! Die Musik, vor allem Wagners Musik, war ihm Lebenselixier. Hält man sich vor Augen, wie enorm umfänglich, wie stetig (und von erläuternder Lektüre begleitet) Thomas Mann Musikerfahrungen machte, wieviel Lebenszeit er vor allem Richard Wagner, aber keineswegs nur diesem, gewidmet hat, dann ist nicht mehr die gewichtige Rolle des Musikalischen in Thomas Manns gedichtetem und essayistischem Riesenwerk verwunderlich, sondern etwas fast paradox anderes. Nämlich: daß dieser doch wahrlich bewußte, intelligente und reflexionsfähige Schriftsteller seine Beziehung zur Musik so bemerkenswert «naiv» zu halten versuchte! Er hat sich, trotz beträchtlicher Lese- und Hör-Erfahrungen, keineswegs in einen Musik-Profi, in einen cleveren Anti-Dilettanten verwandelt, verwandeln wollen. Das war bei Thomas Mann natürlich keine Frage der Bildung, des Fleißes, der Intelligenz, der analytischen Fähigkeiten. Sondern – vermutlich – vor allem die Folge eines wahrscheinlich ganz unbewußten Triebes oder Entschlusses zum dichterisch produktiven Umgang mit immensen musikalischen Erfahrungen. Seine Musik-Erlebnisse wollte dieser geniale Romancier nicht und nie in irgendwelche musikologische Richtigkeiten verwandeln, objektivieren. Er hat musikalische Lebenserfahrung vielmehr zum Kunststoff umfunktioniert. Thomas Mann saß gern am Klavier; er hat in jungen Jahren auch als Geiger geglänzt. «Mann geigte vorzüglich und ich begleitete ihn, so gut ich konnte», erinnert sich Arthur Holitscher in der *Lebensgeschichte eines Rebellen*. Auch der Jugendfreund Kurt Martens berichtet, wie Thomas Mann ihm Geige vorspielte. Also: Thomas Mann musizierte selbst, kannte die großen Musiker seiner Zeit, besaß eine Intelligenz, deren Helle und Schärfe ihm weniger reich ausgestattete Figuren bekanntlich sogar hämisch zum Vorwurf machten. Doch mit seinen riesigen Musikerfahrungen ging er auffällig – sagen wir: «unmethodisch» – um. Um Thomas Manns

Schwanken gegenüber Wagner zu beurteilen, wollen wir uns vorher vergewissern: Wieviel verstand Thomas Mann eigentlich *exakt* von Musik? Genauer: Wieviel wollte er von Musik verstehen?

Wir wissen, daß Paul Claudel ein überzeugter Wagnerianer gewesen ist. So wie Nietzsche hätte er als junger Mensch die Mühsal des Werdens kaum ertragen ohne den Trost von Wagners Kunst, die allem heimlichen und offenen Elend so mitleidsvoll nachtönt. Aber der späte Claudel sah in den dreißiger Jahren den *Ring* und war ein wenig enttäuscht: Pappmaché-Helden schienen dem mittlerweile kanonisch-großen, katholischen Dichter nun Wagners Recken mit ihren germanisch-depressiven Liebes- und Macht-Problemen zu sein. Ein alter Dichter, Claudel, war also ins Zweifeln geraten, hatte seine Meinung über einen geliebten Autor seiner Jugend modifiziert. Etwas höchst Legitimes. Kein Schwanken. Sondern: *gewandelte Überzeugung*.

Es gibt andere Arten schwankender Mehrdeutigkeit gegenüber Wagner. Theodor W. Adorno zum Beispiel äußerte sich kritisch über die herrische Elite-Gesinnung der *Parsifal*-Gralsritterschaft, übersah aber wahrlich nicht die Genialität, die Allermodernstes antizipierende Kunst der *Parsifal*-Partitur. In einem Aufsatz – für das Programmheft einer *Parsifal*-Aufführung – stehen, taktvollerweise, hauptsächlich die positiven Thesen Adornos zum *Parsifal*. Einige Antithesen kann man in seinem *Versuch über Wagner* nachschlagen. Wie nennt man das? Nicht Schwanken. Sondern, sagen wir: Dialektik. Situativorientierte Dialektik.

Aber was bedeutet es nun, wenn Thomas Mann 1942 seiner reichen amerikanischen Freundin, der Zeitungsherausgebersgattin Agnes E. Meyer (die von deutschen Eltern stammte, deutsch sprach) mitteilt, sein Verhältnis zu Wagner sei stets «ambivalent»? Thomas Mann fährt fort: «Ich kann heute so über ihn schreiben und morgen so...» Was für ein ehrlicher, beklemmender, keineswegs nach Leichtfertigkeit, sondern nach Not, nach Mangel an objektiver Souveränität klingender Satz! Der übrigens jeden Schauspielliebhaber an Gustav Freytags *Journalisten*-Komödie erinnert und dort an den armseligen Zeilenschinder Schmock, der kümmerlich-clever von sich behauptet, «ich kann schreiben rechts, ich kann schreiben links», und der als geprügelter Hund so tut, als wäre er auch noch stolz auf diese opportunistische Vielseitigkeit.

Warum schwankt nun Thomas Mann im Hinblick auf Wagner zwischen hochmütig ironischer Abwehr und klug begeisterter Zuneigung –, lautete die geheime Frage unseres Nachdenkens. Es ist ja kein Schwanken, das mit Claudels «Älterwerden» zu tun hat oder mit Adornos dialektischer Blitzschnelligkeit, eine These für «wahr und falsch zugleich» halten zu können. Es ist ein herrliches, von Liebe und Präzision und maliziöser Heftigkeit durchzogenes Schwanken Thomas Manns. Keine sogenannte Haßliebe, die er gern bei Nietzsche unterstellte. Bei Nietzsche hat Thomas Mann schon früh Distanzierung gegenüber Wagner aufgespürt und noch ganz spät ergriffene Bewunderung diagnostiziert. Was aber doch nur partiell zutreffend scheint. Der junge, geniale Bewunderer der *Unzeitgemäßen Betrachtungen* und der alte boshafte, beleidigte Nietzsche, der sentimentale, immer wieder von herrlichen Stellen ergriffene Verächter des Schauspieler-Typus und Schöpfers Wagner: Dazwischen liegt unübersehbar ein schicksalhafter Bruch, liegt Nietzsches Bayreuth-Trauma. Mit «Schwanken» hat Nietzsches Beziehung zu Wagner wenig zu tun. Thomas Mann stilisierte offenkundig Nietzsches Beziehung zu Wagner nach seinem eigenen Bild.

Was indessen verschweigt oder enthüllt Thomas Manns lebenslanges Schwanken? Jenes passionierte Schwanken, welches die Nazis und das völkisch verblendete München sogar 1933 aus dem Essay *Leiden und Größe Richard Wagners* bewußt in eine hämisch vernünftelnde Verzerrung umstilisierten, um des großen Intellektuellen und Wortführers der Weimarer Zeit, nämlich eben Thomas Manns, sich entledigen zu können? Die Emigration wurde ja genau wegen der wüsten Reaktionen auf diesen Wagner-Vortrag für Thomas Mann unvermeidbar...

Ich möchte noch eine letzte, banale Vermutung wegräumen: Thomas Mann habe gegenüber der Wucht und dem Gewicht des Wagnerschen Werkes, das ja bedrückend, anstrengend und darum wohl auch aggressionsschaffend ist – schlicht deshalb geschwankt, weil es ihm «undeutlich» geblieben sei, weil er die Tondramen nicht überschaute. Wenn Goethe die «Zueignung» zum *Faust* mit dem berühmten «Ihr naht Euch wieder, schwankende Gestalten» beginnt – dann meint das Schwanken dort ein «Undeutlich-geworden-Sein», ein *Aus der Jugendfrühe des Lebens Wiederkehren*. Also etwas dem späten Auge nicht mehr ganz Bestimmtes, nicht mehr Klares. So aber schwankte der Wagnerianer Thomas Mann keineswegs. Dem waren Wagners Werke und ihre Herrlichkeiten weiß Gott jederzeit pointenzeugend verfügbar. Ob die maliziöse Charakteristik der *Götterdämmerungs*-Nornenszene als «weihevollen Welten-Klatsch»; ob die herrliche Interpretation der Liebestränke in *Tristan* und *Ring*; ob die wunderbare Erhellung des «Beziehungs-Zaubers» der Tetralogie, den die Leitmotive herstellen: da redet und schwankt stets ein Zuständiger!

In Lübeck stand, bis zu seiner Zerstörung im Zweiten Weltkrieg, in der Beckergrube 52 ein rotes Backsteingebäude etwas pompösen Stils. Es trug ein Schild, in ihm sei der Komponist Carl Grammann geboren. Eine Lokalgröße – *Melusine* und *Ingrid* hießen zwei seiner beliebtesten Opern. Dieses Haus hatte in den 70er Jahren des vorigen Jahrhunderts der Vater Thomas Manns, der Senator Heinrich Thomas Mann von den Grammanns erworben, die mit den Manns auch irgendwie verwandt waren. Musikalität kam in die Familie also von manchen Seiten –

nicht nur über die romantisch-romanisch-südamerikanische Mutter.

Aber «Musikalität», «Musikverständnis», die Fähigkeit, einer Musik zu verfallen und die Umstände dieses Verfallens beim Namen zu nennen: das mögen höchst produktive Eigenschaften eines Dichters sein, denen gegenüber die armselige, unschöpferische (eventuell gegebene) Analysierfähigkeit irgendeines Musikprofessors nicht in einem Atemzug genannt werden darf. Trotzdem müssen wir bei Thomas Mann – denn es geht ja nicht nur um seine Dichtung, sondern um seine Beziehung zu Wagners Kunst – jenen oben genannten Eigenschaften einmal nachgehen. Was für eine Musik, genauer: was an Musik interessierte Thomas Mann sozusagen wirklich exakt, über die Informiertheit eines hochgebildeten und hochgescheiten Kunstfreundes hinaus?

Offenbar war ihm Musik nur dann wirklich wichtig, wenn in ihr ein musik*sprachliches* Moment episch verfolgbar mittönte. Also Opern und Lieder. Aber es ging ihn anscheinend auch nur jene Instrumentalmusik wirklich produktiv etwas an, wo das seit Carl Philipp Emanuel Bach hochgeschätzte, bei Beethoven oft so erhaben wichtige *redende Prinzip* der Musik, wo mithin das Moment der Musiksprachlichkeit sich geltend machte. Wenn man die Liste der Lieblingsplatten Thomas Manns studiert, dann ist da nur wenig *absolute Musik* vertreten. Kein Bach, kein Haydn, kein Stück Mozartscher Kammermusik, kein Debussy, kein Strawinsky. Sondern, soweit überhaupt reine Instrumentalmusik, gerade die programmatische *Eroica* und vieles aus Begeisterung für den Lebensfreund Bruno Walter. Wir sollten das alles nicht werten, aber doch konstatieren. Zu Thomas Manns Lieblingsplatten, die er im Oktober 1948 auf eine Umfrage nannte, gehörten:

César Francks d-Moll-Symphonie
Mendelssohns e-Moll-Violinkonzert mit Nathan Milstein und Bruno Walter

Ein Lied-Recital von Lotte Lehmann
Harold in Italien von Berlioz
Beethovens *Eroica*, von Bruno Walter dirigiert
Der 3. Akt des Wagnerschen *Parsifal*, von Karl Muck dirigiert (wobei man bedenken muß, daß es ja damals noch keine Langspielplatten gab)
Der 1. Akt der *Walküre* mit Lotte Lehmann und Lauritz Melchior, dirigiert von Bruno Walter
Exzerpte aus Bergs *Wozzeck*
Johann-Strauß-Walzer und -Ouvertüren, wiederum von Bruno Walter dirigiert
Schubert-Lieder, Schumann-Lieder, gesungen vor allem von Heinrich Schlusnus
Eine berühmte Rede des Präsidenten Roosevelt.

Das ist eine charakteristische Auswahl – und wenn diese Auskünfte von Thomas Mann im Oktober 1948 nur so obenhin gegeben worden sein sollten, wenn da manches vielleicht vergessen oder zufällig genannt ist, dann wäre die Liste gleichfalls aufschlußreich. Falls Thomas Mann hier nicht gründlich geantwortet hätte – aber warum sollte er eigentlich gegen bessere Überzeugung Auskunft gegeben haben? –, wäre die Tendenz um so erhellender. Wir dürfen uns da an den TAT, den «Thematic Apperception Test» erinnern, wo die Psychologen gerade aus unseren raschen, unbefangenen Reaktionen auf einen gegebenen Grundreiz ihre Folgerungen ziehen.

Indessen traf ich bei Thomas Mann dann in der *Entstehung des Doktor Faustus* auf eine bedenkliche Stelle, die wirklich etwas verrät. 1946 notiert Thomas Mann:

Am 2. Februar konzertierte Huberman in der Philharmonie von Los Angeles. Wir scheuten nicht die lange Fahrt und hörten von dem häßlichen kleinen Hexenmeister, der soviel von der Faszinationskraft des dämonischen Fiedlers besaß,

Beethoven, Bach (eine Chaconne, bei der er eigentümliche Orgelwirkungen seiner Geige abgewann), eine liebenswerte Sonate von César Franck und zigeunerhafte Zugaben.

Liebe Leserin, lieber Leser – nehmen Sie es bitte nicht als Professionellen-Hochmut: aber das berühmteste Solo-Geigenstück der Musikgeschichte, nämlich *die* Chaconne aus der d-Moll-Partita von Johann Sebastian Bach nicht zu kennen, sie zu charakterisieren als «eine Chaconne, bei der er eigentümliche Orgelwirkungen seiner Geige abgewann...», das kann wirklich keinem Fachmann, keinem soliden Musikkenner passieren, sondern nur einem schwärmenden Liebhaber. So etwas ist verräterisch. Wer «klassischer» Musik bewußt nahesteht, kennt Bachs Chaconne.

Thomas Mann hat einmal gesagt, falls er Komponist geworden wäre, hätte er so komponieren wollen wie César Franck. Schön und gut. Aber dann schreibt er: «eine liebenswerte Sonate von César Franck» – statt «die», und zwar keineswegs kleine, liebenswerte, sondern verdammt anspruchsvolle A-Dur-Sonate Francks. Alles das bedeutet wirklich nichts Schlimmes. Wohl aber den Ausdruck einer gewissen Sach- und Fach-Fremdheit-Ferne...

Katja Mann hat mir noch persönlich erzählt, wie gern ihr Gatte Schubert-Lieder hörte, vor allem von Heinrich Schlusnus gesungen, der ein Liebling unserer Väter mit erzen-metallisch-inniger Stimme war. Thomas Mann bevorzugte eben schwärmerisch Musik, die mit Worten zu tun hat. Oder Musik, die zum Musiksprachlichen, zum dramatischen Form- und Schicksalsverlauf tendiert. Kein Wunder, daß Furtwängler über Thomas Manns Analyse der Beethovenschen Klavier-Sonate Opus 111 meinte, Thomas Mann solle doch bitte bei Wagner bleiben. Aber die beiden, deren Biographie eng mit Lübeck und Ida Boy-Ed verbunden war, mochten sich wohl wirklich nicht sehr. Wie gesagt: Bei alledem geht es nicht um Thomas Manns epische

Kunst und seinen künstlerischen Rang, sondern um das analytische Besteck, das ihm zur Verfügung stand gegenüber dem Riesenleib der Wagnerschen Tetralogie. Offenbar hat Thomas Mann sich bei aller strahlenden Klugheit sogar gehütet, bewußt-unbewußt, vor einer Wagner-Gelehrsamkeit, die ihn vielleicht gelähmt oder auf unergiebige Fährten gebracht hätte. Er war ein poetischer und ein essayistischer Genius – kein Philologe. So hat jüngst noch ein Romanistik-Professor kopfschüttelnd und irgendwie beleidigt bemerkt, daß Paul Valéry, als er *Mon Faust*, also sein großartiges Faust-Drama dichtete, den Goetheschen *Faust* womöglich nicht einmal Vers für Vers kannte, sondern vielleicht nur ein paar Szenen des ersten Teils – und vollständig offenbar nur die von allen Franzosen herzlich geliebte Gounodsche Oper *Margarethe*! Dichter sind so. Philologen erschrecken dann. (Goethe verspottete solche Professoren im *Faust II* mit den Versen eines beklommenen Gelehrten: «Die Wirklichkeit verführt ins Übertriebene – da halte ich mich lieber ans Geschriebene.»)

Thomas Mann scheint Wagners Kunst-Schriften gelesen zu haben, und er war weit davon entfernt, den Dichter Wagner zu unterschätzen. Wie auffällig, wie seltsam uninteressiert am Technisch-Exakten, daß Thomas Mann nicht ein einziges Mal mit Nachdruck die zentrale Form Wagnerschen Produzierens erwähnt und bedenkt, nämlich die «dichterisch musikalische Periode». Also die systematische Mischung aus Stabreim, Modulation und Abrundung, die Wagners *Ring* beherrscht, die etwa in der Waltraute-Szene dem Verlauf von Periode zu Periode Form verleiht, ohne doch, wie es bei normalen Versen meist geschieht, unvermeidlich mit falschen Wortbetonungen unpassende Musik-Akzente zu provozieren oder rhythmische Musikbetonungen schwachen Versfüßen überzustülpen. Wagner wollte keineswegs formlos produzieren. Er hat sein Prinzip der dichterisch-musikalischen Periode, das Form schaffen soll, ohne Wort- und Musik-Akzente zu vergewaltigen, in der Zürcher

Kunst-Schrift *Oper und Drama* ausführlich erläutert – und im *Ring* befolgt.

Mit solchen Dingen, die manchen Wagner-Forschern Schwierigkeiten machten, die – wie Carl Dahlhaus nachgewiesen hat – Alfred Lorenz täuschten und wohl auch Adorno, gab Thomas Mann sich gar nicht erst ab. Und zwar aus einem guten, wenn auch nicht gerade pedantisch-wissenschaftlichen Grund. Er reagierte in anderer Weise. Nämlich als Künstler.

Thomas Mann nahm in Wagner, und zumal im Schöpfer des *Nibelungen-Ringes*, eigentlich nur den Epiker wahr, den Erzähler. Also: den Doppelerzähler, zu dessen dramatisch erzählenden Text-Worten die Musik «ihren singenden, sagenden, kündenden Fluß» dahinwälzt. Thomas Mann wußte sehr wohl und hat es auch unverblümt ausgedrückt, daß Richard Wagner radikal anti-bürgerlich dachte bei der Konzeption des *Nibelungen-Ringes*. Da zielte zunächst alles auf die Reinigung, Verbrennung, Vernichtung und Erlösung jener bürgerlichen und kapitalistischen Welt – die sich dann später in Bayreuth die teuren Karten und Hotelbetten leisten konnte.

Doch trotz solcher von Thomas Mann wohlbemerkten anarchisch-gesellschaftskritischen Ansätze führten Thomas Manns Einfühlung und Analyse gerade nicht zu einem marxistischen oder dialektischen Wagner-Bild, sondern Thomas Mann hat mit bewunderungswürdiger Sensibilität den *Strukturalisten* Wagner gesehen und so beschrieben, wie nur er es vermochte. Der französische Strukturalist und Anthropologe Claude Lévi-Strauss, auch ein Wagnerianer, ist da nicht über Thomas Mann hinausgekommen.

Thomas Mann hat in den großen Essays beschrieben, wie die Leitmotive unterhalb der Wort-Oberflächen zum symphonischen Netz des Unbewußten werden! Wie die seelische Regung, die Kausalität des Triebs sich vermischt mit den mythischen Ur-Mustern. Es ließe sich seitenlang zitieren, was bei Thomas Mann über den *Ring* steht und jeden nicht stur-unempfänglichen Leser mehr zum Wagnerianer machen müßte als so manche mittelmäßige Aufführung: also wie Thomas Mann, den sie «Zauberer» nannten, seinerseits den «Beziehungszauber» des reifen Wagner wunderbar feinhörig erfühlt, begreift, dann benennt und endlich nach-dichtet. Ein Zauberer, bezaubert durch Beziehungszauber.

Grundsätzlich behandelt Thomas Mann den Komponisten Wagner wie einen «Epiker», wie einen Tolstoi oder Dostojewski. Wie einen Doppel-Erzähler gleichsam, der nicht nur sagen, sondern auch singen, auch Instrumentallaut geben kann. Robert Schumann hat einmal behauptet, er habe bei Jean Paul mehr Kontrapunkt gelernt als im Musikunterricht. So lernte der Schriftsteller Thomas Mann vom Musikdramatiker Wagner die Leitmotiv-Technik wie das Pathos. Und er ließ sich inspirieren von Wagners Künstler-Dramen. Wahrscheinlich stießen Wagners Künstler-Figuren – der Fliegende Holländer, der Tannhäuser, der Lohengrin sind ja von romantisch einsamem Künstlertum geprägt, umloht; und in den *Meistersingern* geht es zentral um die Kunst wie um das Wichtigste von der Welt –, wahrscheinlich stießen diese Wagnerschen Künstler-Gestalten Thomas Mann auf die Bahn seiner Künstler-Problematik, die unübersehbar das ganze Werk vom *Tonio Kröger* über die *Königliche Hoheit* bis zum *Doktor Faustus* durchzieht. Selbst der Joseph aus der Tetralogie *Joseph und seine Brüder* ist Künstler oder Künstler-Parodie, nicht nur die Krulls, Krögers, Aschenbachs sind es. Auch die deutschmeisterliche Vollendungs-Disziplin, das Ethos des Fertig-Machens, des Zu-Ende-Bringens hat Thomas Mann seinem übermenschlich fleißigen Vorbild Wagner nachzuleben, nachzuleisten versucht mit großem, tapferem Gelingen. Manchmal liegt es nahe, sogar das rhetorische Pathos gewisser Kapitel-Schlüsse Thomas Manns, die etwas Bläser-Choralhaftes haben, mit Wagner in Verbindung zu bringen! So wirkt der Schluß des Thamar-Kapitels aus dem 4. Band von *Joseph und seine Brüder* durchaus walkürehaft-wagnerianisch.

Thomas Manns Wortkadenz klingt aber nicht wie Wagners

Prosa, sondern eher wie das Wagner-Orchester eines pathetischen *Walküren*-Aktschlusses. Nicht nur die zahlreichen Stabreime wirken wagnerianisch – «fast – finster», der «Hang des Heimathügels» –, sondern man kann bei dieser Prosa Thomas Manns sogar den episch-symphonischen Faltenwurf Wagners nachempfinden. Das Thamar-Kapitel aus dem letzten Band der *Joseph*-Tetralogie endet heilsgeschichtlich visionär:

> Da steht sie – Thamar – hoch und fast finster, am Hang ihres Heimathügels, und blickt, eine Hand auf ihrem Leibe und mit der anderen die Augen beschattend, ins urbare Land hinaus, auf dessen Fernen das Licht sich in türmenden Wolken zu breit hinflutender Strahlenglorie bricht.

So pathetisch und erfüllt tönt sonst nur Musik. Es ist nicht philologisch beweisbar, aber es ist möglich und naheliegend, eine solche «Strahlenglorie»-Kadenz durchaus wagnerianisch zu nennen...

Wagner-Motive bei Thomas Mann wiederzuentdecken, wo der Autor sie fleißig hineingeheimnist hat, erscheint weniger riskant: im *Wälsungenblut* etwa oder in der Novelle *Tristan*. Bewunderungswürdig bleibt bei alledem die unauffällige Meisterschaft, mit der Thomas Mann Wagners *Tristan und Isolde*-Oper in seiner *Tristan*-Novelle als Muster wiedererscheinen läßt. Den Anfang der *Tristan*-Novelle «Hier ist Einfried, das Sanatorium» zitiert übrigens Uwe Johnson in seiner *Jahrestage*-Tetralogie zur Beschreibung eines russischen KZ ironisch! Die Kunstfertigkeit, mit der *Tristan*-Motive in Thomas Manns *Tristan*-Novelle sozusagen großbürgerlich domestiziert und bereits dadurch ironisiert wiederkehren, ist bewunderungswürdig. Peter Wapnewski hat die Beziehungen exakt erhellt: Die impressionistisch tönende Jagdgesellschaft, die sich zu Beginn des zweiten *Tristan*-Aktes entfernt, wird in der Sanatoriums-Novelle zur Schlittenpartie. Herr Spinell, der Wagnerianer mit dem fast italienisch klingenden Namen, kommt nicht aus dem stolzen Italien, sondern aus Lemberg und könnte eine Judenkarikatur sein, eine Karikatur der jüdischen Wagner-Begeisterung, Wagner-Passion. Selbst Brangäne mit ihren wirkungslos warnenden Tag-Liedern feiert in Thomas Manns *Tristan*-Novelle ironische Urständ': nämlich wenn Tristan alias Spinell und Isolde alias Gabriele Eckhoff sich in ihre Schwärmbeziehung verlieren und die Quasi-Brangäne, die Rätin Spatz, als Warnerin versagt.

Aber die Wesensgemeinschaft zwischen Richard Wagners – von Thomas Mann episch begriffener – Kunst und Thomas Manns Dichtung reicht hinaus übers Beabsichtigte und Kalkulierte.

Erinnern wir uns an jenen komischen Augenblick aus dem zweiten *Meistersinger*-Akt, da Evchen den Heroismus ihres ritterlichen Liebhabers Walther von Stolzing begütigend verbürgerlicht.

Der selbstbewußte junge Mann, Genie auf eigne Faust, ist vor ein paar Stunden heftig blamiert worden; jetzt fühlt er sich von aller Welt verfolgt. «Mir schwillt die Galle, / Das Herz mir stockt, / denk' ich der Falle, / darein ich gelockt», schreit Stolzing wütend. «Und ich ertrüg' es? / sollt' es nicht wagen, / gradaus tüchtig d'reinzuschlagen.»

Wagners Regieanweisung dazu lautet: «Walther hat mit emphatischer Gebärde die Hand an das Schwert gelegt und starrt wild vor sich hin.» So kennen wir den Donner aus dem *Rheingold*, den Wotan, den Siegmund oder den Hagen aus der mythischen Tetralogie. Alle haben die Hand am Schwert, wenn Not am Mann. In den *Meistersingern* wird dieser Titanen-Grimm bürgerlich beigelegt. Walthers Geliebte, die kluge Pognerin Eva, nimmt den fassungslosen Jungritter, der sich gerade aufführt wie im Mythos, statt wie in Nürnberg, «besänftigend bei der Hand» und singt: «Geliebter, spare den Zorn; 's war nur des Nachtwächters Horn.» Mit Gewalt wird in bürgerlichen Zeitläufen nichts mehr entschieden.

Eine entsprechende Säkularisation Wagnerscher Mythologie-Muster nimmt auch Thomas Mann vor. Und zwar da, wo man am wenigsten darauf gefaßt sein möchte: im *Zauberberg*. Wir kennen das lange Gespräch Wotans mit Brünnhilde im zweiten Akt der *Walküre*. Gilt da Fricka, die rechthaberische Göttergattin, gleichsam als lästige Personifizierung von Wotans strapaziertem Gewissen, so verkörpert die Lieblingstochter Brünnhilde Wotans wahres Wollen. Deshalb wagt Brünnhilde auch, Wotan keck zu widersprechen. Damit erregt sie Zorn.

Wotan: Ha, Freche du!
   Frevelst du mir?
   Sank ich so tief,
   ...
   daß zum Schimpf der eig'nen
   Geschöpfe ich ward?
   Kennst du, Kind, meinen Zorn?
   Verzage dein Mut,
   wenn je zermalmend,
   auf dich stürzte sein Strahl!
   ...
   Besorge, was ich befahl:
   Siegmund falle!
   Dies sei der Walküre Werk!

Er stürmt fort und verschwindet schnell links im Gebirge. Brünnhilde steht lange erschrocken und betäubt.

   So sah ich Siegvater nie,
      erzürnt' ihn sonst wohl auch ein Zank!

Bei Thomas Mann begegnen wir nun diesem mythischen Muster im Klinik-Milieu! Im *Zauberberg*, wo Hans Castorp bekanntlich lange und gegen seine Anfangsabsicht bleibt, während sein Vetter Joachim Ziemssen wirklich und tödlich krank ist. Da sagt der gereizte Klinik-Chef Hofrat Behrens, nachdem ihm Joachim Ziemssen, der unbedingt als Offizier ins Flachland will, die Heimreise abgezwungen hat, zu unserem Hans Castorp, wie nebenher: «Ja, Sie sind gesund... Meinetwegen können Sie reisen.» Jetzt widerspricht Castorp keck wie Brünnhilde: «Aber... Herr Hofrat... Das ist vielleicht im Augenblick nicht Ihr voller Ernst.» Und nun donnert der säkularisierte Gott in Weiß halbwotanhaft los:

«Nicht mein Ernst? Wieso denn? Wofür halten Sie mich? Für einen Hüttchenbesitzer?!»

Es war Jähzorn...

«Das verbitte ich mir!», schrie er... «Ich bin erstens überhaupt kein Besitzer... Ich bin Arzt!... Und sollten Sie sich eine andere Auffassung gebildet haben von meiner Person, dann können Sie beide zum Kuckuck gehen, in die Binsen oder vor die Hunde, ganz nach beliebiger Auswahl. Glückliche Reise!»

Mit langen und breiten Schritten ging er zur Tür hinaus... und ließ sie hinter sich zukrachen. Ratsuchend blickten die Vettern auf Doktor Krokowski, der sich jedoch in seine Papiere vertieft und vergraben zeigte...

Auf der Treppe sagt Hans Castorp: «Das war ja schrecklich. Hast Du ihn schon mal so gesehen?»

«Nein, so noch nicht.»

Was ist das nun? Ein säkularisierter Wotan-Wutanfall bei Thomas Mann? («So sah ich Siegvater nie» – «Nein, so noch nicht»)

Der Leitmotiviker Richard Wagner ist – im 19. Jahrhundert – das einzige große deutsche episch-musikalische Genie gewesen, das mit den großen Erzählern Rußlands, Englands und Frankreichs in einem Kunst-Atem genannt werden kann. Wagner: als deutscher Gegenpol zu Dostojewski, Tolstoi, Balzac, Flaubert, Dickens und Thackeray gewissermaßen.

Wagners episch-musikalisches Mittel, das Leitmotiv, hat bei Thomas Mann eine struktur-bildende Funktion; es demonstriert die Überlegenheit des Autors.

Was aber entspricht bei Thomas Mann jener Ambivalenz, von der Wagners Helden so offenbar geprägt scheinen: alle die Treulos-Treuen, Liebevoll-Lieblosen? Diese Ambivalenz verleiht den Figuren Wagners eine hohe Kunstqualität, eine unergründliche, formal gebundene Vieldeutigkeit, also genau das Gegenteil von zufälliger, ungenauer, fauler Vieldeutigkeit. Nicht nur Siegfried, Siegmund und Tristan sind derart vieldeutig, auch die allzu leicht verführbare Elsa aus dem *Lohengrin* sowie die aus Enttäuschung sehr rasch mordbereiten Damen Isolde und Brünnhilde sind es. Wagners unergründliche Ambivalenz rettet zugleich die Negativ-Figuren wie Mime, Alberich, Beckmesser vor eindeutiger Negativität.

Dieser für Wagner so typischen Ambivalenz entspricht nun bei Thomas Mann die... Ironie. Thomas Manns Ironie ist ja keine bloß dienende Ironie. Sie will keineswegs immer etwas Bestimmtes, Positiv-Verbesserndes, Brav-Humanistisches. Sie ist auch ein Idiom, ein Fluidum. Sie schafft Ambivalenz, zweideutig-realistisches Behagen und kunstvoll distanzierende Superiorität. (Thomas Mann hat einmal spöttisch über einen Kollegen bemerkt: «Der schreibt wie ich, aber er meint es ernst!»)

Für Thomas Mann war es offenbar etwas Unauflösliches: dieses Wagner-in-sich-Haben und Über-ihn-hinaus-kommen-Wollen. Obwohl er nach 1945 den Nachkriegsdeutschen billige Dämonisierung ihrer Torheiten und Schicksals-Geschwafel vorwarf (womit er gewiß auch recht hatte, weil viele Deutsche ihr Unglück zur «Tragik» stilisierten, statt ihrer Verbrechen inne zu werden) – schrieb er, Thomas Mann, trotzdem einen *Schicksals*roman, in dem machtgeschätzte Innerlichkeit sowie dämonische Künstlertragik fürs deutsche Schicksal reklamiert werden: den Musikerroman *Doktor Faustus*.

Thomas Mann hatte eben Wagner und Schicksalhaftigkeit und

Blut, hatte alle diese Kreuz-Gruft-Germanica in sich – und wollte zugleich darüber hinaus. Selbst eine Thomas Mannsche Stellungnahme zur Raketen- und Friedens-Diskussion kommt nicht ohne Richard Wagners *Ring*-Requisiten aus. Das liest sich wie aus einer Zeitung von gestern, nur erheblich besser geschrieben:

> Aus der Tiefe der Menschenbrust löst sich der Schrei «Friede, um Gottes Willen Friede». Amerika und Rußland, anfällig beide, das ist wahr, der eine für kopflose Hysterie, der andere für sarmatische Wildheit. Muß notwendig einer den andern erschlagen, wie Fafner den Fasolt, damit der eine allein auf dem Hort der Welt liege und schlafe? Es wird nichts da sein, worauf er seinen Drachenbauch legen kann, die... Bombe, statt der Keule verwendet, läßt nichts übrig, keinen hütenswerten Schatz, auch nicht die Demokratie...

Hätte Thomas Mann einen festen Standpunkt gegenüber Wagner überhaupt gewinnen können, da er doch so tief mit ihm verbunden war? Hätte er dazu nicht unmenschlich klug, kühl und moralistisch sein müssen? Existierte ein solcher Standpunkt für ihn überhaupt? So wie Thomas Mann mir erscheint: jemand, der künstlerisch (und sogar in seiner Biographie) mythisch-lebendig Wagnersche Muster wiederholte, jemand, der an Wagner exakt teilhatte und ihn weiterführte; jemand, der realistisch-demokratisch über Wagner hinauskam, aber in der schärfsten Kritik noch affektiv an ihn gebunden blieb – ein solcher Thomas Mann, der Wagner bewußt-unbewußt als Teil seiner selbst kannte und erkannte – mußte eben darum schwanken! So wie jeder zurechnungsfähige, jeder von Eitelkeit nicht völlig entstellte Mensch doch hoffentlich schwankt, wenn er über etwas ihm ganz Nahes nachdenkt, über etwas, was er zugleich vor sich hat und selber ist. Etwa über sein Vaterland, etwa über seine Familie, sein Talent, seinen Lebensweg.

Wer über solche Fragen nicht ins Schwanken gerät, nur der dürfte sich darüber wundern, daß Thomas Mann über den großen Wagner, der ein großer Teil von ihm selber war – mal so, mal so dachte. Über Goethe, über Schiller, über Tolstoi, über Anton Tschechow kam Thomas Mann ins Reine. Wagner aber war ein Teil seiner Sinnlichkeit, seiner Kunst-Produktivität, seiner Lebensführung, seiner Empfänglichkeit, seines Konservativismus. Hätte er da sein Schwanken überwinden können, dann würden wir vielleicht mehr endgültige Thesen bewundern dürfen. Doch da er es glücklicherweise nicht überwand, dürfen wir es dabei belassen, Thomas Manns begeistert-kritisches Schwanken über Wagner, gleichfalls sanft schwankend, zu lieben.

9
Wege zum *Parsifal*

Hohen Respekt, tiefe Bewunderung und sorgfältige Vorbereitungsarbeit hat Wagners *Parsifal* gewiß verdient, dieses langsamste Bühnenstück und Alterswerk der Operngeschichte. Aber nicht pseudo-religiöse Beflissenheit, Rührseligkeit, Geheimniskrämerei. Natürlich birgt das Bühnenweihfestspiel, wie jedes große Kunstwerk, mannigfache Geheimnisse, die sich nicht so leicht durchschauen und benennen lassen. Auf Parsifals Frage: «Wer ist der Gral?» antwortet Gurnemanz schön und tiefsinnig: «Das sagt sich nicht; doch, bist du selbst zu ihm erkoren, bleibt dir die Kunde unverloren.» Allerdings wird das Geheimnis, wer oder was der Gral sei, von der Handlung des Weihfestspiels, nämlich durch die sichtbaren Wirkungen des Grals, durchaus enthüllt. Auch der *Parsifal* verlangt eben nicht, daß wir demütig vor Nebulosem kapitulieren...

Goethe hat in der *Natürlichen Tochter* einen Imperativ formuliert, an den man sich beim Interpretieren tiefsinniger Kunst nach Möglichkeit halten sollte. Goethe verlangt schlicht und menschenfreundlich: «Sprich vom Geheimnis nicht geheimnisvoll.»

Also: Welche Zusammenhänge bestehen zwischen der Langsamkeit, der Durchdringung der Zeit-Ebenen und jener Interpretationsfreiheit, wie sie die Symbolik des späten Wagner offenbar gewährt?

Im *Parsifal* – das beginnt bei der großen Gurnemanz-Erzählung des ersten Aktes, setzt sich über die Kundry-Szene des zweiten Aktes fort und schießt zusammen im großen Konflikt zwischen den Rittern und Amfortas, wie ihn der dritte Akt vorführt – durchdringen sich Vergangenes, Gegenwärtiges und

Zukünftiges stets so sehr, daß man die Bedeutung und die Notwendigkeit eines jeden Momentes, eines jeden Satzes eigentlich nur dann erfaßt, wenn man die dazugehörige Vergangenheit und die von alledem abhängende Zukunft mitdenken, mitfühlen kann. Dergleichen ist leichter gefordert als getan: und es handelt sich auch nicht nur um eine bloß intellektuelle Leistung des Gedächtnisses. Auch hier verdoppelt die Musik die Worte ja nicht bloß, sondern sie erweitert, unterwandert, überhöht und bereichert den Text. Man kann so weit kommen, den *Parsifal* in einem inspirierten Augenblick als Ganzes zu überschauen; man hat dann einen gleichsam zeitlosen Moment lang die zeitliche Entwicklung der *Parsifal*-Handlung gegenwärtig. Übrigens fehlt es dieser Handlung wahrlich nicht an psychologischem Raffinement, ja an «Brillanz»! Der berühmte Witz, demzufolge ein New Yorker Kritiker irgendeinen Kollegen nach Pfitzners *Palestrina* befragte und dann zur Antwort bekam: «It's like *Parsifal*, but without the jokes» («Ist wie der *Parsifal*, aber ohne die Witze») hat schon seinen guten, vielschichtigen Grund. Doch Wagners Weihfestspiel-Witze haben es in sich.

Wahrscheinlich liegt es an den so ungemein verschiedenen Dimensionen des *Parsifal*, daß gerade dieses Weihefestspiel die widersprüchlichsten Interpretationen provozierte. Also an der fast zeitlosen Ferne des Vorgangs, an der überwältigend ausdrucksvoll komponierten Qual und eben an der Langsamkeit, die als Schwerfälligkeit und Nicht-von-der-Stelle-Kommen erscheinen kann, wenn sie nicht Symbole und Visionen herbeizwingt.

Anfang der fünfziger Jahre haben Wieland Wagner und der größte *Parsifal*-Dirigent unseres Jahrhunderts, nämlich Hans Knappertsbusch, im Zusammenhang mit dem *Parsifal* über die Frage der Interpretationsfreiheit einen erregten, stets noblen Briefwechsel geführt. Wieland Wagner schrieb am 24. September 1951 an Hans Knappertsbusch, der die Bayreuther Eröffnungsvorstellung dirigiert hatte, dessen *Parsifal*-Platten und

-Mitschnitte auch heute noch den Vergleich mit allen anderen, späteren Interpretationen zwischen Boulez, Karajan und Solti überlegen aushalten:

> Sie schreiben mir, daß auf dem Wege, den ich in szenischer Hinsicht beschritten habe, ein Fluch liegt, und daß dieser Weg falsch ist. Sie kennen mich so gut, daß Sie wissen, daß meine Arbeit einzig und allein das Ergebnis eigener Beschäftigung und eigenen Ringens mit dem übergewaltigen Werk Richard Wagners ist, und daß es mir um alles andere geht, nur nicht darum, modern um jeden Preis zu sein und nach dem sogenannten Erfolg zu schielen... Wenn sich das Ideal Bayreuth, das Sie, lieber Herr Professor, im Herzen tragen wie kein Zweiter, sich nicht mit dem Bayreuth, wie Sie es heuer selbst wesentlich mitgestaltet haben, gedeckt hat, so seien Sie überzeugt, daß so sensible Menschen wie Sie stets in besonderem Maße unter jener Diskrepanz zwischen Idee und Wirklichkeit zu leiden hatten, – in Bayreuth natürlich mehr als irgendwo anders.

Auf diesen hochherzigen Brief Wieland Wagners antwortete Hans Knappertsbusch wenige Tage später:

> Es handelt sich ja nicht um ein Nicht-Wollen, sondern um ein Nicht-Können. Mein Wagner-Glaube ist zu stark, stärker als der Ihre, als daß ich mich für das kommende Bayreuth noch für verwendbar halte, und mein eigener Schmerz ist der, daß Wieland Wagner nicht zu Richard Wagner gefunden hat... Sie leben für Richard Wagner in einer anderen Welt als ich – Sie haben den richtigen Wagner nicht mehr erleben dürfen.

Knappertsbusch ist Schüler des Wagner-Intimus Hans Richter gewesen. Für den alten Kna war Wagner der größte Künstler des Abendlandes, bedeutender als Aischylos, Beethoven, Shakespeare. Knappertsbusch liebte Wagners Werke von ganzer Seele, dirigierte in Bayreuth ohne Honorar, dirigierte am Abend vor *Parsifal* nichts anderes, gar Un-Wagnerianisches. Wieland Wagner hat mir gesagt, daß man dem alten Knappertsbusch später in den Bayreuther *Parsifal*-Aufführungen, an denen er dann doch mitwirkte, sogar eine Taube vor das Dirigentenpult gehalten hat. Knappertsbusch war nämlich von der Notwendigkeit der *Parsifal*-Heiligen-Geist-Taube herzlich durchdrungen. Das Publikum sah diese Taube nicht, dem Regisseur schien sie entbehrlich. Nur der alte Dirigent im Orchestergraben erblickte sie mit Befriedigung, und sie beglückte ihn ...

Doch die Auseinandersetzung ist damit noch nicht zu Ende. Wieland Wagner schrieb ein paar Jahre später ebenso trotzig-verzagt wie hochherzig an Knappertsbusch:

Die *Parsifal*-Inszenierung, die Ihnen künstlerisch so wenig entspricht, daß Sie diese zum Anlaß nehmen, Bayreuth erneut den Rücken zu kehren, wurde seit der Premiere in 20 Aufführungen ungefähr 34000 Besuchern gezeigt. Sie hat damit meiner Auffassung nach ihre Aufgabe erfüllt und ich bin deshalb bereit, als Regisseur des *Parsifal* zurückzutreten, da ich es für wichtiger halte, daß Sie weiterhin den *Parsifal* dirigieren als daß ich ihn inszeniere. Darf ich Sie bitten, uns deshalb umgehend einen der Regisseure und Bühnenbildner zu nennen, mit denen Sie außerhalb Bayreuths in Wagner-Aufführungen zusammenzuarbeiten pflegen ... Mein Bruder und ich sind bereit, diese Herren zu verpflichten und für nächstes Jahr eine *Parsifal*-Neuinszenierung mit den Herren Ihrer Wahl anzusetzen ...

So selbstlos Wieland Wagner. Doch der kluge Enkel wußte sehr wohl, daß brave, vollkommen werktreue Inszenierungen genauso ein absurdes Extrem sind wie tollkühne, rücksichtslose Umdeutungen. Über die Widersprüchlichkeit des Begehrens nach

Werktreue hatte Wieland Wagner nämlich giftig und logisch folgendes bemerkt:

> Ganz besonders gern hätte ich zu der Frage... einer Rekonstruktion der Original-Inszenierung des Bayreuther *Parsifal* vom Jahre 1882 Stellung genommen. Da es sich nur um eine wirklich kompromißlose Wiederherstellung der Inszenierung meines Großvaters handeln kann, müßten selbstverständlich nicht nur die Dekorationen wiederhergestellt, sondern auch die Kostüme rekonstruiert, die Gasbeleuchtung wiederhergestellt und die Violinen wieder mit Darmsaiten bespannt werden, ein Projekt von mindestens 1 Million DMark. Eine solche Aufführung wäre vom theaterhistorischen Standpunkt aus zweifellos sehr interessant... wir glauben uns aber Ihrer Zustimmung sicher, wenn wir es für unsere erste Aufgabe halten, Bayreuth im Sinne Richard Wagners als lebendiges Theater weiterzuführen: hieße es doch von dem größten Theatergenie sehr gering denken, wollte man ihm unterstellen, daß er sich Bayreuth als – Theatermuseum gedacht hat...

Wer fühlt nicht mit dem alten Knappertsbusch, der die Taube, die historischen Kostüme, die Illusion und die Wagner-Partitur wörtlich will? Aber lassen sich Wieland Wagners Argumente widerlegen? In der Tat bedeutet die Veränderung etwa der Beleuchtung seit dem Ende des 19. Jahrhunderts einen radikaleren Einschnitt in unser Lebensgefühl, in unsere anschauende Beziehung zu den Sachen, als Kriege und Revolutionen. Die Dinge werfen andere Schatten, sie wirken anders – je nachdem, ob sie in Gasbeleuchtung oder im Lichte moderner Elektrizität erscheinen. Wieland Wagner war mithin nicht im Unrecht. Die absolut treue, eindeutige Interpretation ist ohnehin genauso ein Extrem wie jene andere allzu selbstbewußte Vorstellung, es komme nicht auf den Buchstaben des Originals an, falls man nur imstande ist, die aktuelle, die eigentlich wichtige Idee des Werkes vorzuführen.

So hat Rolf Liebermann Anfang der achtziger Jahre den *Parsifal* weder werktreu noch auch archaisch-symbolisch zu inszenieren versucht, sondern als finstere Zukunftsmusik! Da das Werk von Uraltem, Dekadentem, Leidenserstarrtem und Surrealem handelt, behauptete der Regisseur Liebermann, die Handlung vollziehe sich nach dem Ende unserer Welt. Vor dem Beginn des ersten Aktes habe ein Atomschlag stattgefunden, der die Gralsburg zertrümmerte. Während der ersten Verwandlungsmusik wurden Hiroshima-Entsetzensbilder auf den Vorhang der Genfer *Parsifal*-Premiere projiziert. Amfortas trägt durchblutete Verbände. Der heilige Speer ist nicht nur (tiefenpsychologischer) Inbegriff sexueller Potenz, sondern politischer Inbegriff militärischer Potenz! Speer = Atombombe. Der Speer drückt mithin weitaus deutlicher machtpolitische Überlegenheit aus als in der Nibelungen-Tetralogie der verfluchte, oft wenig hilfreiche Ring.

Liebermanns Konzept funktionierte im ersten Akt, mißlang aber im zweiten und im dritten. Im ersten Akt konnte die Situation als solche erhalten bleiben – das Ganze aber in einen neuen Bezirk transponiert werden, nämlich in den Bereich einer Endzeit, ins höllische Licht einer atomaren Katastrophe. So schuf Ver-Rückung eine aufregende neue Totalität. Es war weniger eine Verfälschung als eine Zerreißprobe.

Wagners *Parsifal* hält das aus. Der amerikanische Regisseur Robert Wilson, der seit vielen Jahren über eine strukturalistisch exakte *Parsifal*-Inszenierung nachsinnt, plant womöglich noch Verwegneres, als es Liebermann unternahm.

Daß Wagner seinen *Parsifal* aus dem gängigen Opernbetrieb herausnehmen, ihn als Bühnenweihfestspiel jedem Vergleich entziehen und nur in Bayreuth dargeboten wissen wollte – es ist bekannt. Trotzdem war auch der *Parsifal* für Wagner eben nicht nur Heiligtum, sondern zugleich auch ein Kunstwerk, das wie jedes andere Kunstwerk aufgeführt und mit Publikumsreaktionen bedacht werden sollte. Da gibt es ein uraltes Mißverständnis. Wagner wollte zwar nicht, daß nach jedem *Parsifal*-Akt geklatscht werde – aber am Ende der Bayreuther Aufführungen durften und sollten die Zuhörer durchaus bekunden, ob ihnen Werk und Wiedergabe gefallen hätten oder nicht. Diejenigen, die nicht klatschen mögen, erleben laut Pierre Boulez den *Parsifal* als eine oratorienhafte *Musik der Religion* und nicht, wie die Klatschenden, als *Religion der Musik*.

Wagner versuchte, sein letztes Werk vor dem «Schicksal einer gemeinen Opernkarriere» zu bewahren. Das ist ihm, glücklicherweise, nicht gelungen. Und zwar auch deshalb nicht, weil die Menschen nach Wagners Tod schlechthin zu begierig waren, Wagners Alterswerk kennenzulernen! Es gab ja keine Schallplatten, keine Rundfunkübertragungen; und wer konnte sich schon die Reise nach Bayreuth leisten? So setzte man sich eben über Wagners Willen hinweg oder wartete ab, bis die Frist um war, in welcher Wagners Testamentverfügung noch Gültigkeit besaß.

Überall wurde das Werk geradezu begierig aufgeführt. In einer relativ kleinen Stadt wie dem damaligen Zürich gab man den *Parsifal* zwischen 1913 und 1914 über dreißigmal. Dabei konnten Ästheten und Gläubige lange Zeit nicht mit der Anfechtung fertig werden, ob denn Wagner nicht im *Parsifal* unlauter die Religion (Messe und Abendmahl) und das schnöde Operntheater miteinander vermische. Dabei wollte Wagner – Carl Dahlhaus betonte es immer wieder – doch gerade auf dem Umweg über seine tiefernste Kunstbeschwörung einerseits den Kern einer erstarrenden Religion retten und andererseits dem Theater seine antike Bedeutung wiedergeben. Der Vorwurf einer frivolen Vermischung bezeugt die falsch-pietistische Meinung, Religion müsse etwas objektiv Anti-Theatralisches sein und Operntheater etwas subjektiv Mieses.

In die *Parsifal*-Partitur sind viele Voraussetzungen gleichsam historisch als Frucht eines langen Künstlerlebens eingegangen. Da muß man auch beim Verstehen-Wollen ein wenig Geduld aufbringen.

Wenn in einer Boulevardkomödie irgendein zwielichtiger Herr die Bühne betritt und eine hübsche junge Protagonistin zu ihrer Freundin sagt: Das ist aber ein unangenehmer Kerl, der gefällt mir gar nicht – dann weiß jeder erfahrene Theaterbesucher, die beiden werden sich verlieben, sich kriegen und einander zum Schicksal werden. So ging es Wagner mit dem *Parsifal*-Stoff. Im *Lohengrin* ist bekanntlich vom Vater Parsifal die Rede; im dritten Akt des *Tristan* sollte Parsifal erscheinen: Die Figur war also für Wagner schon lange da. Doch als ihm der Riesenstoff näherrückte, da schrieb er 1859 ganz aufgeregt an Mathilde Wesendonck:

> Und solch eine Arbeit soll ich mir noch vornehmen? Gott soll mich bewahren! Heute nehme ich Abschied von diesem unsinnigen Vorhaben; das mag Geibel machen und Liszt mag's komponieren...

Während er diese Zeilen schrieb, glaubte Wagner sicherlich, er habe den *Parsifal* vom Halse. Doch in solcher Abwehr – Thomas Mann hat scharfsinnig darauf hingewiesen – schwingt natürlich auch viel geheime Begierde mit. Und weil der *Parsifal* in Wagners Seele eine so lange Inkubationszeit hatte, vermochte der Komponist noch vieles in das Werk hineinzunehmen, was ihm erst in seiner späten Zeit wichtig wurde, als Wagner sich beispielsweise zum Vegetariertum bekannte, Tierversuche ablehnte (Mitleid für den von Parsifal niedergeschossenen Schwan), die Vivisektion und die Folterkammern der Wissenschaft verfluchte.

Im *Parsifal* hat sich der Panzer der Leitmotive gelockert. Claude Debussy verehrte gerade den lichten *Parsifal*-Ton über die Maßen, so daß Boulez spöttelte, wenn Debussy beim Komponieren ein wenig ermüdete und die Selbstkontrolle nachließ, dann habe er gleich wie der *Parsifal*-Wagner komponiert. Der Gegensatz zwischen den diatonischen, den einfachen, religiös gestimmten Motiven des *Parsifal*-Kosmos und der Schmerz- oder Verführungschromatik ist ebenso sinnfällig wie erhaben. Ein System sanfter Übergänge vermittelt ihn.

Im Vorspiel herrscht Ruhe. Der Schatten der Themen, ihre Aura scheint förmlich mitkomponiert, was der späte Nietzsche, der das Werk haßte, tief bewunderungswürdig fand. Wehe dem Zuschauer, der die Gurnemanz-Erzählung nicht Wort für Wort kapiert, sondern meint, die «Handlung» setze erst ein, wenn der junge Parsifal auftritt.

Im zweiten Akt scheint die Sache simpler. Parsifal soll in Klingsors Zaubergarten verführt werden und widersteht: seine «Tat» ist zwar eine Verweigerung, doch sie hilft – das begreifen auch unvorbereitete Theaterbesucher irgendwie – zur Einsicht, zur «Welthellsichtigkeit», zum Heilig-Werden. Wer das Weihfestspiel so versteht, der begreift von den dramatischen Voraussetzungen des Werkes immer nur so viel wie Parsifal selbst: nämlich im ersten Akt wenig und im zweiten nur das Krasse. Und dann im dritten allzu spät allzu wenig.

Freilich ist Parsifals unmittelbares Schicksal, wenn er im heiligen Hain übermütig den Schwan erlegt, wenn er bereut, wenn er nicht begreift, wenn er über sich nichts weiß, wenn er keine Mitleids-Frage stellt, wenn er sich später von berückend und mütterlich Weiblichem nicht verführen läßt, immer noch sehr viel verständlicher als die verwickelten Glaubens-, Zwang- und Konflikt-Verhältnisse, in die er gerät.

Wie sieht denn die Grals- und Klingsor-Welt aus, der sich Parsifal nähert und die er – man kann es ihm nachfühlen – bei der verwirrenden Gegenüberstellung im ersten Akt so gar nicht kapiert? Welche Konflikte gibt es da, die zwar der reine Tor des Anfangs nicht lösen, bei denen der suchende, geläuterte, königliche Parsifal dann aber sehr wohl helfen kann?

Der Begründer der Gralswelt, der strenge, seinen Sohn Amfortas quälende Herrscher namens Titurel, ist alt, sehr alt – lebt aber noch, wenn auch schon wie im Grabe. Ihm haben die Engel einst den Lanzenspeer, mit welchem Christus verwundet wurde, gegeben, dazu die Schale, aus der beim letzten Abendmahl der Wein getrunken wurde und in die später das Blut des Heilands floß. Es heißt dann: «Dem Heiltum baute er das Heiligtum. / Die seinem Dienst ihr zugesindet / ihr wißt, daß nur dem Reinen / vergönnt ist, sich zu einen / den Brüdern, die zu höchsten Rettungswerken / des Grales Wunderkräfte stärken.»

Wenn man diese orakelhaft verschlungenen Wagner-Verse hört, soll man verstehen, daß Titurel einst ein Heiligtum um die heiligen Reliquien baute: jene Gralsburg, die nur reine, sündenlose Menschen finden können. Und der «Gral» innerhalb dieser Burg stärkt bei seiner Enthüllung die Glaubensgenossenschaft mit Hilfe seiner Wunderkräfte.

So also entstand die Gralsburg. Der Gral, der sich «nicht sagt», der aber wirkt, wie Freias Äpfel auf die Götter des *Ringes* wirken: nämlich erstärkend, belebend, ja lebenserhaltend – dieser Gral wird nun aber immer seltener enthüllt. Dabei ist doch der todschwache, uralte Burgschöpfer und König Titurel, der seinem Sohn Amfortas die Macht übergeben hat, auf des Grales Kraft angewiesen, und die Gralsritter sind es auch!

Was aber verhindert Abendmahl und Stärkung? Ein Gegenspieler, ein einst als unwürdig verstoßener Gralsanwärter hat gegenüber der Gralsburg einen Gralsritter-Verführ-Lustgarten angelegt, wo es arabisch-maurisch-zauberisch zugeht. Eine Art Bedrohung, Mischung aus venusberghaft-mittelalterlichem Bordell und Phantasmagorie. Diese Konkurrenz machte einst dem jungen Amfortas, dem neuen Gralsherrscher, zu schaffen. Optimistisch, den Heiligen Speer in der Hand, versuchte er, diesen Feind zu bekriegen und zu besiegen. Das mißlang. Ein furchtbar schönes Weib hat ihn entzückt, in dessen Armen lag er trunken, der Speer war ihm entsunken. Ein Schmerzensschrei.

Der Gegner Klingsor entschwand lachend mit dem Speer, und Gurnemanz, der alte Ritter, mußte seinen verwundeten König mühselig nach Hause schleppen so wie Kurwenal den Tristan. Amfortas war also im entscheidenden Augenblick schwach. In ihm wühlen seither zwei Wunden: die blutende, unheilbare leibliche, deren Schmerz kaum etwas lindern kann – und die seelische Schamwunde, gegen deren Schmerz es überhaupt kein Mittel gibt. Amfortas sucht also die letzte, verzweifelte Rettung vor physischen Schmerzen und metaphysischer Schmach: den Tod. Diesem ersehnten Tode nähert er sich, indem er auf die Kraft des Grales verzichtet. Doch wenn er den Gral nicht enthüllt, dann werden auch die anderen kraftlos, die Ritter und erst recht der ohnehin schon todesnahe alte Vater.

Deshalb befiehlt, als ob ihm die Qualen des Sohnes ganz gleichgültig seien, der alte Titurel «aus dem tiefsten Hintergrunde» mit einer Stimme, die «wie aus dem Grabe herausdringt», Amfortas solle den Gral enthüllen. Der Sohn solle gefälligst seinen Amtsgeschäften genügen, will herb und begreiflich altersegoistisch der greise Vater, mag Amfortas auch noch zerrissen klagen.

Amfortas befindet sich in einem mitleiderregenden Konflikt. Man versucht alles, ihn am Leben zu halten, damit auch die anderen leben können. Er indessen ersehnt den Tod. Also weigert er sich immer verzweifelter, den lebensspendenden Gral zu enthüllen. Im dritten Akt sind die Gralsritter darum kraftlos, welk, entstellt. Der verzweifelte Amfortas war trotz väterlicher Bitte um die Grals-Medizin hart geblieben. So mußte Titurel sterben. Gralsglocken und Chor vereinigen sich im letzten Akt nach der grandiosen zweiten Verwandlungsmusik, die Knappertsbusch einst so dirigierte, daß es in mir bis auf den heutigen Tag nachklingt, zu einem herben Trauermarsch. Dem Gralsritter-Chor geht es aber nicht nur um die Bestattung des Titurel; er will nun auch den König Amfortas fast terroristisch zwingen. Die um ihr Lebenselixier gebrachten Grals-Ritter sind verzweifelt. Amfortas wiederum, nah an der Schwelle des ersehnten Todes, weigert sich jetzt geradezu wahnsinnswild, die Grals-Pflichten zu erfüllen! Auf das «Du mußt», «Walte Deines Amtes» schreit er, man solle ihm den Tod geben. Wie Tristan reißt er das Gewand auf, in furchtbarer Ekstase.

Dies sind die Grundzüge der Verstrickung zwischen Titurel, Amfortas und dem alten Gurnemanz, der von Anfang an dabei war und geduldig auf den Lohengrin-artigen Retter wartet, den die Engel einst dem verzweifelten Amfortas verkündigten. Er werde kommen: «Durch Mitleid wissend, der reine Tor. Harre sein...». Aber der Gegenkosmos ist immer noch rastlos und bedrohlich da. Von dieser Gegenwelt lernt Parsifal, der das alles im ersten Akt genausowenig versteht wie die meisten Theaterbesucher, gleich die rätselhafteste Figur kennen: Kundry. Sie hilft den Gralsrittern düster als Botin. Sie ist aber auch als Verführerin im Dienste Klingsors tätig.

Am 17. Mai 1879 notierte Cosima Wagner in ihr Tagebuch:

Mir kommt ins Gedächtnis, daß Richard mir vor einigen Tagen sagte, die Kundry sei seine originellste Frauengestalt; wie er erkannt habe, die Gralsbotin ist dieselbe wie Amfortas' Verführerin, da habe er alles gewußt, nun hätten Jahre vergehen können, er habe gewußt, wie es würde.

Kundry ist eine geniale Schöpfung des Künstlers Wagner. Höchstens die gleichfalls vorbildlose Gestalt des Caliban aus Shakespeares *Sturm* ließe sich allenfalls mit Kundry vergleichen. (Caliban ist ein wüster Ureinwohner auf Prosperos Insel, ein Untier, das freilich die Musik heulend und betörend preist.)

Entscheidend an Kundry, die ich nie aufregender sah und hörte als mit Martha Mödl und nie schöner gesungen erlebte als von Christa Ludwig, ist ihre «Doppelsinnigkeit», ihre Ambiguität. Derartige Exzentrizitäten haben natürlich vielen *Parsifal*-Bedenkern Anlaß zu den tollsten interpretatorischen Analogie-Schlüssen gegeben: der Gralsspeer sei selbstverständlich ein phallisches Symbol, das Weihgefäß fraglos Inbegriff des Mutterschoßes, des weiblichen Geschlechtsorgans. Dergleichen läßt sich leichter so behaupten als falsifizieren. (Nur hilft es wenig.)

Sie hat einst, als Herodias, über den sein Kreuz nach Golgatha schleppenden Heiland gelacht, grell und schadenfroh gelacht. Da traf sie sein Blick. Nun sucht sie ihn, heimatlos wie Ahasver, nun will sie wiedergutmachen, ihn wiedersehen. Darum dient sie als Gralshelferin, immer wenn sie jemanden verführt hat. Sie ist verflucht: Klingsors Werkzeug. Sie muß lachen: grell, zwangsneurotisch. Erlösung wird ihr erst zuteil, wenn sie – wie auf der Karfreitagsaue – endlich zu weinen vermag. «Die ewige Beglaubigung der Menschheit sind ja Tränen» – dichtete Friedrich von Schiller im *Don Carlos*. Aber noch ist Kundry, wie an ein Kreuz, an ihr Lachen gefesselt, das absteigt über anderthalb Oktaven. Wie herzlich ein «Lachen» klingen kann, ist ihr auch bewußt. Das komponiert Wagner ganz nebenher, wenn Kundry dem Parsifal erzählt, wie vergnügt seine junge Mutter war: «wie *lachte* da Herzeleide». Herzeleides Lachen klang innig, diatonisch und nicht zerrissen und herabstürzend wie bei der verfluchten Kundry selbst: «Dann lach ich, lache, kann nicht weinen, nur schreien, wüthen, toben, rasen in stets erneuter Wahnsinnsnacht, aus der ich büßend kaum erwacht.»

Wie Amfortas dem Titurel gehorchen soll und nicht gehorchen will, so muß die arme Kundry, die es auch nicht gern tut, dem Klingsor parieren. Klingsor ist Zauberer. Er weiß, daß der naive Parsifal von der Gralsburg her sich naht. Er zwingt Kundry wieder in seinen Bann. Sie wirft ihm, grell lachend, etwas Gehässiges vor, nachdem sie überwältigend ausdrucksvoll von Jammer und Schlafen-Wollen gestöhnt hat. «Bist du keusch?», fragt sie den Unseligen. Dabei weiß sie die Wahrheit über Klingsor: Der hat sich entmannt, weil er in den Gralsdienst wollte und auf andere, disziplinbiertere Weise die Gralsgesetze nicht einzuhalten vermochte. Aber so mechanisch war das Grals-Keuschheitsgebot natürlich nicht gemeint. Deshalb jagte man den Klingsor weg und machte ihn zum Feind.

Zum Feind nicht nur, sondern auch zum Gegensatz, zum Kontrast! Wagners geniale, eindeutig klare Bühnenanweisung beschreibt für den *Parsifal* folgenden Schauplatz. «Ort der Handlung: Gegend im Charakter der nördlichen Gebirge des gothischen Spaniens – Sodann Klingsors Zauberschloß... dem arabischen Spanien zugewandt anzunehmen.»

Was ist da eigentlich mißzuverstehen oder zu übersehen? Wagner hat die *Parsifal*-Handlung auf einem realen, spannungsvollen Boden angesiedelt. Er hat den heute noch in Spanien erkennbaren lebendigen Gegensatz zwischen extrem gothischer christlicher und extrem arabisch-maurischer Tradition beschworen. Spanien ist ein extremes Land. Das Christentum der Spanier – man denke an El Greco, an die Hexenverbrennungen, die spanischen Autodafés –, das spanische Christentum ist immer ein besonders heftiges, ritualisiertes, strenges, starres Christentum gewesen. Und das arabische, maurische Heidentum bedeutet den Gegensatz des ganz anderen, Verführerisch-Teuflischen. Wagner kontrastiert beides sinnfällig genial auf den zwei Seiten eines Berges, des Montsalvat. Ob das nicht durch ein geschicktes Bühnenbild sichtbar zu machen ist? Läge es nicht nahe, vielleicht jugendstilhaft verfremdet, sowohl diesen christlichen als auch den maurischen Extremismus zur spannungsvollen Gegensatzwelt des *Parsifal* zu machen, wie Wagner es direkt vorschreibt?

In diese Welten stößt der junge Parsifal. Er bewältigt sie nicht gleich. Aber er ist doch nicht bloß der Gänser, als welchen ihn Gurnemanz ärgerlich am Ende des ersten Aktes fortschickt, sich eine Gans zu suchen. Er ist mehr. Er hat, wie die Musik, die ahnt und sich erinnert, ein Gedächtnis. Das Erlebte kommt wieder, als wäre es ein Traum, es wird aber zugleich aktiviert und überwunden. Wenn die Kundry während der Verführungsszene des zweiten Aktes dem Jungen erzählt, er habe seine Mutter verlassen und die Todtraurige sei aus Kummer darüber gestorben, dann rastet es bei Parsifal logisch, psychologisch und heilsgeschichtlich ein. Kundrys Kuß erinnert ihn an die Qual der Liebe, an die Qual des Amfortas, der ja ein Tristan in unendlicher Steigerung war – und an des Heilands Klage um das entweihte Heiligtum. Gottesklage, erotische Qual und Gewissen verändern einen jungen Menschen.

Hermann Levi, der Uraufführungs-Dirigent, hat berichtet, wie Wagner, wenige Monate vor seinem Tod, bei der letzten Bayreuther Festspielaufführung des Jahres 1882 selber keine Worte mehr fand, sondern nur noch dumme Witze, als er vom *Parsifal* erschüttert war. Levi schrieb an seinen Vater, einen Oberrabbiner:

Die letzte Vorstellung war herrlich. Während der Verwandlungsmusik kam der Meister ins Orchester, krabbelte bis zu meinem Pult herauf, nahm mir den Stab aus der Hand und dirigierte die Vorstellung zu Ende. Ich blieb neben ihm stehen, weil ich in Sorge war, er könne sich einmal versehen, aber diese Sorge war ganz unnütz – er dirigierte mit einer Sicherheit, als ob er sein ganzes Leben immer nur Kapellmeister gewesen wäre. Am Schlusse des Werkes brach im Publikum ein Jubel los, der jeder Beschreibung spottet. Aber der Meister zeigte sich nicht, blieb immer unter uns Musikanten sitzen, machte schlechte Witze... dann wurde der Vorhang aufgezogen, und der Meister sprach mit einer Herzlichkeit, daß Alles zu weinen anfing – es war ein unvergeßlicher Moment.

Wie rührend, daß es Wagner selber die Sprache verschlug im Zusammenhang mit dem *Parsifal*, daß er, der allzeit Kluge, Räsonierende, Redselige, sympathischerweise zehn Minuten lang nur schlechte Witze machen konnte unter seinen Musikern. Dabei hatte er eben noch seine Karfreitagsauen-Musik erlebt –

jene tiefsinnige Szene, die zart bedeutet, daß die Natur den Blick des Menschen braucht, weil sie nämlich angewiesen ist auf liebendes Anschauen (aber wahrlich nicht auf lieblose Ausbeutung). Die Natur der Karfreitagsaue muß vom gläubigen, entsühnten Menschen angeblickt werden, um so gleichsam zu sich und ihrem Heil zu kommen: Was für ein poetischer, heiligender und schopenhauerischer Gedanke, den der Wagner-kundige Marxist Ernst Bloch beredet erspürte und bewunderte.

Ins nachsinnende Spekulieren verfällt man bei jeder Begegnung mit diesem Werk. Vergangenheit, Gegenwart und Zukunft sind hier präsent, die Kundry besteht aus szenischer Wirklichkeit und Weltgeschichte, Fluch und tätiger Reue – und sogar der einfältige Parsifal wird zum Amfortas, wenn es über ihn kommt, wie der Amfortas einst verführt wurde. Sich selber findet, ja begreift Parsifal erst beim Erwachen des Eros – das hier aber vom *Begehren des Du* zum *Mitgefühl fürs Du* verklärt erscheint. Steckt das wirklich alles im *Parsifal*? Antwort: Gewiß, und wahrscheinlich noch viel mehr...

TEIL II

Die Interpretationen in vier Jahrzehnten

I

Bayreuther Tagebuch
(1951)

Ankunft. Was ist ein Theatraliker? Kurz gesagt, ein Mann, der unfehlbaren Sinn für Wirkung hat. Wer zu Wagner geht, begibt sich in die Hände des größten Theatralikers der Musikgeschichte, und wenn er sich nicht mit sehr viel Vorsicht und Zurückhaltung wappnet, dann ist er bereits bezaubert, Opfer, ehe noch der erste Ton erklingt. Denn nicht nur das Musik-Drama des «Meisters», auch seine Konzeption der Bayreuther Festspiele ist ausgesprochen theatralisch, das heißt: unfehlbar wirkend, indem sie den Gast vorbereitet, einstimmt, hebt. Schon die Wahl des Festspielortes sorgt für strenge Konzentration. Wer nach Bayreuth will, kann schwerlich ablenkende Nebenabsichten haben. Auch die mehr oder weniger weite Anreise bleibt nicht ohne Rückwirkung; wenn man sie unternimmt, mit festem, spirituellem Ziel, dann ist man eigentlich schon nicht mehr Reisender, sondern Pilger. Und das ist ein bedeutsamer Gegensatz zum gewohnten en passant des großstädtischen Theaterbesuchs, wo ein zwanzig Minuten vor Beginn improvisierter Entschluß und ein hastig gewechselter Schlips für einen Platz im Parkett, aber kaum für die rechte Stimmung genügen. Nein, das Wallfahrt-Pneuma Bayreuths schließt solche profanen Erwägungen und Methoden völlig aus.

Sonntag. Am Tage des «festlichen Auftaktes» regiert Beethoven, noch nicht der Meister. Furtwängler dirigierte die IX. Symphonie, ich bin froh, daß ich nicht nur im Konzert selbst, sondern auch in der unvergeßlichen Generalprobe am Vormittag war. Über sie darf nicht geschrieben werden, Wolfgang Wagner

– der organisierende Enkel – hat es den Journalisten, «die sich, wie ich höre, eingeschlichen haben», temperamentvoll, aber streng verboten. Nun, der Abend hat das wahrhaft überwältigende Erlebnis – freilich ohne die intimen Intermezzi der Probe – wiederholt und verdichtet.

Bereits das Vorspiel war legendär. Der Mythos Wagner und die erlauchten Preise machten Bayreuth zum Mittelpunkt des glanzvollsten gesellschaftlichen Ereignisses, das Deutschland nach dem Kriege sah; es war, als ob eine Autoausstellung und eine Christian-Dior-Mammutschau zu Füßen des Festspielhauses zusammenfielen. (Jetzt glaube ich, daß es in Deutschland schon wieder über 200 Nachkriegsmillionäre gibt.)

Die *Neunte*, das hat mich der doppelte Eindruck jetzt nachdrücklich und endgültig gelehrt, ist wahrlich das opus summum summi viri. Nie wieder in der Geschichte der Musik hat Subjektivität sich zu einem solchen Kosmos der Gesichte ausweiten können, die alle Äußerstes besagen, rätselhaft miteinander verbunden sind und sich doch nicht gegenseitig zurücknehmen oder relativieren. Es gibt Leute, Thomas Mann gehört zu ihnen, die mit dem letzten Satz dieser Symphonie nichts anfangen können. Der Ausdrucksallmacht des ersten, seinem geisterhaft aus leerer Quinte hervorspringenden Hauptmotiv, den zärtlichen Seitenepisoden, der ungeheuren Entsagung, die in den häufigen, unterbrechenden Ritardandi zum Ausdruck kommt und dem abgründigen, unheilbaren Todesrhythmus der Coda kann sich freilich niemand entziehen. Der letzte Satz aber zerfalle, sagt man, sein Schiller-Optimismus sei nahezu unglaubwürdig. Jedoch die Herrlichkeit, ja auch nur die Menschen-Möglichkeit der Idee einer solchen Freude ist bewundernswert groß – kein Leverkühn kann sie zurücknehmen.

Nun habe ich begriffen, was die aristotelische Katharsis bedeutet. Unsere vielberedete Furcht aber, daß die erschütternde Macht vergangener Kunst für uns verblasse, ist gegenstandslos, genauso wie die andere, einen jeden wohl gelegentlich packende

Angst, man habe die Begeisterungsfähigkeit älterer Zeiten verloren und müsse dem Kunstwerk entweder hilflos genußsüchtig oder platt intellektuell gegenüberstehen. Im Gegenteil, angesichts der großen Dinge, die zu wahren sind, schlampt man immer noch viel zu unkritisch und widerspruchslos mit. Beethovens IX. und ihre vollendete Aufführung gaben allen Hörern ein allerhöchstes Maß in die Hand: gefährden sie nicht die Wirkung des Wagner-Werkes mehr als jede noch so ausgefallene Inszenierung? Die Woche muß zeigen, ob die Opern des Bayreuther Meisters dem Schatten des Riesen, der auf sie gefallen ist, standhalten werden.

Montag. Jetzt gibt es nur noch Wagner. Schon der Vormittag läßt keinen Zweifel mehr daran. Man besucht die Ausstellung «Wagner in der Welt», der ich nicht viel abgewinnen konnte außer der Einsicht, daß selbst die *Tristan*-Ouvertüre wie Kaffeehausmusik klingt, wenn sie als Geräuschkulisse aus irgendeinem Grammophon leise irgendwoher ertönt, als sei sie zur Untermalung diskreter Gespräche geschaffen. Oder man wohnt einer Sitzung der «Gesellschaft der Freunde (lies: Geldgeber) von Bayreuth e. V.» bei, gegebenenfalls auch einer durch kaltes Büffet schmackhaft gemachten Pressekonferenz, wo jeweils alle erdenklichen Informationen gegeben werden. Ungeheures sei bereits getan, aber womöglich noch Größeres bleibe zu leisten; außerdem erfuhr man, daß Wagners Enkel Wieland und Wolfgang die Gesamtleitung übernommen hätten, da Frau Winifred während der Hitlerzeit die Schirmherrschaft innegehabt habe und jetzt, um keine Verwicklungen herbeizuführen, zurückgetreten sei. Meine Frage, auf wen sich eigentlich die Karten (deren billigster Platz pro Abend 30 DM kostete) verteilten, beantwortete Wolfgang, indem er charmant und ausführlich darlegte, warum eine genaue Auskunft nicht möglich sei...

Das Ereignis des Tages aber ist die Aufführung des *Parsifal*, Bayreuths eigentlicher Festspieloper. Sie wurde hier bisher 231 mal aufgeführt, während das nächst häufig gespielte Werk, die *Meistersinger*, es nur zu 82 Abenden brachten. So begann denn mit Wagners letztem Werk der erste Zyklus der Bayreuther Festspiele.

Seit Nietzsche sind sich ja die meisten Musik-Intellektuellen darüber einig, daß Wagner den *Parsifal* doch wohl besser nicht geschrieben hätte. Den Tristanstoff oder auch die Holländerlegende billigt man seiner theatralischen Sinnlichkeit noch zu, wenn diese aber auf dem religiösen Sektor sich betätige, dann werde das Ergebnis schwülstig, kitschig, nachgerade peinlich. Nur wenige wagen die Ansicht, daß Wagner nichts Tieferes hinterlassen habe als sein Alterswerk, den *Parsifal*. Und man muß sich der Gewalt der Konzeption doch beugen; Amfortas, der «gefallene Geist», der «liebessieche Oberpriester»; Kundry, eine Verführerin und Büßende zugleich, die gerade der erlöst, an dem ihre Kunst abprallt; der «reine Tor», der erst die Sünde kennenlernen muß, bevor er heilen kann; diese Gestalten geben schon Kunde von der magischen Einheit von Sünde und Heiligkeit; demgegenüber muten die Einsichten eines Bernanos oder Graham Greene keineswegs so sehr kühn und modern an.

Eine 17 Seiten lange tiefenpsychologische Analyse im üppigen Programmheft – «verdrängte Mutterbindung mit unerfüllter Vatersehnsucht gekoppelt» – führt überzeugend und unsympathisch in seelische Irrgärten ein. Ich war froh, sie gelesen zu haben, da ich in der Pause zwei reizenden Amerikanerinnen den Inhalt der Oper klarzumachen hatte.

Es gelang, Einigkeit darüber herbeizuführen, daß Parsifal «jener boy in der Mitte» gewesen sei. Weniger befriedigend schien mir die Kennzeichnung der Kundry als «Nurse», aber Übersetzungen für die Wagnerworte «Urteufelin» und «Höllenrose» wollten erst gefunden sein. Meine Tischdamen waren jedoch schon für schlichte Hinweise dankbar. Ihnen zerfiel dann alles reibungslos in Grund und Folge; was etwa übrigblieb, nannten sie «mystisch» und sagten, daß sie es sehr liebten...

Die Aufführung dieser Oper, deren Musik die Weihe Bruckners mit expressiver, in der Thematik um Amfortas den früheren Schönberg vorwegnehmender Kühnheit verbindet, war musikalisch unantastbar. Die Inszenierung jedoch, die dem, der gekommen war, ein Gesamtkunstwerk zu erleben, drei Akte lang stockdunkle Bühne mit gelegentlichen Lichteffekten zumutete, bestürzte. Sie verriet zwar Methode, aber eine heillos falsche. Man wird die nächsten Inszenierungen Wieland Wagners abwarten müssen, bevor eine definitive Stellungnahme statthaft ist.

Dienstag. Die *Rheingold*-Aufführung war trübseliger Tiefpunkt. Man hat sich jetzt an die in der ganzen Welt wohl einmalig vollkommene Akustik im Festspielhaus gewöhnt, die mit der spartanischen Härte und Nüchternheit des Raumes und seiner Bestuhlung versöhnt. Man weiß jetzt auch, daß nirgendwo sonst ein so wunderbar abgedämpfter, gleichwohl mächtig voller Orchesterklang, der mit den auch im pianissimo deutlich hörbaren Stimmen zu idealer Einheit verschmilzt, zu hören ist. Man wendet sein Interesse den Vorgängen auf der Bühne zu und sieht – nachgerade nichts. Gewiß, das *Rheingold* ist wohl die schwächste aller Wagnerschen Opern, trotz mancher genialen Einzelheit (etwa Loges Erzählung von «Weibes Wonne und Wert», die heute nicht besonders gut herauskam). Das Werk ist auffallend arm an menschlichen und musikalischen Höhepunkten, es exponiert zur Hauptsache Handlungsfäden und Leitmotive, so daß Wagner es mit Bedacht nur «Vorspiel» genannt hat. Dennoch ist der matte Eindruck vorwiegend auf Wieland Wagners Regie zurückzuführen; jetzt fiel auf seine Inszenierungsabsichten klares Licht, wenn sonst auch alles dunkel blieb.

Wieland Wagner hat offenbar die Absicht, Wagners Opern zu entstauben, den musikalisch-dramatischen Kern herauszuarbeiten und eingefahrene Regietraditionen nur nach unerbittlicher Prüfung zu übernehmen. Er fand – mit Recht –, daß ein überladenes Bühnenbild oder ein Zaubergarten mit kitschigen Papierrosen nicht mehr zu unserem Wagnerbild paßt. Wenn Wagner noch lebte, würde er auch manches anders machen, wähnt Wieland weise. Warum wüten wir? Nun, neue Formen sind niemals nur Negationen der alten. Statt eines Bühnenbildes, das nach Gründerzeit schmeckt, lieber keines? Das ist doch absurd. Wagners Opern sind Gesamtkunstwerke, keine Objekte für Abstraktion und Sparsamkeit; auch die Aufnahme der Musik leidet, wenn der Hörer nicht von der Bühne her im Banne des Karfreitagszaubers, in der Atmosphäre des Zaubergartens, auf dem durchwogten Grunde des Rheines ist, sondern wie am Radioapparat apathisch in dunkle Kärglichkeit starrt. Richard Wagner selbst machte sich über die Bühnen lustig, in denen Opern «nur notdürftig bis zur künstlerischen Unanständigkeit szenisch dargestellt» werden könnten. Danach hätte ihm seines Enkels fatale Lust an der Askese genauso wenig behagt wie uns. Ganz abgesehen von vermeidbaren Ungeschicklichkeiten und Steifheiten wirkt jetzt ohnehin jeder drastisch reale Vorgang wie ein Stilbruch (etwa der niedergeschossene Schwan). Vollends unmöglich aber sind die geradezu den Buntfilm herbei-assoziierenden Beleuchtungseffekte, die schon im *Parsifal* befremdeten, als Regenbogenbrücke im *Rheingold* nun gar die Grenze zum Kitsch nicht nur streiften. Das sind noch keine Lösungen; eine Dunkelkammer mit Technicolor-Effekten schafft keine Festspielstimmung!

Mittwoch. In einem Dörfchen, 6 km von Bayreuth entfernt, habe ich ein nettes Zimmer gefunden, mit Bedienung DM 1,50 pro Nacht. Wie hier durchweg üblich, ist der Gasthof mit einer Metzgerei verbunden. Die Umgebung Bayreuths und auch die Stadt selbst scheinen nicht gerade Brennpunkt des Fremdenverkehrs zu sein. Jeder Einwohner Bayreuths aber ist davon durchdrungen, daß die Wagnerstadt die deutsche Gralsburg sei, darum fällt es niemandem hier ein, den Gast zu schädigen, zu «neppen», selbst das hochelegante Festspielrestaurant nutzt seine günstige Lage nur gemessen aus. Die Musiker aber treffen sich Abend für Abend in der traditionsbeladenen «Eule». Da sind alle Wände mit Bildern und Autogrammen alter und junger, berühmter und vergessener Künstler bedeckt, es wimmelt von «Wanderern» in Schlapphüten, stimm- und staturgewaltigen Isolden, feisten Siegfrieden. Aus einer Ecke schaut gar der Meister selbst über die Seinen.

Ein Cellist bewies mir eben, warum die Kunst nichts mit dem Intellekt zu schaffen habe, als lauter Lärm unsern Disput unterbrach. Der Graf G. – aus der weiteren oder engeren Verwandtschaft des Meisters – hatte es sich einfallen lassen, einer Dame sein Autogramm auf den nackten Rücken zu schreiben. Hoffentlich nur mit Lippenstift. Die so ehrenvoll Mißhandelte jedenfalls lief nicht fort, sondern sie schrie, und zwar aus anscheinend geübter Kehle. Die übrigen Damen fielen ein, daß die Fensterscheiben klirrten. Gewiß war der Trubel bis zum Festspielhaus hin hörbar. Dort hatte es am Abend die *Walküre* gegeben. Günter Treptow, der Darsteller des Siegmund, gehört zu den besten Heldentenören der Welt. Auch die Sieglinde der Leonie Rysanek und Astrid Varnays Brünnhilde waren gesangliche Leistungen ganz großen Formats. Die glutheiße Atmosphäre des wunderbaren ersten Aktes, in dem Wotan, unsichtbar anwesend, das Schicksal der armen, unseligen Geschwister lenkt, erschütterte wie nur selten ein Theatererlebnis. Wielands Inszenierung war wesentlich traditionsgebundener als die beiden vorangegangenen, wenn es auf der Bühne auch noch immer nicht so recht hell werden konnte. Knappertsbusch aber, der die lyrischen Partien des *Parsifal* mit so strenger Hingabe ausgekostet hatte, gelang der jagende Schwung des Walkürenritts ebenso wenig wie das Sengen und Brennen des «Feuerzauber». Natürlich war beides nicht gerade «schwach», aber doch ein wenig lahm, wenn man sich auf Äußerstes bereitet hatte.

Donnerstag. Allmählich werden die Festspielgäste eine große Familie. Dazu tragen vor allem die langen Pausen bei; sie werden von den Journalisten geschätzt, die an Gartentischen ihre Kritiken vorbereiten können. Der widerwärtige Druck, unter allen Umständen aktuell zu sein, in den der Konkurrenzbetrieb unsere Redaktionen hineingesteigert hat, zwingt sie, von ihren Korrespondenten oft schon eine halbe Stunde nach dem Ende einer sich von 16 bis 22.30 Uhr hinziehenden Oper einen Bericht zu verlangen. Die unbeschwerten Gäste aber erholen sich, bis die Fanfaren das Ende der Pause mit einem jeweils passenden Wagnerthema ankündigen. Man kennt sich jetzt, und der blendende Glanz nackter Schultern und kostbarer Stoffe fängt an, selbstverständlich zu werden. Die Damen haben herausgebracht, daß die Trägerin einer unvergleichlichen Perlenkette indische Prinzessin ist. Nun wird auch dieses Kleinod neidlos bewundert, denn mit einem indischen Fürsten kann und soll nicht einmal der industrielle Ehemann konkurrieren. Langsam haben sich Gruppen gebildet. Ich sitze mit einem Musiker aus den USA zusammen, der häufig interessante Parallelen zu dortigen Aufführungs-Gewohnheiten zieht. Leider muß ich die Überzeugung gewinnen, für ihn nur Mittel zum Zweck zu sein. Immer, wenn eine ältere, unaustilgbar lebendige Sängerin mit lederartiger Haut und erschreckendem Ausschnitt sich unserem Tisch nähert, um meinen Bekannten als ihren Freund zu begrüßen, dann bittet der mich, ich möchte doch sagen, alle Plätze seien belegt. Ich habe daher den Satz «I'm sorry, but I am expecting friends» lieber gleich auswendig gelernt, weil man in einer fremden Sprache nicht so flüssig schwindelt wie in der eigenen. Gelegentlich fragt mich mein Nachbar, ob es den Deutschen denn schon wieder so gut gehe, wie dieses Eldorado des Luxus glauben mache. Ich höre den leisen Vorwurf wohl und zeige auf die Anfahrtsstraßen. Dort stehen seit dem ersten Tag in jeder Pause und während der An- und Abfahrt in dichten langen Reihen die Bayreuther und schauen sich die elegante Welt an. Manche haben ihre Kinder auf die Schultern genommen, damit sie nur alles Wunderbare erhaschen können; wochenlang braucht nicht mehr ins Kino zu gehen, wer diese Pracht gesehen hat.

Seit dem *Siegfried* kann ich mir über Wieland Wagners Inszenierungs-Absichten nun wieder gar kein Bild mehr machen. Der erste Akt war überladen mit grobkörnigstem Realismus; Mime, der scheußliche Zwerg, heulte und jaulte und tat des Guten nachgerade zuviel. Wie ein Affe mußte er sich mit ganzem Gewicht an den Blasebalg klammern, den Siegfried nachlässig mit einer Hand betrieben hatte. Waldesluft kam im poetischen zweiten Akt leider trotz allem nicht auf, und die Erweckung der schlafenden Brünnhilde, vor der Siegfried unendlich lang mit ausgebreiteten Armen steht, war von unüberwindlicher, einer besonnenen Regie gewiß vermeidbarer Komik. Allein die Größe der magischen Wanderer-Akkorde Wotans, die nie vergißt, wer sie einmal begriff, blieb haften.

Freitag. Der Freitag ist spielfrei. Vor den letzten Abend des *Ring*-Zyklus und die dann abschließenden *Meistersinger* hat man eine Pause gelegt. Jedermann kann sich jetzt erholen und versuchen, Ordnung in die Flut der Eindrücke einer übervollen Woche zu bringen.

Bayreuth 1951, das war ein nachdrücklicher Triumph der Tradition. Eine deutliche Lehre für alle, die am geistigen Leben teilnehmen und vielleicht gar glauben, es beeinflussen zu können. Es wurde nur zu klar, wie wenig sie in Wahrheit vermögen, wie nahezu ausgeschlossen es ist, einen noch so geringen Umschwung bestimmter Strukturen des allgemeinen Bewußtseins herbeizuführen. Man bedenke: Seit Jahren nehmen die Wortführer der kulturellen Öffentlichkeit, nimmt vor allem die Jugend beinahe geschlossen gegen Wagner Partei. Nun, nach längerer Pause kommt es wieder zu den Bayreuther Festspielen, und was geschieht? Die Öffentlichkeit ist geschlossen da, die Plätze sind ausverkauft, die Begeisterung ist groß wie eh und je.

Ist diese Wagner-Renaissance nicht vielleicht nur ein Symptom mehr für unsere jetzt nahezu vollendete Restauration? Wer ging denn nach Bayreuth? Fast alle deutschen Besucher, die ich kennenlernte, waren Industrielle, von denen nicht wenige aus dem Ruhrgebiet kamen. Dennoch ist die Atmosphäre keineswegs deutsch-national. Sie läßt sich in politischen Kategorien eigentlich gar nicht fassen, viel eher in geist-soziologischen. *In Bayreuth feierte 1951 der Romantizismus des wohlhabenden deutschen Bürgertums zusammen mit Wagner seine öffentliche Wiederaufstehung.* Die Festspiele waren, vielleicht unbewußte, aber gerade deshalb desto nachhaltigere Demonstration gegen das Neue; gegen alles Unsentimentale, Bewußte, Verantwortliche, Klärende, zu Bewältigende. Schade, daß Wieland Wagners im Kern richtiger Versuch mißlang, die Wagner-Oper antireaktionär umzuinszenieren. Nun haben die verstockten Wagnerianer sogar das Recht, unzufrieden, ja zornig zu sein.

Sonnabend. Unter den Klängen des düstersten aller Trauermärsche wurde Siegfrieds Leiche hinweggetragen. Danach schlugen die Flammen hoch und Walhall verbrannte zu Asche. Die *Götterdämmerung* hat sich, allen unaufhaltsam, vollzogen; die Götter, die Helden, die Liebenden, die Leitmotive, die Zwerge und die Riesen sind nicht mehr...

Die Welt des *Ringes* kann keineswegs, wie es oft und vorwurfsvoll geschieht, eine germanisch-deutschnationale genannt werden. Wagner hat ganz offensichtlich die Urmythen und Urtypen des Menschlichen auf eine höchst kunstvolle, psychologische Art zum *Ringe* verschmelzen wollen. Mit einer Beweihräucherung altdeutscher Historie hat das nichts zu tun. Im Gegenteil, der Entwurf zu einem historischen Drama *Friedrich Rotbart* wurde sehr rasch fallengelassen; wie auch die Skizzen zum *Jesus von Nazareth* übrigens. Von historischen Versuchen löste sich Wagner leicht, ihn zog es zum «Mythischen», zum «Reinmenschlichen».

Mich läßt das Geschehen, das Gegen- und Miteinander der Götter und Menschen ziemlich kühl. Für den Hörer ist heute – ganz gegen Wagners Willen – alle Aktion nur Vorwand für die Musik. Das heißt dennoch nicht, die Handlung müsse zurücktreten. Gerade umgekehrt. Die Vertonung ist auf sie angewiesen, je lebendiger sie sich abspielt, desto größer wird der musikalische Eindruck sein.

Die Wirkung der Musik bleibt natürlich nicht unberührt davon, daß man der Aussage des Gesamten, seinem Mythenrausch und seinem Schopenhauer-Pessimismus, so gleichgültig gegenübersteht. Ihr hochkomplizierter, dramatischer Ablauf löst sich auf in einer Reihe von Einzelepisoden, und wenn die musikalische Atmosphäre nicht so lastend und stark ist wie in der *Götterdämmerung*, dann geht es oft genug nicht ohne Langeweile ab. Von der viel gerügten Dicke des Wagnerischen Orchestersatzes habe ich dagegen nichts gemerkt. In Bayreuth klingt alles ausgeglichen, durchsichtig und klar.

Sonntag. Während der ganzen Woche hatte Wieland Wagner die Regie geführt und Knappertsbusch den Dirigentenstab, heute, für die *Meistersinger*, hat erstmalig R. O. Hartmann die Inszenierung besorgt, und Karajan dirigierte. Die Aufführung war mit Abstand die beste des ganzen Zyklus, wenn sie auch das Erlebnis der *Neunten* nicht zu überdecken vermochte. Im Grunde enthielt sie implicite eine scharfe Zurechtweisung aller zuvor gemachten Fehler. So war das Bühnenbild so konstruiert, daß es zwanglos dem Spiele diente und doch von überall einsichtig blieb, während Wieland Wagner oft einem schönen Bildeindruck zuliebe gar nicht bedacht hatte, daß auch die nicht in der Mitte sitzenden Leute etwas von den Aktionen sehen wollen. Man stellt ein Stilleben nun einmal nach anderen Gesichtspunkten zusammen als ein Frühstück. Noch nie habe ich einer Oper mit mehr Enthusiasmus zugehört als diesen *Meistersingern* in Bayreuth. Man sollte von den Solisten eigentlich keinen hervorheben, weil alle Sänger hervorragend waren. Nur den Beckmesser will ich besonders loben. So wie der Jago oder der Mephisto ist auch hier der Übeltäter eigentlich die interessanteste Figur. Erich Kunz war unvergeßlich; der Typ des rosigen Strebers, des leisetretenden gehässigen Angsthasen und des lächerlichen Liebhabers kann nicht besser getroffen werden. Das Publikum lachte wiederholt herzlich vor offener Szene. Dabei bekomme ich allerdings immer ein wenig Angst, denn es gibt kaum einen Komödianten, der dann nicht zu übertreiben anfängt; jedoch Kunz beherrschte sich leidlich und blieb beinahe so leise, servil und frech wie zuvor. Der dritte Akt war großes Theater, mit prächtiger Ausstattung. Mächtiger Beifall brachte dann sogar den Bayreuther Vorhang zum Hochgehen. Er hatte eine Spur von nationaler Kundgebung, galt im wesentlichsten jedoch wohl einer exemplarischen künstlerischen Leistung. Ich klatschte, so lange es nur ging; denn es war mein letzter Abend im Festspielhaus für dieses Jahr.

Frankfurter Hefte, September 1951

2

Wieland Wagners Wagnis
(1957)

In Bayreuth scheinen alle Straßen nach Richard Wagner zu heißen, nach seinen Opern, seinen Freunden und Frauen, nach Göttern, Zwergen, Leitmotiven. Alle drängen hin zu einem erhabenen, wenn auch ein wenig häßlichen Bau: zum Richard-Wagner-Festspielhaus auf dem Festspielhügel. Sie alle führen in den Tempel des Gesamtkunstwerks. Auch heute noch, 85 Jahre nach der Grundsteinlegung, bleibt Nietzsches Feststellung gültig: «Bayreuth bedeutet den größten Sieg, den je ein Künstler errungen hat.»

Seit 1951 finden wieder Festspiele statt, trotz mannigfacher innerer und äußerer Widerstände, über die noch zu reden sein wird. Seit sieben Jahren erwachen im Herzen des Festspielhauses Wagners Partituren wieder zum Leben. Und dieses Leben erzwingt die Huldigungen einer Welt, magische, unwiderstehliche Kraft scheint von ihm auszugehen. Jedesmal, wenn die Fanfaren rufen, wird schon die Auffahrt, der Einzug der Gäste, zum Fest.

Also Festspielstimmung. Festspielstimmung wie überall in der Welt, wo gut zahlende Gäste zum Kunstgenuß zusammenkommen; also jenes Zusammengehörigkeitsgefühl, das oft entsteht, wenn teure, beargwöhnte Leidenschaften eine Minderheit verbinden. Also wieder jene charakteristische Mischung aus Ferienlaune, Enthusiasmus, Kunst und Geld, wie sie der grüne Hügel seit Jahrzehnten kennt...? Hat sich nichts geändert? Nun, äußerlich hat sich in der Tat wenig geändert – aber eine Revolution hat stattgefunden.

Ich bin 1957 in Bayreuth gewesen. Ich habe die Anfänge und

die verschiedenen Phasen der Revolution verfolgt, die die Enkel des Meisters in Bayreuth inszenieren. Ich glaube, es muß einmal Rechenschaft abgelegt werden: *Was wagte Wieland Wagner?*

Es gibt in Bayreuth einen wunderschönen Brauch: Nicht schrille Klingeln oder erschreckende Lautsprecher rufen das Publikum auf die Plätze, sondern man wird mit Musik zur Musik gebeten. Den Beginn jeder Oper und jedes Aktes kündigt ein Fanfaren-Signal an, ein Leitmotiv aus dem folgenden Aufzug. Dröhnt das Thema nur einmal über den Festspielhügel hin, dann weiß der Gast: «In einer Viertelstunde ist es soweit.» Zehn Minuten vor Beginn wird es zweimal geblasen, und wenn es dann dreimal hintereinander ertönt, muß man rasch seinen Platz aufsuchen, denn in fünf Minuten werden unerbittlich die Türen geschlossen und der Dirigent hebt den Taktstock.

Mit *Tristan und Isolde* wurden die Bayreuther Festspiele von 1957 eröffnet. Nicht Wieland Wagner hatte die Inszenierung zu verantworten, sondern dessen geschäftiger Bruder Wolfgang, und nicht ein weltberühmter, längst «arrivierter» Wagner-Dirigent befehligte, sondern der junge, freilich Höchstes versprechende Wolfgang Sawallisch. Es war kein guter Anfang: Trotz des rauschenden Beifalls blieben viele namhafte Kritiker reserviert. Die *Frankfurter Allgemeine Zeitung* etwa beklagte sich: «Tristan und Isolde – ohne Wunder». Die *Süddeutsche Zeitung* kam gar zu der im Grunde tödlichen Feststellung: «Tristan – ohne Eros», und der *Spiegel* sprach zusammenfassend von der als Inszenierung auch von Wohlgesinnten kaum als gelungen empfundenen Aufführung.

Aber ob nun gelungen oder nicht, auch Wolfgang Wagners durchschnittliche, absichtsarme und farblose Inszenierung hält sich an das stilistische Credo des «neuen» Bayreuth. Mag Wieland begabter, kräftiger, kühner sein, auch sein Bruder Wolfgang, der sich 1953 mit dem *Lohengrin* vorstellte und 1955 den *Fliegenden Holländer* inszenierte, gehört zum neuen Bayreuth – den neuen Bayreuther Stil hat er mitgeschaffen. Seine *Tristan-*

Inszenierung von 1957 läßt die Problematik des Bayreuther Experimentes besonders deutlich erkennen.

Der *Tristan* ist Richard Wagners gewichtigstes Vermächtnis an das 20. Jahrhundert. Da wird die tönende Geschichte von einer Liebe erzählt, die sich der Forderung des Tages und der Sitte rauschhaft entgegenstellt. Anfangs versuchte Tristan noch, dem Schicksal auszuweichen. Dann nahm er es an. Und wenn ihm der nahende Fiebertod im letzten Akt den Fluch auf die Liebe abringt, dann klingt das wie eine ungeheure Antwort auf ungeheure Qual. Nichts ist beklemmender als der Gegensatz zwischen einer Liebessehnsucht, deren chromatische Überspanntheit die Dämme der Tonalität zu überfluten scheint, und dem Leid der geisterhaft leeren Terzen, die im Vorspiel zum dritten Akt über allen Schmerz in sprachlos unbewegte Höhen verschwinden. Nichts dramatischer als der Kontrast zwischen dem bravourösen Schwung der gekränkten Isolde des ersten Aktes und der Liebesunendlichkeit des zweiten. Doch die geleugnete Wirklichkeit nimmt Rache. Plötzlich umringen der König Marke und sein Gefolge drohend das verratene Paar, vergeblich möchte Tristan das alles dann wie wüste «Morgenträume» und «Tag'sgespenster» beiseite wischen können.

Wenn der Vorhang das Bühnenbild zum ersten Akt freigibt, dann soll, so hat Richard Wagner es vorgeschrieben, ein «zeltartiges Gemach auf dem Vorderdeck eines Seeschiffes» sichtbar werden, dazu ein «Ruhebett», auf dem Isolde Kornwalls müdem König Marke entgegenfährt, vom Brautwerber Tristan geholt. Wolfgang Wagner hielt einen kahlen Raum mit weiß-bläulicher Bespannung für angemessen, links stand eine Pritsche. Nichts vermittelte unabweisbar die Anschauung, daß man sich auf einem Schiff befinde – alles wirkte merkwürdig keimfrei, antiseptisch, es war der wohldesinfizierte Ordinationsraum eines Psychiaters, auf dessen Couch man sich bereitwillig analysieren läßt.

Im zweiten Akt wurde ein stilisierter Garten erkennbar, vier

Bäume, das heißt, vier grüne Kugeln auf Ständern, außerdem ein Gemäuer und eine Fackel.

Für den dritten Akt hat Richard Wagner einen verfallenden Burggarten am Meer gefordert, Tristan soll im Schatten einer Linde auf einem Ruhebett schlafen, Isolde und den Tod erwartend. An die Stelle einer zerbröckelnden, verwahrlosten Mauer baut Wolfgang Wagner einen glatt-harten Wall. Das Meer wird durch eine Klippe vertreten, die weit hinten im Dunst erscheint. Die Linde muß fehlen, aber die Couch aus dem ersten Akt finden wir wieder.

Diese drei Bühnenbilder Wolfgang Wagners verraten zunächst nur einige Antipathien. Der junge Regisseur hat, wie sein Bruder, eine Abneigung gegen bemalte Pappe und Requisiten. Die Bühne soll offenbar keine realistische Wiederholung dessen bieten, was uns ohnehin umgibt, sondern eine Überhöhung, den Ausdruck einer Idee. Darum bleibt vom Schiff kaum mehr übrig als eine Psychotherapeutenkammer. Masten, Taue, Segel und Matrosen werden nicht sichtbar. Auch die Linde des dritten Aktes wäre für Wolfgang altmodischer Bühnennaturalismus gewesen. Immerhin gewährt er dem Liebespaar im zweiten Akt einen Park mit Bäumen und Mauern, alles ein wenig stilisiert, aber doch unverkennbar gegenständlich.

An dieser Stelle dringen nun meist Schlagworte in die Diskussion über das neue Bayreuth ein. Man lobt die «Überwindung der Illusionsbühne», man bejaht das «Prinzip der Entnaturalisierung», und man bekennt sich zur «Verneinung des Theaters» durch den Geist unserer Zeit. Mit alledem ist aber wenig anzufangen. Selbstverständlich hat jeder Regisseur das Recht, Kunstwerke beim Wort zu nehmen, sie aus allen Überlieferungen der gängigen Aufführungspraxis herauszubrechen und mit neuem Geist zu füllen. Freilich muß er diesen neuen Geist nicht nur vor den Modeströmungen der Gegenwart rechtfertigen können, sondern auch vor dem Kunstwerk in seiner Gesamtheit. Abweichungen, Weglassungen und Veränderungen lassen sich nur im

Hinblick aufs Werk beurteilen, sie müssen Ausdruck seines offenen oder versteckten oder neu erschlossenen Sinnes sein. Nichts anderes gilt: Allgemeine Diskussionen über abstrakt und konkret, über Bild und Symbol verfehlen ihren Gegenstand.

Mit welcher Leitidee lassen sich nun Wolfgang Wagners Eingriffe und Veränderungen rechtfertigen? Die Antwort muß wohl lauten: Es gibt keine. Man kann kein Prinzip herausfinden, das den unterschiedlichen Grad der jeweiligen Abstraktion und Aussparung verständlich macht – romantisierende Bildlichkeit, Sparsamkeit und Gegenständlichkeit gehen trüb durcheinander. Ohne Beziehung zum Mitspieler und zur Umgebung agieren die Sänger vor sich hin, nur von der Musik, nicht auch vom Drama und vom geformten Bühnenraum zusammengehalten. Wieland Wagner hatte den *Tristan* bereits im Jahre 1952 herausgebracht. Er hatte fanatisch entschlossen alles Wirkliche und Wirkende geopfert, aber er hatte es wenigstens der Idee einer dunklen Unendlichkeit geopfert. Tristan und Isolde, das waren zwei verlorene Menschen in leerer Finsternis gewesen. Nur im dritten Akt hatte eine Liegestatt – grotesk und unmotiviert auf leerer Bühne – den Rahmen völliger Welteinsamkeit gesprengt. Wir brauchen uns jetzt nicht zu fragen, ob Opernaufführungen im beinahe leeren, dunklen Raum nicht sinnlos werden, denn Wielands Regie-Stil hat sich seither gewandelt. Heute würde er gewiß vieles ganz anders machen. Eines jedoch würde er wohl nicht tun: so ziellos abstrahieren wie sein Bruder.

Wolfgang Wagner hat das *Tristan*-Drama trotz seiner Eingriffe um keine neue Idee bereichert, ihm ging es nur um eine nebelhafte Ernüchterung. Und was hilft schon alle modernistische Kargheit, wenn die altmodischen, stummfilmhaft übertriebenen Gesten der Sänger dieser neuen Sachlichkeit Hohn sprechen? Wird die antiseptische Starrheit des abstrakten Schiffszeltes nicht durch einen einzigen konservativ-theatralischen Ausbruch der Brangäne – die sich sogar kunstvoll zu Boden wirft – gründlich widerlegt?

Aber die Mißachtung von Richard Wagners Vorschriften, die Tilgung der dramatischen Umgebung, wie die Enkel sie für notwendig hielten, hilft nicht einmal der Steigerung des reinen Liebesdramas selbst. Man müßte die Matrosen wenigstens einmal gesehen haben, man muß spüren, daß das Schiff sich seinem Ziele nähert: Sonst fürchtet man nicht die drohende Ankunft, die das Paar auseinanderreißen wird. Auf dem Schiff verkörpern die Matrosen die Welt des bösen Tags. Wird diese Sphäre stilisierend unterschlagen, dann spürt der Zuschauer gar nicht, wie bedroht die Umarmungen der Liebenden sind, deren jähe Hektik doch diesem Bedrohtsein entspringt.

Alle diese Mißverständnisse haben eine gemeinsame Wurzel. Manche Opernregisseure glauben, die jeweilige Wirklichkeit des Spiels sei nur ein Zufall, den man beseitigen muß, um des Kernes habhaft zu werden. Die *Tristan*-Oper wird auf deutschen Bühnen oft so gespielt, als bedürfe die irdische Liebe keiner Inkarnation, als hinge sie nicht mit je verschiedenen Menschen, Bedingungen, Schwächen und Subjektivitäten innig zusammen. Gewiß, die Anforderungen der Partitur lassen sich beinahe nicht erfüllen. Um aus Tristan und Isolde ein glaubhaftes Liebespaar zu machen, in dessen irdischem So-Sein sich Höheres und Allgemeineres spiegelt, müßten junge Darsteller gefunden werden, die gleichwohl den ungeheuren musikalisch-stimmlichen Aufgaben gewachsen sind. Hochstilisierte, reizlose Kostüme und die starr überhöhten Gesten der Liebenden bemühen sich um eine trügerische Idealität. Isolde ist keine Liebes-Statue, die man in einen pompösen Sack hüllen darf. Am 23. Januar 1859 schrieb Richard Wagner:

> Größere Sorge macht mir aber die Isolde... Trotz ihres Gebarens im ersten Akt, will ich in ihr durchaus keine... Heroine... Ich brauche Jugendlichkeit in dieser Rolle: der ganze Zauber der ersten ungeheuren Liebe des Mädchens muß das ganze durchwehen... Das muß ein – Kind sein, das mit

dem Schwerte spielt, das nicht leben will, weil es seinen Willen nicht hat. Der Reiz dieser Jugendlichkeit muß in gewissem Sinne die fast voreilig tragische Tendenz des ersten Aktes dämpfen, und dagegen mit Sicherheit das Gefühl bestimmen, daß wir vor einer Verirrung stehen, die gelöst werden soll...

So konkret, so menschlich, so jung und liebenswert sah Richard Wagner seine Isolde. Unter den Händen unserer Opernregisseure verwandelt sich das Mädchen jedoch in eine exzentrische Sagenfigur. Glücklicherweise gibt es eine Schallplattenaufnahme mit Wilhelm Furtwängler und der einzigartigen Kirsten Flagstad, die, wenigstens musikalisch, die ganze Isolde festhält.

Nun darf man aber die Einwände, die sich gegen Wolfgang Wagners *Tristan*-Inszenierung erheben lassen, nicht bedenkenlos gegen das neue Bayreuth ausspielen. Die ziellose Abstraktion und die bloße Lust am Stilisieren schließen ja nicht aus, daß auch eine gezielte, sinnvolle Stilisierung möglich ist. Wolfgang Wagner beraubte das Musikdrama seiner Wirklichkeiten und Spannungen, ohne etwas anderes, Neues an die Stelle des Verpönten zu setzen.

Die *Meistersinger von Nürnberg* sind ein nationales Heiligtum, sie sind die einzige Oper Richard Wagners, deren Unwiderstehlichkeit auch die Gegner des Gesamtkunstwerkes nicht bestreiten. Wagners Kunst, zu planen und zu entwickeln, Einfachheit und Pomp aufeinander abzustimmen, Menschen und Zustände dramatisch zu charakterisieren, setzt jeden Widerspruch außer Kraft. Sie wird auch von denen kaum bestritten, die sich bei Wagners wohliger Verherrlichung des Deutsch-Nationalen nicht ganz wohl fühlen.

Doch gerade an den *Meistersingern* sollte sich der Kampf ums neue Bayreuth besonders heftig entzünden. Es begann 1956. Zum ersten Mal in der Geschichte Bayreuths tönten Pfiffe durchs Festspielhaus. Selbst eingeschworene Bayreuth-Besucher rebellierten und reisten ab, Politiker beschwerten sich, und man zog sogar die Berechtigung der Subventionen in Zweifel. Alle Welt war schockiert. Sogar die Illustrierten stellten Bühnenphotos zur Diskussion und machten sich über sie lustig.

Was war geschehen?

Nun, Wieland Wagner hatte den ersten Akt monumentalisiert, den zweiten kraß stilisiert und den dritten schlechthin verändert: Es fehlte die Enge der altdeutschen Stadt, es fehlte Nürnberg, und es fehlte die frohe Geschäftigkeit des Volkes. Die *Meistersinger von Nürnberg* sind, mit Theodor Adorno zu reden, der Entwurf einer «bürgerlichen Urzeit». Sie gleichen einer holden Erinnerung – so träumt sich ein Volk seine Jugend. Wenn solch ein Traum verscheucht wird, wenn an seine Stelle Abstraktion und Ballett treten, dann kommt es zum Schock und zu heller Empörung.

Bei der Wiederholungsaufführung der *Meistersinger* im Jahre 1957 machte Wieland Wagner Zugeständnisse. Die totale Entdeutschung unserer National-Oper, zu der ein verbissener, geradezu bewundernswerter Mut gehört hatte, wurde zurückgenommen. Zwar waren die schönen Bilder aus deutscher Vergangenheit, die der Text heischt und der Zuschauer erwartet, noch längst nicht wieder alle da – aber es gab doch Andeutungen. Im letzten Akt erschien Nürnberg wieder, und zuvor wurden zumindest die Umrisse der Häusergiebel sichtbar. Immerhin hält Wieland Wagner im ersten Akt eines der schönsten Bilder bereit, die das neue Bayreuth vermittelt. Sonst sieht man immer nur die letzten Bänke der Nürnberger Johanniskirche und ein paar choralsingende Besucher des Gottesdienstes, während Walther von Stolzing die Eva Pogner anschmachtet und alle Aufmerksamkeit auf sich zieht. Wieland Wagner hat nun den Choral aus der banalen Funktion erlöst, bloße Untermalung für ein verliebtes Geplänkel zu sein – er steigert ihn zum machtvollen Auftakt des ganzen Werkes. Darum muß sich der Chor auch nicht in den Bänken halb unsichtbar herumdrücken, sondern er beherrscht die Bühne, wohlgruppiert und gegliedert wie ein gotisches Altargemälde; ein unvergeßliches lebendes Bild in goldenem Glanz. Innig und stark erklingt der Choral, und nur die zärtlichen Zwischenspiele verraten, daß die beiden Liebenden andere Dinge im Kopf haben als Johannis den Täufer.

Zählt der erste Akt von Wieland Wagners *Meistersinger*-Inszenierung mit den lustigen Lehrbuben und dem mißlingenden Probesingen zum schönsten, was Wieland Wagner außer dem *Tannhäuser* bisher vollbracht hat, so wird dem jungen Regisseur im zweiten Akt der verbohrte, autosuggestive Zwang, unbedingt Originales und Originelles zu bieten, zum Verhängnis. Da gibt es bloß Fliedertraumstimmung und ein Plateau und ein paar Giebel, aber keine enge Gasse, kein Volk, das allmählich zusammenströmt, keinen realistischen Hintergrund für eine spukhafte Prügelei. Schlimmer noch: Größe und Souveränität des Hans Sachs kommen nicht recht zum Ausdruck, wenn sich alles auf einem großen, weiten Platz abspielt. Gerade die Enge und Krähwinkligkeit des alten Nürnberg, mit der die gemütvolle Beschränktheit der selbstgerechten Meistersinger untrennbar zusammenhängt, wird ja von Hans Sachs, der als einziger für Walthers Kühnheit Herz und Sinn hat, überwunden. Doch wenn die Enge, in der Hans Sachs lebt und die er übersteigt, gar nicht zum szenischen Ausdruck kommt, wie wird dann seine Souveränität noch sinnfällig? Der zweite Akt der *Meistersinger* geht eben nicht auf einem hanseatischen Marktplatz vor sich, dessen Weitläufigkeit die Großzügigkeit meerbefahrender Kaufleute spiegelt. Selbst interessante szenische Ideen verletzen also das ausgeglichene innere Gefüge der *Meistersinger*-Partitur. Und wird nicht auch Richard Wagners romantisch idealisierende Absicht, das Volk urteilen und Gottes Stimme sein zu lassen, verraten, wenn der Enkel das Volk im dritten Akt zum Zirkuspublikum degradiert, wenn er dekolletierte Damen Beifall klatschen und die Vielfalt der Zünfte durch einen Ausdruckstänzer symbolisch darstellen läßt?

Ich habe mit Wieland Wagner über sein neues Bayreuth gesprochen. Er hat freimütig geantwortet. Ich fragte ihn, ob er eigentlich Angst habe vor den Requisiten, die nun einmal zur Oper gehören, was ihn denn störe an Türen, Linden, Bären und Speeren. Er sagte:

Warum soll ich auf der Bühne versuchen, was der Film viel besser kann? Sehen Sie, wenn ich dem Siegfried einen Bären beigebe, mit dem er den Mime ängstigt, dann merkt doch jeder, daß da nicht ein Bär auftritt, sondern ein verkleideter Bühnenmeister... und wenn der Speer über dem Haupt des Parsifal wackelt, dann gibt es ein Gelächter und die Wirkung, auf die es mir ankommt, ist hin.

Aber gehören alle diese Requisiten nicht zur Welt des schönen Scheins und in den Kosmos des Musikdramas? Was schadet es schon, wenn mal eine Wand oder ein Baum zittert? Ist es nicht allzu aufklärerisch, dergleichen einfach wegzulassen?

Ich will nicht alles weglassen. Der Schwan im *Lohengrin* ist Symbol, also muß er bleiben. Auch der Schwan, der im *Parsifal* abgeschossen wird, ist Symbol, auch er darf nicht getilgt werden... wäre es nur nicht so schwer, ja so unmöglich, den Sturz des getroffenen Tieres glaubhaft darzustellen. Man muß sich entscheiden. Im zweiten Akt der *Meistersinger* habe ich mich eben für den Johannisnachtsspuk entschieden.

Obwohl doch die enge Gasse so notwendig zur Welt und zum Klima der beschränkten Meistersinger gehört, über deren Welt sich Hans Sachs erhebt?

Die enge Gasse können Sie überall sehen. Die wird an allen Opernhäusern erbaut. Ich wollte mal etwas anderes machen.

Und man kann immer nur ein Symbol, einen Gedanken verwirklichen.

Immer nur *ein* Symbol – ? – aber wie soll dann eine Spannung entstehen zwischen den Bedingtheiten und den Wünschen, zwischen Idee und Wirklichkeit? Tristan muß in einer zerfallenden Umgebung den Tod finden, sonst...

Warum soll die Mauer da sein und die Linde, wenn die Idee der Unendlichkeit die Hauptsache ist? Warum soll ich im zweiten Akt der *Meistersinger* die Bühne mit Häusern und Erkern füllen, wenn ich diesen zweiten Akt als Parodie auf den Mittelakt des *Tristan* spielen will? Haben Sie einmal darauf geachtet, daß zwischen dem Liebesdialog Tristan/Isolde und dem Liebesdialog Walther/Evchen aus den *Meistersingern* überraschende Analogien bestehen?

Doch warum schließen sich die verschiedenen Symbole so streng aus?

Nun, früher bedeuteten die Symbole den Zuschauern noch unmittelbar etwas, heute muß man anschaulich machen, verdeutlichen, einprägen. Wer versteht noch die Symbolik des *Parsifal*, wer weiß noch, was Speer und Kelch und Schwan besagen? Weshalb soll ich einem Realismus nachjagen, den der Film viel besser kann, wenn die Welt der Symbole darüber in Vergessenheit gerät?

Aber warum nur immer *ein* Symbol? Ist, trotz ausdrücklicher anders lautender Vorschriften Richard Wagners, eine Vielfalt unmöglich?

Ja, sie ist unmöglich. Wer den ersten Akt der *Walküre* inszeniert, muß sich eben fragen, was ihm das Wichtigste ist, ob es der Frühling ist oder die Eiche oder der Herd mitsamt dem Feuer. Diese Symbole durchkreuzen sich. Und da man die Eiche unbedingt braucht, habe ich auf den Herd verzichtet. Man muß wählen und sich entscheiden.

Wieland Wagner hat gewählt und sich entschieden. Er ist jetzt vierzig Jahre alt, faszinierend, beweglich, liebenswürdig. Seine Urteile sind scharf, und trotz aller süddeutschen Aufgeschlossenheit läßt er den Gesprächspartner nicht aus den Augen, so als müsse er beobachten, was in ihm vorgeht.

Wieland Wagner ist kein Wagnerianer. Man sieht ihm an, daß er einmal Maler werden wollte und daß er an jener Bayreuther Tradition gelitten hat, von der er sich nun mit einem Gewaltstreich löste. Pferde auf überladener Bühne, ein lächerlich dicker Mann, der auf dem Tisch herumtanzt und überdies Jung-Siegfried sein soll: solche oder ähnliche Jugendeindrücke haben den in Wagnerscher Atmosphäre aufgewachsenen Künstler einst erschreckt und belustigt – um alles in der Welt möchte er verhindern, daß dergleichen sich auf der Bayreuther Bühne jemals wiederholt. Sein Affekt gegen das Wagnerianisch-Germanische ist echt. Er weiß unverrückbar genau, von welchen Voraussetzungen ein moderner Opernregisseur auszugehen habe, und er vermeidet es, über Aufführungen zu diskutieren, die seinen künstlerischen Voraussetzungen fernstehen. Selbst über die *Tristan*-Inszenierung seines Bruders sagte er nichts. In seinem Munde klingt die Feststellung, «aber das kann man doch heute nicht mehr machen», wie ein unwiderrufliches Todesurteil.

Natürlich hat die Kritik sich gerade an Wieland Wagners programmatischem Modernismus gestoßen. Johannes Jacobi schrieb 1952:

Die zustimmenden Äußerungen – zu Wieland Wagners Experimenten – berufen sich gern auf die Behauptung: Richard Wagner würde, wenn er heute lebte, genau so «fortschrittlich» verfahren wie jetzt seine Enkel. Das hat viel Wahrscheinlichkeit für sich. Aber ebenso wahrscheinlich, vielmehr sicherlich würde er dann auch eine andere Musik schreiben, andere Texte dichten, andere Stoffe wählen, so daß dabei wieder, zusammen mit der dann dazu passenden Szenerie, eine stilistische Einheit bestände. Will man hingegen das vorliegende Werk «modernisieren», so muß man logischerweise auch die genannten Faktoren der gleichen Veränderung unterziehen. In diesem Falle wäre es freilich einfacher, gleich andere Autoren aufzuführen.

Und Professor Stuckenschmidt erfand im Hinblick auf die *Meistersinger*-Deutung Wielands ein amüsantes Beispiel.

Was geschähe wohl, wenn irgendeine große Bühne am Schluß der *Meistersinger* den Hans Sachs und alle anderen eine kleine Textänderung singen ließe, nämlich statt:

«Zerging' in Dunst das Heil'ge Röm'sche Reich,
Uns bliebe gleich die heil'ge deutsche Kunst»

die neue Version:

«Zerging' in Dunst das Tausendjähr'ge Reich,
Uns bliebe gleich die abendländ'sche Kunst»

Die Freiheit eines Regisseurs läßt sich nicht ein für allemal festlegen. Man muß immer wieder von neuem erspüren, wo die Grenze zwischen Erlaubtem und Willkürlichem verläuft. Bisher dürfen wir folgende Schlüsse ziehen: Wolfgang Wagners *Tristan* erwies den Bankrott einer planlos modernistischen Inszenierung. Aber auch die gezielte Abstraktion Wieland Wagners mußte an den *Meistersingern* scheitern. Sie konnte einem Werk nicht gerecht werden, das unablösbar von und in einer historisch bestimmten Zeit lebt.

Solche Irrtümer sind freilich nicht nur Diskussionsstoff. Was solche Fehlspekulationen für den Zuschauer, also gewissermaßen im «Ernstfall», bedeuten, kann nur ermessen, wer weiß, daß Aufführungen des *Parsifal*, der *Götterdämmerung* und der *Meistersinger* in Bayreuth 6 bis 7 Stunden andauern. Über diese Zeiträume – in den übrigen Opern sind es kaum kürzere – hilft kein Symbol und keine Spekulation hinweg. Wenn der Regisseur tatsächlich den Aufbau eines Werkes verfehlt, wenn er Spannungen unterschlägt oder durch blasse Konstruktionen ersetzt, dann ist die Folge von alledem ja nicht nur, daß man sich ästhetisch empört. Viel schlimmer: man langweilt sich. Man schaut auf die Uhr, schweift mit den Gedanken von der dunkel armseligen Bühne ab und ist auf eine mitunter spröde Musik angewiesen; einen Teil des Gesamtkunstwerkes, nicht seine Totalität. Nachdem die ziellose Stilisierung im *Tristan*, die gezielte in den *Meistersingern* nur unbefriedigende Lösungen ermöglicht hatte, müssen wir jetzt anders und neu fragen. Ist eine gezielte, planvolle Stilisierung des Bühnenraumes und der Handlung denn möglich, wenn es um eine jener Wagnerschen Opern geht, die in mythisch unbestimmter Zeit spielen?

Mit dem *Parsifal* begann es. Keiner der 1700 Zuschauer, die am 30. Juli 1951 dabei waren, wird je den Schock vergessen, den die düstere, leere, feierlich schweigsame Bühne bewirkte. Damals fing eine neue Phase des Operntheaters an.

Mit diesem *Parsifal* begann die Herrschaft der Symbole. Wer es nicht weiß, kann nicht erraten, daß Klingsors Zauberschloß «dem arabischen Spanien zugewandt» liegt und daß es mit magischen Geräten angefüllt ist. Wer es nicht weiß, wird kaum bemerken, wie sich ein heiliger Hain, ein tropisch sinnlicher Blumengarten und eine anmutige Karfreitagsaue voneinander unterscheiden. Auch der naivste Zuhörer wird sich nur Gedanken machen über Symbole, über Kelch und Speer und Gral, und in jedem wird der Klang feierlicher Chöre nachschwingen. Die Szene versteckt sich hinter Symbol und Musik.

Mit dieser Revolution hängen zahlreiche musikalische und künstlerische Probleme zusammen, über die man sich bis heute noch nicht geeinigt hat. Wo überall in der Welt man sich für Opern und Aufführungen interessiert, wird über Wieland Wagners Reformen diskutiert. Das neue Bayreuth hat zu solchen Gesprächen verführt. Und deshalb dürften sich auch die konservativsten Freunde des «alten» Bayreuth eigentlich nicht beklagen: So hektisch sie die Forderung nach Werktreue wie einen Schild erheben, mit dem man Richard Wagners Tondramen vor den Schwertschlägen des inszenierenden Enkels schützen müsse – nur diesem Enkel ist es zu verdanken, daß Wagners Werke für die deutsche Öffentlichkeit wieder zu heiligen Texten geworden sind. Statt einer Diskussion über Wert und Wesen Wagnerscher Kunst, die infolge des ungeheuren Schicksals dieses ungeheuren Werkes eigentlich zu erwarten gewesen wäre, streitet man über Inszenierungsfragen, über Hell und Dunkel, über Abstraktion und Symbol. Statt das Problem Wagner zu bedenken, streitet man über die Notwendigkeit einer Linde oder eines Fliederstrauches. Wielands grandiose Unbefangenheit und Verranntheit bewahrte die Tondramen vor der Kritik, Interpretationsfragen drängten sich vor. Richard Wagners treueste Freunde, die sich so bitter über den Enkel beschweren, hätten den Werken des Meisters keinen besseren Dienst tun können.

Mag der *Parsifal* Bayreuths Allerheiligstes sein, im Mittelpunkt der Festspiele steht jedesmal die Tetralogie: *Der Ring des Nibelungen*. Man kann das schon dem Bayreuther Spielplan entnehmen, der, zumindest seit 1951, ja ziemlich konstant geblieben ist. Jedesmal gibt es den *Parsifal* und jedesmal die vier Abende des *Ringes*. Es tritt jeweils die Neuinszenierung einer weiteren Oper hinzu, die im nächsten Jahr wiederholt und dann abgesetzt wird. Mit anderen Worten: Wer zu den Bayreuther Festspielen fährt, kann dort in aller Regel sieben Wagner-Opern sehen – den *Ring* mit seinen vier Abenden, den *Parsifal*, eine Neuinszenierung und die Wiederholung der vorjährigen Neuinszenierung.

Schon diese Übersicht läßt erkennen, daß die Tetralogie Mittelpunkt der Festspiele ist. Die Institution Bayreuth hat vor allem das Ziel, beispielhafte Aufführungen dieses Riesenwerkes zu ermöglichen. Ganz offenbar ist Wieland Wagners Inszenierungs-Stil hauptsächlich auf den Kosmos des *Ringes* zugeschnitten. Hier entscheidet sich das Schicksal Bayreuths.

Der Raum, den Wieland Wagner für die Sagenwelt des *Ringes* entwirft, ist leer. Man sieht keine wildzerklüfteten Felsen, keine Wälder, nur gewaltige Andeutungen dämmern dahin. In mythischem Nebel ruhen die Dinge, fast immer ist die Bühne ein großer, unverstellter Platz, gefüllt mit wechselndem Licht. Merkwürdigerweise scheut Wieland Wagner nicht den realistischen Effekt, sondern bloß die Attrappe, die ihn hervorbringt. Wenn Wieland mit Farben oder Vorhängen einen Feuer- oder Wasser-ähnlichen Effekt hervorbringen kann, dann ist er gern und kunstvoll dazu bereit. Wasser selbst darf es aber nicht sein. Vielleicht würde er auch gern Bäume aus Licht auf die Bühne stellen – manche Andeutungen verraten es –, doch Bäume aus Holz scheint er zu verachten.

Das ist immerhin ein Prinzip. So, im leeren Raum, zusammengeflossen aus Farben und Effekten, wirkt die Bühnenwelt alterslos, ungegenständlich, unwirklich. Es ist, als schaute man dem Anfang der Dinge zu. Eine solche Konzeption läßt sich freilich nur schwer durchhalten. Der Regisseur wird kaum verhindern können, daß manche Kostüme doch irgendwelche historische Assoziationen wachrufen, daß die Haartracht, die Gesten und die Bewegungen der Künstler die mythologische Einheit zerbrechen oder zumindest bedrohen. Gleichwohl hält er dem einmal gewählten Prinzip phantasievoll die Treue.

Am *Ring* wird deutlich, warum Wieland Wagner stilisiert. Wenn in den *Meistersingern* der Tanz der Lehrbuben nur ein verschwimmendes Schwingen auf der Stelle war, wenn die Prügelszene zum ballettösen Drill entartete, dann ließ sich das ästhetische Dilemma schwerlich übersehen.

Im *Ring* jedoch sind die gleitenden, stilisiert lebendigen Bewegungen der Rheintöchter am Platze. Wir bestaunen zeitlose Wassergeister, mythisch abstrahiert.

Wieland Wagner zielt auf die ewigen Muster. Zwischen seinen Figuren ist wenig Kommunikation, sie scheinen aus allem realen Tun, Wirken und Reagieren herausgelöst. Brünnhilde singt: «Schwer wiegt mir der Waffen Wucht», aber sie trägt nichts. Wielands Bühne gleicht einer Laterna magica, die ein einziges, stehendes Bild produziert. Es ist, als wolle er, der leidenschaftliche Maler, jeden Akt, zumindest jede Szene, auf ein einziges Grundmotiv zurückführen, auf ein festes Urbild der Symbole und Kräfte, das nur leichte Variationen zuläßt. So und nur so, in dieser einzigen Ordnung – stehen die Götter vor dem kaum sichtbaren Walhall, so umarmen sich Siegfried und Brünnhilde, so wogt der Rhein, so wird die ungetreue Walküre verstoßen. Es ist natürlich bestürzend, wenn die Walküren, statt geschäftig hin und her zu eilen, wie Richard Wagner es vorschreibt, gleichsam angenietet in einer Reihe stehen und erregt singen. Das boshafte Wort vom *szenischen Oratorium in Bayreuth* trifft darum zumindest den formalen Aspekt der Wielandschen Technik. Aber es verfehlt Wieland Wagners Konzeption. Denn die Sänger sollen ja nicht bloß unbewegt stehen, um die Musik zu besserer Wirkung kommen zu lassen, sondern sie sollen sich einer sinnvoll-charakteristischen Ordnung unterwerfen. Die Szenerie will ein Urmuster menschlicher Möglichkeiten sein.

Stellen wir zunächst die Frage zurück, ob das nicht eine grandios dilettantische Idee sei, die an der Länge, dem Beziehungsreichtum und der Fülle Wagnerscher Tondramen vorbei ins düster Mythische ziele und den Zuschauer mit der isolierten Musik allein im dunkeln lasse. Oft genug schiebt Wieland Wagner einen Wust gedankenloser Bühnentradition beiseite, um das einzig Richtige zu treffen. Da war die Domszene aus den *Meistersingern*, deren Ernsthaftigkeit exemplarisch erschlossen wurde. Da war der großartige Einzug der Gäste und der Sängerwettstreit des zweiten *Tannhäuser*-Aktes: eine einleuchtendere Mischung aus sinnvoller Festlichkeit ohne szenischen Bombast, innerer Richtigkeit ohne psychologisierendes Detail und unauffälliger Hör- und Sehhilfe gibt es im deutschen Theater nicht. Der Sünder Tannhäuser, die eifernd moralistischen Ritter und die heilige, liebende, allem empörten Rechthaben so ferne Elisabeth – eine Nonkonformistin des Gefühls –, alle diese Sphären und Gegensätze kamen bewundernswert deutlich heraus. Wieder war ein Urmuster getroffen.

Mit einem inszenatorischen Blitzstrahl hat Wieland Wagner auch den Beginn der *Walküre* erhellt.

Da gibt es keinen Herd und leider auch kein Herdfeuer mehr, da wird auch die drückende Enge nicht spürbar, aus der Sieglinde ausbrechen will. Doch mag auch mit der engen Hütte ein Motiv für Sieglindes Fluchtbereitschaft wegfallen, Wieland Wagner nimmt solche Ungereimtheiten in Kauf. Seine Sieglinde steht nicht mehr am Herd. Sie rüstet nicht den Abendtisch, sondern sie ist nur noch Liebende, vom ersten Blick und Augenblick an zwanghaft bedingungslos Liebende. Wieland Wagner macht das deutlich durch stummes Spiel. Kaum hat Siegmund gesagt: «Wehwalt hieß ich mich selbst, Hunding will ich erwarten», da treibt die Musik Siegmund und Sieglinde zueinander, wie zwei Wesen, die unter einem Bann stehen, bis Hundings düsterer Hornruf warnt.

Wenn es darum geht, Allgemein-Menschlichem die Zunge zu lösen, dann gelingt Wieland Wagner machtvoll faszinierendes Operntheater. Es gibt im *Ring* noch einige Szenen von ähnlicher Großartigkeit, die «Todverkündigung» aus der *Walküre* und den dritten Akt des *Siegfried*.

Doch so sympathisch Wielands Flucht vor dem Ausstattungskitsch der Markart-Zeit auch sein mag, vor dem Bombast des

Wilhelminismus, vor dem romantisch-nationalistischen Germanenkult einer vergangenen Epoche: Auch der *Ring* des neuen Bayreuth ist nicht rund, nicht gelungen, nicht verbindlich. Denn aus lauter Angst vor dem 19. Jahrhundert floh der Regisseur ins mythisch-finstere Nichts, in einen wahrlich dunklen Urgrund des Seins. Nur ein paar ganz allgemeine Spannungen und Begegnungen hat er gestaltet, alles übrige, wie große Teile des *Rheingold* und des *Siegfried* und zumindest die Hälfte der *Götterdämmerung*, blieb formlos irrationale Masse. Im neuen Bayreuth werden die Opern Wagners archaisiert, nicht humanisiert. Statt einer farbig-lebendigen Märchen- und Sagenwelt erbaut Wieland Wagner ein mythisches Niemandsland. Dem inneren Leben des Kunstwerks, der Fülle der Beziehungen, weicht er aus. Und während die von Richard Wagner geschaffenen dramatischen Sopran-Partien im Grunde die Emanzipation vorwegnehmen, während die Opern gewissermaßen der Erlösung in die Zukunft harren, huldigt der inszenierende Enkel dem berauschend schicksalhaften Urgrund des Allgemeinsten und Unverbindlichsten. Die Bayreuther Bühne hat mit dem kritischen 19. Jahrhundert nichts mehr zu tun, auch der selbstbewußte Wilhelminismus hat ausgespielt, irrationale Nebel steigen auf. Das Schicksal spricht, seiner Macht werden die Individuen geopfert. Alle Sachlichkeit, alle nivellierende Balletthaftigkeit der Massenszenen, alle angeblich antikisierende Entmenschlichung hat in Wahrheit nur dieses Ziel. Solche Tendenzen freilich sind heute modern. Gustav Rudolf Sellners avantgardistisches Darmstädter Theater oder auch Carl Orffs *Antigonae* sind in ihrem Kern irrational; auch sie versuchen, Archaisches, wilde Motorik und die Stromlinie miteinander zu verbinden. Natürlich wird diese «Heimkehr» in den «Urgrund» beklatscht. Man entrinnt ja der Last, hier und heute zu existieren, denken, wirken, helfen und bessern zu müssen.

Geht diese Deutung zu weit? Darf man die sich immer wieder ändernden, immer wieder gefeierten und immer wieder erfolglos kritisierten Bayreuther Experimente wirklich so ernst nehmen, wie es hier geschieht? Ich sprach mit einem verbitterten Kritiker, der Wieland Wagners Reform radikal ablehnt. Er sagte:

> Lassen Sie sich doch nichts vormachen, die Stilisierungstendenzen, wie man sie jetzt als neues Bayreuth bezeichnet, gibt es schon lange, auch in Bayreuth. Tietjen und Preetorius haben da schon vor 20 Jahren eine Bresche geschlagen. Was ist dann eigentlich geschehen? Wir haben hier während der letzten sieben Jahre zusehen müssen, wie Wieland Wagner seine öffentlichen Schularbeiten macht, wie er langsam erkennt, daß die Bühne aus der dritten Reihe heller wirkt als aus der 25. und darum mehr Licht erlaubt, wie er die Figuren etwas beweglicher anordnet, wie er selbstgefundene Gesetze unter dem Jubel seiner Anhänger wieder aufhebt oder durch neue verdrängt. Im Grunde ist das alles furchtbar langweilig. Und Sie wissen ja, wie sich die Musiker zu diesem Zirkus verhalten – Furtwängler kehrte dem neuen Bayreuth den Rücken, weil dort das Ende des Gesamtkunstwerkes herbeigeführt werde, auch Karajan wandte sich ab, und Igor Markevitsch verließ Bayreuth, noch ehe die *Tannhäuser*-Premiere stattgefunden hatte. Die Stars singen zugleich in Bayreuth, München und Salzburg, wo bleibt da der vielgerühmte ‹Bayreuther Geist›?

Was die reisenden Stars betrifft, so müßte Bayreuth zehnfache Gagen zahlen können, um die besten Sänger der Welt *nur* an sich zu binden. Und wer weiß, ob es selbst dann möglich wäre. Dagegen ist es nicht selbstverständlich, daß etwa Walter Geisler und Otto Wiener, die in den *Meistersingern* immerhin den Hans Sachs und den Walther von Stolzing sangen, im *Parsifal* als schlichte Gralsritter fungierten. Es gibt ohne Zweifel noch den berühmten Bayreuther Ensemblegeist.

In Bayreuth herrscht der genius loci einer lückenlosen musikalischen Tradition. Immer noch wird dort sogar die kleinste, nebensächlichste Wendung mit ausdrucksvoller natürlicher Richtigkeit vorgetragen, ja zelebriert. Auch die Festspielhausakustik ist immer noch ein Wunder. Freilich hat sie durch einen kleinen Umbau des Orchester-Raumes ein wenig gelitten – so rund und homogen wie einst wirkt der Bayreuther Orchesterklang nicht mehr. Gewiß, gelegentlich werden auch Fehler gemacht. Auch in Bayreuth gibt es keine musikalische Vollkommenheit. Den Walküren etwa passierte in diesem Jahr ein heftiger «Schmiß», und André Cluytens war kein *Parsifal*-Dirigent von Weltformat.

Allein solche Pannen haben wenig oder nichts zu besagen. Bedenklicher ist schon, daß es allmählich keine Wagner-Tenöre mehr gibt. Dank Wielands Reformen sind also Wagner-Opern wieder zu heiligen Texten geworden. Aber der musikalische Weltgeist fällt dem Regisseur jetzt gewissermaßen in den Arm. So wie es den Sprechtheatern beinahe unmöglich ist, einen guten Max Piccolomini für Schillers *Wallenstein*-Drama zu finden, so kann man ja heute kaum zwei Künstler auftreiben, mit denen die Rollen des Siegmund und des Siegfried ideal besetzt wären. Diese Partien erfordern ja nicht nur Musikalität und Stimmbänder, sondern sie verlangen enorme physische Kraft, Vitalität und Temperament. Wie Elsa auf Lohengrin, wartet Wieland auf Wagner-Tenöre.

Aber kommt die Wagnersche Musik wirklich besser heraus, wenn das Bühnengeschehen in den Hintergrund gedrängt wird? Ist die These berechtigt, daß man im neuen Bayreuth wieder zum Musiktheater zurückgefunden habe?

Wieland Wagners Gegner antworten, man dürfe das Gesamtkunstwerk nicht zerreißen und die Musik künstlich in den Vordergrund spielen. Doch diese Antwort genügt nicht. Man muß präziser fragen: Wird die Musik in ihrer Wirkung gefördert oder behindert, wenn der szenische Apparat zurücktritt?

Die Partitur ist allwissend, und das Leitmotiv ist ihr Gedächtnis. Doch das Leitmotiv erinnert nicht grundlos. Wenn zum Beispiel im ersten *Götterdämmerungs*-Akt, bei Hagens Wacht in düsterer Nibelungenhalle, plötzlich das Walhallmotiv oder das Siegfriedmotiv erklingt, dann wirkt der Bezug überraschend, verdeutlichend und schlagartig erhellend. Die Musik sagt aus, was die Handelnden und Leidenden auf der Bühne oft gar nicht wissen, sie erinnert an Alberich, ohne daß der Name auch nur genannt wird. Je verschiedener Situation und Ort, desto überraschender und überwältigender der leitmotivische Zusammenhang. Das Leitmotiv soll sich als Identisches im Nicht-Identischen, im Veränderlichen durchhalten: diese Funktion wird überflüssig, wenn die Welt des *Ringes* allzu gleichförmig bleibt. So verletzt Wieland Wagners stilisierende Vereinfachung die Musik des Tondramas in ihrem Kern. Das Leitmotiv ist eine überflüssige, nutzlose und damit langweilige Wiederholungsmanier, wenn die Welt, in der es zur Geltung kommen soll, sich nicht wirklich und sichtbar verändert. Natürlich, auch bei Wieland Wagner gleichen die Bühnenbilder sich nicht völlig. Aber, auf bloße Andeutung berechnet und aufs Wesentliche stilisiert, sind sie sich doch zu ähnlich, als daß sie der ununterdrückbaren Kraft des Leitmotivs den notwendigen szenischen Widerstand entgegensetzen könnten. So hängt das Leitmotiv gewissermaßen in der Luft und geht seiner szenischen Funktion verlustig.

Wieland Wagners Wagnis, die Opern des Großvaters aus dem 19. Jahrhundert zu lösen, gelang bisher nur partiell. So einleuchtend der Gedanke ist, zu entrümpeln, Symbole zu schaffen, auf allgemein Menschliches zu beziehen; allzu konsequent befolgt, verfehlt er die dramatische und musikalische Realität der Werke. Gewiß: kitschige Papierrosen, dressierte Pferde oder abgerichtete Hunde haben auf der modernen Opernbühne nichts mehr zu suchen. Es ist ein Verdienst der Wagner-Enkel, dergleichen ein für allemal unmöglich gemacht zu haben. Aber man darf die Wirklichkeit der Opernwelt nicht der Magie des Symbols opfern. Das Symbol ist der Schatten des Gestalteten, aber es ersetzt die Gestaltung nicht.

Wieland Wagner war bei alledem viel zu grundsätzlich, zu abstrakt, zu symbol-tief, zu prinzipiell und zu mythisch-irrational. Er opferte die Oberfläche und verlor sich in der Tiefe. Mit anderen Worten, er betrieb die Entgermanisierung des Gesamtkunstwerkes auf eine beängstigend deutsche Weise. Denn unter welchen Oberbegriff kann man die Neigung zum Grundsätzlichen, Unsinnlich-Abstrakten, Tiefen und Irrationalen bringen, wenn nicht unter den des Deutschen, des allzu Deutschen?

Funkmanuskript für den WDR, 1957

3
Karl Böhm und Wieland Wagner wahren Bayreuths Vorsprung
(1965)

Das Rheingold

Als das tiefe Es aus dem Grunde des Rheins herauftönte ins Bayreuther Parkett, sich nach einem Augenblick des Zögerns (aus dem beinahe eine geheime Angst sprach, sich in die unmäßige Geschichte zu verlieren) mit einer Quinte verband, dann summend und brausend in langsame Bewegung geriet, so daß das Festspielhaus erfüllt war von leisem, bedächtigem Rauschen: da wußte man, daß man sich nicht umsonst auf den neuen Bayreuther *Ring* gefreut hatte. Denn wie kein anderer Dirigent weiß Karl Böhm, was Ruhe ist, weiß, daß die Gewalt des wagnerischen forte nicht nur von der Stärke des Blechs abhängt, sondern davon, daß vorher wirklich ein reines, erfülltes piano war.

Schon lange nicht mehr hat man auf ein Bühnenereignis mit soviel Neugier gewartet wie auf diesen Bayreuther *Ring*. Die Begum, Herbert von Karajan, Fachleute und Liebhaber von überallher gaben dem großen 70jährigen Karl Böhm die Ehre. Zudem war man neugierig auf Wieland Wagners zweite *Ring*-Inszenierung – Wieland Wagners erste Inszenierung stand von 1951 bis 1958 zur Bayreuth-Diskussion, 1960 bis 1964 spielte man Wolfgang Wagners von der Kritik recht ungnädig behandelten *Ring*. Nun investiert der berühmte Enkel 14 Jahre Regieerfahrung in seinen zweiten *Ring*.

Und sogar die möglicherweise weder an Musik noch an Inszenierungsproblemen interessierten, nur um des gesellschaftlichen Prestiges nach Bayreuth geeilten Industriellen konnten bereits im *Rheingold* auf ihre Kosten kommen: Denn die Oper demonstriert, zu welchen illegalen Mitteln ein Chef greifen muß, wenn die Kapitaldecke nicht reicht, wenn Bauverträge nicht erfüllt werden können und wenn man sich in immer neue Schuld und Schulden stürzen muß, um alte Lücken zu verstopfen.

Die Schwierigkeiten, mit denen der Dirigent fertigwerden muß, sind offenbar. Da, wo Wagner in – pessimistisches – Feuer gerät, hat die Musik ja nahezu von selbst Größe und fesselnden Glanz; doch da, wo sie nur ruhig erzählt, kann leicht eine neutrale Spannungslosigkeit sich ausbreiten, wie sie im *Rheingold* oft genug zu erleben ist, so daß man die (kürzeste) Wagner-Partitur dennoch als seine, der Erlebniszeit nach, längste Oper bezeichnen könnte.

Karl Böhm hat am Bayreuther Eröffnungsabend demonstriert, daß die Angst vor dem Langeweilefluch, der auf dem *Rheingold* lastet, unnötig ist. Denn er versuchte sowohl im Vorspiel als auch bei der Aufzählung der Leitmotive und bei der Begründung von Charakteren die entschieden «episch» angelegte Partitur nicht mit forcierter Gespanntheit zum Klingen zu bringen, sondern mit einer blühenden Ruhe musikalischen Werdens. Wagner klang oft wie Schubert. In dem gleichen Maße nämlich, in dem Schubert die Natur sprechen und klagen läßt, in dem Schubert harmonische Zweideutigkeiten zum Ausdrucksmoment macht, verweist ja auch die Naturstimmung des *Rheingold* wieder auf Schubert zurück. Was bei anderen Dirigenten so oft vermißt wird – die Erfülltheit des Leisen, die Gewichtigkeit und Belebtheit des Schlichten –, gerade darin scheint Böhm unübertrefflich. Wenn er vor dem Aufglühen des Rheingoldes langsamer wird, wenn er die Pianissimoviolinen bei Frickas Schmeicheleien süß abtönt, dann stellt sich plötzlich der Zauber großer Musik ein, und ich möchte den Anti-Wagnerianer sehen, der einer solchen melodiösen Geste widerstehen könnte.

Es spricht für die immense Musikalität des Strauss-Dirigenten Karl Böhm, daß seine Pointierung des Melodischen und Weichen bei Richard Wagner der Musik gerade nicht – wie es sonst immer bei derartigen Versuchen geht – einen etwas oberflächlichen Strauss'schen Charme, selbstsicheren, neudeutschen Vitalismus einhaucht, sondern verhaltene romantische Innigkeit. Und weil Böhm nicht donnernder Orchesterperfektion nachjagte (trotzdem «passierte» nichts, außer daß das tiefe Blech bei der Verwandlungsmusik vor der Nibelheimszene indisponiert schien und der Opernschluß um eine Spur zu neutral geriet), sondern reinem Ausdruck, hatten es auch die Sänger leichter. Sie mußten nicht mit einer entfesselt präzisen Orchestermaschinerie mühsam konkurrieren. Sie wirkten darum sämtlich ungemein gut «bei Stimme».

König des Abends war Gustav Neidlingers Alberich. Selbst wenn es nur nach der Stimme ginge, müßte man für die Götter zittern. Neidlinger stellte endlich einmal einen wirklichen Gegentypus der Lichtfiguren auf die Bühne: einen enttäuschten, grimmigen, herrschsüchtigen Zwerg, der nicht böser, wohl aber düsterer und finsterer war als Wotan & Co. In der ersten Szene ist er noch Opfer herzlos-übermütiger Nixen, dann wird er der Herr der Finsternis. Sein Fluch, sein Lachen, seine sorgfältige Deklamation und sein Vermögen zu unauffälliger gesanglicher Steigerung waren überwältigend. Wieland Wagner aber dürfte durch diesen Alberich und seine Möglichkeiten vielleicht sogar dazu bewogen werden, den *Ring* ganz *gegen* die Götter, die Wieland nicht mag, und *für* die Zurückgesetzten zu inszenieren. Einen Schritt auf diesem Wege hat er bereits gemacht.

Verweilen wir noch bei den durchweg trefflichen Sängern. Theo Adams Wotan war ohne alles falsche Fett, ohne baritonale Undeutlichkeit. Den törichten Ausbrüchen, die Wagner diesem Wotan (in erfinderischem psychologisierendem Übermut) ständig vorschreibt, zwang er dennoch eine quasi intellektuelle Würde ab. Fricka (Ursula Böse), Freia (Anja Silja), Erda (Lili

Chookasian) hatten Bayreuth-Format und machten auf die kommenden drei Abende neugierig. Die Rheintöchter (Dorothea Sieberth, Helga Dernesch und Kerstin Meyer) durften sich ganz und erfolgreich aufs Singen konzentrieren. Denn was die Scheinwerfer aus dem Rhein herausholten, waren stumme, laszive Brüste zeigende Fischdoubles.

Damit wären wir bei Wieland Wagners Inszenierung. Zunächst: Wieland Wagner läßt der Musik den Vortritt. Er inszeniert zwar keineswegs musikalische Linien nach, sondern er stellt ruhige, statuarische Bilder her, die unterbrochen werden von sorgfältiger, quasi realistischer Personenregie. Doch alles das wirkt entkrampft, trumpft nicht mit Stilwillen auf, scheint fast nebensächlich, tritt nie mit der Musik in Wettstreit. Da das Singen der Rheintöchter nicht mit wollüstigem Schwimmen vereinbar ist, läßt Wieland Wagner Doubles wollüstig sein und die drei Damen unsichtbar Oratorium singen. Bei Alberich verhält es sich anders: Der muß beides, singen und spielen.

Freia und Fricka tragen Abendkleider, mit denen sie im Parkett kaum auffallen würden. Nach Wotan und Loge hingegen würde man sich umsehen. Wolfgang Windgassen, endlich einmal kein hehrer Heldentenor, macht aus dem Loge eine finessenreiche Figur. Das war kein schneller, zappelnder, sondern ein bedächtig verlogener, intelligent singender Feuergott.

Das Inszenierungsproblem des *Rheingold* ist klar: Die Götter, so schäbig sie sich benehmen, müssen dennoch als machtvolle Wesen exponiert werden (schon wegen der *Götterdämmerungs*-Fallhöhe). Für diese Macht sprechen Musik und Bild. Doch Wieland Wagner meidet alle Assoziationen, die jedem Opern- und Sagenfreund kommen, wenn von germanischen Göttern die Rede ist, und vor allem, wenn das Wort «Burg» ertönt. Was er aufbaut, ist eine expressionistische Zuchthausmauer. Sie ähnelt der Mondlandschaft von Wieland Wagners drittem *Tristan*-Akt.

Natürlich läßt sich verstehen, daß Wieland Wagner die großväterliche Ritterromantik nicht mitmachen will. Doch unglückseligerweise ist bei Richard Wagner die Kraft der Götter identisch mit der Pracht Walhalls. Walhall ist der hauptsächliche Ausdruck für göttliche Macht: Immer dann, wenn von göttlichem Walten die Rede geht, ertönt ja das Walhallmotiv. Diese Macht aber leugnet der moderne Wieland. Dadurch verweigert er dem Geschehen einen Spannungspol. Den letzten Schritt der Entmythologisierung hingegen wagt er noch nicht: sich ganz auf die Seite der Riesen oder Zwerge zu stellen.

Ja, was die beiden Riesen betrifft, denen in der Oper fortwährend unrecht getan wird, so setzt Wieland Wagner das Unrechttun fort. Er glaubt dem Fasolt (Martti Talvela) die Verliebtheit nicht und läßt Fafner (Kurt Böhme) harmlos im Stich. Die Riesen verkaufen doch ihr Honorar namens Freia für Gold. Fasolt ist mit dem Tausch nur einverstanden, wenn ihn nichts mehr an seine Liebe zu Freia erinnert, wenn er nichts mehr von der durch Goldbarren Verdeckten sehen kann. Doch Wieland Wagner – immer freudig bereit, überdeutliche Sexualsymbole zu erfinden – läßt aus den Goldbarren eine nackte Frau bauen und macht sich über Fasolts Verzweiflung nur lustig. So erinnert das Gold an das, was es verbergen sollte: an die Frau.

Diesen Einfall und den ein wenig mißglückten Schluß müßte der Regisseur im kommenden Jahr korrigieren, denn man weiß ja, daß die Bayreuther Riesenaufgabe, in wenigen Wochen vier komplizierte Opern zu inszenieren, beim ersten Anlauf immer unlösbar ist. Die erste Fassung bleibt meist ein mehr oder weniger ausgeführtes Versuchsmodell.

So, wie Bayreuth sich nach diesem *Rheingold* darstellt, hat Wieland Wagner sich für die Musik, für Karl Böhm also, entschieden. Und die eigenen Einfälle nur dann wuchern lassen, wenn sie die musikalische Substanz nicht beschädigen. Tumultuöser Beifall für alle Beteiligten.

Die Götterdämmerung

Der Dramaturg Richard Wagner verdient wirklich grenzenlosen Respekt: Sein *Ring* schmiedet auch das Publikum zusammen. Eine Woche lang können Johnson, Erhard und Strauß tun oder lassen, was sie wollen – in Bayreuth gibt es nichts als die vier Abende der *Ring*-Tetralogie. Sogar der Kalender scheint abgeschafft. Man sagt nicht «Donnerstag», sondern «der Tag nach *Siegfried*». Nichts – im Bereich der schönen Künste – gleicht dieser Konzentration.

Obwohl manches unbewältigt blieb, manches mißglückte (infolge technischer Pannen, die sich nicht zu wiederholen brauchen, und infolge von Indispositionen, die unvermeidbar sind), obwohl manche krassen Widersprüche verstörten: Trotzdem ist Wieland Wagners zweite Bayreuther *Ring*-Inszenierung die respektabelste Leistung, die dem Enkel bisher gelang. Er hat seine – wie Johannes Jacobi einst schrieb – szenischen Schularbeiten in Bayreuth nicht umsonst gemacht. Der neue *Ring* glänzt von angewandter Opernerfahrung, bringt störrischen Nonkonformismus, freilich auch, vor allem im *Siegfried* und in der *Götterdämmerung*, viel heillos prinzipielles Dilemma.

Das *Rheingold*, *gegen* Walhalls Glanz, *für* epische Konkretion und vor allem die Entfaltung der Musik inszeniert, war ein großer Eröffnungsabend, weil Karl Böhms strömende Musikalität überwältigte, zumal das Publikum an solche Orchesterherzlichkeit, an solche Erfülltheit auch des piano einfach noch nicht gewöhnt schien.

Für die leidenden Menschen der *Walküre* hatte Wieland Wagner sich ein paar ebenso einfache wie zwingende, grandiose szenische Verdichtungen einfallen lassen. Da er Siegmund (James King) und Sieglinde (Leonie Rysanek) fern aller Opernschablone leiden und sterben ließ, da alle übrigen Partien teils erstklassig, teils zwingend und sensationell besetzt waren, ergab sich hier der größte Erfolg dieses *Rings*.

Wer sich an den Schärfen und Unsauberkeiten von Frau Rysaneks Gesang stößt, darf nicht vergessen, daß die dramatische Intensität einer Künstlerin dergleichen relativ gleichgültig machen kann. Denn Wieland Wagner hatte Hundings Weib in eine fast hysterische, fordernde Unglückliche verwandelt, aus der dann, im 2. Akt, folgerichtig eine fast Wahnsinnige wurde, ein archaisches Gretchen. Richard Wagners Partitur widerspricht dem nicht.

Die Längen des *Siegfried* blieben für Wieland ein unbezwingliches Problem, zumal Böhm nicht seinen besten Tag hatte und Windgassen, ohnehin kein junger Siegfried mehr, sich für die *Götterdämmerung* schonte. In dieser *Götterdämmerung* dann trafen alle Probleme und alle Vorzüge des 65er Rings schroff zusammen. Die Gibichungenhalle, wo finstere, rothaarige Germanen ihrem Unheil entgegenbrüten, war mit expressionistischem Mut entworfen, freilich in der Sängerführung noch nicht ganz zu Ende gebracht. Und der Untergangsschluß des dritten Aktes hatte zu viel Angst vorm Wörtlichen und vorm Kolossalen – darum war er undeutlich. Wer da übrigbleibt (die Menschen nämlich), wer da stoisch verbrennt (die alten Götter), wer wie die Rheintöchter überlebt und wer ihnen anheimfällt, alles das konnte man nur ahnen. Zwischen den Nornen des Anfangs gab es ein Seil (und darum auch viel mehr Spannung als einst), sie glichen erregten Prophetinnen. Josef Greindl steigerte sich zu einem eindringlichen Hagen. Staunenerregend wieder die kühle Kraft der Brünnhilde. Und der größte musikalische Eindruck war nicht der Trauermarsch, den ein Inszenierungseinfall um seine Funktion brachte, sondern das Vorspiel zum zweiten Akt, das Böhm so dirigierte, daß kein Versöhnungs-Dur je wieder den düsteren Verzweiflungsglanz dieses Moll auszulöschen vermag.

Nun hat die geradezu absurd frische Stimmkraft von Birgitt Nilssons Brünnhilde, die mir besser in die *Walküre* zu passen scheint als in die *Götterdämmerung*, wo man ja nicht die Vitalität der Brünnhilde bewundern, sondern sich von ihrem elenden Betrugsschicksal rühren lassen soll, eine etwas bedenkliche Folge. Zwar jubelt jedes – und erst recht das zum Rasen aufgelegte Bayreuther – Publikum dieser triumphalen Stimmkraft, die sich manchmal sogar mit Weichheit verbindet, hemmungslos zu: doch die übrigen Künstler wirken daneben unverdient blaß. Wie gut Windgassen sein kann, spürte man immer nur, wenn Brünnhilde nicht auf der Bühne stand.

Kerstin Meyer wirkte als Waltraute in einem der großartigsten Monologe, die Wagner je komponierte, allzu blaß und verhärmt, und auch Ludmila Dvorakova (Gutrune) blieb auf der Strecke. Dagegen kann man nicht ansingen – obschon Wieland Wagner Gutrune sehr attraktiv inszeniert hatte und sie, nachdem Siegfried den Vergessenstrank getrunken, unmittelbar vor seinem Auge hatte stehen lassen, so daß sie sich ihm betörend einprägen mußte. Nur Gustav Neidlinger hielt den Vergleich mit Brünnhilde aus. Dabei waren große Stimmen verschwenderisch eingesetzt in diesem *Ring*. Berühmte Künstlerinnen sangen die Rheintöchter, die Nornen und sogar die fabelhaft präzise Walkürenschar.

Daß man sich an diesen vier Abenden für das Schicksal von Wielands Regieplan mindestens so interessierte wie für das Scheitern von Wotan-Rettungsplänen, hing mit der offenbaren psychologischen Konkretisierungstendenz zusammen. Wieland Wagner versucht, wo er es verantworten zu können glaubt, den statuarischen, symbolischen Rahmen – der einst die etwas langweilige Sache selbst gewesen ist – zu füllen mit Gebärde, Reaktion, Handlung. Er denkt Bewegung hinzu.

Doch welche Szenen gerieten ihm am besten? Diejenigen, in denen Menschen agieren dürfen und leiden müssen. Wieland hat dabei Freiheit sogar gegenüber seinen eigenen «Errungenschaften». Einst näherten sich Siegmund und Sieglinde erst, nachdem Sieglinde von ihrem Unglück geredet (und dem potentiellen Ehebrecher Mut gemacht) hatte. Kurz vor der Berührung tönte dann Hundings Horn. Jetzt ist gleich alles entschieden, beim ersten Wasserschluck, der dem Flüchtling zuteil wird. Da aber, wo die Liebenden sich einst zwanghaft aufeinander zudrängten wie die Insekten, stehen sie nun – noch eindrucksvoller – starr und voneinander gebannt. Wieland steigert Sieglindes Verstiegenheit zum Wahn, zum Wahnsinn; er macht aus Brünnhilde (in der *Walküre*) eine wirklich vergnügte Kriegskameradin, die dem Chef Wotan in die Rippen stößt, wenn Fricka streitsüchtig erscheint: «Du, da kommt deine Alte, sieh dich vor.» Wieland siedelt die Gibichungenhalle dort an, wohin sie gehört: zwischen Munch und Strindberg. Immer, wenn er Expressionismus wagt, gewinnt er. Dann hat er nämlich weder schalen Bombast noch leere Lichtreklame inszeniert.

Die Einwände gegen diesen *Ring* beginnen darum auch nicht hauptsächlich da, wo Wieland etwas Forciertes tut, sondern da, wo er nahezu nichts macht. Ich habe mich zwar, wie alle anderen Zuschauer, auch darüber gewundert, daß man in grauer Urzeit hauptsächlich «Busen» trug (und zwar nicht nur als schamlose Nixe, sondern auch als Urmutter Erda oder als Alberich). Aber man gewöhnt sich an Stahlkonstruktionen aller Art rasch – und warum soll man Wieland einen Tick und den Künstlern ihr Vergnügen verderben?

Schlimmer scheint mir, daß die Tendenz zur Dingleere, zur Abstraktion, sich mit dem Streben nach Entheroisierung an den entscheidenden Augenblicken einfach nicht verträgt. Wie eh und je stehen sich Siegfried und Brünnhilde mit ausgebreiteten Armen, mit wonne- und schweißglänzenden Sängergesichtern gegenüber. Mal streckt sie die eine Hand nach rechts, mal läßt er seine Arme fallen: Alles das dauert Minuten lang, ist um nichts weniger komisch als die Photos von Altbayreuther Aufführungen. Nichts hilft den unschuldigen Künstlern aus ihrer Not. Ja, wo selbst Richard Wagner ein Einsehen hat und ihnen Ablenkung zugesteht (das «treue» Roß wird getauscht, der Panzer erbrochen, Wald und Rhein erheben ihren «natürlichen» Einspruch gegen entfesseltes Pathos), da erlaubt Wieland aus guten Gründen alle die Ablenkungen nicht.

Manchmal scheint sein Widerspruchsgeist unmotiviert. Er läßt den schlafenden Hagen stehen, den toten Siegfried liegen (der doch im Trauermarsch weggetragen werden müßte), er geniert sich des Lindwurms, des Märchenwaldes. Er verwechselt die bei Wagner wahrlich zur Sache gehörige «Natur» mit Kitsch. Blitze hingegen, die kitschunverdächtig sind, dürfen beliebig oft blitzen. Doch weil Wieland den Weg einer beharrlichen Entmythologisierung Walhalls bereits betreten hat, besteht Hoffnung, daß er, statt esoterische Symbole zu ersinnen, auch den letzten Schritt einer totalen, neoexpressionistischen Belebung des *Ring*-Kosmos noch gehen wird.

Mir fiel ein Buch, 1943 über Bayreuth verfaßt, mit Widmungen und Nazi-Bildern geschmückt, zufällig in die Hände. Das alles war noch viel verlogener, als man meint. Wielands traumatischer Widerstand gegen eine Wiederbelebung des elenden Pathos ist darum noch ehrenwerter und begreiflicher, als man ohnehin zugesteht. Immerhin blickt jetzt die ganze Welt nach Bayreuth, hat der Regisseur seinen Anfangsdilettantismus überwunden, die Menschlichkeit Wagners entdeckt. (Französisch ist im Festspielhaus Umgangssprache.) Und im Programmheft steht, was wirklich nicht zu verlangen ist: ein interessanter, kritisch *gegen* Wagner gerichteter Aufsatz von V. Gollancz: *Zweifel am Ring!*

Folgt man nun aber, bestochen durch Wieland Wagners entmythologisierenden Elan, dem Inszenierungsplan, der alle die Texttendenzen, wo Helden oder Götter kritisiert werden, unterstreicht, und alle übrigen Tendenzen, wo Größe und Kintopp oder auch ehrliche «Weihe» verlangt ist, entweder unterschlägt oder stilisiert, dann fallen zahllose Widersprüche zwischen Text und Musik auf. Ich meine damit weder die «hineingeheimnißten» Widersprüche, wo Leitmotive etwas Verborgenes ausplaudern, noch die Stellen, wo der Musiker Wagner dem Textautor überlegen war. Sondern die Takt für Takt nachweisbaren – noch von keinem Buch der Reihe nach interpretierten – Gegensätze zwischen Texttendenz und Musikweihe. «Walhall ist Wallstreet» lautet ein Bayreuther Slogan. Schön und gut: Doch das Des-Dur des Walhallmotivs hat recht wenig mit Wallstreet zu tun! Alle sind sich einig gegen die Götter, finden, daß Wotan sich wie ein autoritärer Schwindler benimmt. Doch die Musik breitet ehrfurchtsvolle Verklärung darüber.

Darum wird die Frage, ob man die Musik oder den Text inszenieren soll, unentscheidbar bleiben – bis ein genialer Regisseur auf etwas Neues kommt. Darum wird unbegreiflich bleiben, worin die Kraft des «Reifs» liegt, der denen, die ihn tragen, doch nie hilft, selbst wenn sie ihn drehen.

Wieland Wagners «Scheibe», die bezeichnenderweise fast nur Abgänge nach «unten» (das «Obere» ist dem Enkel fatal) gestattet, so daß ein paar Mannen sich mitleidig davorstellen müssen, wenn Brünnhilde im Feuer herunterklettert, statt sich hinaufzuschwingen, hat diese Probleme nicht gelöst, sondern ausgeschlossen. Und zwar auf einem hohen Niveau ausgeschlossen, mit kunstvollen Einfällen und Stilisierungsabsichten. Alles das wird an den gelungenen, hinreißenden Stellen der Inszenierung abgelöst von dem Ausdruck der Bewegung und dem unvergeßlichen Schrei leidender Kreaturen.

Süddeutsche Zeitung vom 27. 7., 2. 8. 1965

4
Chéreaus Bayreuther Jubiläums-*Ring*
(1976)

Das Rheingold

Solange nur die Sänger sich verbeugten, klatschte das Bayreuther *Rheingold*-Premierenpublikum heftig und einhellig. Als dann aber auch Patrice Chéreau vor den Vorhang kam, das erst 31jährige Regie-Wunder aus Frankreich, Wolfgang Wagners, des Bayreuth-Chefs, bisher wohl überhaupt riskantestes Wagnis, da erfüllte greller, lebhafter Dissonanzen-Lärm das Haus, ein Donnern aus enthusiastischem Beifall und aufgeregtem Buh. Diese Mixtur, dieses gemischte Echo stellt eine durchaus angemessene Reaktion dar.

Immerhin soviel hat Chéreau auf Anhieb erreicht: «Man» wartet in Bayreuth neugierig darauf, wie es weitergeht – voller Respekt für Chéreaus brillante, phantasievolle Personenführung, für sein staunenswertes handwerkliches Können, aber auch voller Ingrimm wegen seines manchmal willkürlichen, inkonsequenten Wollens. Der da Regie führte, hatte offensichtlich nicht im Sinn, billig zu provozieren oder albern zu ironisieren. Die besten Momente dieses *Rheingolds* waren der Versuch, eine Schauspiel-Antithese zum bisher auch in Bayreuth üblichen, langsamen, opernsängerhaften Gestikulieren, zum Abstrahieren und Überhöhen zu bieten. Und zwar eine Antithese, die, dies sei sogleich zugestanden, durchaus vorzügliche Sängerleistungen zuließ!

Kein Mensch, kein Genie, kein Wieland Wagner und gewiß kein Patrice Chéreau ist imstande, gleich beim ersten Anlauf in den wenigen Monaten, die für eine *Ring*-Inszenierung zur Verfügung stehen, etwas Perfektes abzuliefern. Wir sollten also das, was Chéreau gezeigt und Boulez dirigiert hat, nicht an jenen Mißlingens-Kleinigkeiten, Unfällen, Lächerlichkeiten messen, die zu jeder *Ring*-Geburt gehören. Und die vor hundert Jahren, bei der Uraufführung, genauso passierten wie am Abend des 24. Juli 1976, als uns am Grünen Hügel das *Rheingold* französisch kam.

Während der zweieinhalb *Rheingold*-Stunden erlebten wir folgendes: Boulez dirigierte das Es-Dur-Vorspiel, dessen Ostinato-Wendungen er hochintelligent gliederte und dessen bewegte Ruhe er spannungsvoll dynamisierte, durchaus aufregend und schön. Auch die erste Szene der Tetralogie – den auf dem Grunde des Rheins naiv-frivol herumspielenden Rheintöchtern wird von Alberich das Rheingold geraubt – kam musikalisch hell, durchsichtig, bemerkenswert rein gesungen heraus (Sonderlob für Yoko Kawahara, Ilse Gramatzki, Adelheid Krauss). Diese Qualität der von Boulez dirigierten Musik schien mit den Abwegigkeiten des Regie-Anfangs zusammenzuhängen. Was Chéreau da bot, war nämlich weniger eine Inszenierung des Vorgangs als die szenische Kommentierung, die Darlegung einer Hypothese zu diesem Vorgang, der seinerseits unbewältigt blieb. Einer Hypothese gewiß, die man notfalls auch über die «eigentliche» Bedeutung des *Rheingold*-Anfangs aufstellen kann: nur dann eben doch besser in einem Essay als auf der Bühne...

Wir sahen also verdrossen, daß auch am vermeintlichen Urbeginn aller Dinge der Rhein kein Rhein war, keinerlei natürliches Paradies, sondern ein dunkles Stauwerk. Und daß die Rheintöchter folglich keine Rheintöchter waren, sondern elegantzweideutige Damen mit eindeutigen Bewegungen. Und warum dies alles? Weil, so vermute ich, die Oper mitten im 19. Jahrhundert entstand und weil die Weltesche bereits zum *Rheingold*-Beginn irgendwie lädiert, umweltgeschädigt war. Oder was dergleichen Spekulationen sein mögen...

Solange die Inszenierung selber keinen Rhein-Boden unter den (hochhackigen) Nixen-Füßen hatte, solange sie keinen ernsten Affekt vorführte, sondern nur naßkalte Verfremdung, solange imponierte die von Boulez notentreu dargebotene Durchsichtigkeit. Doch als dann die Kraft der Fabel den jungen Chéreau immer mehr vom spitzfindigen Kommentieren zum phantasievollen Inszenieren märchenhafter und dramatischer Einzelheiten zu provozieren schien, da geriet das Orchester in den Hintergrund. In der Nibelheim-Szene schien Boulez bloß noch auf die Partitur hinzuweisen, statt ihre Dynamik auszuführen. Und auch das *Rheingold*-Ende bot, von Boulez her, allzu wenig emotionale Überzeugungskraft.

Nun ist das *Rheingold* – als Exposition und Darstellung unaufhebbarer Ressentiments bei Göttern und Alben – Wagners zugleich intelligenteste, modernste, aber auch relativ affektärmste Verwirklichung seiner Reform-Idee.

Darum stellte Boulez' immer deutlicher sich abzeichnende Demonstrations-Zurückhaltung hier kein allzu schweres Handikap dar. Auffällig war nur eben die fatale Gegenläufigkeit: Solange die Inszenierung sich in ihren Prämissen verhedderte und ein Rhein-Bühnenbild ausfüllen mußte (Richard Peduzzi), das unnötig forciert wirkte, so lange bewunderte man Boulez' differenziertes, produktive Nervosität und Freiheit verratendes Musizieren: Als aber Chéreau für seine Figuren zu interessieren vermochte, da drangen immer blassere Farben aus dem Orchesterabgrund herauf...

Patrice Chéreau fing also nicht mit dem Anfang an, sondern mit einer Art Stauwerk. Oben die Brücke, in der Mitte eine große, sich drehende Walze, drunten die Wasserdämpfe. Die heitere Lebendigkeit der Musik hatte mit alledem nichts zu tun. Verblüfft saß man einer albern-willkürlichen Bühnenbild-Konzeptionsverirrung gegenüber, die höchstens als «interessant» zu klassifizieren wäre. Aber was in Opern nur interessant ist, langweilt im gleichen Maße, zumal dann, wenn kein zwingendes Beziehungssystem das neuproduzierte Kontrastbild auch in einen eindeutigen, sich selbst erklärenden Kontext stellt.

Was dieser Rätselsatz meint, läßt sich an der zweiten Szene verdeutlichen. Moderne Regie tendiert heute dazu, Meisterwerke mit Hilfe der Spannung zwischen mehreren Bild- und Zeitmustern zu aktualisieren. Wagners *Rheingold* wäre demnach sowohl ein realistisches Märchen mit mythologischem Hintergrund als auch ein jenseits von allem Allegorischen genau funktionierendes Modell frühkapitalistischer und zugleich nostalgischer Verhaltensweisen. Während nun Chéreau in der ersten Szene das Märchen vergaß und die Handlung an einer läppischen Stauwerk-Dirnen-Interpretation festzumachen suchte (Unüberzeugend genug. Sind die Rheintöchter nicht naiv-boshafte Nixen mit Fischunterleib? Was verkaufen die eigentlich, frühkapitallüstern oder sonstwie?), funktionierte im zweiten Bild die «Spannung» dann besser. Wotan trat einerseits auf im keineswegs lächerlichen, sondern sein Verhalten historisch fixierenden Gehrock, wie ihn Generaldirektoren im 19. Jahrhundert getragen haben könnten. Aber andererseits schlug er immer wieder jenen roten Göttermantel um die Schulter, der ihn sogleich zur mythologischen Figur machte.

19. Jahrhundert? Was die Riesen, den Loge, den Wotan betraf, so inszenierte Chéreau eigentlich einen Dumas-Film, expressionistisch verfremdet, gesehen durch romantische Optik und die Erinnerung an Gustave-Doré-Karikaturen. Aus dem Loge (Heinz Zednik) machte Chéreau einen faszinierenden E.-Th.-A.-Hoffmann-Dämon. In Bayreuth habe ich seit 1951 eine bessere schauspielerische Leistung nicht gesehen. Skurrile Bewegungen eines unheilstiftenden Sonderlings imponierten, nichts erschien übertrieben, alles war originell und genau – keineswegs auf Kosten der Musik. So begehrte enges 19. Jahrhundert gegen die absichtsvolle Weiträumigkeit der mythologischen Vorlage auf.

Die Riesen waren drei Meter groß, getragen von beklagenswerten Untermännern. Die Lösung schien noch nicht ganz glücklich, weil ihren hochragenden Leibern denn doch nur relativ winzige Menschenarme entsprachen. Da Matti Salminen und Bengt Rundgren auch im Naturstand als Zwei-Meter-Männer zu taxieren wären, könnte Chéreau auf diese Übertreibung verzichten.

Bayreuths Akustik beeindruckte wieder einmal. Donnernd imponierte Zoltan Kelemens Alberich-Baß, gewaltig traf dann sein Fluch. Aus dem Diktator der Tiefe wurde ein entmachteter, rachgieriger Prolet. Weil Chéreau dem Realismus des Märchens traut und am Spiel Spaß hat, faszinierte sein brillanter Verwandlungszauber. Zum Wirklichkeitsverständnis dieses Regisseurs gehört auch, daß er die Figuren, gleichviel was Wagner vorgeschrieben hat oder was üblich ist, ungern allein läßt. Wotan ist fast immer von seinen Unter-Wotans umgeben, wie ein Generaldirektor von seinen Führungskräften; Alberich fast immer von seinen Alben. Die Vereinzelungs-Abstraktion, die noch zur Arien-Oper alten Stils gehört und darum in Wagners musikdramatische Welt nicht paßt, umging dieser junge Regisseur im *Rheingold* weithin.

Walhall, eine hübsche Stauffenberg-Burg, die mal näher, mal ferner schien, wurde im vierten Bild mit Gold und Ring bezahlt. Boulez dirigierte dabei kaum das donnernde Drängen der Riesen; es war, als genüge es ihm, einen symphonischen Teppich auszubreiten. Erda trat dann auf wie, sagen wir einmal, eine junge Verdi-Zigeunerin (Ortrun Wenkel); Donner (Jerker Arvidson) holte seine Gewitter-Requisiten wie ein Zauberkünstler aus einem Reisekorb; Froh (Heribert Steinbach) sang seine Schmettertöne hell aus. Doch gegenüber der Präsenz des Loge hatten es die Götter sehr schwer: Selbst Donald McIntyres stimmächtiger Wotan, aber auch die Fricka der Eva Randová oder die Freia der Rachel Yakar waren demgegenüber nur Episoden-Figuren. Sie kamen gegen Loge genausowenig auf, wie Mime (Wolf Appel) gegen Alberichs Fortissimo.

Endlich zogen die Götter in Walhall ein – wie gegen Wind. Als ob jener Sturm, der in Paul Klees Bild vom «Engel» herrscht, die Entkräfteten ganz niederdrücke. Doch alles das blieb unbeträchtlich, weil vorher der blutige Ring-Raub, den Wotan am gedemütigten Alberich beging – Wotan hieb Alberich dabei blutig einen Finger ab, was die von Chéreau gewiß nicht beabsichtigte Assoziation an den bösesten Augenblick aus Frischs *Andorra* hervorrief –, und weil überhaupt die kalte Fülle des Spektakulären über Wagners allstimmige Naturgewalt siegte, in dieser Bayreuth-Inszenierung.

Ein pittoreskes romantisches Panoptikum. Ein Regisseur, der Wagners schwere Einfachheiten, Idylle, Heimlichkeiten zu umgehen sucht. Ein Dirigent, der sich zunächst engagiert, Ritardandi wagt, dann immer gleichförmiger wird.

Die Walküre

Gutmütig jammernd soll auf irgendeinem Musikfest einmal Richard Strauss den Paul Hindemith gefragt haben: «Warum komponieren Sie denn nicht tonal, Sie sind doch so begabt?» Nach der teils wahrhaft grandios sinnfälligen, teils wiederum forciert prinzipiell-allegorisch überladenen Bayreuther *Walküre*-Aufführung dürften manche Wagnerianer sich ähnliches gefragt haben. Wenn Patrice Chéreau das Geschehen auf dem Walküren-Felsen, die Todverkündigung, Wotans Selbstgespräch und Wotans Abschied sowohl vom gefallenen Sohne wie von der verstoßenen Tochter derart originell, herzlich und theatralisch inszenieren kann, warum macht er dann alle die Umwege, die besserwisserischen Anspielungen aufs 19. Jahrhundert, auf technische, spätindustrielle Entwicklungen? Warum inszeniert Chéreau nicht «einfach» die Partitur – statt immer gleich doppelt? Eine vernünftige Antwort auf diese nicht unvernünftige Frage müßte wohl lauten, daß die inszenatorische

Phantasie eines Talentes vom Kaliber des Patrice Chéreau sich erst in Bewegung setzt, wenn dieser Regisseur etwas ganz Bestimmtes (Kritisches? Überraschendes? Neuartiges?) vorführen will.

Das braucht unsereinen nicht von der Überlegung abzuhalten, was denn Chéreaus absichtsvolle Verdoppelung von Wotans Welt (der Göttervater agiert teils als mythischer Herrscher, teils als Großbürger irgendwo zwischen Industriechef und Schuldirektor) eigentlich *bringt*. Oder: Was *bringt* es, daß der archaische Ehemann, Ehe-Despot Hunding hier in großen Verhältnissen lebt, seinen Tischwein in schwer-silbernem Kühler temperiert und daß er sich mit Schlägertypen umgibt, die ihm nur eben im entscheidenden Moment doch nicht helfen können, weil sonst die Oper aus wäre...? Was auch *bringt* es, daß die Göttergattin – nicht deutlich-dramatisch genug: Eva Randova – im Kostüm einer Grande Dame rechthaberisch recht hat? Alle diese Manipulationen Chéreaus haben bisher kaum etwas Wissenswertes mitgeteilt, was Wagners Allegorie nicht sowieso in sich birgt.

Immer da aber wird Chéreau am fündigsten, wo er nicht etwa dem Text ausweicht, sondern wo er ihn genauer zu lesen und umzusetzen versteht, als es während der letzten Jahrzehnte in Bayreuth irgend jemand vermochte. Die besten Funde, die dem jungen, vor kurzer Zeit bestimmt noch ganz wagnerfremden, nur eben zugleich unbefangenen und hochbegabten Regisseur gelungen sind, machen das neue Bayreuth wieder einmal aktuell, wichtig, diskussionswürdig. So könnte das Hundert-Jahre-*Ring des Nibelungen*-Jubiläum tatsächlich zu einem Datum werden. Chéreau gelingt es wirklich, seine Protagonisten auch während viertelstundenlangen Deklamierens nicht starr-sängerhaft-pompös herumstehen zu lassen. Man sieht, was für gute Schauspieler selbst Tenöre und Sopranistinnen (von Baritonen weiß man es) sein können. Und man erlebt beklemmend schöne Einzelheiten mit.

So hat Patrice Chéreau den Moment, da die Walküre Siegmund den Tod verkündet, auch sichtbar zum magischen Ritual erhoben und gesteigert. Siegmund wird, halb willentlich, halb gelähmt, von der Göttin in weiße Totentücher gewickelt. Er nimmt das schicksalhaft einverstanden hin, bis er erfährt, daß die Geliebte zurückbleiben muß. Und wir nehmen es überwältigt einverstanden hin, auch weil Peter Hofmann, ein junger, schöner Siegmund war, im ersten Akt mit recht unsicherer Tongebung (Premierenbefangenheit?). Dann aber weit besser, glaubwürdiger, strahlend, kräftiger. Das Ritual des Scheidens aus dieser Welt (Johannes Schaaf führte es ähnlich in seinem *Traumstadt*-Film vor) wirkte zwingend und befremdend zugleich.

Siegmund fällt dann im Zweikampf, Wotan wollte, mußte es erwirken. Aber er «fällt» eben nicht nur – sondern der Göttervater umarmt den Sterbenden. Man sieht, was Wotan aufgeben, verlieren muß. Und man erlebt mit, wie groß die Wut des beleidigten Hunding ist, der wieder und wieder auf den Sterbenden einsticht. Jetzt wirkt Wotans eigentlich tödlich-terroristische Geste sowohl glaubwürdiger als auch humaner. So rechtfertigt Chéreau – herzlich und aus der Logik der Sache heraus – unvermittelt jenen Gott, den er eben noch zum wohlausstaffierten großbürgerlichen Patriarchen verkleinerte. Auch Chéreaus Interpretationsprinzip funktioniert keineswegs widerspruchsfrei. Das ist aber immer noch weit interessanter, als wenn er seine Inszenierungen um jeden Preis auf eine einzige These hin stilisiert hätte.

Der dritte *Walküren*-Akt ist der beliebteste Akt des Werkes. Ich gestehe, ihn immer für den eigentlich schwächsten gehalten zu haben. Seit Bayreuth 1976 bin ich da verunsichert. Denn mit einer Aufgeschlossenheit gegenüber der nekrophilen Phantastik deutscher Heldensagen, wie sie einem Franzosen offenbar leichter fällt als seinen germanischen Kollegen, haben Chéreau, der Bühnenbildner Peduzzi, der Kostüm-Gestalter Jacques

Schmidt und nicht zuletzt die hiesigen Reitstall-Verantwortlichen gezeigt, worum es da eigentlich geht! Schreckliche, stürmische Nacht! Ein Berg, von Kirchhofs-Utensilien erfüllt, von nordischen Nebeln umnebelt, Blitzen umblitzt. Wilde Frauen, mit oder sogar auf Pferden.

Diese wilden Walküren kommen nach und nach zusammen, dabei liefern sie – recht achtlos, sie sind es ja so gewöhnt – die Leichen gefallener Krieger ab. Denn das ist ja ihre Aufgabe: Sie sollen jenes Totenheer aufstellen, mit dem Wotan den Kampf um die Weltherrschaft führen will. Dazu die Walküren-Ritt-Musik, die nun plötzlich wie verwandelt wirkt. Und begreiflich die kreischende Verblüffung der Walküren, wenn ausgerechnet Brünnhilde mit einer toten Frau statt einer Heldenleiche erscheint. Eine solche Szene ist weder dezent noch liebenswürdig. Sondern sie wirkt wild, exzentrisch. Ein wüster, knabenhafter, greller Bilderbuch-Sagatraum. Aber genau das ist sie. Wenn man sich überlegt, wie langweilig-heiter und sinnlos das sonst immer vorgeführt wird: als eine Art Kameradschaftsabend dicker Maiden.

Der erste *Walküren*-Akt hatte bei Chéreau etwas von einem Wildwest-Film. Die junge Frau, die zunächst einsam-unbefriedigt durchs Riesengebäude streicht. Violett blaut die Nacht. Der Flüchtling findet sich in einer Halle ein, wo er sowohl einen Quell, Industriesymbole, als auch die umstandslos hingabebereite Frau findet. Inszenatorisch ging einiges schief. Es herrschte Nervosität auf der Bühne. Auch schien Boulez allzusehr auf nur kammermusikalische Ehebruchsbegleitung erpicht. Der Dirigent war nicht als alles koordinierende Hauptenergiequelle auszumachen. Peter Hofmanns (Siegmund-)Unsicherheiten, die Regieeinfälle, die dem Hunding verordnet waren – einsam wie Don Giovanni oder Scarpia mußte er an langer, rasch, aber uneinleuchtend improvisierter Tafel speisen –, und so mächtig Matti Salminen auch sang, ein Kurt Moll ist er nicht. Dazu Hannelore Bodes schöner, vielleicht noch nicht hinreichend expressiver Sieglinden-Sopran: alles das führte doch zu einer gewiß interessanten Verkleinerung des elementaren Vorgangs.

Den zweiten Akt dirigierte Pierre Boulez so wunderbar durchdacht und durchfühlt, wie ich Boulez bisher noch nie habe musizieren hören. Plötzlich war alles gut, groß.

Ein Boulez, bemerkenswert sorgfältig abtönend, wunderbar variabel in der Tempogestaltung und der Gefühlsoffenheit, ein Donald McIntyre in bester Wotan-Stimmpräsenz, wenn auch recht unverständlich, eine Brünnhilde (Gwyneth Jones), voller Feuer, manchmal mit Nilsson-ähnlichen Spitzentönen, aber auch mit hier durchaus angebrachter Forciertheit, sowie genau geprobte Walküren von teils zarter, teils fabelhaft stämmiger Machart: alle diese Voraussetzungen ließen den zweiten und den dritten *Walküren*-Akt musikalisch glänzend gelingen. Aus Begleitfiguren und Bläserentfaltungen holte Boulez geradezu erlauchte Schönheiten heraus.

Am Ende, wie immer, heftiger Beifall für die Sänger, eine heftige Mischung aus Beifall und Buh für Chéreau, Boulez und Peduzzi. Erstaunlich genug: Das Publikum klatscht viertelstundenlang, um dann beim Auftritt der romanischen Gladiatoren immer wieder fabelhaft prompt loszuheulen. Pawlows Hunde, auf Bayreuths Bühne ja einstweilen noch beschäftigungslos, können nicht schneller, vorhersehbarer, monotoner, schlichter reagieren. Und daß es kalkuliert-schizophrene Bayreuthianer gibt, die zugleich buhen und klatschen, war eine weitere unvermutete, neue Erfahrung.

Siegfried

Ob Wagners Siegfried vielleicht doch eine blonde Kraftprotz-Bestie sei, deren heitere Brutalitäten umstandslos zu bloßen Bekundungen ungebrochener Jugendlichkeit verklärt würden: mit solchen Problemen pflegen sich deutsche Kommentatoren und Regisseure im tiefbesorgten Gefühl unabsehbarer politischer Verantwortung herumzuschlagen. Das französische Bayreuth/*Ring*-Team Chéreau/Boulez hat sich für derartige Fragen offenbar kaum interessiert. Ihr Siegfried ist ein netter, wenn auch zu temperamentvollen Späßen und pubertären Wutausbrüchen neigender junger Mensch. René Kollo sieht ein bißchen so aus wie ein vorgeschichtlicher Bubi Scholz, der legt seinem Pflegevater Mime auch mal – versuchsweise freundlich – den Arm um den Hals. Aber er kann ihn halt wirklich nicht leiden und vergißt das nicht so leicht.

Falls Mime irgend etwas sagt, was das Kind nicht gern hört (die keineswegs lebensferne interfamiliäre Situation führt dazu, daß den jungen Helden eigentlich jedes Wort aus dem Munde des Älteren reizt), dann fliegen schwere, nicht ungefährliche Gegenstände und Schmiede-Utensilien durch die Streithöhle. Mime muß dann Deckung und neue Annäherungsmöglichkeiten suchen: der Fachmann, dem nichts gelingt. Ein glückloser Professor, der lauter (wie er meint) hochbedeutende Erfahrungen vorzubringen hat. Eine Brille auf der Nase, die Augen klug und eng, das Haar gelichtet: als Vorwelt-Intellektueller glich der vorzügliche Heinz Zednik in Bayreuth einer Mischung aus Alexander Mitscherlich und Alfred Kerr. Und am Schluß des ersten Aktes, wenn dieses Mime listenreiche Pläne zum Erwerb der Weltherrschaft sich zu erfüllen scheinen, dann war er auch noch ein bißchen König Ubu, von keiner bösen Ahnung gewarnt.

Also: Chéreau machte aus dem ersten Akt witzigstes Lustspiel, freilich in Anführungszeichen. In lauter wohldurchdachten Verfremdungssymbolen nämlich, die man nur eben rasch adaptierte und vergaß. Immerhin: Der bedrohliche Bär betrat im ersten Akt furchtlos die Bühne; ein wunderschöner Lindwurm spie im zweiten nicht Feuer, sondern Dampf; nur das Waldvöglein durfte nicht frei sein. Es flötete aus einem Käfig, den irgendeine schicksalslenkende Gestalt, falls es nicht der Regisseur selber war, in den Urwald gestellt haben muß. In einen von Säulen umrahmten Urwald mit eingelassener Schmiede, der sich übrigens auch während der Szenen selber veränderte, als wolle man uns bedeuten, diese Einstellung sei nun hinreichend bekannt und das Zuschaueraugen habe, wie eine Filmkamera, wohlerworbenes Anrecht auf eine neue. Manches wirkte vergagt. Chéreau, der im allzu düsteren dritten Akt die Erda tiefsinnig wie aus der Erde herauswickelte, läßt sich bei seinen Einfällen von keinem Respekt, aber auch nicht von allzuviel Logik lähmen. Mut oder Übermut, was weiß er...

Zum eigentlichen Problem dieser Aufführung wurde die Musik. Boulez bereitet den Bayreuthern ein Wechselbad aus Wohlerwogenem, beziehungsvoll Symphonischem und dann wieder Dürftigem, Dürrem. Natürlich läßt sich nicht ohne weiteres heraushören, wo das Orchester «als solches» gleichsam ums Leben spielt, Bayreuth-Erfahrungen langer Wagner-Tradition einbringend, notfalls ganz selbständig. Man bemerkt immer nur die «Eingriffe» des Dirigenten: kluge Zäsuren, auffallend neue Klangrelationen. Der *Siegfried* scheint nun Boulez' Intelligenz ziemlich fernzuliegen. Die Musik zu dieser Mischung aus Scherzo und Märchen ist von Wagner ja liedhafter entworfen als die symphonischen Entwicklungen der *Walküre* oder der *Götterdämmerungs*-Partitur. Im *Siegfried* spielen liedhafte Formen eine beträchtliche Rolle, wie Mimes «Starenlied», Siegfrieds «Es sangen die Vöglein so selig im Lenz», wie die übersichtliche Entfaltung des Siegfriedschen Hornrufes (der sich erst in der *Götterdämmerung* mit symphonischem Gewicht aufplustert) und wie das statisch dämmernde «Waldweben». Alles dies, die quasi kanonische Führung des ersten Aktes, oder die Märchenmusik des zweiten brachte Boulez doch nur bläßlich heraus. Dergleichen provoziert seine musikalische Einbildungskraft offenbar weniger, allzuwenig. Erst der nach vierzehnjähriger Pause komponierte, *Tristan*- und *Meistersinger*-Erfahrungen weiterspinnende dritte Akt fand Boulez dann wieder interessierter, also auch interessanter.

Hier schmiedet nicht der geniale Laie Siegfried das Schwert und zwingt auf diese Weise den Fachmann Mime zum Rückzug von der Schmiedekunst zur Kochkunst (mit, wie Chéreau präzis vorführt, vergnüglichem Eierbrutzeln), nein: Wotan selber stellt beim hundertjährigen Bayreuth-Jubiläum dem deutschen Nationalhelden Siegfried (Krupp für Wilhelm II.?) eine fabelhafte Dampfhammeranlage mit allen möglichen, dem Deutschen Museum entliehenen Schikanen zur Verfügung, die der junge Mann sogleich arbeiten läßt, um die Arme zum Singen frei zu haben.

René Kollo nutzte diesen unerwartet günstigen Umstand im ersten Akt nur verhalten aus. Er blieb da nur geschmeidigaggressiv, um für den zweiten Akt noch Kraft zu haben und im letzten noch zulegen zu können. Was dabei während der Schmelz- und Schmiede-Lieder – ob aus grippebedingter, sanfter Indisposition, aus Nervosität oder aus Übervorsichtigkeit, sei dahingestellt – an Siegfrieds Sonorität verlorenging, kam mit Zinsen wieder herein im Final-Duett. Siegfried und die sehr ausdrucksvolle, sehr wirkungsbewußte Brünnhilde (Gwyneth Jones) waren da ein junges, verliebtes, zum heiteren Wirbel fähiges und darum auch zur entzückenden Angst voreinander gestimmtes Paar. Wir brauchten kein Mitleid zu empfinden mit einem abgekämpften älteren Herrn, der vor den Riesenkräften eines von ihm leichtfertigerweise aufgeweckten hochdramatischen Energiebündels erschrickt und dann resigniert kaum mehr mittut. Nein: diesmal endete der *Siegfried* als Glücksmärchen junger Leute. Im Märchen und im Lustspiel geht es ja nach der Hochzeit aus guten Gründen auch nicht weiter. Sonst schlittert man unvermeidlich in die *Götterdämmerung*.

Bei der Erda der Hanna Schwarz lenkte möglicherweise die allzu ausgetüftelte Regie von einer schönen Forte-Stimme ab. Die Koloraturen des Waldvögleins (Yoko Kawahara) waren dem Siegfried, er sagte es ja selbst, verständlich. Aber der hatte auch Drachenblut getrunken, welches die Sprache der Vögel begreiflich macht. Wir, das Publikum, gelabt nur von den Erzeugnissen des Pausenbüfetts, verstanden von dem sehr undeutlich deklamierenden und auch nicht immer völlig rein singenden japanischen Vöglein keine Silbe. Donald McIntyre (Wotan) und die größte Stimme dieses *Ringes* (Zoltan Kelemens' Alberich) imponierten einmal mehr.

Unverändert das Schlußritual: die Klatscher klatschten allen zu, die Buher bebuhten Chéreau und Boulez. Allerdings schien es, als würde mittlerweile noch viel mehr geklatscht und etwas weniger gebuht.

Die Götterdämmerung

Mit Beifallsorgien und Buhstürmen wurde in Bayreuth auch der letzte Abend von Wagners *Ring*-Tetralogie verabschiedet. Aber die Publikumsreaktionen wirkten aggressiver als zuvor. Sie beschränkten sich nicht züchtig und zünftig aufs Ende vom Lied – sondern gellten schon vorher dissonant dazwischen. Als der Vorhang zum dritten Akt aufging und sehen ließ, worauf man seit dem *Rheingold*-Beginn eigentlich hätte gefaßt sein können, da verwandelte sich der ohnehin längst säkularisierte Festspiel-Tempel in ein Fußballstadion, wo der Schiedsrichter der Heimmannschaft gerade etwas Fürchterliches angetan hat: Protest-Tumult, Trillerpfeifen, Geschrei. Am Radio, ohne die optische Provokation, muß das seltsam gewirkt haben. Wagnerferne Hörer mögen sich vor Fehlschlüssen hüten: Der letzte Akt von *Götterdämmerung* und *Ring* beginnt keineswegs mit Wutgeheul, sondern in F-Dur.

Nicht diese Auseinandersetzungen – mögen sie sich in heftigen Pausendiskussionen, in der gerüchteweise bekanntgewordenen, verärgerten Protesthaltung vieler Darsteller und Musiker gegen das Team Chéreau/Boulez oder in regelmäßigen Schluß-

Wutausbrüchen auf einem Aggressionshitzegrad niederschlagen, der sonst eigentlich nur von schwitzenden Opfern stundenlanger Autobahnstaus produziert wird –, nicht dieses Auseinandersetzungsklima scheint mir bedenklich oder gar die Besiegelung eines Mißerfolges zu sein. Im Gegenteil. Wenn – und zwar gerade zum hundertjährigen Geburtstag des Bayreuther *Ringes* – von Überzeugungstätern Ungewohntes, absichtsvoll Entweihendes gewagt wird, dann darf sich niemand über Abwehr, feine oder unfeine, wundern.

Wolfgang Wagner hat es riskiert, auf den Rat des *Ring*-Partitur-Neulings Pierre Boulez den Bayreuth- und Wagner-Neuling Patrice Chéreau mit einer auf Anhieb ohnehin fast unlösbaren Aufgabe zu betrauen. Dieses Wagnis schloß auch das Risiko radikalen Mißlingens ein. Ein solches Mißlingen hat sich nicht ereignet. Zweiter und dritter *Götterdämmerungs*-Akt gingen allerdings ärgerlich, ja indiskutabel schief. Aber Indiskutables – erst einmal zeitraubend, schwerlich korrigierbar und langweilig auf der Welt – kann natürlich doch endlos diskutiert werden, wodurch es dann so unvermeidlich wie unverdient sogar einen gewissen Interessantheitsreiz gewinnt.

Was das fade *Götterdämmerungs*-Verdämmern des allerneuesten Bayreuth betrifft, so hängt es nicht damit zusammen, daß hier ein im Kern akzeptables Konzept vielleicht noch nicht ganz ausgereift wäre. Dafür würden gewiß alle diejenigen *Ring*-Besucher Verständnis aufbringen, die Chéreaus vorzügliche, ja manchmal erschütternd ehrliche Personen-Regie während der ersten drei *Ring*-Abende und auch in einigen großen Einfällen des ersten *Götterdämmerungs*-Aktes zu bewundern gelernt haben. Von der Inszenierung (des Gegebenen) über die Kommentierung (nicht des Gegebenen, sondern des beziehungsvoll Hinzugedachten) bis zur völlig beliebigen, unmethodischen, assoziationseitlen Desavouierung einer Tragödie reicht der Radius dieses französischen *Ringes*. Bilanz also (freilich für jemanden, der freien Logenzugang genießt):

Im *Rheingold* das Vorspiel, dann, am besten mit geschlossenen Augen anzuhören, die Nixenszene. Sehr gelungen: Zedniks regieführender Loge und die Inszenierung der Nibelheim-Szene. Verschwommen der Schluß.

Walküre: erster Akt interessantes Wagner-Kino, zweiter Akt geistvoll bis überwältigend, dritter Akt: anfangs hinreißend.

Siegfried: erster Akt vorzüglich, zweiter musikalisch schwach, dritter unfertig, aber zukunftsträchtig.

Götterdämmerung: Nornen-Vorspiel und erster Akt aufregend, zweiter Akt abwegig, dritter konfus.

Auch das exemplarische Ge- und Mißlingen der *Götterdämmerung* ließ Folgerungen nicht nur über Stärken und Schwächen der Verantwortlichen zu, sondern auch über die Zukunftsmöglichkeiten oder Sackgassen des neuen antisymbolischen, konkretistischen Bayreuth.

Nichts, so lehrte das Nornen-Vorspiel, war komisch oder gar falsch kindlich daran, daß die drei Nornen sich wirklich mit jenen Seilen beschäftigten, die hier Vergangenheit und Gegenwart zum Schicksal knüpfen. Nur: Sie schauten sich dabei nicht hinreichend an, sie gingen immer noch zu wenig aufeinander ein, auch wenn die Wieland-Starre, die kalte Isolierung vorbei war. (Dramatisch groß, kaum flackernd: Hannelore Bode als dritte Norne; in der Tiefe allzu gepreßt: Ortrun Wenkel als erste Norne.) Und weder Chéreau noch Boulez verhinderten leider, daß der lange Nornen-Beginn bloß eine Reihung beklommener Mitteilungen über Weltgeschichtliches darstellt. Noch im Münchner *Ring* (Sawallisch-Rennert) waren das dramatischere, wild beteiligte Schmerzäußerungen gewesen.

Tiefsinnig und herzlich (was bei Wagner ohnehin kein Gegensatz ist) gestaltete Chéreau dann den Abschied Siegfrieds von Brünnhilde. Unruhig, wie im ersten *Walküren*-Akt die Sieglinde, so streifte Brünnhilde nächtlich über ihren Felsen: Die in der Tat eher verdeckte, verhalten melancholische Überleitungsmusik hatte hier nicht nur den Sinn des Erwachens, sondern hörbar auch den Charakter schmerzlich melancholischen Meditierens. Traurig nahm die Weib gewordene Ex-Kriegerin die herumliegenden Requisiten einer kämpferischen Vergangenheit in die Hand. Man begriff, es mußte wieder heroisch weitergehen, nach glücklich märchenhaftem Liebesintermezzo. Und man begriff auch, in Gunthers kahlem Schloß, inwiefern alles auf Hagens Geheiß geschieht. Der weiß, daß Siegfried kommen wird, als hätte er die Anreise manipuliert; der schiebt die ahnungslose, nichtige Gutrune (sehr schwach Irja Auroora) samt ihrem Trank auf den Helden Siegfried zu, obwohl die junge Frau zögert; der sieht ungerührt, wie das Zaubergift im Helden arbeitet. Wiederum Siegfried-freundlich gestaltete Chéreau den jungen Helden nicht als einen gewissenlosen Karrieristen, der in imponierender Umgebung den Mächtigen imponieren will, sich bereitwillig in die Tochter des Hauses verliebt und zu jeder Schandtat bereit ist – sondern Chéreaus Siegfried brach immer dann zusammen, wenn der Vergessenstrank ihn zu Verhaltensweisen mobilisierte, die seinem Charakter eigentlich nicht entsprachen. Jess Thomas spielte das besser, als er es sang. Die starke, wenn auch unbewegliche Stimme des ohnehin recht unbeweglichen Gunther (Jerker Arvidson) war Siegfrieds Kraft vor allem im ersten Akt unpassenderweise weit überlegen. Anscheinend sparte dieser *Götterdämmerungs*-Siegfried für seine große Erzählung im letzten Akt, deren heikle Stellen er dann verhältnismäßig frisch bewältigte. Aber wer kann das heute auch alles mit Lauritz-Melchior-Glanz und Intelligenz singen?

Die Schwierigkeit der einzigen, tatsächlich von Göttern redenden Götterdämmerungsszene, nämlich der «Waltrauten-Szene» des ersten Aktes, wurde in Bayreuth intelligent gemeistert. Gegen göttliches Gebot, erschüttert von göttlicher Not, wagt sich Waltraute zur verbannten Brünnhilde, um ihr den Ring wegzuklagen. Die Erregte trifft ein, läßt sich dann aber lang und breit von Brünnhilde erzählen, wie angenehm es sei, glücklich verheiratet zu sein, und beginnt erst dann mit ihren Beschwörungen... Boulez/Chéreaus Trick: Waltraute ist nicht so sehr «erregt» als vielmehr steinern entsetzt. Sie spricht nicht nur von stoisch ertragenem Götterunglück. Sie verkörpert es. Sie hört passiv zu – und wenn sie dann berichtet, äußert sie sich leise, langsam, fahl und finster. Yvonne Minton machte, zusammen mit Boulez, einen gespenstischen Höhepunkt daraus. Brünnhilde bleibt also mit ihrem Ring zurück. Plötzlich, die Tarnkappe über dem Kopf, erscheint der vergeßliche Siegfried, um ihr Glück und Ring zu entreißen.

Ich habe noch nicht verraten, daß Siegfried im Smoking auftritt, und zwar in Gunthers Smoking. Denn am Rhein, bei den Gibichungen, trägt man moderne Tuche. Hagen (Karl Ridderbusch) erscheint im dunklen Straßenanzug, die Krawatte locker gebunden, ein Gewerkschaftsboß mit Hintergedanken. Gunther, der Chef, sieht auf Eleganz. Daß dieser Herr im Abendanzug keine Lust hat, mit einem soeben in seine Villa geplatzten Naturkind namens Siegfried sich in einen Zweikampf einzulassen – man versteht es. Vielleicht könnte die Smokingschleife dabei verrutschen, das Beinkleid Schaden nehmen. Nach dem zauberhaften Kleidertausch erscheint also, voller betrügerischer Absicht, auch Siegfried auf dem Walküren-Felsen im Smoking, um Brünnhilde Mores zu lehren, kirre zu machen.

Und doch ist selbst diese wenig erbringende, nur signalsetzende Kostümierung im ersten Akt noch halbwegs annehmbar. Denn: Solange Chéreau innerhalb der Spannungen, die Wagners Musik, Wagners szenischer Ort und Wagners «Welt» bedeuten, sozusagen parallele Gegen-Zeichen setzt, solange versteht man seine Inszenierungsweise als Mitteilung und Kommentar zugleich. Dieser produktive Parallelismus kann Sinn haben im klaren Kontext der Wagnerschen Voraussetzungen, sozusagen als ein Beziehungsmuster jenseits des vom Autor gegebenen Musters, als ein Muster, das Spiegelungen, Erweiterungen, Perspektiven herstellt –, so leistet moderne Regie Vergegenwärtigung, Belebung, Erneuerung!

Gewiß nicht, wenn sie nur auf jene Oberlehrerfrage: «Kommt das denn heute noch vor?», auf die Frage also, ob bestimmte mythische oder homerische oder klassische Modelle wohl heute noch von Wichtigkeit sind, mit einem beflissenen Musterschüler-«Ja!» antwortet. Mit einem dummen Ja, das weniger aus dem Buchstaben der Partitur abgeleitet wird als aus dem vorwitzigen Willen, um jeden Preis zu modernisieren und zu verkleinern. Dieser Wille schien leider Alleinherrscher im zweiten und im dritten *Götterdämmerungs*-Akt.

Die Szene spielt da in einer recht elenden Hafengegend. New York oder Süditalien, Weitgereiste könnten an vieles denken. Da traten Smokingherren auf, weiß-wallende Damen. Später auch proletarisches Volk, Hafenarbeiter. Und da war aus einer gebundenen, parallelen Vieldeutigkeitserläuterung längst eine faule Vieldeutigkeit geworden.

Wenn ein Regisseur, der offensichtlich seine Bilder zusammen mit dem Bühnenbildner Richard Peduzzi entworfen hat, bevor er noch ahnte, wie sehr ihn die Wirklichkeit des *Ringes* dann später ernsthaft engagieren würde – wenn ein solcher Regisseur Smokingmenschen im Hafen zur Reihenhaus-Hochzeit versammelt, dann ist das keine spannungsvolle Erweiterung des Gegebenen, sondern etwas völlig Neues, Beliebiges. Dergleichen (Abendanzüge auf städtischem Asphalt) kennt man aus... Musicals.

Chéreau/Peduzzis Irrtum ist vollständig. Er ist respektlos, sinnlos, langweilig. Wagners grimmiger Witz etwa, wenn Hagens Mannen germanisch scherzen, sinkt in sich zusammen. Das Gejohle von Hafenarbeitern hat andern Stellenwert, als wenn Altgermanen, die immer nur patriotisch und verteidigungswillig empfinden können, vom wilden Hagen an der Nase herumgeführt werden und schließlich fürchterlich donnernd lachen.

Der dritte *Götterdämmerungs*-Akt bot dann aber nicht einmal mehr elegantes Musical. Die Staudammanlage, die im *Rheingold* noch Dampf beziehungsweise «germanische Nebel» produziert hatte, sie stand still. Die Nixen hatten alle Unzucht abgelegt, Siegfried verschied vor einer Metallkonstruktion. Die schicksalhaften Raben lagen als Jagdbeute herum, und sogar das Waldvögelein hatte sich wieder an seinen Käfig gewöhnt. Im Schweiße unseres Angesichts bemühte sich Chéreau darum, den willkürlichen Nicht-Sinn anspielungsreich zu bebildern. Aber er lenkte damit nur von Boulez ab und machte der tapferen Gwyneth Jones, deren Schlußgesang man wie eine überflüssige Solonummer mit anhören mußte, das Gesangsleben unnötig schwer. In stolzer Lust des Mißverstehens schickte Chéreau den Gunther sogar im Smoking auf die Jagd. So fiel eine langweilige, weil totale Ubiquität ins Auge. Nicht nur alle Zeiten konnten in einer Anachronismusorgie zugleich nebeneinander existieren, sondern offenbar auch alle Orte und Haltungen. Nur daß eben der bestimmende, Spannung stiftende Wagnersche Ort entfiel. So zerbrach der Neu-Bayreuther *Ring* an seinem Ende.

Möglicherweise ist der Dirigent Pierre Boulez zu intelligent, um die dumme, stumpfsinnige Wahrheit ganz zu realisieren, derzufolge in unglücklich proportionierten Fällen in der Oper leider das Seh-Recht stets das Hör-Recht bricht. Wenn auf der Bühne so Wuchtiges sich abspielt, was in keiner Weise die musikalischen Zusammenhänge verstärkt oder auch sinnvoll macht, dann gerät die Produktion dieser musikalischen Zusammenhänge gleichsam in den optischen Schatten. Der Trauermarsch des dritten Aktes zum Beispiel klang fast beiläufig, man hörte viele Themen nur wie Anspielungen, nahm sie, weil sie keine tragische Funktion mehr hatten, nicht recht ernst.

Daß die Chorentfaltungen prachtvoll klangen, blieb genauso nebensächlich wie der Umstand, daß etwa die erste Trompete bei Brünnhildes Speer-Spitzen-Schwur sich fortwährend zu verblasen schien. Aber das war fast unbeträchtlich, ebenso wie die Einförmigkeit, die Brünnhildes Schlußgesang zuwachsen mußte, oder die fatal operettenhafte Brillanz, die dem Schlußterzett des zweiten Aktes innezuwohnen schien, weil diese Musik hier halt falsch angesiedelt war. Weder die Vorzüge noch die Nachteile Boulezscher Interpretation mochte man im zweiten Teil der *Götterdämmerung* recht ernst nehmen, zumal man weiß, daß Boulez selber sich für die nächsten Jahre noch eine Steigerung verspricht. Ob die grundlegenden Fehler, die in der Inszenierung sichtbar wurden, freilich korrigiert werden können und eine solche Steigerung zulassen, darüber wird erst in ein, zwei Jahren zu berichten sein.

Süddeutsche Zeitung vom
26. 7., 27. 7., 29. 7., 31. 7./1. 8. 1976

5
Der *Ring* des Münchner Nationaltheaters
(1987)

Das Rheingold

Das *Rheingold* ist von Anfang bis Ende dem Ohr eine Wonne und dem Auge eine Lust, etwas völlig Deutsches und etwas völlig Gelungenes. Der Saft, die Jugend, die Poesie, die Musik, die Einbildungskraft quellen über. Es ist voller Abenteuer und Funde. Es ist aus einem Stück gemacht und verläuft in einer Bewegung wie ein schöner Buchenstamm.
Paul Claudel

Nur eingefleischte Wagnerianer denken über das *Rheingold* so einschränkungslos positiv wie der französische Dichter Paul Claudel. Normale Opern-Besucher, Wagner-Freunde, *Ring*-Interessenten indessen haben es mit diesem Vorabend der *Ring des Nibelungen*-Tetralogie eher schwer. Viel Text, viel mythisch verschlüsselte Exposition, aber relativ wenige große musikalische Höhepunkte, Leidenschafts-Ausbrüche, mitreißende Affekte. Das Stück, in dem Wagner seine Opernreform-Überzeugungen so entschieden verwirklichte wie sonst (fast) nie, scheint eine nicht leicht eingängige Mischung aus Naturhaftem, Märchenähnlichem und staunenswert prägnant Soziologischem, Politischem, ja Futurologischem zu enthalten. Wir erleben mit, wie aus Bitterkeit und Ressentiment die schlimm-bedrohliche Figur eines Diktators entsteht (Alberich); wir müssen begreifen, daß männlich politisches Temperament beinahe unausweichlich zu rücksichtslosem Machtstreben, halbkriminellen Schwindeleien, Eigensüchtigkeiten tendiert. Wir sehen die Frauen als

Opfer männlichen Größenwahns, teils passiv hilflos (Freia), teils besitzfreudig-matronenhaft bestrebt, aus einer objektiv miesen Situation das subjektiv Beste zu machen (Fricka). Und alles das wird gleichsam umrahmt von einer visionären, naturseligen Allegorie des Goldenen Zeitalters: Solange die übermütig munteren, lustigen, leichtfertigen Rheintöchter noch mit dem für sie nichts bedeutenden Gold spielten, war alles gut. In dem Moment aber, da Wotan sich zur Vergrößerung seiner Macht und Alberich sich zum Ummünzen des Rheingolds in Geld und Maschinen entschloß, wurde Weltgeschichte zur Unheilsgeschichte.

Der Bühnenbildner Erich Wonder, der Regisseur Nikolaus Lehnhoff, der Dirigent Wolfgang Sawallisch samt der Bayerischen Staatsoper und vielen vorzüglichen Solisten haben es nun – in einer mit geradezu hysterischer Spannung erwarteten Münchner Neu-Einstudierung des *Ringes* – unternommen, eine frei assoziative, 19. und 20. Jahrhundert visuell miteinbeziehende, witzig anspielungsreiche Interpretation zu wagen. Die Bühnenbilder – wahre Wonder-Wunder –, die brillant gestalteten und beleuchteten Kostüme (Frieda Parmeggiani), eine imponierend arbeitende Technik machten aus dem *Rheingold*-Vorabend ein surrealistisch-kulinarisches Theaterereignis. Lehnhoffs Regie vermied alle Schwerfälligkeit, alle Statik, war gefährlich witzig, ironisch, gag-freudig. Als ob ein hochmütig intelligenter Künstler des 20. Jahrhunderts sich Wagners Gewalt nicht beugen, sondern sie pfiffig und grimmig verfremden wolle. Wolfgang Sawallisch dirigierte dazu temperamentvoll und kompetent. Aber das opulente optische Angebot machte aus dem *Rheingold*-Drama nicht, wie Wagner es doch gewollt hat, «eine ersichtlich gewordene Tat der Musik», sondern die Geschichte geriet zur munteren, sichtbaren Tatfolge von Anspielungen und Bilderrätseln (mit Musik).

In der ersten Szene sitzen drei sehr virtuos geführte, sportiv bewegliche elegante Damen in Sesseln und erwehren sich munter eines älteren Herrn, dem sie den Spaß an der Liebe nachhaltig nehmen. Man wähnt sich dabei in einem Pariser Interieur aus luxuriösem spätem 19. Jahrhundert, wie es Walter Benjamin beschrieben hat. Aber das ist noch nicht alles. Die aus weißblauem Wellenhimmel entstehende Atmosphäre ist kostbar, wunderbar dunstig, ist auch «zeitlos». Man meint sich zugleich in riesiger Höhle, ahnt in der Höhe die Wasseroberfläche. Pariserisches Vineta auf dem Grunde des Rheines. Elegante Ästhetik mit der Tendenz zum Abgrund.

In der zweiten Szene eine ähnliche Doppelung. Der Götterhimmel, ein flammend schöner Horizont, wie von Magritte oder Dali. Aber Loge wird da, im Smoking, die *Financial Times* lesen (die übrigens den besten, mit Recht gefürchteten britischen Musikkritikerstab besitzt). Wotan wird da mit einem putzigen Walhall- oder Neuschwanstein-Modell herumhantieren, froh sich aufführen wie ein dümmlich blonder germanischer Kitschkünstler, und Donner wird mit dem Globus spielen.

Diese Mischung aus unmittelbarem Ernst und beziehungsvollem Witz hörte erst allmählich in Nibelheim auf. Das Bild, wirklich grandios, stellt das Symbol einer technischen Hölle im *Metropolis*-Stil und zugleich eines Überwachungsstaates in naher Zukunft dar. Schrecklich bedrohend wirkt jenes kalt entworfene, mystisch leuchtende Gestell, jener Große Bruder, der für Alberich die Untertanen im rotfunkelnden Blick hat. Nur: die Nibelungen, die da schuften müssen, traten zunächst als Zombie-Ballett auf. Erst langsam schälte sich die Bedrohung aus dem Bizarren heraus.

Während die Partitur mit jenem mythischen Kontra-Es anhebt, das für Uranfängliches steht, fürs riesig zurückgreifende «Es war einmal» – erscheint vor dem Vorhang ein Herr im Abendanzug. Fast so, wie sich in Loriots heiterer *Martha*-Inszenierung ein Hornist auf die Rampe schleicht und polizeilich entfernt werden muß. Der Mann schreibt mit quietschender Kreide langsam und immerfort: «Es war einmal.» Wir sehen ihn, den – lustigen? ironisierenden? überflüssigen? – Verdoppler dessen, was Sawallisch und Wagner ja auch gerade sagen wollen. Wir rätseln ein bißchen herum, ob es wohl Loge ist (später zeigt sich: er war's) und stellen nach dem Ende seiner Schreibarbeiten fest, daß des *Rheingolds* Vorspiel auch, und zwar anscheinend bewegt und ohne Hornkiekser, vorbei ist. Wichtig konnte die Musik da nicht werden...

Lehnhoff fühlt nicht genug, daß die Bühne ein Ort bedeutungsvoller Konzentration ist. Herrscht erst einmal das Klima eines eleganten, lustspielhaften Konversationsstückes, dann wirken die ernsten Leidenslaute der Musik nurmehr irgendwie überraschend, nicht ganz dazugehörig. Ein hübscher, etwas alberner Gag – das ist eine böse Erfahrung – nützt oder schadet eben nicht nur im Augenblick, da er passiert. Sondern im Bezirk des Kunstwerks verändert er das Klima des Folgenden gleichfalls. Man nimmt dann anders ernst, man lächelt anders. Zwischen Kabinett-Stück und Kinkerlitzchen verläuft eine gefährlich unauffällige Grenze! Kommt die Klage der Rheintöchter am Ende aus einem eilends herbeitransportierten altmodischen Grammophon: Wer sollte dann ahnen, fühlen, gar wissen, daß diese Singenden der Erde Glück verkörpern und daß alle auf der Bühne spöttisch Zuhörenden die Beförderer des Zusammenbruchs sind?

Mit dem Lächeln, Lachen, Übermütig-Verspotten verhält es sich beim unergründlichen Wagner jedoch unheimlich. Der Text macht sich über die durchschauten Figuren oft genug lustig, die Musik rettet ihre Wahrheit und ihr Leiden. Es ist sehr gefährlich, die Überzeugung zu hegen, der Text allein habe recht, und die Figuren ein wenig ironisch, von oben herab, zu betrachten. Wer sich bei Wagner über den anderen lustig macht, ist nämlich – dahinter steckt System! – erstaunlich oft selber im Unrecht. Die Rheintöchter lachen den geilen Alberich aus. Sie sollen es bereuen. Wotan und Loge lachen über Mimes Not. Sie haben bald selber Götternot, Alberich lacht wild über die dummen Besucher. (Sie werden ihn sogleich schicksalhaft berauben.) Wotan spöttelt über Alberichs Fluch: «Gönn ihm die geifernde Lust!» – er hätte lieber genau hinhören sollen. Und am Ende des *Rheingolds* kichern alle Götter sorglos über den Jammer der Rheintöchter.

Es ist sehr schwer, dieser gleichsam tragischen Ironie auf dem Wege einer ironisierenden vieldeutigen Verfremdung, die alles in leises Lächeln taucht, zur Wirkung zu verhelfen. Immerhin entstand dank Erich Wonders anarchisch-freier Phantasie, dank Nikolaus Lehnhoffs intelligenter Neu-Gier, dank Sawallischs kompetenter Kraft und einem trefflichen Solistenteam ein zumindest theatralisch ereignishafter Vorabend.

Ovationen, aber zugleich deutliche Buhs am Ende.

Die Walküre

Lieber Maestro Verdi!

Der Dirigent der *Walküre* in Turin ist Vanzo gewesen; jetzt dirigiert er in Triest. Die Mailänder Presse hat sich wie ein tollwütiger Hund auf Mascheroni gestürzt und ihn für die unendliche Langeweile, die diese Oper erzeugt hat, verantwortlich gemacht, und das ist ungerecht. Den hauptsächlichen Grund dafür, daß die Oper nicht gefiel, muß man in der Oper selbst und in dem von Wagner angewandten System suchen... Eine abgeschmackte Handlung, die langsamer geht als ein Bummelzug, der an jedem Bahnhof hält und eine endlose Reihe von Duetten durchquert, während deren die Szene kläglich leer und die Personen blödsinnig regungslos bleiben. Alles das ist nicht dazu angetan, zu unterhalten. Der Ritt der Walküren und die flehentlichen Bitten Brünnhildes an sie, zwei Stücke, die mir in Turin sehr großen Eindruck machten, ließen mich in der Scala kalt. Und das erklärt sich: in

> unserem riesengroßen Theater wären nicht neun, sondern an die dreißig Walküren vonnöten...
>
> *Arrigo Boito*, der Komponist und Textdichter, in einem Brief vom 31.12.1893 an Giuseppe Verdi.

Wagner war schon zehn Jahre tot, der weltweite Sieg des Bayreuther Meisters längst entschieden, als Arrigo Boito, Wagners leidenschaftlicher Vorkämpfer (und Übersetzer) in Italien, den verehrten Verdi über die abgeschmackte Un-Unterhaltsamkeit der *Walküre* informierte.

Die Münchner *Walküre* ist ein Opernereignis von Rang, weil die drei bestimmenden Frauengestalten des Werkes – Sieglinde, Fricka, Brünnhilde – außerordentlich aufregend Gestalt wurden aus Musik, Gestik, gebotenem Kontext. Das war eindrucksvolles Opern-Welt-Theater, kann sich ohne weiteres vergleichen mit mancher Bayreuther Präsentation. Die Männer – Siegmund, Hunding, Wotan – hatten es demgegenüber schwer. Nikolaus Lehnhoffs oft musikalisch schöne Personenführung verzichtete weithin auf jene ironisierenden Kabinettstück-Kinkerlitzchen, die das *Rheingold* getrübt hatten.

Wonders wie immer fabelhaft ausgeleuchtete Bühnenbilder wirkten im ersten und im zweiten Akt zumindest originell, frisch, übermütig assoziativ. Man hatte, zumal als erfahrener *Walküren*-Konsument, einiges zu staunen. Keine Langeweile. Nur stellte sich denn doch die Frage, ob ein unternehmungslustiges, munteres, optisches Assoziieren (das auch Kintopp-Wirkungen, eleganten Pop-Schick, Revuen-Glanz, Musical-Flottheit, postmodern erbauliche Dekorations-Süffigkeit nicht meidet), ob solche Bühnenereignisse nicht eben das auf dem Ausstattungswege herstellen, was Wagner haßte.

Noch war nämlich keine zwingende Gesetzmäßigkeit der Bildabfolge erkennbar, keine Regel, die sich Wonder selbst gestellt hätte und die er dann zu befolgen schien. Weder ein chronologisches Voranschreiten noch ein in sich stimmiges, wie auch immer modernes Gegen-Bild ließen sich ausmachen. Brillante Assoziationseffekte, denen es noch an Verbindlichkeit zu mangeln schien, bestachen das Auge. Was aber sind «Effekte»? Die Antwort stammt von Wagner und galt Meyerbeer: Effekte seien *Wirkungen* ohne logisch-dramatisch beglaubigte *Ursachen*.

Es war gewiß sehr riskant, daß zum mythologischen Gewitter des *Walküren*-Anfangs nicht Gottheiten stürmten (oder der Vorhang geschlossen blieb), sondern Frau Sieglinde Hunding sich wütend-depressiv in Näharbeit verstrickt zeigte. Jede Armbewegung entsprach einem Vorspiel-Takt. Die Dame, die laut Text ihr eigenes Bild im Bach erkennen muß (weil man in der Hütte noch keine Spiegel kannte), saß hier in einem großen, für sie schrecklich engen Bürgerhaus. Dann kam der Abenteurer.

Cheryl Studer war zunächst eine Ibsen-Figur. Dank der Musik und ihrer Kunst eine zunächst Gebrochene, Depressive – die dann herausbrach aus ihrer Zukunftslosigkeit und zur liebenden Ekstatikerin explodierte. Sie ließ anfangs den Kopf schluchzend auf den Tisch sinken, verharrte so unbewegt. Aber dann enthüllte die Musik, was in dieser Frau steckt. Ihre Hysterie auch im Glück (nachdem sie ihren strengen Gatten vorbildlich devot bedient hatte – kniete sie alsbald verliebt auch vor Siegmund) ließ freilich den Wahnsinn, der sie im zweiten Akt fast zerreißt, ahnen.

Cheryl Studer hatte ein klingendes piano, eine heftige, nicht immer ganz reine, große Höhe. Die Umfunktionierung ins 19. Jahrhundert ließ manche weiblichen Leidensmomente grandios deutlich hervortreten – dafür traten Stellen aus Sieglindes Erzählung, die sonst unfehlbar wirken, etwas zurück. Aber dieser Frau wilde Bereitschaft, sich freizumachen, anders zu «werden», lieber Untergang und Geschwisterliebe in Kauf zu nehmen als fatale Ruhe – das bezwang bei Cheryl Studer. Ihre erregte Hilflosigkeit und Verzweiflung auf der Flucht (statt

Bergjoch eine grausam kalte Riesen-Mauer) wurde dramatisches Ereignis.

Nicht dumpf-erotisch *werdend*, sondern *fertig*, vollkommen beherrscht beobachtend, den Gatten durchschauend, intelligent und absichtsvoll, führte Marjana Lipovsek als Fricka vor, wie unaufhaltsam eine Frau argumentieren kann, die recht hat und nicht nur sich selber, sondern etwas Allgemeines meint. Marjana Lipovsek sang perfekt. Höchste Stimm- und Artikulationskultur. Und zugleich eine genau umrissene Gestalt (mit der «man» nicht unbedingt verheiratet sein möchte).

Weder unterdrückt erotisch bewegt, wie Sieglinde, noch klar rational auf einen Argumentationspunkt fixiert wie Fricka, sondern kindisch unbefangen fing Brünnhilde an. Hildegard Behrens zeigte, daß Brünnhilde nicht bloß «munter» ist, sondern auch heiter-herzlich, Lieblingskind des sie väterlich streichelnden Wotan. Stürmisch-kriegerisch und harmlos. Ihre Zukunft hat ja noch nicht begonnen. Die Präsenz von Frau Behrens beeindruckte – auch wenn es ihr manchmal an jener Variabilität der Farben und Zwischentöne fehlte, die eine Künstlerin ihres Ranges unbedingt kultivieren müßte. Die «Todverkündigung» war diesmal kein Höhepunkt (vielleicht auch, weil Sawallisch da um eine Spur zu flüssig dirigierte).

Kurt Moll singt einen so stolzen, männlichen Hunding, daß der Siegmund schon einiges Format haben muß. Sonst begreift nämlich kein Mensch, warum Sieglinde diesen tollen Baß um eines weinerlichen Tenors willen verläßt. Obwohl Moll einen imponierenden, freilich finster überheblichen Patriarchen bot, verstand man Sieglindes Flucht. Robert Schunk zeigte Gefühl, war der Partie, wenn auch ohne hohen Glanz und aufrüttelnde «Wälse»-Rufe, gewachsen, hatte zumindest die für diese Rolle erforderlichen schlechten Manieren bestens sich angeeignet. So geschah im ersten und im zweiten *Walküren*-Akt große Oper, obwohl die «Winterstürme» ein wenig verwackelten.

Im dritten Akt ging James Morris als Wotan endlich aus sich

heraus; er kam imponierend über Nervosität und ungenaue Ansätze hinweg und Hotters Timbre nahe. Da spürte man, von wie vorzüglichen Pädagogen dieser bemerkenswert junge «Wotan» gefördert worden ist. Den großen Monolog des zweiten Aktes müßte er noch genauer gliedern und steigern.

Mir machte das ausgelassene Treiben der *Walküren* – die sich ja auch bei Wagner derbe Albernheiten zurufen – Spaß, obschon die Sachen sich gewiß ins *Musicalhafte*, freilich bei donnerndem Stimmklang, zu verlagern schien.

Die Bühnenbilder Erich Wonders wirken nämlich weniger «gewagt» (ob es sich nun um Science-Fiction-Film-Weltraumkapseln handelt, in die sich die Götter unerreichbar zurückgezogen haben, oder um eine Walküren-Rampe am Nordpol) als pophaft-aseptisch, fugenlos, glatt. Man kann sich kaum vorstellen, daß da auch Blut, Erde, Leiden, finsterer Unrat mitspielen. In dieser fugenlosen eleganten Materialwelt, sei sie nun hell oder düster, inszeniert Lehnhoff viel, allzuviel Bewegung. Gleichwohl entstehen wahrlich auch Menschen und Leidenschaften bei alledem. Und das ist entscheidend. Sawallisch, der die *Walküre* gewiß schon über fünfzigmal dirigiert hat, musizierte temperamentvoller, ja einfach schöner – oft in Richard-Strauss-Nähe, zumal während des schwelgerisch verstandenen Liebeserblühens im ersten Akt – als im *Rheingold*, wo sein Orchester nicht so gut zu Worte kam gegen die Witze.

Siegfried

Auf der Bühne, deren Dekoration eine Felsenhöhle darstellen soll, sitzt vor einem Gegenstand, der ein Schmiedewerkzeug darstellen soll, in ein Trikot und einen Fellmantel gekleidet und mit Perücken und künstlichem Bart versehen, ein Sänger mit bleichen, schwachen, arbeitsungewohnten Armen (an den ungezwungenen Bewegungen, vor allem aber an dem Bauch und an den fehlenden Muskeln ist der Sänger zu erkennen) und schlägt mit einem Hammer, wie es keinen gibt, auf ein ganz unmögliches Schwert, schlägt so, wie man mit Hämmern nie schlägt, und singt, den Mund seltsam aufreißend, etwas dazu, was man nicht verstehen kann...

Lange Zeit singt oder richtiger schreit dieser Schauspieler etwas und reißt dabei seinen Mund immer in der ganz gleichen, seltsamen Weise auf. Die Musik spielt dazu etwas Merkwürdiges, irgendwelche Anfänge, die weder fortgesetzt werden noch einen Abschluß haben...

All das ist so dumm, so schaubudenmäßig, daß man sich wundert, wie Menschen, die das siebente Lebensjahr hinter sich haben, alldem mit ernster Miene zuschauen können; aber Tausende scheingebildeter Menschen sitzen da, hören und sehen sich das aufmerksam an und begeistern sich.

Leo Tolstoi über Wagners *Siegfried*

Eine Aufführung des *Siegfried* muß nicht nur schlau und scheinagil über die Runden zu kommen versuchen, sondern etwas *wollen*. Sie muß sich identifizieren oder kritisch zurückweisen, heiteres Herz und gesunden Märchenverstand besitzen. Der alte Tolstoi nahm dem Moskauer *Siegfried* die Märchenhaftigkeit, die ästhetische Un-Wirklichkeit, übel. Das ist eine mögliche, borniert, kunstfeindliche, jedoch verständliche Haltung. Erich Wonder, der Bühnenbildner, und Nikolaus Lehnhoff, der Regisseur, nahmen hingegen das Märchen nicht hinreichend ernst, sondern mischten in der Höhle naiv-nette Spielereien mit flottflacher Postmodernität. Siegfried und der Drachenkampf: Das geriet dann weder tiefgründig simpel zum Bild noch zwingend kritisch verfremdet. Eine wirre Bildmixtur schuf lauter Pseudokanzeln, von denen sich die Protagonisten ansangen, wenn sie nicht hin und her liefen. Was aber zwischen den aufeinander in Abscheu, Neid oder Liebe bezogenen Figuren vorging, das blieb genauso unspürbar wie die Atmosphäre des Ganzen. Und die riesige abschließende Liebesszene zwischen der gepreßt ekstatisch sich endlich hingebenden Hildegard Behrens und dem immer wohlkalkuliert frischen René Kollo wirkte nun eben nicht als Krönung, sondern sie hatte auch etwas Gestelltes, quälend Brunstschreihaftes, Über- oder Un-Menschliches.

Inwiefern wurde nun aber das *Märchen* nicht hinreichend ernst genommen? Zum Märchen, Verzeihung, gehört ein Böser. Wagners tiefgründige Intelligenz hat gewiß auch den eifer- und gewaltsüchtigen Schmied Mime zugleich musikalisch und psychologisch geheimnisvoll unterstützt. In erster, gefährlichster Dimension aber ist Mime fistelnder Fachmann, ein mordbereiter Zwerg, ein planender Gewaltmensch, dem zu erfolgreicher Gewalttätigkeit die Kraft oder seines Bruders Alberich kriminelles Genie fehlt. Siegfried hat Grund zu fühlen, warum er den Zischelnden, Wispernden, Eilfertigen «nicht leiden» kann.

Doch die Regie hatte aus dem Mime des stimmlich schwach disponierten Helmut Pampuch einen ganz netten, harmlosen Büchermenschen gemacht. Der war höchstens so dämonisch wie Wilhelm Buschs Lehrer Lämpel, wie ein gealterter Rundfunkredakteur oder ein DDR-Politiker des Mittelbaus. Er hatte auch nicht das parodistische Tempo, sondern sang sein *Starenlied* wie eine Arie (nur ohne rechten Ton), spielte seine Angst vor bodenlos zwielichtigem Waldgrauen mit albern flatternden Händen. Genial setzt Wagner da Mimes abgründige Furcht-Chromatik gegen die sichere, geborgene Tonalität des Siegfriedschen Wald-Gefühls.

Nun stellt das Bühnenbild immer gleichsam Authentisch-Realistisches gegen Interpretierend-Neues: eine Art Parallelisierung anstrebend. Das Altmodische war hier die (Bücher-)Höhle mit Schmiedewerkzeug – das «Neue» beispielsweise der flipperhaft leuchtende Computer. Doch der Wechsel von unergiebiger Technifizierung zur heldischen Handarbeit wurde gar nicht klar (Mimes Computer stürzte schon vorher um). Mime wirkte langweilig-ungefährlich, seine Welteroberungsvision am Ende des Aktes blieb blöd-blaß. Es lag nicht am Eierkochen (das gab's schon bei Chéreau), sondern an mangelnder Deutlichkeit, Beziehungshaftigkeit, Heftigkeit, Brillanz.

Musikalisch *verbindet* Wagner – etwa durch eine Melodie, die sowohl Mimes als auch Siegfrieds Lied begleitet – diese beiden Figuren, die vom Text und Kontext *gegeneinander* gestellt werden. Da gibt es sogar Kanonhaftes. Doch zum Belcanto reichte es bei Mime noch weniger als zum Gefährlichsein.

Der zweite Akt beginnt mit einer herrlich düsteren Szene gemeinen Lauerns, Wollens, Neidens. Um Fafners Schatz schleichen sie gierig herum: Mime, Alberich, Wotan – all die lieben Gesichter. In Friedrich Dürrenmatts Bank-Oper *Frank V.* finden sich, analog, alle Beteiligten im Keller ein, wo ein Tresor aufgebrochen werden soll. Der Dichter saß gestern in Everdings Loge: Ob ihm die Ähnlichkeit zu Wagners Szene, wo an jeder Ecke ein Goldgieriger lauert, auffiel? Ob er sie gar beabsichtigt hat?

Leider ließ das überfüllte Bühnenbild des zweiten *Siegfried*-Aktes, das teils etwas mit Wald zu tun hatte, teils mit Landschaftsprospekten, aber auch mit einem offenbar aus Zugbrükken bestehenden Lindwurm, Wagners lauernde Märchenspannung nicht zu. Wonders Einfälle, seine assoziativen Eingebungen, blieben da wirr und glanzlos.

René Kollo ist ein gutgewachsener, recht junger Siegfried mit schlanker, in der Tiefe immer vollerer Stimme. Was fehlte nur, angesichts so fabelhafter, heutzutage fast einzigartiger Voraussetzungen, seinem Münchner Siegfried? Daß er viel zu modern wirkte, im eleganten Freizeit-Safari-Look auftreten mußte, daß dieser Jung-Siegfried offenbar beim Luxusfriseur arbeiten läßt (Frieda Parmeggiani, die Kostümbildnerin, scheint an den stolzen Sagenknaben aber auch gar nicht zu glauben), kann doch nicht der einzige Enttäuschungsgrund gewesen sein. Zumal ein Tenor im Bärenfell ja oft auch desillusionierend wirkt...

Nein – es lag eher am mangelnden inneren Engagement. Kollo

wollte weder einen sentimentalen Germanenjungen mit heftiger Mutterbindung noch auch einen kecken Revolutionär bieten (beziehungsweise kritisieren). Oder er wollte, wahrlich Siegfried-erfahren, von alldem ein bißchen geben. Man sah ihm wohlwollend unbeteiligt zu. Bestaunte seine Kräfte, seine Gesangsökonomie. Fand ihn weder wirklich in die Geschichte noch in die Partner involviert. Und weil auch Sawallisch während der ersten beiden Akte die Sänger vorsichtig zu begleiten suchte, also nur sekundierte (wie ein Kapellmeister), statt eine von Wagners großen Partituren ohne Rücksicht auf Verluste auszudeuten (wie ein Dirigent), blieben die ersten beiden *Siegfried*-Akte unbezwungen. Der wirre Drache dürfte zwar furchteinflößend teuer gewesen sein, aber sonst war er gar nicht angstmachend oder aufregend. Gute Stimmen: Ekkehard Wlaschiha als heftig gewichtiger, napoleonhafter Alberich, Kurt Moll als Fafner, Julie Kaufmann als etwas zu herbes, doch klar und schön singendes Waldvöglein, änderten wenig am matten Gesamteindruck.

Im dritten Akt, den Wagner nach langer Pause komponierte, herrscht der differenziert gewaltige Spätstil (freilich noch nicht der durchsichtige Altersstil der *Parsifal*-Partitur). Grimmige Dissonanzen werden hier nicht mehr aufgelöst, sondern von anderen, weniger scharfen Dissonanzen abgelöst. *Tristan*-Chromatik überzieht wie Edelrost die stählernen Leitmotive. Vielstimmigkeit, in den *Meistersingern* entwickelt, gliedert die «unendliche Melodie» gleichsam in erläuternde Stockwerke.

Das kam Sawallisch entgegen. Jetzt durfte sein Orchester auch (nicht allzu präzise) Hauptfigur werden. Die wunderbar sich steigernde Hanna Schwarz, der beherrschende James Morris machten die Scherzo-Verlegenheiten vergessen.

Die Götterdämmerung

Bei Wagner erstmals wird der Weltuntergang zum noch nie dagewesenen Schauspiel. Der Witz vom Soldaten aus dem Ersten Weltkrieg, der während eines nächtlichen Trommelfeuers den Kopf aus dem Graben steckt und seinem Kameraden, der ihn zurückreißt, zubrüllt: «Mensch, so etwas siehst du in Berlin für zwanzig Mark nicht!», entzaubert etwas vom Wagnerschen Feuerzauber. Die Verschränkung von Katastrophenpolitik und interesselosem Wohlgefallen fordert Eingriffe auch ins ästhetische Gefüge... während ästhetische Gestalt und gesellschaftlich Unwahres bei Wagner so innig miteinander verschwistert sind, daß das eine nicht ohne das andere zu haben ist, nötigt gleichzeitig diese Verschwisterung zu dem Schnitt, den sie verbietet. Es ist die Quadratur des Zirkels, jede Lösung eine Notlösung.   *Theodor W. Adorno*
in Nachschrift zu einer Wagner-Diskussion

Es war der Abend Sawallischs, Brünnhildes und Hagens. Als das Bayerische Staatsorchester die *Götterdämmerung* mit einem ziemlich quälend diffus herauskommenden es-Moll-Akkord begann (was für ein Ozean von Bezügen, diese Tetralogie: fing nicht das *Rheingold* in Es-Dur an; nun die *Götterdämmerung* in es-Moll – Wagners Intelligenz tilgt den Glauben ans Zufällige, und das hat für jede Aufführung anspruchsvolle Konsequenzen), da konnte man noch nicht ahnen, wie belebend, dramatisch und klug Münchens Staatsorchester aufspielen werde. Gewiß nicht schallplattenperfekt. Aber mit hoher, von Sawallisch herausgeforderter Artikulationsfreude, schönem Streicherglanz und nicht ermüdendem Blechbläser-Pathos.

In den ersten beiden *Siegfried*-Akten hatte Sawallisch blaß routiniert, auf Betriebssicherheit bedacht, kapellmeisterhaft musiziert. Durchsichtigkeit und Anpassungsfähigkeit beim Begleiten mögen ja schöne Tugenden sein. Doch sowenig Zeichen nur Weglassen bedeutet, sowenig darf ein Dirigent das Bedeutungs-Echo verschweigen oder beschwichtigen, das die *Götterdämmerungs*-Katastrophen im *Götterdämmerungs*-Orchester (einer berühmten, unübertroffenen Entwicklungsstufe europäischer Orchester-Kultur) finden. In der Tiefe dieses von Wagner geformten Orchesters werden alle Vorgänge zugleich mitgeschaffen, beantwortet und gesteigert. Diesmal ließ sich Sawallisch nicht, wie im *Rheingold*, zum untermalenden Begleiter visueller Ereignisse herunterstufen oder zur vorsichtigen Gouvernante eines jungen Mannes umfunktionieren *(Siegfried)*. In der «Nornenszene», bei «Siegfrieds Rheinfahrt», bei der so heiklen, einst von Boulez fürchterlich verwackelten «Speeres Spitze», auch beim lastend farbigen Vorspiel zum zweiten Akt oder während des Trauermarsches, präsentierte sich Sawallisch als nicht nur enorm metiersicherer, sondern auch feuriger, eigenwilliger Wagner-Dirigent. Da gehörte er in den Rang der Solti und Böhm.

Nun hatte er aber auch Glück: Hildegard Behrens als Brünnhilde erinnerte ihre Gemeinde wieder vehement daran, warum sie so bewundert wird. Nach dem schrecklichen Brunst-Geschrei des *Siegfried*-Endes erlebten wir, man lernt ja nie aus, am Morgen nach der Hochzeitsnacht eine plötzlich wunderbar mädchenhafte Brünnhilde. Auch bei Momenten «großer Ergriffenheit» («Heil, dir, Siegfried, siegendes Licht!») sang sie lyrisch differenziert, ohne grellen Aplomb, farbig. Ihr «Aufstand» im zweiten Akt kam aus szenischen Gründen nicht recht zur Geltung. Die Hochzeit eines Zivilisten unter lauter Uniformierten interessiert nicht sehr. Aber sonst ließ sich Brünnhilde durch die Regie, durch Bild-Umwelt oder -Umfeld sozusagen an nichts hindern: Mit glühend-unbedingtem Gesichtsausdruck einer singenden Maria Wimmer lieferte sie die Partie, samt kraftvollem Schlußgesang, genauso hymnisch-traditionell wie René Kollo seinen *Götterdämmerungs*-Siegfried. Es war für den Künstler, der noch am Morgen des Premierentages mit 39 Grad Fieber darniederlag und absagen wollte, um Entschuldigung gebeten worden (wie auch für Gutrune, aber nicht für die anscheinend indisponierte, leider relativ schwache Waltraute der Brigitte Fassbaender). Doch wenn fiebrige Erkältung bei Kollo derart steigernde, intensivierende Folgen hat, dann stellt sich zumindest die Frage, ob wir uns nicht zu seinen Grippeviren gratulieren sollten... Gewiß, manchmal, bei lang auszuhaltenden Tönen, glaubte man zu spüren, wie Kollo an die Substanzreserven seiner Stimme ging, wie er alles einsetzte und riskierte.

Vom riesigen Hagen des Matti Salminen, einem grandiosen Baß, schienen viele weibliche Premierengäste so fasziniert, als ob dieser klug, scharf artikulierend, rein und voluminös singende Künstler ein ins Germanische hochpotenzierter Don Juan wäre. Neben diesem Hagen sich zu behaupten, fiel Ekkehard Wlaschiha (Alberich) trotz trefflicher Stimme schwer. Auch im konfusen Schlußakt kam Alberich nicht zu der ihm durchaus möglichen Wirkung, weil er da nur wie ein schäbiger, halbmythologischer Schigolch (aus Wedekinds *Lulu*) geführt und gekleidet war.

Ein nun durchaus sinnfälliger Einfall Lehnhoffs war es, aus dem Gunther (sehr präsent in zwielichtiger Rolle: Bodo Brinkmann) und der Gutrune, also aus diesen hochfeinen Geschwistern ein dekadentes, ineinander lässig verschmolzenes *Wälsungen*-Paar zu machen. Geschwister-Liebe ist eine *Ring*-Spezialität. Daß die wieder blendend gut agierenden und singenden Rheintöchter – Julie Kaufmann, Angela Maria Blasi, Birgit Calm – zu zigeunerhaften Landstreicherinnen unter freiem, von Weltraumrampen erfülltem Himmel heruntergekommen waren, sich kurz wieder blond sagahaft gaben, aber am Schluß den *Ring* nicht bekamen, weil Lehnhoff es nicht will, ist eine andere Geschichte. Die Geschichte von Lehnhoffs Regie.

Und zwar leider auch die Geschichte eines bloß partiellen Gelingens und grundsätzlichen Scheiterns. Lehnhoff will den

Ring nicht (mehr) so erzählen, wie Wagner ihn an vier Abenden vorführt. Wagners Zeitverlauf wird suspendiert: An die Stelle der alten Geschichte tritt eine Mischung aus mythologischer Anspielung (aufs vom Autor Gewollte) und zeitkritischer Ausführung (aufs vom Regisseur für weltgeschichtlich belangvoll und bedrohlich Gehaltene). Das klingt fabelhaft aktuell, modern, antimuseal. Ein Schritt über Caspar David Friedrich hinaus in Science-fiction-Welten.

Nur: Wenn man eine Story, die einen Riesen-Kosmos gliedert, aufgibt – muß man eine andere dafür erzählen. Gelegentliche Widersprüche, «Anachronismen» mögen ärgerlich, peinlich sein. Sie lassen sich indessen hinnehmen, wenn um ihretwillen, mit ihrer Hilfe, eine beziehungsvolle, in sich stimmige *Neue Welt* entsteht. Es hieß, dieser Münchner *Ring* würde in Gegenwart und sogar Menschheits-«Zukunft» (also 21. Jahrhundert) vorstoßen. Ein *Ring* über die Zeit.

Doch gerade an der Zeit scheiterte er. Weil er in lauter aufeinander nicht zwingend bezogene Momente zerfiel. Lauter Augenblicke. Im Wortsinne: gelegentlich faszinierende, gelegentlich blödsinnige Bildchen oder Riesen-Bilder; Momentaufnahmen für die Augen, zum Blicken. Es mag ein Impuls, ein ehrenwerter, zeitgenössischer «Einfall» sein, zu gestalten, daß die Gibichungen moderne Verbrecher sind, daß die Mannen SS-Leute sind, daß Gunther nicht am Rhein lebt, sondern in einem Industrie-Hangar, passend für Georg Kaisers *Gas*. Oder daß Gutrune eine Dame der zwanziger Jahre ist und Hagen ein Zivilist, der die Faust in der Tasche ballt.

Doch wenn ein Regisseur solche Einfälle hat, dann muß er den viel schwerer zu erlangenden, tragfähigen Einfall finden, wie das alles in einen zwingenden, neuen Zusammenhang gebracht werden kann! Irgendwie hat sich Lehnhoff wohl darauf verlassen, diese «Idee» würde schon kommen, wenn erst die Musik und einige Beziehungen zu Wagners Geschichte und unser aller Angst vor dem atomaren raketenerzeugten Weltende zusammenträten. Aber er irrte sich. Die Idee kam nicht. Der neue Münchner *Ring* wurde kein seriöses Gesamtkunstwerk.

Der Bühnenbildner Erich Wonder, dem der *Ring* zugestandenermaßen nicht sehr bekannt war, hat offenbar zumindest zu Beginn der Arbeit Wagners Welt nicht ernst genug genommen. Und sich darauf verlassen, ein anderer werde ihn schon richtig lenken – so als ob ein ahnungsloser christlicher Architekt in China ohne weiteres Tempel bauen kann, wenn ihn nur ein Einheimischer nett über die fremde Religion berät. Für dergleichen ist der *Ring* zu schwer. Selbst im Widerspruch muß Methode sein, selbst in der Assoziation eine zeitliche Gliederung und nicht nur Momentanes: Sonst landet man bei schönen schicken Mordsbauten, die teils eindrucksvoll sind, teils postmodern, aber eben fast nie schlüssig und darum fast immer beliebig. Mithin der Tod streng gebundener Kunst. Daß Wonder viele Bilder gab, war ein Glück. Denn wer kein System hat, unterliegt auch nicht jenem Systemzwang, der so viele *Ring*-Ausstattungen und Interpretationen wiederum zu einer quälenden Abspulerei gewisser Thesen gemacht hat.

Wenn Lehnhoff im *Rheingold* seinen störend falschen Loge-Beginn mit der Kreideschreiberei ändert, wenn er dort das Grammophon ersetzt, wenn er im *Siegfried* die Anfangsszene des zweiten Aktes neu, dynamischer und spannungsvoller herausbringt, wenn er in der *Götterdämmerung* die törichte SS-Anspielung tilgt und den Schluß neu konzipiert – die Entfernung einer Schallplatte muß nicht 16 Stunden lang vorbereitet werden, das Mißverhältnis zwischen Riesenentwicklung und privater Regisseuransicht ist da gar zu absurd –, dann nimmt sich in Zukunft gewiß manches weniger willkürlich aus.

Es sei zudem gar nicht geleugnet, daß viel Intelligenz, Brillanz, Mut und Unmut in diesen halbmodernen *Ring* eingingen. Theatralische Ereignisse solcher Art haben freilich zumindest die Folge, daß man für brav werktreu traditionalistische Inszenierungen irgendwie verdorben wird. Die wirken, nach solchen aufwendigen Science-fiction-Explosionen, dann besonders altbacken, unsensationell, bedürfen größter musikalischer und seelischer Eindringlichkeit. Es steht zu fürchten, daß ein aufwendig gemachter, von Augenblick zu Augenblick prunkender Ring wie dieser einerseits das Traditionelle versehrt, andererseits jedoch dem überlieferten Werk nichts gleichrangig Eigenes entgegenzustellen weiß. So sieht die Krise unseres Operntheaters aus.

Süddeutsche Zeitung vom
21./22. 3., 23. 3., 27. 3., 31. 3. 1987

6
Harry Kupfers Bayreuther *Ring*
(1988)

Das Rheingold

Es war ein fesselnder Anfang. Das *Rheingold* ist ja noch keine riesige Tragödie, sondern eher ein vielschichtiges Drama und Konversationsstück darüber, wie ein unternehmungslustiger Gott sich heillos verstrickt, ein abgewiesener Finsterling aus Rache zum Diktator wird, eine lebenspendende junge Frau – nämlich die Göttin Freia – beinahe unter die Räder ungenügend durchkalkulierter Geschäfte gerät.

Da scheint nun der Regisseur Harry Kupfer ganz in seinem Element. Er inszeniert immer mehrere Bewegungen (manchmal zu viele) zugleich. Wenn die Freia aus Furcht vor den Riesen ängstlich herumläuft, der dämlich gutmütige Donner-Gott ihr handfest gewalttätig helfen will, der kluge Wotan (eindringlich und verhalten John Tomlinson) mit schlechtem Gewissen einerseits die vorwurfsvolle Gattin zu besänftigen hat, die das alles längst kommen sah, überdies den blöden Donner abwiegeln muß, der gewalttätig eingreifen will, und darüber hinaus auch noch die Riesen reinzulegen versucht, die eigentlich im Recht sind, wobei Wotan verzweifelt auf die Hilfe des schlauen Loge angewiesen ist, dessen elementare Unzuverlässigkeit ins Auge springt: dann schlägt Harry Kupfers große Stunde. Da inszeniert er sinnfällig und brillant und geistvoller noch als Patrice Chéreau.

Aber kann man eigentlich geistreich sein – ohne boshaft (und verkleinernd) zu sein? Aus dem Gott Wotan wurde im *Rheingold* ein ehrgeiziger, moderner Herr Jedermann in alptraumhaften Zwangslagen. Und aus dem Göttermythos wurde Kupfers nachsichtige Kritik an allzu ehrgeizigem Unternehmertum.

Nun scheint Harry Kupfer gespürt zu haben, daß es gefährlich sein kann, aus jenen Göttern, für deren Wohl und Wehe wir uns eine riesige Tetralogie lang interessieren sollen, bloß eine sonderbare Reisegesellschaft zu machen, mit Glaskoffern und Filzhüten auf dem Weg in ein neues, ziemlich düsteres Domizil namens Walhall. Darum ließ der Regisseur vor Beginn des *Rheingold* einen stillen Donnerschlag stattfinden, einen visuellen Accent grave. Wenn der Vorhang aufgeht und bevor der erste Ton erklingt, sehen wir nicht etwa in die Tiefe des Rheins – sondern das Ende einer Tragödie! Eine schweigende, betroffene, aber keineswegs traurig oder verzweifelt wirkende Menschenmenge, die düster verharrt, sich dann stumm entfernt. Vorn liegt ein Toter. Da scheint eine schlimme *alte* Geschichte zu Ende gegangen. Während die nebligen Schatten sich auflösen ins Nichts, beginnt – in dem Orchester mit dem *Rheingold*-Vorspiel – eine *neue*. Und falls auch die mörderisch enden sollte, fühlt man, bleibt doch die Hoffnung, daß alles immer weitergehen kann.

Im *Rheingold* trat zutage, daß Harry Kupfer metiersicher und effektbewußt wie ein Musicalregisseur moderne Äquivalente für eine archaische Handlung ausreizen kann, daß er in der Personenführung (er ersinnt für alle Figuren stummfilmhaft beredte Gesten und kann es nicht ertragen, daß jemand auf der Bühne unbeteiligt herumsteht) Meisterschaft mit Menschlichkeit verbindet. Und zwar auch dann, wenn seine szenischen Bilder nicht ganz genügen. Den Rhein aus Laserstrahlen, die sich präzis zur Beschleunigung der Musik verdoppelten und vervielfachten, faszinierend und bedrohlich zugleich herzustellen, das war eine aufregende Idee (Bühnenbild: Hans Schavernoch). Im Laserstrahl mischt sich ja scharf gebündelt das Phantastische rückgekoppelten Lichtes mit bedrohlich modernen Assoziationen.

In diesem Laserstrahl-Rhein kann man sich als Rheintochter

zwar brillant bodenturnend bewegen, aber doch nicht eigentlich schwimmen. Wir sahen ein kluges Äquivalent. Nur das, worauf es am Ende ankommt, wurde nicht zwingend sinnfällig. Wenn Alberich das Rheingold raubt, dann sinkt Finsternis über die Tiefe, und das goldene Zeitalter aller lustvollen Natur hört auf. Man müßte traurig sein, aber nicht nur verdutzt. Da Kupfer die Angst Freias (die junge, hochbegabte Dänin Eva Johansson war nordisch expressiv, eine anrührende Kristina Söderbaum des Musiktheaters) fast zur Hauptsache der *Rheingold*-Handlung gemacht und einen grandios hochmütigen, durch und durch überbeweglichen, scharf und genau singenden Loge (Graham Clark) zur Verfügung hatte, wurde die zweite Szene zur brillanten Minitragödie göttlicher – allzu menschlicher Mogelei.

Leider mißglückte ausgerechnet der Teil, der sonst im *Rheingold* am unwiderstehlichsten wirkt: die Nibelheim-Szene. Das sollte hier wohl eine Fabrik sein, wo die Hauptakteure wie Wissenschaftler und die Zwerge wie Techniker in weißen Overalls agieren und seltsame Beisitzer Veredelungsarbeiten ausführen. Doch das Bühnenbild – eine viaduktartige Holzkonstruktion – wirkte nicht sehr suggestiv, und das ständige Treppauf, Treppab der Hauptbeteiligten ermüdete nicht nur diese (gequälter Mime: Helmut Pampuch).

Übrigens hatten die riesigen Riesen offenbar den Karikaturisten Paul Flora zum Vater. Sie waren mindestens doppelt so groß wie Normalfiguren, dabei bewundernswürdig beweglich und auch höchst verschieden charakterisiert. Unvermeidlich, daß sie nun relativ kleine, knopfähnlich wirkende Köpfchen besaßen. Aber sie sollen ja auch nicht sehr klug gewesen sein. Man fühlte mit ihnen: Matthias Hölle war der liebenswürdige Fasolt, Philip Kang der machtgierige Fafner.

So legt sich im Hinblick auf die Inszenierung folgendes Fazit nahe: Kupfer deutet optimistisch ein Riesenkonzept der «ewigen Wiederkehr» an, und er ist dabei ein Meister flinker, spontaner Aktionsregie, zumal im Bereich des Konversationshaften.

Erwies sich Harry Kupfer als Meister pointierter, spontan frischer Personen- und Beziehungsregie, der klug die Erscheinung der Erda (eindrucksvoll langsam: Anne Gjevang) in gebotener Regungslosigkeit sich vollziehen ließ, so bewunderte man Daniel Barenboim als inständigen, ausdrucksstarken Musiker, der das vorzügliche Festspielorchester sogleich charakteristisch prägte und sich wieder einmal als Meister tiefempfundener Überleitungen, Lichtwechsel und berührender Langsamkeit erwies. So beeindruckend erklang die *Rheingold*-Musik schon lange nicht mehr.

Freilich, dem Rheintöchter-Terzett, das virtuoses Bodenturnen absolvieren mußte, fehlte es dabei doch an stimmlichem Glanz. Die Sopran-Stimme der Woglinde (Hilde Leidland) ist hübsch, aber doch viel zu klein für diese Partie, was natürlich dem ganzen Terzett schlecht bekam. Auch der Abstieg nach Nibelheim, wo die Musik höllisch hämmernd erschrecken müßte, vollzog sich ohne äußerst schneidende Gewalt.

Alles in allem aber wahrte Bayreuth mit dieser neuen *Rheingold*-Produktion (sehr durchdacht auch die Kostüme von Reinhard Heinrich) seinen Ruf, die führende Wagner-Bühne der Welt zu sein. Auch in kleinen Rollen waren die Sänger ihren Partien nicht nur gewachsen, sondern überlegen. Bodo Brinkmann als Donner und Kurt Schreibmayer als Froh imponierten mit großen Stimmen. Der Alberich des Günter von Kannen, ein riesiger Sänger, der seltsamerweise immer «Zwerg» genannt wird, brachte es fertig, daß wir uns für das Schicksal dieses Unseligen nicht nur interessierten, sondern mitfühlten, was aus dem Alberich würde.

Für die Konversationsähnlichkeit des *Rheingold*-Vorabends reichten alle Stimmen opulent.

Die Walküre

In der *Walküre*, so lehrt es uns die mit tosendem Beifall, aber auch deutlichem Buh aufgenommene neue Bayreuth-Interpretation, haben wir es mit dem Schicksal *zweier* Paare zu tun. Also nicht nur mit den Wälsungen Siegmund und Sieglinde, sondern auch mit der Beziehung zwischen Wotan und Fricka.

Diese Ehe erscheint sonst immer nur auf quälende Streitereien reduziert, wo beide Gatten wie die Rechtsanwälte argumentieren. Harry Kupfer spürt nun zwischen den Partnern eine stumme, herzliche Solidarität auf. Fricka weiß, wieviel sie dem Gatten zumutet – im Namen der Sitte und des von ihr vertretenen Prinzips zumuten *muß* –, und läßt ihn ernste Sympathie spüren. Sie triumphiert nicht, demütigt nicht, schäumt nicht. Wotan wiederum muß fühlen, daß Fricka nicht bloß rechthaberisch ist, sondern wahrhaft im «Recht»: Darum gibt er ihr (und der Kraft des beiden Gatten wichtigen Prinzipes) resigniert nach.

Linda Finnie sang eine verhaltene, seriöse Fricka. Sie hat nichts gemein mit dem jugendlich sportlich-kameradschaftlichen Kumpeltum der ihren Vater zunächst munter umarmenden und neckenden Tochter Brünnhilde. Und John Tomlinson machte aus Wotans Abwehrschlacht wirklich den verzweifelten Existenzkampf eines modernen Jedermann, eines germanischen Faust im Laser-Zeitalter. Dabei gelang es dem Sänger, klug zu disponieren. Abgesehen von einer kurzen Stimmkrise im Schlußakt steigerte sich der moderne Göttervater zur Hauptfigur des *Walküren*-Dramas.

Enorm spannend, als hätte Ingmar Bergmann einen Strindberg inszeniert, verlief im ersten Akt die ehebrecherisch-inzestuöse Begegnung zwischen den Wälsungen, überschattet von der drohenden, imponierenden Kraft des männlichen, grimmigbrutalen Hunding. Peter Hofmann, sehr konzentriert agierend, machte aus dem Siegmund einen depressiven Verbannten und

Ausgestoßenen; nur langsam ließ er sich dazu bringen, überhaupt seinem Glück und seiner Liebe zu trauen. Immer wieder barg er verzweifelt und verbittert den Kopf in den Händen, war zart und unselig.

Leider zerbrach die Spannung des ersten Aktes ausgerechnet da, wo sie sonst kulminiert: beim «Winterstürme wichen dem Wonnemond». Das kam viel zu ruhig, zu matt, der Aktschluß überhaupt blieb blaß – auch wenn er in eine herrliche Chaplin-Totale mündete, als die Geschwister selig entschlossen in ihre endlich erkämpfte Freiheit hinausstürmten.

Zunächst waren die Impulse, die liebevollen Bemühungen so ziemlich alle von der Sieglinde (Nadine Secunde) ausgegangen. Der stimmlich und darstellerisch beeindruckende Hunding (Matthias Hölle) war für diese Sieglinde ein finsterer Zwingherr gewesen, Siegmund zum ersehnten Licht eines besseren Lebens geworden. Wir bestaunten eine lyrische, melancholische Wälsungen-Geschichte. Nadine Secunde sang stets empfindsam und kultiviert, aber rückhaltlose emotionale Dringlichkeit schien ihre Sache nicht zu sein.

Auf diesen exponierten und heftigen Wagner-Ton legte es auch der Dirigent Daniel Barenboim nicht an, sondern er entdeckte in der *Walküre*-Partitur viel Schumann-Zartheit, Bruckner-Weihe und sogar Beethoven-Gewicht. Wiederum brachte Daniel Barenboim es fertig, auf die seelischen Vorgänge sinnvoll zu antworten (statt sie bloß beziehungslos auszustellen). Etwa wenn Baß-Klarinette und Streicher die Verzweiflung Sieglindes wunderbar aufnehmen und besänftigen, die sich als «Leiche» und «ehrlos» bezeichnet hat im zweiten Akt. Aber die große, hochdramatische Wagner-Kraft, wie sie etwa bei der Münchner *Walküre*-Premiere zu erleben war, fehlte doch empfindlich: vielleicht auch, weil auf riesengroßer, leerer und hoher Bayreuth-Bühne der Klang überhaupt nicht reflektiert oder gar verstärkt wurde.

Das bereitete wohl auch der Brünnhilde von Deborah Polaski

Probleme. So gut sie aussieht, so schöne Töne sie in der Mittellage besitzt: Der große Brünnhilden-Schwung scheint (noch) nicht ganz ihre Sache. Da muß sie forcieren, und dies um so mehr, als anfangs verständliche Debütanten-Nervosität der interessanten Sopranistin, die rasch Karriere gemacht hat, Mühe zu bereiten schien.

Aber nicht nur Höhe und Breite der Riesenbühne mußten von allen Sängern überwunden werden, sondern immer wieder befremdete auch Harry Kupfers Zwangsvorstellung, daß nicht etwa der aufrechte Gang, sondern ein schwerfälliges Sichwälzen, ein mühseliges Knien (auch über dem Partner), ein munteres Sichrollen oder ein exponiertes Liegen die eigentliche Seinsweise von Menschen und Göttern sei. Sieglinde, ihren Aufstand beteuernd, Brünnhilde, mystisch den Tod verkündend: alle knien immerfort.

Daß Kupfer alles steife «Schreiten» haßt, weil es fast immer pompöse Unnatur einschließt, begreift man gewiß. Auch daß er fürs leidintensive Pathos Wagnerscher Opfer nach einem originellen und mäßigen Bewegungsäquivalent sucht. Doch wenn er aus der Ausnahme (dem Knien, Sichwälzen) sozusagen die Bewegungsregel macht, dann erreicht er damit nicht eine Ausdrucks-Intensivierung, sondern nur eine manierierte Verfremdung, welche die Sänger oft hemmt und das Fortschreiten der Aktionen unterbricht.

Was Kupfer und Barenboim so gedankenvoll über die Götter, Helden und Zwerge des *Ring*-Kosmos vorzuführen haben, steht einstweilen in keinem recht erkennbaren oder gar zwingenden Zusammenhang mit den Modernismen des Bühnenbildes von Hans Schavernoch. Gewiß, es wirkt faszinierend, wenn Hundings Haus sich im letzten Augenblick niedersenkt, während Siegmund noch durch das (allzu brave) *Walküren*-Gewitter irrt, oder wenn die glänzend und schwungvoll singenden Walküren ihre Helden auf Leichen-Scootern nach Walhall transportieren lassen...

Doch so harmlos die modernen Treppen im Nibelheim geblieben waren, so wenig leuchtete auch ein silbernes Stahlgerüst ein, auf dem die Walküren während des dritten Aktes in himmlischer Luft auf- und niederschreiten mußten. Einerseits legten Kupfer und Schavernoch immer wieder Wert auf düstere germanische Nebel, andererseits wollten sie den Feuerzauber als kalte Laserstrahl-Veranstaltung – wie wenn die altmodische Illusion von Flamme und Wasser gemieden werden müsse, obwohl die Figuren nach wie vor von ewig menschlicher Machtgier, Liebessehnsucht und Seelennot besessen sind.

Siegfried

Auch an der neuen Bayreuther *Ring*-Interpretation bewährte sich fürchterlich die Kraft des Fluches. Da hat man nun das wirklich seltene und große Glück, über einen gutaussehenden, intelligent spielenden und enorm kräftig (wenn auch ohne allzu brillanten, individuellen Glanz) singenden Siegfried zu verfügen – nämlich den Tenor Siegfried Jerusalem –, der sich in der Form seines Lebens zu befinden scheint. Da imponiert Günter von Kannens Alberich mit fabelhaft voluminöser Stimme, und es fasziniert als Exzentrik-Clown und geradezu tänzerisch präsent der Mime von Graham Clark. Da geraten einem Daniel Barenboim die sonst oft so zähen, weil allzu logisch demonstrativen Übergänge der meditativen, von naturfrommen Zartheiten und atmenden Pausen erfüllten Partitur bewundernswürdig. Da sind also Voraussetzungen gegeben, wie sie kaum glücklicher zusammentreffen können. Aber dann zerstört Harry Kupfers im einzelnen oft pointierte, ausgefeilte, im ganzen entsetzlich überflüssige Klettersucht den Schmiede-Akt und noch mehr die Vorgänge im tiefen Wald.

In der *Walküre* wurde unentwegt gekniet. Im *Siegfried*, wo es den Sängern zum Knien manchmal an Spielfläche zu fehlen schien, kletterten alte Götter auf Vorsprüngen und hohen Mauern herum, sang man von Leitern: mit der einen Hand sich an Sprossen klammernd, die andere zum lebensgefährlichen Gestikulieren verwendend. (Ein Wunder, daß nichts passierte.) So geriet der Siegfried-Humor als Treppenwitz. Am Ende dankte nicht nur Beifall den Sängern und Musikern, sondern donnerte massives Buh über die Überzeugungstäter der Aktionismus-Regie (Harry Kupfer) und der modernistisch verkommenen Bilderrätsel (Hans Schavernoch).

Mimes Höhle hätte ein U-Boot auf dem Trockenen sein können, ein zweckentfremdeter Eisenbahnwagen mit Luken, durch die ein Bär springen, aber in welchen anscheinend auch mit sehr gefährlichen Brennstoffen Feuer gemacht werden kann. Zum Zentrum wird dabei die Leiter außen. Dies der erste Akt.

Der Lindwurm des zweiten Aktes vegetiert statt im tiefen Wald – nach Tschernobyl ist eben nichts mehr ganz so wie es einst war – in einem riesigen verrosteten Gestänge, das beispielsweise an den Aufbau eines Containerschiffes erinnerte, möglicherweise auch an eine geborstene Maschinenhalle. Oder an jene nackte, von Heizungsinstallationen und Röhren durchzogene Hausmauer, über die Rilkes *Malte* schon vor dem Ersten Weltkrieg erschrak.

Nun besäße es Logik, wenn der unglückselige Bühnenbildner Hans Schavernoch sich etwa die Regel aufgestellt und befolgt hätte, die gewohnten Räume der Tetralogie sämtlich als zerstörte vorzuführen: der zerborstene Wald, der kaputte Rhein, die zerschossene Befehlsstation Wotans. Aber nicht einmal diese Zerstörungskonsequenz existierte. Die Laserstrahlen wirkten gelegentlich faszinierend chic, das vergammelte, verrostete Siegfried-Ambiente hatte auch etwas mit der schäbigen Abfall-Welt von Kafka zu tun; der Walküren-Fels liegt in vielem Dunst da, aber auch hübsch elektrifiziert.

In diesen Räumen geschah Virtuoses. Dauernde Positionswechsel der Akteure. Man hört wenig aufeinander. Ob Mensch, ob Gott – Klettern heißt die Devise. Dabei klappt alles; und daß der Amboß zu früh zerbricht, noch bevor ihn Siegfrieds Schwert trifft, hat ja bereits Tradition. Warum soll ausgerechnet ein Amboß unnervös sein.

So verspielte die neue *Ring*-Produktion das musikdramatische Gewicht des ersten und des zweiten *Siegfried*-Aktes. Dabei war Graham Clark, der schon als Loge imponiert hatte, ein ungemein beweglicher, brillanter Mime. Was mich an diesem Künstler hier gleichwohl irritierte, läßt sich schwer in Worte fassen. Er hatte ja das Gelehrte und das Zickige des Mime – und es war nicht seine Schuld, daß der tolle Schluß des ersten Aktes, wo ja auch diese Negativfigur entfesselt ihren Glückstraum fisteln darf, verschenkt wurde, weil zu lautes Gehämmer Clark übertönte und weil es zwischen ihm und dem allzu fernen Siegfried zu keiner hinreichenden Kontrastbeziehung kam.

Vielleicht wirkte störend, daß dieser Mime allzusehr die Sphäre anglo-amerikanischer Komik heraufbeschwor. Woody Allen am Amboß, Danny Kaye im Gezeter mit Siegfried, Jerry Lewis von Sieglindes Not berichtend. Daß dergleichen zwar enorm komisch ist, aber doch nicht ganz «stimmt», merkt man erst dann, wenn man's verwundert sieht.

Kupfer nutzt die Vorspiele, bei denen man so gern dem mit wunderbarer Lauterkeit musizierenden Barenboim zuhören würde, dazu aus, um uns auf etwas hinzuweisen. Manchmal glückt's, manchmal geht es auch schief. Daß Alberich sich schon im ersten *Siegfried*-Akt informiert, macht den Anfang des zweiten ein wenig überflüssig.

Radikal falsch schien mir, was Wotan mit dem Waldvöglein anzustellen hat. (Franz Mazura anstelle des faszinierenden John Tomlinson war gut bei Stimme, blieb aber recht distanziert im Wald-Akt. Erregter wirkte er erst bei der Begegnung mit der sonoren Erda von Anne Gjevang in der ersten Szene des dritten Aktes, die der gelungenste Augenblick des ganzen Abends war.)

Zurück zum Waldvöglein. Im zweiten Akt begegnet Siegfried

diesem flatternden Tier (als Koloratur-Sopranistin besser denn als *Rheingold*-Woglinde: Hilde Leidland). Das Drachenblut läßt ihn die Sprache der Vögel verstehen. Nun klärt der Waldvogel ihn auf und erzählt dem jungen Mann, der bisher nur alten Tröpfen begegnet ist, etwas von Brünnhilde, in deren Richtung er ihn zu führen verspricht. Bei Kupfer ist der Waldvogel ein ergebener Mitarbeiter Wotans. Wotan hat das Tier bei sich, läßt es immer wieder von seiner Hand entflattern. Das wirkt in einem Blech-Gestänge-Ambiente blödsinnig verkitscht. Aber es ist nicht nur verkitscht, es ist grundfalsch. Denn: der Waldvogel darf mit Wotan nichts zu tun haben, er fürchtet sogar die Raben Gottvaters, weicht ihnen ängstlich aus (das erfahren wir im dritten Akt). Zweitens liegt der Sinn der *Siegfried*-Tragödie und der *Ring*-Tetralogie doch darin, daß Siegfried als freier Mensch sich frei entscheidet, daß er eben nicht von Wotan indoktriniert wird (der eben dies keineswegs tun darf, seiner Verträge wegen). Wenn also Wotan hier den Siegfried direkt leitet, ist die Gedankenkonstruktion des *Ringes* um einer Spielerei willen zerstört, vergessen, verspielt.

Fafner (souverän Philip Kang) hatte viele Hälse, aber keinen imponierenden Drachenbauch – doch wie ein Drache auszusehen hat, darüber fehlt es ja an verläßlichen Nachrichten. Was mit Siegfried und Brünnhilde am Ende passiert, führt Kupfer mit überdeutlicher, penetranter Symbolik vor, vielleicht weil's ums sogenannte Penetrieren geht, mehr um den Trieb als um die Liebe freier Menschen. Deborah Polaskis Brünnhilde hatte einen schlechten Abend. Wenn Spitzentöne Glückssache sind, können sie leicht zum Unglück ausarten, was bedeutet, daß der Tod nicht lacht und die Liebe leider nicht leuchtet.

Die Götterdämmerung

Die *Götterdämmerung* der neuen Bayreuther *Ring*-Produktion des Regisseurs Harry Kupfer, des Bühnenbildners Hans Schavernoch und des Dirigenten Daniel Barenboim schloß mit einer beeindruckenden und poetischen Vision, die demonstrierte, was dieser Harry Kupfer vermag, und die ein wenig vergessen ließ, daß wir allzu lange eher einer «Kletterdämmerung» hatten beiwohnen müssen: In dunstiger Bühnenmitte liegt Siegfrieds Grab. Wotan erscheint, was er nach Richard Wagners Konzept, wo ausgerechnet während der *Götterdämmerung* die Götter nicht auftreten, keineswegs tut, und tritt an die Erdspalte, in der Siegfried liegt. Er zerbricht seinen Speer, wirft die Hälften als Symbol schwererrungener Absage an alle Gewalt ins Grab hinein. Und wenn dann sogleich die alte Welt zugrunde geht, brechen auch die Bühnenbild-Projektionen – es sind hellerleuchtete Fenster einer modernen Wolkenkratzer-Skyline – wie nach einem Atomschlag zusammen.

Kupfer führt dabei den Chor der Mannen sehr klug, indem er nämlich die Überlebenden statt zu einer amorphen Masse zu acht oder neun kleinen, gebannt und ausdrucksvoll alles beobachtenden Menschengruppen ordnet. Doch das ist noch nicht alles: Wenn die Weltkatastrophe passiert, begeben sich auch elegant gekleidete Herrschaften auf die Bühne. Plötzlich sind Fernseh-Apparate verfügbar. Jetzt erlebt am Ende der *Götterdämmerung* das Bayreuther Premieren-Publikum, wie der Weltuntergang von unserer Kollektivseele einerseits geahnt und durch sture Unvernunft heraufbeschworen, andererseits als Fernseh-Mitteilung unerschüttert konsumiert wird. Soviel kann und will Kupfer.

Harry Kupfer kann Massen und Gruppen ausdrucksvoll führen. Er kann mannigfache Reaktionen aufschlußreich darstellen, kann zum Beispiel zeigen, wie die Liebe in Menschenseelen entsteht, wie etwa Brünnhilde zu ahnen beginnt, was innige

Gefühle sind. Oder Kupfer kann auch dartun, wie Brünnhilde den verwandelten Siegfried, während er sie in Gunthers Gestalt vergewaltigt, doch erkennt (und zwar zu den einschlägigen Liebes-Leitmotiven des Orchesters). Kupfer verdeutlicht auch zwingend die Begehrlichkeit der süßlichen Gutrune oder Waltrautes mißtrauische Neugier angesichts der seltsam verweiblichten ehemaligen Kriegskameradin, die sich wie eine Verrückte aufführt, die glühend verliebt scheint, was der streng beobachtenden Waltraute wie eine merkwürdige Krankheit vorkommt.

Aber solche schönen Einsichten und Einfälle sind in diesem *Ring* doch nur punktuelle Wahrheiten unter dem Schutt eines allzu ertüftelten, unschlüssigen Systems. Wie früher gläubige Christen zu jeder Botschaft, die sie ausrichteten, warnend hinzufügten, «memento mori», «gedenke, daß du sterben mußt» (was ja nie falsch sein kann), so sagt Kupfer den *Ring*-Besuchern, man müsse bei allen erdenklichen Vorkommnissen stets mitfühlen, daß wir in einem Atomzeitalter leben und daß die Menschheit lustvoll an dem Aste sägt, auf welchem sie sitzt. Aber dabei passieren dem klugen Regisseur doch gleich mehrere Mißgeschicke.

Der erste Fehler: Kupfers Modernismen und Sequenzen sind nicht in sich schlüssig und nicht in die Handlung integriert. Sie sind eben oft nur warnende Zutaten. Das sei so verstanden: Kommt ein *Ring*-Regisseur auf die Idee, eine Szene in einer Atomzentrale spielen zu lassen, dann wirkt es natürlich inkonsequent, wenn altmodische Figuren mit Speer und Schlapphut an den technischen Geräten herumfummeln. Dergleichen geschieht aber bei Kupfer dauernd. Er ist zu klug, zu taktvoll, singende Götter oder Germanen ohne weiteres als das Personal einer Science-fiction-Story auszustellen. Folge: Jetzt paßt nichts mehr in sich schlüssig zusammen. Plötzlich holt ein Herr in elegantem Abendanzug einen Dolch aus dem Gewande, um Blut abzuzapfen. Plötzlich erscheinen relativ altmodisch wirkende Rheintöchter auf einer Pumpstation. Nun singt Hagen, bebrillt wie ein asiatischer Lenin, vor einer Großstadtkulisse und lehnt sich auf einen Speer.

Vielleicht könnte man sich an solche «synkretistische» (postmodern zusammengewürfelte) Widersprüche gewöhnen. Aber eine Folge wenig zusammenpassender Bilder ist ja nicht nur Inkonsequenz, bedeutet ja nicht nur, daß dabei ästhetisch Unreines geschieht, sondern etwas viel Schlimmeres: Beziehungslosigkeit und Atmosphäre-Mangel. Nicht bloß der Raum und das Bild des Gesamtkunstwerkes scheinen zerborsten wie die Fabriken, vielmehr geht eine entscheidende Dimension verloren, wenn die Bühnenbilder nicht nur nicht helfen, sondern sogar stören ...

Warum muß ich, wenn die Nornen ihre mythischen Weltgeschichts-Nachrichten zu wunderbar wehmütiger Musik verkünden, dabei lauter altmodische Fernsehantennen erblicken? Weil – wer hätte das gedacht – auch vom Fernsehen gelegentlich Nachrichten ausgestrahlt werden? Warum ist die Halle, in der Hagen finstere Wacht hält, während Siegfried und Gunther in ihr Unglück hasten, eine schwarze, von erleuchteten Wolkenkratzern umgebene Lebens-Straße?

Der Walküren-Felsen ist so eng, daß die Akteure sich hauptsächlich auf Leitern aufhalten müssen. Und nicht weniger als vier Leichtmetalleitern zu je 20 Sprossen tragen, aneinandergereiht, in ihrer Höhe eine Aussichtsstation. Das ist nicht nur nicht stimmungsvoll oder gar schön, sondern man muß lange nachdenken, um auf etwas Stimmungsloseres, Atmosphäreärmeres zu kommen. Auf diesem Leiternturm sitzt Hagen im Tagtraum, und der schlimme, ihn zu Rache und Treu indoktrinierende Vater Alberich singt von unten in die Treppenkonstruktion. Daß er allmählich hinaufklettert, ist förmlich ein inszenatorisches Leitmotiv des Kupferschen *Ringes*.

Solche Verstiegenheiten beschädigen den musikalischen Ausdruck, versehren aber auch das, was Kupfer gelang ... Und, dies ein weiterer Denkfehler, wir werden zwar dauernd gewarnt vor den Irrwegen des ewig menschlichen und modernen Machtmißbrauchs. Doch die Warnung widerlegt sich, nimmt sich dadurch den Stachel, daß wir vom *Rheingold* bis zur *Götterdämmerung* konsequent darüber informiert werden, es sei zwar alles atomtödlich schlimm, aber es gehe auch alles bestimmt und in Opernform weiter.

Diese zeitgenössischen Bilderrätsel auf neuester und zugleich katastrophal vergammelter, technologischer Ebene waren tödlich für die im *Ring* so wichtige Natur. Aber wie behauptete sich die Musik? Daniel Barenboim, der Dirigent, bemühte sich um spontan belebende Artikulation. Wenn, etwa in der Nornen-Szene, das langsame «Weißt du, wie das wird» zu ertönen hat, begreifen es die meisten Dirigenten wie einen schwermütigen Refrain. Barenboim ist musikalischer: Er läßt erste und zweite Norne (vorzüglich Anne Gjevang, Linde Finnie, auch Lia Frey-Rabine) schon vorher ein tief depressives Ritardando machen, auf welches das «Weißt du, wie das wird» mehr als Ausdruck äußerster Angst folgt und nicht bloß als Schicksalsrefrain.

Die Verwandlungsmusik nach Hagens Wacht, das glücklicherweise nicht durch Bühnenaktionen belästigte Vorspiel zum zweiten Akt, waren gewiß Barenboims größte und schönste Augenblicke. Wenn er mit dem Orchester allein lyrisch sein darf, ist er fast unübertrefflich. Aber solche Adagio-Lyrizität wirkt manchmal allzu undramatisch. Waltraute (Waltraud Meier) sang ihre Beschwörung souverän und schön: doch sie zerfiel. Es wirkte zu langsam.

Auch den Akzenten des Trauermarsches fehlte die erschreckende Gewalt – vielleicht, weil Barenboim schon vorher zuviel angestrebt hatte und keine neue Ausdrucksdimension mehr erreichen konnte. Wohllaut und sinnvolle Artikulation sind noch nicht alles. Ein *Ring*-Dirigent muß auch Strecken der Neutralität, der bewußten Affektarmut, der expressiven Fallhöhe und der dramatischen Steigerung zu disponieren wissen. Das lernt sich nicht auf einen Tag.

Nachdem lange Zeit über Siegfried-Mangel gejammert worden ist, herrscht im Jahr des Heils 1988 förmlich eine Siegfried-Schwemme. Nicht nur Siegfried Jerusalem (der *Siegfried*-Siegfried) entpuppte sich als junger, intelligenter Held, sondern auch Reiner Goldberg schaffte in der *Götterdämmerung* die Rolle sehr akzeptabel, ja sogar mit leuchtenderem, etwas heldischerem Timbre. Nun, ein Sonnenjüngling durfte er nicht sein, sondern nur als Dutzendmensch agieren, weil bei diesem *Götterdämmerungs*-Konzept die Größe und Finsternis des Geschehens weggeblendet schien. Doch Goldbergs Siegfried hatte stimmlich stets beeindruckende Präsenz. Weil so viel gekrochen und gekniet wird, stirbt er (variatio delectat – Veränderung macht Spaß) eben im Stehen.

Es gibt also wieder Helden. Eva-Maria Bundschuh als schön singende und klug geführte Gutrune, der kräftige Gunther (Bodo Brinkmann) und Philip Kang, ein in jeder Weise fremder, wenn auch nicht hinreichend bleicher Hagen, schufen jene Gibichungen-Atmosphäre, die das Bühnenbild verweigerte.

Brünnhilde wird wie ein erlegtes Tier, in Tüchern verpackt, als Opfer (Symbolik!) zur Hochzeit getragen. Der große Hochzeitsszenen-Beginn fällt so ins Rheinwasser, das ja auch nicht recht vorkommt. An Deborah Polaskis Brünnhilde faszinierten ein stolzes Temperament, große Ausdrucksintensität und eine schöne Mittellage. Mit der Stimmkraft der berühmten Brünnhilden Bayreuths kann sie sich einstweilen nicht messen.

So blieb Kupfers *Ring* zwiespältig. Dabei wirkte er viel «fertiger», als es einst die *Ring*-Produktion von Wieland Wagner, Patrice Chéreau und Peter Hall bei den ersten Premieren gewesen waren. Deshalb fällt es schwer, nun hochgemut zu hoffen, dieser *Ring* werde sich in den nächsten Jahren auch so enorm verbessern können, wie es bei den früheren Bayreuther *Ring*-Aufführungen stets geschah.

Süddeutsche Zeitung vom
29. 7., 30./31. 7., 1. 8., 3. 8. 1988

Discographie
Erstellt und kommentiert von
Claus-Dieter Schaumkell

Was noch vor wenigen Jahren für Opernfreunde und Wagnerianer eher ein Wunschdenken war: es ist seit Mitte der achtziger Jahre beglückende Realität geworden! Der Siegeszug mehr oder minder legal veröffentlichter Live-Mitschnitte großer Konzert- und Opernaufführungen auf LP und CD hat sich vollzogen. Heutzutage kann jeder Interessierte auf den etablierten Tonträgern unserer Tage – nämlich LP und CD – vergleichen, was hochkarätige Studio-Produktionen bieten, wie sie nach der Ablösung des akustischen Aufnahmeverfahrens Mitte der zwanziger Jahre mit Hilfe des damals revolutionär wirkenden elektrischen Aufnahmeverfahrens gemacht worden sind, aber auch, wie die zahlreichen legendären Live-Vorstellungen, die in den USA und Europa mitgeschnitten worden sind, ausfielen. Wer solche Vergleiche unternimmt, erfährt betroffen, daß das Gerede von der »Krise der Gesangskunst« leider nicht nur Gerede ist, sondern hörbares Faktum. Der Vergleich älterer, sozusagen historischer Einspielungen mit den zahlreichen Fließbandproduktion von heute ermöglicht differenziertes und konkretes Nachdenken über die Veränderung des Wagner-Gesangs.

Die nachfolgende Aufstellung tontechnisch dokumentierter Bühnenwerke von Wagner versucht, schwerpunktartige Hinweise mit Hilfe kritisch kurzer Anmerkungen oder Empfehlungen von Aufnahmen zu geben, wie sie vornehmlich in CD-Version und -Qualität vorliegen.

Die Feen

Gesamtaufnahme (GA) mit A. Cantelo (Ada), D. Jones, E. Gale, L. Haywood, T. Cahill, J. Mitchison, P. Hudson, R. Greager, T. MacDonald, D. Garrard, Chor und Orchester der BBC, E. Downes (Aufnahmedatum [AD]: 1977)
MRF 146 (3 LP)

GA mit L. E. Gray (Ada), J. Anderson, C. Studer, K. Laki, K. Lövaas, J. Alexander, R. Hermann, J. H. Rootering, R. Bracht, F. Lenz, N. Orth, K. Moll, Chor und Symphonieorchester des Bayerischen Rundfunks, W. Sawallisch (AD: 1983)
Orfeo C 062833 (3 CD) + F 062833 (3 LP)
Lohnende Bekanntschaft mit Wagners Frühwerk in kompetenter Interpretation, auch wenn sich die Besetzung einiger Hauptpartien (z. B. Arindal) noch stimmiger und überzeugender denken ließe.

Der fliegende Holländer

GA mit V. Ursuleac (Senta), L. Willer (Mary), H. Hotter (Holländer), G. Hann (Daland), K. Ostertag (Erik), F. Klarwein (Steuermann), Chor und Orchester der Bayerischen Staatsoper, C. Krauss (AD: 1944)
Rodolphe RPC 32515 (1 CD, doppelte Spieldauer!) + Laudis LCD2-4007 (2 CD)
Hörenswertes Dokument der Ensemblepflege der Ära von Clemens Krauss während des Zweiten Weltkriegs und akustisches Manifest für Hans Hotters Vorrangstellung als der Holländer seiner Generation.

GA mit A. Varnay, H. Glaz, H. Hotter, S. Nilsson, S. Svanholm, T. Hayward, Chor und Orchester der Metropolitan Opera New York, F. Reiner (AD: 1950)
Raritas (inzwischen gestrichen)

GA mit H. Werth, R. Fischer, H. Hotter, K. Böhme, B. Aldenhoff, H. Krebs, Chor und Symphonieorchester des NDR Hamburg, W. Schüchter (AD: 1951)
Melodram 3 LP (inzw. gestr.) MEL 032 (3 LP)
Interessant lediglich für die Verehrer discographisch vernachlässigter Sänger, hörenswertes Dokument für die künstlerische fundierte Vielseitigkeit des Alleskönners Wilhelm Schüchter.

GA mit A. Kupper, S. Wagner, J. Metternich, J. Greindl, W. Windgassen, E. Haefliger, Chor und Symphonieorchester des RIAS Berlin, F. Friscay (AD: 1953)
DGG 18063/65 (3 LP) + Heliodor 89753/55 (3 LP) – inzw. gestr.

GA mit A. Varnay, E. Schärtel, H. Uhde, L. Weber, R. Lustig, J. Traxel, Chor und Orchester der Bayreuther Festspiele 1955, J. Keilberth
Decca D97 D3 (3 LP)

GA mit A. Varnay, E. Schärtel, H. Uhde, L. Weber, W. Windgassen, J. Traxel, Chor und Orchester der Bayreuther Festspiele 1955, H. Knappertsbusch

Music & Arts 319 (3 CD) + HUNT CDLSMH 34021 WE

GA mit A. Varnay, E. Schärtel, G. London, A. van Mill, J. Traxel, J. Cox, Chor und Orchester der Bayreuther Festspiele 1956, J. Keilberth
Melodram MEL 560 (4 LP)

GA mit L. Rysanek, R. Fischer, G. London, J. Greindl, F. Uhl, G. Paskuda, Chor und Orchester der Bayreuther Festspiele 1959, W. Sawallisch
Melodram MEL 26101 (2 CD)
Musikalisch spannender Livemitschnitt dank der außerordentlichen sängerdarstellerischen Innenspannung zwischen Leonie Rysanek und George London und der kongenialen Begleitung durch den jungen Wolfgang Sawallisch.

GA mit M. Schech, S. Wagner, D. Fischer-Dieskau, G. Frick, R. Schock, F. Wunderlich, Chor und Orchester der Berliner Staatsoper, F. Konwitschny (AD: 1959)
EMI 137-130206-3 (3 LP)

GA mit A. Silja, R. Fischer, F. Crass, J. Greindl, F. Uhl, G. Paskuda, Chor und Orchester der Bayreuther Festspiele 1961, W. Sawallisch
Philips 412024/1 (3 LP)
Lohnend wegen der missionarischen Besessenheit Anja Siljas als Vermittlerin der Regievisionen Wieland Wagners. Bedauerlich, daß 1961 das entsprechende Videoambiente noch nicht mitgeliefert werden konnte.

GA mit L. Rysanek, R. Elias, G. London, G. Tozzi, K. Liebl, R. Lewis, Chor und Orchester der Covent Garden Opera London, A. Dorati (AD: 1961)
TIS 6630076 SK (3 LP)

GA mit A. Silja, A. Burmeister, T. Adam, M. Talvela, E. Kozub, G. Unger, BBC Chor, New Philharmonia Orchestra, O. Klemperer (AD: 1968)
EMI CMS 7633442 (3 CD) + EMI 157-00104/06 (3 LP)
Als Dokument für Klemperers Gestaltungswillen und -autorität ebenso unverzichtbar wie für die Anhänger der Protagonisten Silja, Adam, Talvela, Kozub und Unger.

GA mit A. Silja, T. Adam, M. Talvela, J. King, BBC-Chor, New Philharmonia Orchestra, O. Klemperer (AD: 19.3.1968)
HUNT CD 561 WO
Klemperer live in Zusammenhang mit der Studioeinspielung für EMI: ein unbedingtes ‹Muß›, nicht nur für Klemperer-Fans im allgemeinen.

GA mit G. Jones, S. Wagner, T. Stewart, K. Ridderbusch, H. Esser, H. Ek, Chor und Orchester der Bayreuther Festspiele 1971, K. Böhm
DGG 413291-1 (3 LP)
Obwohl Karl Böhm und Ridderbusch in Hochform sind, fehlt diesem Bayreuther Livemitschnitt die Magie der Liveaufnahmen unter Knappertsbusch, Keilberth und Sawallisch.

GA mit J. Martin, I. Jones, N. Bailey, M. Talvela, R. Kollo, W. Krenn, Chicago Symphony Orchestra und Chor, G. Solti (AD: 1976)
DECCA 414551-2 ZA (2 CD) + 6.35361 EK (3 LP)

GA mit D. Vejzovic, K. Borris, J. van Dam, K. Moll, P. Hofmann, T. Moser, Wiener Staatsopernchor, Berliner Philharmoniker, H. von Karajan (AD: 1983)
EMI CDS 7470548 (3 CD) + EMI 157-270013-3 T (3 LP)

GA mit L. Balslev, A. Schlemm, S. Estes, M. Salminen, R. Schunk, G. Clark, Chor und Orchester der Bayreuther Festspiele 1985, W. Nelsson
Philips 416300-2 (2 CD) + 416300-1 (3 LP) + CD Video PAL 070406-1/ NTSC 070506-1

Das Liebesverbot

GA mit H. Zadek (Isabella), H. Steffek (Mariana), C. Sorell (Dorella), H. Imdahl (Friedrich), A. Dermota (Luzio), K. Equiluz (Claudio), Chor und Orchester des ORF Wien, R. Heger (AD: 1962)
Melodram MEL 224 (3 LP) + MEL 27052 (2 CD)

GA mit D. Soffel, M. Warncke (1.Akt)/E. Watts (2.Akt), D. Linser, P. Gelling, R. Kräussel, P. Whitmarsh, Chor und Orchester des Bayreuther Jugend-Festspieltreffens 1972, J Bell
Mixtur MXT 3001/3 (3 LP)

Lohengrin

GA mit L. Lehmann, M. Lawrence, L. Melchior, J. Huehn, F. Schorr, E. List, J. Huehn, Chor und Orchester der Metropolitan Opera New York, A. Bodansky (AD: 1935)
Melodram MEL 37049 (3 CD)

GA mit M. Müller (Elsa), M. Klose (Ortrud), F. Völker (Lohengrin), J. Prohaska (Telramund), L. Hofmann (König Heinrich), W. Großmann (Heerrufer), Chor und Orchester der Berliner Staatsoper, R. Heger (AD: 1942)
Preiser Records LOH 1-4 (5 LP)
Eindrucksvolles und zugleich verbindliches Tondokument für den vokal mustergültigen Wagnergesang der dreißiger und vierziger Jahre zwischen Bayreuth und Wien, als Besetzungskompromisse mit stimmlichen Leichtgewichten noch nicht nötig waren.

GA mit H. Traubel, M. Harshaw, L. Melchior, O. Hawkins, D. Ernster, H. Thompson, Chor und Orchester der Metropolitan Opera New York, Fritz Busch (AD: 1947)
Cetra Opera Live LO 24 (4 LP)

GA mit H. Traubel, A. Varnay, L. Melchior, H. Janssen, D. Ernster, F. Guerrera, Chor und Orchester der Metropolitan Opera New York, F. Stiedry (AD: 1950)
DANACORD 322-324 (3 CD)
Melchiors Schwanengesang im doppelten Sinn und ein akustischer Vorgeschmack auf die später vor allem in Bayreuth zur Vollendung gelangte Ortrud-Interpretation Astrid Varnays.

GA mit M. Schech, M. Klose, G. Vincent, A. Böhm, K. Böhme, W. Wolff, Chor und Orchester der

Bayerischen Staatsoper, R. Kempe
(AD: 1952)
RCA-Acanta 40.23260 HD (+ «Der
Fliegende Holländer» + «Tannhäu-
ser» - 11 LP)

GA mit M. Cunitz, M. Klose, R.
Schock, J. Metternich, G. Frick, H.
Günter, Chor und Symphonieorche-
ster des NDR Hamburg, W. Schüch-
ter (AD: 1953)
EMI QALP 10038/41 (inzw. gestr.)

GA mit T. Eipperle, H. Braun, P.
Anders, C. Kronenberg, J. Greindl,
G. Ambrosius, Chor und Sympho-
nieorchester des WDR Köln, R.
Kraus (AD: 1951)
Movimento Musica 04003 (4 LP)
*Wie so viele andere, so kommen auch
Peter Anders (postum) und Trude
Eipperle via Italien als Lohengrin
und Elsa zu nachträglichen, durchaus
verdienten Schallplattenehren.*

GA mit A. Kupper, H. Braun, L.
Fehenberger, F. Frantz, O. von
Rohr, H. Braun, Chor und Symphonieorchester des Bayerischen Rundfunks, E. Jochum (AD: 1952)
DGG LPM 18084/8 + Heliodor
2703001 (beide inzw. gestr.)

GA mit E. Steber, A. Varnay, W.
Windgassen, H. Uhde, J. Greindl,
H. Braun, Chor und Orchester der
Bayreuther Festspiele 1953, J. Keil-
berth
DECCA 411780-1

GA mit B. Nilsson, A. Varnay, W.
Windgassen, H. Uhde, T. Adam, D.
Fischer-Dieskau, Chor und Orche-
ster der Bayreuther Festspiele 1954,
E. Jochum
HUNT CDLSMH 340031 WA +
Laudis LCD4-4015 WB + Melo-
dram CD 36104
*Dokument für die bislang unerreicht
gebliebene Bühnenpartnerschaft des
‹bösen› Paares Varnay-Uhde.*

GA italienisch gesungen mit R. Te-
baldi, E. Nicolai, G. Penno, G.
Guelfi, G. Neri, Chor und Orche-
ster des Teatro San Carlo Neapel, G.
Santini (AD: 1954)
Historical Record Enterprises HRE
295
*Italienische Hommage für Richard
Wagner auf beachtlichem Vokalni-
veau.*

GA mit U. Graf, A. Schlosshauer,
K. Liebl, R. Kunz, L. Wolowsky,
Chor und Orchester der Frankfurter
Oper, C. Bamberger (AD: ca. 1955)
Guilde Internationale du Disque
SMS 66310/11 (inzw. gestr.)

GA mit L. Rysanek, A. Varnay, S.
Konya, E. Blanc, K. Engen, E.
Wächter, Chor und Orchester der
Bayreuther Festspiele 1958, A.
Cluytens
Replica RPL 2489/92
*Eindrucksvolles Dokument für das
seinerzeit hochkarätige «Lohen-
grin»-Ensemble an der Seite des spek-
takulären ungarischen Titelhelden
und Rollendebütanten Sandor Ko-
nya.*

GA mit E. Grümmer, R. Gorr, S.
Konya, F. Crass, E. Blanc, E. Wächter, Chor und Orchester der Bayreuther Festspiele 1959, L. von Ma-
tacic.
Melodram MEL 591 (4 LP)

GA mit A. Nordmo-Loevberg, A.
Varnay, W. Windgassen, G. Neid-

linger, T. Adam, E. Wächter, Chor und Orchester der Bayreuther Festspiele 1960, L. Maazel
Melodram MEL 601 (4 LP)

GA mit A. Silja, A. Varnay, J. Thomas, R. Vinay, F. Crass, T. Krause, Chor und Orchester der Bayreuther Festspiele 1962, W. Sawallisch.
Philips 6747 241 (4 LP)

GA mit E. Grümmer, C. Ludwig, J. Thomas, D. Fischer-Dieskau, G. Frick, O. Wiener, Chor der Wiener Staatsoper, Wiener Philharmoniker, R. Kempe (AD: 1962/63)
EMI CDS 7490178 (3 CD) + EMI 153-290955-3 (4 LP)
Vorzügliche Studioproduktion, im Mittelpunkt das Elsa-Ideal der Elisabeth Grümmer.

GA mit I. Bjoner, A. Varnay, J. Thomas, G. Neidlinger, F. Crass, T. Krause, Philharmonischer Chor Prag, Orchester der Mailänder Scala, W. Sawallisch (AD: 1965)
Melodram MEL 37067 (3 CD)

GA mit L. Amara, R. Gorr, S. Konya, W. Dooley, J. Hines, C. Marsh, Pro Musica Chor Boston, Boston Symphony Orchestra, E. Leinsdorf (AD: 1965/66)
RCA 26.35120 EX (5 LP)
Erste Schallplattengesamtaufnahme mit ungekürzter Gralserzählung.

GA mit L. Kirchstein, R. Hesse, H. Schachtschneider, H. Imdahl, W. Kreppel, H. Helm, Wiener Staatsopernchor, Süddeutsche Philharmonie, H. Swarowsky (AD: 1968)
Westminster WGSO 8285 (4 LP)
Interessant vor allem für die Fans der betreffenden Sänger und die weltweit verstreute Schülergemeinde des Wiener Dirigentenausbilders Hans Swaroswky.

GA mit G. Janowitz, G. Jones, J. King, T. Stewart, K. Ridderbusch, G. Nienstedt, Chor und Symphonieorchester des Bayerischen Rundfunks, R. Kubelik (AD: 1970/71)
DGG 419029-1 (5 LP)
Zweite ungekürzte Gesamtaufnahme mit einer leider problematischen Ortrudbesetzung.

GA mit A. Tomowa-Sintow, D. Vejzovic, R. Kollo, S. Nimsgern, K. Ridderbusch, R. Kerns, Chor der Deutschen Oper Berlin, Berliner Philharmoniker, H. von Karajan (AD: 1976–1981)
EMI CMS 7693142 (4 CD) + EMI 165-43200/04 (5 LP)
Lohnend vor allem dank der Klangmagie Karajans und Kollos hochintelligentem Totaleinsatz als Titelheld.

GA mit K. Armstrong, E. Connell, P. Hofmann, L. Roar, S. Vogel, B. Weikl, Chor und Orchester der Bayreuther Festspiele 1982, W. Nelsson
CBS M3K 79503 (3 CD) + CBS 79503 (5 LP)

GA mit J. Norman, E. Randova, P. Domingo, S. Nimsgern, H. Sotin, D. Fischer-Dieskau, Wiener Staatsopernchor, Wiener Philharmoniker, G. Solti (AD: 1985/86)
DECCA 421053-2 (4 CD) + DECCA 6.35759 GK (4 LP)
Opulent besetzte Studioproduktion als discographisches Schlußlicht der bekanntesten Wagneropern unter Sir Georg Solti. Für Fischer-Dieskaus Heerrufer kommt diese Aufnahme hörbar zu spät.

Die Meistersinger von Nürnberg

GA mit M. Reining (Eva), K. Thorborg (Magdalena), H. H. Nissen (Sachs), H. Noort (Stolzing), H. Wiedemann (Beckmesser), H. Alsen (Pogner), R. Salaba (David), V. Madin (Kothner), Wiener Staatsopernchor, Wiener Philharmoniker, A. Toscanini (AD: 1937)
Melodram CD 47041 (4 CD) + MEL 012 (5 LP)
Berühmter Livemitschnitt von den Salzburger Festspielen 1937 unter Toscanini; gesanglich herausragend: Hans-Hermann Nissen und Maria Reining als Sachs und Evchen.

GA mit I. Jessner, K. Branzell, F. Schorr, C. Kullmann, W. Olitski, E. List, K. Laufkoetter, H. Janssen, Chor und Orchester der Metropolitan Opera New York, E. Leinsdorff (AD: 1939)
DISCOCORP (Bruno Walter Society) (inzw. gestr., CD in Vorbereitung)

GA mit M. Müller, C. Kallab, J. Prohaska, M. Lorenz, E. Fuchs, J. Greindl, E. Zimmermann, F. Krenn, Chor und Orchester der Bayreuther Festspiele 1943, W. Furtwängler
Laudis LCD 4.4008 (4 CD)
Leider ist bei diesem Bayreuther Livemitschnitt das Quintettfinale der Schusterstube verlorengegangen. Als Dokument für den Ensemblegeist jener Jahre außerordentlich lehrreich und für Furtwängler-Fans ohnehin ein ‹Muß›.

GA mit H. Güden, E. Schürhoff, P. Schöffler, G. Treptow, K. Dönch, O. Edelmann, A. Dermota, A. Poell, Wiener Staatsopernchor, Wiener Philharmoniker, Hans Knappertsbusch (AD: 1950/51)
DECCA GOM 535-9 (5 LP)

GA mit A. Kupper, R. Michaelis, H. Hotter, G. Treptow, B. Kusche, M. Proebstl, R. Holm, H. Mücke, Chor und Orchester der Bayerischen Staatsoper, E. Jochum (AD: 1949)
Melodram MEL 428 (5 LP)

GA mit T. Lemnitz, E. Walther-Sachs, F. Frantz, B. Aldenhoff, H. Pflanzl, K. Böhme, G. Unger, K. Paul, Chor und Orchester der Sächsischen Staatsoper, R. Kempe (AD: 1951)
Urania URL 9206 + VOX OPBX 142 (beide inzw. gestr.)

GA mit E. Schwarzkopf, I. Malaniuk, O. Edelmann, H. Hopf, E. Kunz, F. Dalberg, G. Unger, H. Pflanzl, Chor und Orchester der Bayreuther Festspiele 1951, H. von Karajan
EMI 151-43390/94 M (5 LP)

GA mit L. della Casa, I. Malaniuk, O. Edelmann, H. Hopf, H. Pflanzl, K. Böhme, G. Unger, W. Faulhaber, Chor und Orchester der Bayreuther Festspiele 1952, H. Knappertsbusch
HUNT 4CDLSMH 34040 WB + Melodram MEL 522 (5 LP)

GA mit E. Grümmer, M. Höffgen, F. Frantz, R. Schock, B. Kusche, G. Frick, G. Unger, G. Neidlinger, Chöre der Deutschen Oper Berlin, der Berliner Staatsoper und der St. Hedwigs-Kathedrale Berlin, Berliner Philharmoniker, R. Kempe (AD: 1965)

EMI RLS 740 + EMI C 90375/9 (5 LP)
Ausgewogen besetzte Studioproduktion unter einem großen Wagner-Dirigenten.

GA mit E. Grümmer, G. von Milinkovic, G. Neidlinger, W. Geisler, K. Schmitt-Walter, J. Greindl, G. Stolze, T. Blankenheim, Chor und Orchester der Bayreuther Festspiele 1957, A. Cluytens
Melodram MEL 572 (5 LP)

GA mit E. Grümmer, E. Schärtel, O. Wiener, J. Traxel, T. Blankenheim, H. Hotter, G. Stolze, E. Wächter, Chor und Orchester der Bayreuther Festspiele 1958
Melodram MEL 582 (5 LP)

GA mit E. Grümmer, E. Schärtel, O. Wiener, R. Schock, T. Blankenheim, J. Greindl, G. Stolze, E. Wächter, Chor und Orchester der Bayreuther Festspiele 1959, E. Leinsdorf
Melodram MEL 592 (5 LP)

GA mit E. Grümmer, E. Schärtel, J. Greindl, W. Windgassen, K. Schmitt-Walter, T. Adam, G. Stolze, L. Weber, Chor und Orchester der Bayreuther Festspiele 1960, H. Knappertsbusch
Melodram CD 46103 (4 CD) + MEL 602 (5 LP)
Musikalische Sternstunde in Sachen «Meistersinger» auf dem ‹Grünen Hügel› dank Grümmer, Greindl, Schmitt-Walter, Windgassen, Stolze, Weber und ‹Kna› am Pult. Einmalig!

GA ital. ges. mit B. Rizzoli, F. Cardoni, G. Taddei, L. Infantino, R. Capecchi, B. Christoff, C. Franzini, V. Susca, Chor und Orchester der RAI Turin 1962
Melodram MEL 408 (5 LP)

GA mit C. Watson, L. Benningsen, O. Wiener, J. Thomas, B. Kusche, H. Hotter, F. Lenz, J. Metternich, Chor und Orchester der Bayerischen Staatsoper, J. Keilberth (AD: 1963)
BMG Eurodisc GD 69008 (4 CD) + Ariola-Eurodisc XI 70851 R (5 LP)
Livemitschnitt von der Wiedereröffnung des Münchner Nationaltheaters auf gesanglich uneinheitlichem Niveau, für die Fans einiger Sänger (Watson, Wiener, Thomas, Kusche, Lenz) und als Dokument für Keilberths Wagner-Kompetenz durchaus lohnend.

GA mit H. Donath, R. Hesse, T. Adam, R. Kollo, G. Evans, K. Ridderbusch, P. Schreier, Z. Kelemen, Rundfunkchor Leipzig, Chor und Orchester der Staatsoper Dresden, H. von Karajan (AD: 1970)
EMI CDS 7496832 (4 CD) + EMI 157-02174/78 (5 LP)
Ein Sängerfest, angeführt von René Kollos idealem Stolzing. Dazu der Klangästhet Karajan in Hochform: «Meistersinger»-Herz, was willst Du mehr?

GA mit H. Bode, A. Reynolds, K. Ridderbusch, J. Cox, K. Hirte, H. Sotin, F. Stricker, G. Nienstedt, Chor und Orchester der Bayreuther Festspiele 1974, S. Varviso
Philips 6747167 (5 LP)

GA mit H. Bode, J. Hamari, N. Bailey, R. Kollo, B. Weikl, K. Moll, A. Dallapozza, G. Nienstedt, Wiener Staatsopernchor, Wiener Philharmoniker, G. Solti (AD: 1975/76)

DECCA 417497-2 (4 CD) + DECCA 6.35329 HD (5 LP)

GA mit C. Ligendza, C. Ludwig, D. Fischer-Dieskau, P. Domingo, R. Hermann, P. Lagger, H. Laubenthal, G. Feldhoff, Chor und Orchester der Deutschen Oper Berlin, E. Jochum (AD: 1976)

DGG 415278-2 (4 CD) + DGG 27401499 (5 LP)
Fazit: Sängerprominenz allein ergibt nicht von selbst ein in sich stimmiges «Meistersinger»-Ensemble. Dominierend dennoch die künstlerische Autorität Fischer-Dieskaus.

Parsifal

GA mit M. Callas (Kundry), A. Baldelli (Parsifal), B. Christoff (Gurnemanz), R. Panerai (Amfortas), G. Modesti (Klingsor), D. Lopatto (Titurel), Chor und Orchester der RAI Rom, V. Gui (AD: 1950)
Melodram CD 36041 (3 CD) + Cetra LAR 41 (4 LP) + Foyer 1002 (4 LP)
Italienisch gesungene, teilweise stark gekürzte Konzertaufführung, lohnend vor allem wegen des Sängertrios Callas-Christoff-Panerai.

GA mit M. Mödl, W. Windgassen, L. Weber, G. London, H. Uhde, A. van Mill, Chor und Orchester der Bayreuther Festspiele 1951, H. Knappertsbusch
DECCA GOS 504/08 (5 LP) + DECCA 411786-1 (5 LP)
Beispielhafter musikalischer Höhenflug anläßlich der Wiedereröffnung der Bayreuther Festspiele nach dem Zweiten Weltkrieg.

GA mit A. Varnay, S. Svanholm, H. Hotter, G. London, L. Davidson, L. Vichegonov, Chor und Orchester der Metropolitan Opera New York, F. Stiedry (AD: 1954)
Melodram MEL 442 (4 LP)

GA mit M. Mödl, R. Vinay, L. Weber, G. London, H. Uhde, J. Greindl, Chor und Orchester der Bayreuther Festspiele 1953, C. Krauss
Laudis LCD4.4006 (4 CD) + Rodolphe ROD4 RP 12.378/81 (4 LP) + Melodram MEL 533 (4 LP)
Großer Bayreuther Festspielabend, dankenswerterweise zumindest akustisch nachvollziehbar.

GA mit M. Mödl, R. Vinay, J. Greindl, D. Fischer-Dieskau, T. Blankenheim, H. Hotter, Chor und Orchester der Bayreuther Festspiele 1956, H. Knappertsbusch
HUNT 4CDLSMH 34035 WB + Melodram MEL 563 (5 LP) + Cetra Opera Live OL

GA mit R. Crespin, H. Beirer, J. Greindl, E. Wächter, T. Blankenheim, J. Hines, Chor und Orchester der Bayreuther Festspiele 1958, H. Knappertsbusch
Melodram MEL 583 (5 LP)

GA mit R. Crespin, H. Beirer, J. Greindl, T. Stewart, G. Neidlinger, T. Adam, Chor und Orchester der Bayreuther Festspiele 1960, H. Knappertsbusch
Melodram MEL 018 (4 LP) + MEL 603 (4 LP)
Beide Bayreuth-Mitschnitte von 1958

und 1960 unter Knappertsbusch dokumentieren mit Hans Breier einen stimmgewaltigen Wagnerhelden alter Prägung, wie er zu Lauritz Melchiors Zeiten noch en vogue war. Regine Crespin ist ihm eine fraulich-sinnliche Sopranpartnerin, beide werden von ‹Kna› einfühlsam begleitet.

GA mit R. Gorr, S. Konya, B. Christoff, G. Neidlinger, G. Stern, S. Maionica, Chor und Orchester der Mailänder Scala, A. Cluytens (AD: 1960)
Melodram MEL 437 (4 LP)

GA mit I. Dalis, J. Thomas, H. Hotter, G. London, G. Neidlinger, M. Talvela, Chor und Orchester der Bayreuther Festspiele 1962, H. Knappertsbusch
Philips 416390-2 (4 CD) + Philips 6747250 (5 LP)
Maßstabsetzender Bayreuth-Mitschnitt auf gesanglich außerordentlich hohem Niveau, den Hans Knappertsbusch als sein ureigenes ‹Bühnenweihfestspiel› seit 1951 einzigartig zelebrierte.

GA mit B. Erikson, J. Vickers, H. Hotter, T. Stewart, G. Neidlinger, H. Hagenau, Chor und Orchester der Bayreuther Festspiele 1964, H. Knappertsbusch
Melodram MEL 643 (5 LP)
Knappertsbuschs Schwanengesang auf dem ‹Grünen Hügel›.

GA mit G. Jones, J. King, F. Crass, T. Stewart, D. McIntyre, K. Ridderbusch, Chor und Orchester der Bayreuther Festspiele 1970, P. Boulez
DGG 419033-1 (4 LP)

GA mit C. Ludwig, R. Kollo, G. Frick, D. Fischer-Dieskau, Z. Kelemen, H. Hotter, Wiener Staatsopernchor, Wiener Philharmoniker, G. Solti (AD: 1972)
DECCA 417143-2 (4 CD) + DECCA 6.35231 HD (5 LP)
Optimal besetzte Studioproduktion, zugleich Kollos erste Schritte auf seinem Schallplattenweg zur Weltspitze der heutigen Wagnersänger-Generation.

GA mit D. Vejzovic, P. Hofmann, K. Moll, J. van Dam, S. Nimsgern, V. von Halem, Chor der Deutschen Oper Berlin, Berliner Philharmoniker, H. von Karajan. (AD: 1980)
DGG 413347-2 (4 CD) + DGG 2741002 (5 LP)
Klanglich opulente Aufnahme, in der lediglich K. Moll mit großen Rolleninterpreten des Gurnemanz von gestern und heute Schritt halten kann.

GA mit Y. Minton, R. Goldberg, R. Lloyd, W. Schöne, A. Haugland, H. Tschammer, Chor der Tschechischen Philharmonie, Orchester der Oper Monte Carlo, A. Jordan (AD: 1981)
Erato NUM 750105 (5 LP) + RCA ZL 30850 GX (5 LP)
Soundtrack für Hans-Jürgen Syberbergs «Parsifal»-Film, bei dem nur Robert Lloyd und Wolfgang Schöne hohen stimmlichen Ansprüchen gerecht werden.

GA mit W. Meier, W. Ellsworth, D. McIntyre, P. Joll, N. Follwell, D. Gwynne, Chor und Orchester der Welsh National Opera, R. Goodall (AD: 1984)
EMI CDS 7491828 (5 CD) + EMI 157-270178-3 (5 LP)

Bemerkenswert vor allem wegen des Dirigenten Reginald Goodall, der im United Kingdom zurecht eine ‹Kna›-ähnliche Verehrung genießt. Waltraud Meier legitimiert sich bereits hier als die *Kundry unserer Tage.*

GA mit W. Meier, P. Hofmann, H. Sotin, S. Estes, F. Mazura, M. Salminen, Chor und Orchester der Bayreuther Festspiele 1985, J. Levine
Philips 416842-2 (4 CD) + Philips 416842-1 (5 LP)
Akzeptabel besetzte und engagiert musizierte Bayreuther Aufführung, bei der man für den gesanglichen Wohlklang von Waltraud Meier und Hans Sotin dankbar sein sollte.

Rienzi

GA mit E. Schlüter (Adriano), T. Eipperle (Irene), G. Treptow (Rienzi), R. Gonszar (Orsini), H. Fehn (Colonna), Chor und Symphonieorchester des Hessischen Rundfunks, W. Zillig (AD: 1950)
Melodram MEL 230 (3 LP)

GA mit C. Ludwig, T. Stich-Randall, S. Svanholm, W. Berry, P. Schöffler, Chor und Orchester des ORF Wien, J. Krips (AD: 1960)
Laudis LCD2-4016 WO (2 CD) + Melodram CD 27023 (2 CD) + Melodram MEL 225 (3 LP)

GA mit J. Martin, S. Wennberg, R. Kollo, T. Adam, N. Hillebrand, Rundfunkchor Leipzig, Chor und Orchester der Dresdener Staatsoper, H. Hollreiser (AD: 1977)
EMI-Electrola 193-02776/80 (5 LP)

Tannhäuser

GA mit M. Müller (Elisabeth), R. Jost-Arden (Venus), S. Pilinsky (Tannhäuser), H. Janssen (Wolfram), I. Andresen (Landgraf), Chor und Orchester der Bayreuther Festspiele 1930, K. Elmendorff
EMI 137-03 1130/32 (3 LP)
Musikalisch ein Bayreuther Livemitschnitt im Geiste seines Premierendirigenten Arturo Toscanini, gesanglich dominierend Maria Müller, Herbert Janssen und Ivar Andresen.

GA mit H. Traubel, K. Thorborg, L. Melchior, H. Janssen, A. Kipnis, Chor und Orchester der Metropolitan Opera New York, G. Szell (AD: 1942)
Melodram MEL 306 (3 LP)
Eines der wenigen Operndokumente mit Georg Szell, von dessen unbeirrbarem Gestaltungswillen die Sänger, allen voran Lauritz Melchior, hörbar profitieren.

GA mit M. Musial, P. Buchner, L. Suthaus, D. Fischer-Dieskau, J. Greindl, Chor und Orchester der Städtischen Oper Berlin, L. Ludwig (AD: 1949)
Melodram MEL 016 (3 LP)
Für Fischer-Dieskau-Fans ein absolutes ‹Muß› als Beleg für die künstleri-

sche Reife eines noch blutjungen Sängers. Ludwig Suthaus kämpft hörbar mit einigen Spitzentönen, verfügt aber über Ausdruck und die richtige Stimme.

GA mit T. Eipperle, A. Joesten, G. Treptow, H. Schlusnus, O. von Rohr, Chor und Orchester des Hessischen Rundfunks Frankfurt, K. Schröder (AD: 1949)
DGG LPEM 19240/43 (4 LP) + Heliodor 89633/6 (4 LP, beide inzw. gestr.)
Als Dokument für die unversehrte Stimme und die ungebrochene Ausdrucksintensität des damals bereits 61jährigen Wolframinterpreten Heinrich Schlusnus von hohem Wert.

GA mit M. Schech, M. Bäumer, A. Seider, K. Paul, O. von Rohr, Chor und Orchester der Bayerischen Staatsoper, R. Heger (AD: 1951)
Urania URLP 211 (4 LP) + Acanta HB 23135/7 (3 LP) + RCA 40.23260 HD (11 LP) inzw. gestr.

GA mit H. Wilfert, M. Kenney, S. Svanholm, H. Imdahl, A. van Mill, Chor und Orchester des Teatro Comunale Firenze, A. Rodzinsky (AD: 1953)
Melodram MEL 423 (3 LP)

GA mit G. Brouwenstijn, H. Wilfert, R. Vinay, D. Fischer-Dieskau, J. Greindl, Chor und Orchester der Bayreuther Festspiele 1954, J. Keilberth
Melodram CD 36105 (3 CD) + Melodram 544 (4 LP) + HUNT 3 CDLSMH 34032 WA + Laudis LCD3-4014
Erster Bayreuther «Thannhäuser» nach dem Zweiten Weltkrieg mit Ramon Vinays ebenso stimmkräftigen wie ausdruckstarken Titelhelden im Zentrum eines großen Wagnerabends.

GA mit A. Varnay, B. Thebom, R. Vinay, G. London, J. Hines, Chor und Orchester der Metropolitan Opera New York, R. Kempe (AD: 1955)
Melodram MEL 038 (3 LP)

GA mit G. Brouwenstijn, H. Wilfert, K. Liebl, B. Brunelli, D. Ernster, Chor und Orchester der Römischen Oper, A. Rodzinsky (AD: 1957)
Melodram MEL 472 (4 LP)

GA mit E. Grümmer, M. Schech, H. Hopf, D. Fischer-Dieskau, G. Frick, Chor und Orchester der Deutschen Staatsoper Berlin, F. Konwitschny (AD: 1960/61)
EMI CDS 7632142 (3 CD) + EMI 153-30683/86 Y (4 LP)
Handfest musizierte Studioaufnahme mit einem leicht indisponierten Titelrollensänger, der seine weltweit akzeptierte Autorität als «Tannhäuser» in einem von Elisabeth Grümmer beispielhaft angeführten Ensemble (Fritz Wunderlich als Walter!) dennoch behaupten kann.

GA mit V. de los Angeles, G. Bumbry, W. Windgassen, D. Fischer-Dieskau, J. Greindl, Chor und Orchester der Bayreuther Festspiele 1961, W. Sawallisch
Melodram MEL 614 (4 LP)

GA mit A. Silja, G. Bumbry, W. Windgassen, E. Wächter, J. Greindl, Chor und Orchester der Bayreuther Festspiele 1962, W. Sawallisch

Philips 420122-2 (3 CD) + Philips 6747249 (3 LP)
Anja Silja war eine Elisabeth, die man auch sehen mußte. Grace Bumbry, der ausdrucks- und persönlichkeitsstarke Wolfgang Windgassen und Eberhard Wächters Bilderbuch-Wolfram realisieren unter Wolfgang Sawallisch Musiktheater par excellence.

GA mit G. Brouwenstijn, C. Ludwig, H. Beirer, E. Wächter, Gottlob Frick, Chor und Orchester der Wiener Staatsoper, H. v. Karajan (AD: 1963)
Nuova Era 013.6307/09 (3 CD) + Melodram MEL 427 (4 LP)
Karajans Wiener «Tannhäuser» in der Pariser Fassung, von der vor allem die herrliche Venus der Christa Ludwig profitiert. Hans Beirers urwüchsiger Heldentenor klingt erstaunlich diszipliniert.

GA mit B. Nilsson (Elisabeth + Venus), W. Windgassen, D. Fischer-Dieskau, T. Adam, Chor und Orchester der Deutschen Oper Berlin, O. Gerdes (AD: 1969)
DGG 413300-1 (3 LP)

GA mit H. Dernesch, C. Ludwig, R. Kollo, V. Braun, H. Sotin, Wiener Staatsopernchor, Wiener Philharmoniker, G. Solti (AD: 1971) – Pariser Fassung
DECCA 414581-2 (3 CD) + 6.35193 (4 LP)
René Kollo wagte sich nach seinem spektakulären Rollendebüt auf Platte erst 15 Jahre später in Genf und München als «Tannhäuser» auf die Bühne und wurde für seine grandiose sängerdarstellerische Interpretation mit ‹standing ovations› belohnt. Ein legitimer Nachfolger Wolfgang Windgassens mit weit üppigerem Stimmmaterial.

GA mit L. Popp, W. Meier, K. König, B. Weikl, K. Moll, Chor und Symphonieorchester des Bayerischen Rundfunks, B. Haitink (AD: 1984)
EMI CDS 7472968 (3 CD) + EMI 157-270265-3 (3 LP)
Trotz Bernhard Haitink, Waltraut Meier, Bernd Weikl und Kurt Moll: eine überflüssige Studioproduktion ohne einen stücktragenden Protagonisten. Schade.

GA mit C. Studer, A. Baltsa, P. Domingo, A. Schmidt, M. Salminen, Chor der Covent Garden Opera London, Philharmonia Orchestra, G. Sinopoli (AD: 1988) – Pariser Fassung
DGG 427625-2 (3 CD)

Tristan und Isolde

GA mit N. Larsen-Todsen (Isolde), A. Helm (Brangäne), G. Graarud (Tristan), R. Bockelmann (Kurvenal), I. Andresen (Marke), Chor und Orchester der Bayreuther Festspiele 1928, K. Elmendorff
EMI 181-03031/33 (3 LP)

Erste, teilweise stark gekürzte Schallplattengesamtaufnahme, bei der lediglich der Titelheld rein gesanglich farblos bleibt.

GA mit K. Flagstadt, S. Kalter, L. Melchior, H. Janssen, E. List, Chor

und Orchester der Covent Garden Opera London, F. Reiner (AD: 1936)
DISCOCORP (Bruno Walter Society) RR 471

GA mit K. Flagstad, M. Klose + K. Branzell, L. Melchior, H. Janssen + P. Schöffler, S. Nilsson, Chor und Orchester der Covent Garden Opera London, T. Beecham (AD: 1937)
Melodram CD 37029 (3 CD) + Melodram MEL 311 (4 LP)

GA mit K. Flagstad, K. Thorborg, L. Melchior, J. Huehn, A. Kipnis, Chor und Orchester der Metropolitan Opera New York, E. Leinsdorf (AD: 1941)
Melodram MEL 301 (4 LP)

GA 2. + 3. Akt mit E. Schlüter, M. Klose, L. Suthaus, J. Prohaska, G. Frick, Berliner Philharmoniker, W. Furtwängler (AD: 1947)
Cetra FE 43 (3 LP)

GA mit K. Flagstad, V. Ursuleac, S. Svanholm, H. Hotter, Chor und Orchester des Teatro Colon Buenos Aires, E. Kleiber (AD: 1948)
Melodram MEL 25007 (2 CD)

GA mit P. Baumann, M. Klose, M. Lorenz, G. Neidlinger, T. Hermann, Chor und Orchester des NDR Hamburg, H. Schmidt-Isserstedt (AD: 1949)
Melodram MEL 444 (4 LP)

GA mit M. Bäumer, E. Westenberger, L. Suthaus, K. Wolfram, G. Frick, Chor und Gewandhausorchester Leipzig, F. Konwitschny (AD: 1950)
Urania URLP 211 (5 LP, inzw. gestr.) + Melodram MEL 469 (4 LP)

GA mit H. Braun, M. Klose, G. Treptow, P. Schöffler, F. Frantz, Chor und Orchester der Bayerischen Staatsoper, H. Knappertsbusch (AD: 1950)
DISCOCORP (Bruno Walter Society) IGI 343 (4 LP) + Movimento Musica 05001 (5 LP) + Laudis LCD 4.4009 (4 CD)
Lohnend vor allem wegen Helena Brauns Isoldes und ‹Kna› am Pult der Münchner Oper.

GA mit G. Grob-Prandl, E. Cavelti, M. Lorenz, S. Björling, S. Nilsson, Chor und Orchester der Mailänder Scala, V. de Sabata (AD: 1951)
Nuova Era 2347/49 (3 CD) + Cetra Opera Live LO 73 (5 LP)
Wichtiges Dokument des ehemaligen Bayreuther «Tristan»-Dirigenten (1939) zwölf Jahre später am Pult des Scala-Orchesters mit dem deutschen Tristan der dreißiger und vierziger Jahre und einer echten Hochdramatischen als kongenialer Partnerin.

GA mit K. Flagstad, B. Thebom, L. Suthaus, D. Fischer-Dieskau, J. Greindl, Chor der Covent Garden Opera London, Philharmonia Orchestra, W. Furtwängler (AD: 1952)
EMI CDS 7473228 (4 CD) + EMI 137-290684-3 (4 LP)
Maßstabsetzende Studioproduktion unter der Obhut von Walter Legge, exzellent besetzt selbst in den Nebenpartien (Rudolf Schock als Seemann und Hirt), die zu Recht in die Schallplattengeschichte eingegangen ist. Ein absolutes ‹Muß›!

GA mit H. Braun, M. Klose, G. Treptow, R. Grossmann, F. Frantz, Chor und Orchester der Bayerischen Staatsoper, E. Kleiber (AD: 1952)

Melodram MEL 014 (4 LP)
Lohnend vor allem wegen Erich Kleiber und Helena Braun.

GA mit M. Mödl, I. Malaniuk, R. Vinay, H. Hotter, L. Weber, Chor und Orchester der Bayreuther Festspiele 1952, H. von Karajan
HUNT 528 (4 CD) + Melodram MEL 525 (4 LP)
Musikalische Sternstunde in Sachen «Tristan» auf dem ‹Grünen Hügel›: Martha Mödl, Ramon Vinay und Herbert von Karajan – drei Herzen und eine Seele. Ein absolutes ‹Muß›.

GA mit A. Varnay, I. Malaniuk, R. Vinay, G. Neidlinger, L. Weber, Chor und Orchester der Bayreuther Festspiele 1953, E. Jochum
Melodram MEL 535 (4 LP)

GA mit B. Nilsson, G. Hoffman, W. Windgassen, H. Hotter, A. van Mill, Chor und Orchester der Bayreuther Festspiele 1957, W. Sawallisch
Melodram MEL 575 (4 LP)

GA mit B. Nilsson, G. Hoffman, W. Windgassen. G. Neidlinger, O. von Rohr, Chor und Orchester des Maggio Musicale Fiorentino, A. Rodzinsky (AD: 1957)
Cetra DOC 20 (4 LP)

GA mit B. Nilsson, R. Resnik, F. Uhl, T. Krause, A. van Mill, Wiener Singverein, Wiener Philharmoniker, G. Solti (AD: 1960)
DECCA 6.35153 FK (5 LP) + DECCA D41 D5 (5 LP)

GA mit B. Nilsson, K. Meyer, W. Windgassen, E. Wächter, J. Greindl, Chor und Orchester der Bayreuther Festspiele 1962, K. Böhm
Melodram MEL 625 (4 LP)

GA mit B. Nilsson, C. Ludwig, W. Windgassen, E. Wächter, M. Talvela, Chor und Orchester der Bayreuther Festspiele 1966, K. Böhm
DGG 419889-2 (3 CD) + DGG 415395-1 (5 LP) + Frequenz CML 3 (3 CD)
Einer der letzten wahrhaft ‹großen›, auf Schallplatte festgehaltenen Wagnerabende auf dem ‹Grünen Hügel›.

GA mit H. Dernesch, C. Ludwig, J. Vickers, W. Berry, K. Ridderbusch, Chor der Deutschen Oper Berlin, Berliner Philharmoniker, H. von Karajan (AD: 1972)
EMI CMS 7693192 (4 CD) + EMI 193-02293/97 (5 LP)

GA mit B. Nilsson, R. Hesse, J. Vickers, W. Berry, B. Rundgren, New Philharmonia Chor, Orchestre Nationale de l'ORTF, K. Böhm (AD: 1973)
Rodolphe RPC 32553.55 (3 CD)
Livemitschnitt von den Freilichtfestspielen in Orange unter der Regie von Nikolaus Lehnhoff, lohnend für die Fans von Birgit Nilsson, Jon Vikkers und Karl Böhm.

GA mit L. E. Gray, A. Wilkens, J. Mitchinson, P. Joll, G. Howell, Chor und Orchester der Welsh National Opera, R. Goodall (AD: 1980/81)
TIS DECCA D250 D5 SH (5 LP)
Glänzende musikalische Visitenkarte Englands in Sachen Richard Wagner dank Reginald Goodalls Magie am Dirigentenpult und kompetenter Besetzung.

GA mit M. Price, B. Fassbaender, R. Kollo, D. Fischer-Dieskau, K. Moll,

Rundfunkchor Leipzig, Staatskapelle Dresden, C. Kleiber (AD: 1981)
DGG 413315-2 (4 CD) + DGG 2741006 (5 LP)
Trotz Carlos Kleiber am Pult kein ungetrübtes Hörvergnügen, weil klangliche Manipulationen in der Mischung von Orchester und Gesangsstimmen unüberhörbar bleiben.

GA mit H. Behrens, Y. Minton, P. Hofmann, B. Weikl, H. Sotin, Chor und Symphonieorchester des Bayerischen Rundfunks, L. Bernstein (AD: 1981)
PHILIPS 410447-2 (4 CD) + 6769091 (5 LP)
Für Behrens- und Bernstein-Fans ein unbedingtes ‹Muß›, weil beide, jeder auf seine Art, in großer Form. Peter Hofmann meistert sein Rollendebüt erstaunlich gut, ohne jedoch an Windgassen, Vickers oder Kollo heranreichen zu können.

Der Ring des Nibelungen

Das Rheingold – Die Walküre – Siegfried – Die Göttedämmerung

Gesamtaufnahmen der *Ring*-Tetralogie

GA mit E. Höngen (Fricka), M. Weth-Falke (Erda), W. Wegner (Freia), F. Frantz (Wotan), J. Sattler (Loge), A. Pernerstorfer (Alberich), P. Markworth (Mime), L. Weber (Fasolt), A. Emmerich (Fafner), K. Flagstad (Brünnhilde), H. Konetzni (Sieglinde), G. Treptow (Siegmund), L. Weber (Hunding), E. Höngen (Erda 2), J. Moor (Waldvogel), S. Svanholm (Siegfried 1), J. Hermann (Wanderer), H. Konetzni (Gutrune), E. Höngen (Waltraute), M. Lorenz (Siegfried 2), L. Weber (Hagen), J. Hermann (Gunther), Chor und Orchester der Mailänder Scala, W. Furtwängler (AD: 1950)
Cetra CDC 26 (2 CD «Rheingold») + Cetra CDC 15 (4 CD «Die Walküre») + Cetra CDC 27 (4 CD «Siegfried») + Cetra CDC 28 (4 CD «Die Götterdämmerung») + HUNT 12 CDWFE 351

Dank diesem «Ring»-Mitschnitt aus der Mailänder Scala in technisch annehmbarer Beschaffenheit sind Wilhelm Furtwänglers Kunst live als Wagnerdirigent und hochdramatische Stimmen in heldischen Partien postum überprüfbar. Die gesangliche Autorität und das stimmliche Selbstverständnis einer Kirsten Flagstad als Brünnhilde, die auf Stimmvolumen, ebenmäßiger Stimmführung, Ausdruck, Textbezogenheit und reinem Wohlklang basierende Größe des Wotan-Interpreten Ferdinand Frantz, drei echte Heldentenöre – Günther Treptow, Set Svanholm, Max Lorenz – als Siegmund und Siegfried, ferner Elisabeth Höngen als Fricka, «Siegfried»-Erda und Waltraute, Josef Herrmann als Wanderer und Gunther, Ludwig Weber als Fasolt, «Siegfried»-Fafner und Hagen: Den ‹Ring› muß man wirklich haben!

GA mit I. Malaniuk, M. Bugarinovic, I. Borkh (Freia + Sieglinde), H. Uhde, E. Witte, G. Neidlinger, P. Kuen, L. Weber, K. Böhme, A. Varnay, G. Treptow, J. Greindl, H. Hotter («Walküre«-Wotan + Wanderer), R. Streich, B. Aldenhoff, M. Mödl (Guntrune), R. Siewert, M. Lorenz, J. Greindl, H. Uhde, Chor und Orchester der Bayreuther Festspiele 1952, J. Keilberth
Paragon PCD 84015-84028 (14 CD) + Melodram 526 (3 LP) + MEL 527 (4 LP) + MEL 528 (4 LP) + MEL 529 (5 LP)
Erster Bayreuther «Ring»-Mitschnitt nach dem Zweiten Weltkrieg mit einer interessanten Mischung mehrerer Generationen von Wagnersängern. Die nochmalige Begegnung mit Günther Treptow als Siegmund und Max Lorenz als «Götterdämmerung»-Siegfried vermittelt uns ein Wagnerverständnis ‹wie aus der Ferne längst vergang'ner Zeiten›. Mit Astrid Varnay, Hans Hotter, Gustav Neidlinger, Paul Kuen, Hermann Uhde und Josef Greindl (beide unübertroffen als Gunther und Hagen) meldet sich eine Generation von Sängerdarstellern mit echtem, heldischem Stimmfundament zu Wort, die nicht nur auf dem ‹Grünen Hügel› ihre Vorrangstellung in ihren jeweiligen Paraderollen in den fünfziger und sechziger Jahren zu behaupten verstand.

GA mit I. Malaniuk (dito «Götterdämmerung»-Waltraute), M. von Ilosvay, B. Falcon, H. Hotter (dito Wanderer), E. Witte, G. Neidlinger, P. Kuen, L. Weber, J. Greindl (dito Hunding + Hagen), A. Varnay, R. Resnik, R. Vinay, R. Streich, W. Windgassen. N. Hinsch-Gröndahl, H. Uhde, Chor und Orchester der Bayreuther Festspiele 1953, C. Krauss
Rodolphe RPC 32503.9 (7 CD, doppelte Spieldauer!) + Laudis LCD3-4002 + LCD4-4003 + LCD4-4004 + LCD4-4005
Lohnend vor allem für Clemens Krauss-Anhänger, ebenso als Dokument für die Sopranvergangenheit Regina Resniks vor ihrem Fachwechsel zum Charaktermezzo und für Wolfgang Windgassens ersten Bayreuther Siegfried.

GA mit identischer Besetzung wie zuvor mit Ausnahme von M. Mödl (Brünnhilde), Chor und Orchester der Bayreuther Festspiele 1953, K. Keilberth
Melodram MEL 536 (3 LP), MEL 537 (4 LP), MEL 538 (4 LP), MEL 539 (5 LP)
Neben Astrid Varnay und vor Birgit Nilsson war Martha Mödl die Brünnhilde ihrer Generation, die sich (wie auch Astrid Varnay) keineswegs zu schade war, in Bayreuther «Ring»-Aufführungen auch als Sieglinde, Gutrune und 3. Norne aufzutreten. Als Bereicherung der ohnehin nicht allzu umfangreichen Discographie des Dirigenten Joseph Keilberth von Wichtigkeit.

GA mit I. Malaniuk. R. Siewert, E. Grümmer, F. Frantz (dito Wanderer), W. Windgassen (dito Siegmund), G. Neidlinger, J. Patzak, J. Greindl (dito «Siegfried»-Fafner + Hagen), G. Frick (dito Hunding), M. Mödl, H. Konetzni, E. Cavelti («Walküre»-Fricka), M. Klose («Siegfried»-Erda + Waltraute), R. Streich, L.Suthaus, A. Pernerstorfer (Alberich in «Siegfried» + «Götterdämme-

rung»), S. Jurinac, A. Poell, Chor und Orchester der RAI Rom, W. Furtwängler (AD: 1953)
EMI 153-02275/77 (3 LP) – EMI RLS 706 (3 LP), EMI 153-02278/82 (5 LP) – EMI RLS 702 (5 LP), EMI 153-02283/87 (5 LP) – EMI RLS 703 (5 LP), EMI 153-02288/92 (5 LP) + EMI 137-290670-3 (14 LP)
Zweiter Livemitschnitt der «Ring»-Tetralogie unter Wilhelm Furtwängler mit einigen Besetzungsdelikatessen (Elisabeth Grümmer als Freia, Julius Patzak als Mime, Margarethe Klose als «Siegfried»-Erda und Waltraute in «Götterdämmerung», Sena Jurinac als Gutrune) und Protagonisten seiner Wahl wie Martha Mödl, Ferdinand Frantz und Ludwig Suthaus.

GA mit G. von Milinkovic, M. von Ilosvay (dito Waltraute), E. Grümmer (dito Gutrune), H. Hotter (dito Wanderer), L. Suthaus, G. Neidlinger, P. Kuen, A. van Mill, J. Greindl (dito Hunding + Hagen), A. Varnay, B. Nilsson, R. Vinay, I. Hollweg, B. Aldenhoff (Siegfried 1), W. Windgassen (Siegfried 2), H. Uhde, Chor und Orchester der Bayreuther Festspiele 1957, H. Knappertsbusch
BWS 253/56 (15 CD) + Cetra Opera Live LO 58 (3 LP), LO 59 (4 LP), LO 60 (5 LP), Lo 61 (5 LP)
Nicht zuletzt dank ‹Kna› und seinem kompetenten Protagonisten ein weiterer Bayreuther «Ring» mit Ewigkeitswert.

GA mit R. Gorr, M. von Ilosvay, E. Grümmer (dito Gutrune), H. Hotter (dito Wanderer), F. Uhl, F. Andersson, G. Stolze, T. Adam, J. Greindl, A. Varnay, L. Rysanek, J. Vickers, J. Greindl (dito Hagen), D. Siebert, W. Windgassen, J. Madeira, O. Wiener, Chor und Orchester der Bayreuther Festspiele 1958, H. Knappertsbusch
HUNT 2 CDLSMH 34041 WE +
HUNT 3 CDLSMH 34042 WA +
HUNT 4 CDLSMH 34043 WB +
HUNT 4 CDLSMH 34044 WB +
Melodram MEL 586 (3 LP) + MEL 587 (4 LP) + MEL 588 (5 LP) + MEL 589 (5 LP)
Interessante Besetzungsalternative zum 57er «Ring» unter ‹Kna› mit Frans Andersson als Alberich, Gerhard Stolze als Mime, Fritz Uhl als Loge, Leonie Rysanek und Jon Vikkers als Wälsungenpaar und Jean Madeira als Waltraute. Unbedingt empfehlenswert.

GA mit H. Töpper, M. Hoeffgen, I. Bjoner (dito Gutrune), H. Uhde (dito Wanderer), G. Stolze, O. Kraus, H. Kraus, A. van Mill, P. Roth-Ehrang. A. Varnay, A. Nordmo-Loevberg, W. Windgassen, G. Frick (dito Hagen), B. Nilsson (dito «Götterdämmerung»), D. Siebert, H. Hopf, G. Hoffman, T. Stewart, Chor und Orchester der Bayreuther Festspiele 1960, R. Kempe
Melodram MEL 606 (3 LP) + MEL 607 (4 LP) + MEL 608 (4 LP) + MEL 609 (5 LP)
Mit Hans Hopf als Siegfried, Gottlob Frick als Hunding und Hagen, Otakar und Herold Kraus als Alberich und Mime und Birgit Nilsson als Brünnhilde in «Siegfried» und «Götterdämmerung», vor allem aber mit Rudolf Kempe am Pult des Festspielorchesters kommen neue, interessante Farbtupfer auf die Bayreuther «Ring»-Szene.

GA mit A. Burmeister, V. Soukupova, A. Silja, T. Adam (dito Wande-

rer), W. Windgassen (dito beide Siegfriede), G. Neidlinger, E. Wohlfahrt, M. Talvela, K. Böhme, B. Nilsson, L. Rysanek, J. King, G. Nienstedt, E. Köth, L. Dvorakova, M. Mödl (Waltraute), Chor und Orchester der Bayreuther Festspiele 1966 (Rheingold/Siegfried/Götterdämmerung) und 1967 (Walküre), K. Böhm
Philips 412475-2 (2 CD) + Philips 412478-2 (4 CD) + Philips 412483-2 (4 CD) + Philips 412488-2 (4 CD) + Philips 6747037 (16 LP)
Akustischer Nachlaß der Wieland-Wagner-Inszenierung mit einem beachtlichen Aufgebot persönlichkeitsstarker Sängerdarsteller, wie es in dieser verschwenderischen Fülle heutigen Bayreuther Festspielbesuchern leider versagt bleibt. Wolfgang Windgassens Loge und Siegfried sind eine echte Tour de force. Leonie Rysaneks ekstatische Sieglinde-Ausbrüche, Theo Adams Wotan-Autorität, das Gibichungenpaar Gustav Neidlinger und Erwin Wohlfahrt, Birgit Nilssons stimmliche Strahlkraft und gestalterische Ausdruckskraft, Martha Mödls Intensität als Waltraute und der alles und alle wissend koordinierende Karl Böhm am Pult: Wagnerfestspiele in des Wortes wahrer Bedeutung.

GA mit K. Flagstad («Rheingold»-Fricka), J. Madeira, C. Watson (dito Gutrune), G. London, S. Svanholm, G. Neidlinger, P. Kuen, W. Kreppel, K. Böhme, B. Nilsson, R. Crespin, H. Hotter (dito Wanderer), J. King, G. Frick (dito Hagen), M. Hoeffgen, J. Sutherland, W. Windgassen, G. Stolze («Siegfried»-Mime). C. Ludwig («Walküre»-Fricka + Waltraute), D. Fischer-Dieskau, Chor der Wiener Staatsoper, Wiener Philharmoniker, G. Solti (AD: 1958–1965)
DECCA 414101-2 (3 CD) + DECCA 414105-2 (4 CD) + DECCA 414110-2 (4 CD) + DECCA 414115-2 (4 CD) + DECCA 6.35250 (2 LP) + DECCA 6.35251 (4 LP) + DECCA 6.35252 (4 LP) + DECCA 6.35253 (4 LP)
Erste gesamte Studioproduktion, technisch und musikalisch allererste Wahl.

GA mit J. Veasey, O. Dominguez, S. Mangelsdorff, D. Fischer-Dieskau («Rheingold»-Wotan), G. Stolze (dito «Siegfried»-Mime), Z. Kelemen, E. Wohlfahrt, M. Talvela (dito Hunding), K. Ridderbusch, R. Crespin («Walküre»-Brünnhilde), G. Janowitz, J. Vickers, T. Stewart (dito Wanderer), H. Dernesch, C. Gayer, J. Thomas (Siegfried 1), C. Ludwig (Waltraute), G. Janowitz (Gutrune), H. Brilioth (Siegfried 2), K. Ridderbusch (Hagen), T. Stewart (Gunther), Chor der Deutschen Oper Berlin, Berliner Philharmoniker, H. v. Karajan (AD: 1967–1970)
DGG 415141-2 (3 CD) + DGG 415145-2 (4 CD) + DGG 415150-2 (4 CD) + DGG 415155-2 (4 CD) + DGG 2740145 (3 LP) + DGG 2740146 (5 LP) + DGG 2740147 (5 LP) + DGG 2740148 (6 LP)
Studioproduktionen im Zusammenhang mit Herbert von Karajans «Ring»-Inszenierung bei den Salzburger Osterfestspielen. Mit Dietrich Fischer-Dieskau als «Rheingold»-Wotan, Regine Crespin als «Walküre»-Brünnhilde, mehr jedoch noch mit Gundula Janowitz als Sieglinde sind einige der Hauptpartien bewußt leichtgewichtig besetzt, was

dem kammermusikalisch-transparenten Klangbild des Dirigenten vollauf entspricht. Die Berliner Philharmoniker und ihr lebenslanger Chef waren seinerzeit hörbar noch ein Herz und eine Seele. Zu den übrigen «Ring»-Deutungen auf Schallplatte eine anregende und aufschlußreiche Alternative.

GA mit R. Hesse (dito Waltraute), U. Boese, H. Ferch, R. Polke (dito Wanderer), F. Uhl, R. Kühne, H. Kraus, O. von Rohr (dito Hunding + Hagen), N. Kniplova, D. Sommer (dito Gutrune), G. McKee (dito beide Siegfriede), B. Jasper, T. Okamura (Fafner), R. Knoll (Gunther), Wiener Staatsopernchor, Süddeutsche Philharmonie, H. Swaroswky (AD: 1968)
Westminster WGSO 8175 (3 LP) – FABBRI GOL 18 + Westminster WGSO 8176 (5 LP) – FABBRI GOL 50 + Westminster WGSO 8177 (5 LP) – FABBRI GOL 63/67 + Westminster WGSO 8178 (6 LP) – FABBRI GOL 76/80 (5 LP)
Als Kuriosität durchaus nicht ohne Reiz. Lohnend für die Fans einiger auf Schallplatte kaum vertretener Sänger und aufschlußreich für die weltweit verstreute Schülergemeinde des Wiener Dirigentenlehrers Hans Swarowsky.

GA englisch gesungen mit K. Pring (dito Waltraute), A. Collins, L. McDonall, N. Bailey (dito Wanderer), E. Belcourt, D. Hammond-Stroud, G. Dempsey, R. Lloyd, C. Grant (dito Hunding), R. Hunter, M. Curphey (dito Gutrune), A. Howard, A. Remedios (dito beide Siegfriede), M. London, A. Haugland, N. Welsby, Chor und Orchester der English National Opera, R. Goodall (AD: 1973–1977)
EMI SLS 5032 (3 LP) + EMI SLS 5063 (4 LP) + EMI SLS 875 (5 LP) + EMI SLS 5118 (6 LP)
Teilweise hervorragende Sängerleistungen (Rita Hunter, Alberto Remedios) und Reginald Goodalls musikalische Seelenverwandtschaft mit ‹Kna› machen diesen, von Andrew Porter kongenial ins Englische übertragenen «Ring» der English National Opera London zu einer Delikatesse für ewig neugierige und eingeschworene Wagnerianer.

GA mit H. Schwarz, O. Wenkel, C. Reppel, D. McIntyre, H. Zednik, H. Becht, H. Pampuch, M. Salminen (dito Hunding), F. Hübner (dito Hagen), G. Jones, J. Altmeyer (dito Gutrune), P. Hofmann, N. Sharp, M. Jung, H. Zednik («Siegfried»-Mime), G. Killebrew, F. Mazura, Chor und Orchester der Bayreuther Festspiele 1980, P. Boulez (AD: 1980)
Philips CD Video PAL 070407-1 + NTSC 070507-1 + PAL 070401-1/NTSC 070501-1 (Das Rheingold) + PAL 070402-1/NTSC 070502-1 (Die Walküre) + PAL 070403-1/NTSC 070503-1 (Siegfried) + PAL 070404-1/NTSC 070504-1 (Die Götterdämmerung) + Philips 6769070 (3 LP) + Philips 6769071 (4 LP) + Philips 6769072 (4 LP) + Philips 6769073 (5 LP)

GA mit Y. Minton, O. Wenkel (dito Waltraute), M. Napier, T. Adam (dito Wanderer), P. Schreier (dito «Siegfried»-Mime). S. Nimsgern, C. Vogel, R. Bracht, M. Salminen (dito Hagen), J. Altmeyer, J. Norman, S. Jerusalem, K. Moll, R. Kollo, N.

Sharp (dito Gutrune), H. G. Nöcker (Gunther), Chor und Orchester der Staatsoper Dresden, M. Janowski (AD: 1980–1983)
BMG Ariola-Eurodisc GD 69003 (14 CD) + GD 69004 (2 CD) + GD 69005 (4 CD) + GD 69006 (4 CD) + GD 69007 (4 CD)
Erste digitale Studioproduktion, kompetent dirigiert von Marek Janowski am Pult eines deutschen Spitzenorchesters in durchweg sorgfältig zusammengestellter Besetzung ohne gravierenden Mißgriff. Tenorale Höhepunkte setzen die auch ausdrucksmäßig voll einsteigenden Stars Peter Schreier (Loge + Mime in «Siegfried»), Siegfried Jerusalem als Siegmund und René Kollo als Siegfried. Originell und durchaus einleuchtend die Sieglinde- und Alberichbesetzung.

Einzel-Gesamtaufnahmen der *Ring*-Tetralogie

Das Rheingold

GA mit I. Malaniuk, R. Siewert, P. Brivkalne, S. Björling, W. Fritz, H. Pflanzl, P. Kuen, L. Weber, F. Dalberg, Orchester der Bayreuther Festspiele 1951, H. von Karajan
Melodram MEL 516 (3 LP)
Das mit Elisabeth Schwarzkopf, Hanna Ludwig und Hertha Töpper außerordentlich stimmschön besetzte Rheintöchter-Trio läßt bereits ein Bedauern aufkommen, daß Herbert von Karajans erste Auseinandersetzung mit Wagners Ring-Tetralogie bislang noch nicht als Ganzes ihren Weg in die Schallplattenregale gefunden hat. Bereits sein erster Bayreuther «Ring» wäre es, vor allem in der Gegenüberstellung mit seiner Ring-Einspielung anläßlich ‹seiner› Salzburger Osterfestspiele, wert gewesen.

GA mit C. Ludwig, B. Svenden, M. Häggander, J. Morris, S. Jerusalem, E. Wlaschiha, H. Zednik, J. H. Rootering, K. Moll, Orchester der Metropolitan Opera New York, J. Levine (AD: 1989)
DGG 427607-2 (3 CD)
Gelungener Auftakt zum ersten New Yorker «Ring» auf CD, wobei das Streben nach einer bestmöglichen Besetzung anspruchsvoller Rollen durchwg von Erfolg gekrönt ist.

GA mit M. Lipovsek, J. Rappé, E. Johansson, J. Morris, H. Zednik, T. Adam, P. Haage, H. Tschammer, K. Rydl, Symphonieorchester des Bayerischen Rundfunks, B. Haintink (AD: 1989)
EMI CDS 7498532 (2 CD)
Leider kommt gerade vor empfindlichen Studiomikrophonen Theo Adams Rollendebüt als Alberich unüberhörbar zu spät, ansonsten gefällt dieser Auftakt zu einem neuen Münchner Studio-«Ring» durch eine homogene Sängerbesetzung und profitiert durch Bernhard Haitinks jederzeit spürbare Vertrautheit mit dem Gesamtkunstwerk Ring-Tetralogie.

Die Walküre

GA mit M. Mödl (Brünnhilde), L. Rysanek (Sieglinde), M. Klose (Frikka), L. Suthaus (Siegmund), F. Frantz (Wotan), G. Frick (Hunding), Wiener Philharmoniker, W. Furtwängler (AD: 1954)
EMI CHS 7630452 (3 CD) + EMI 149-00675/79 (5 LP)
Furtwänglers Wiener «Walküre» war als Auftakt zu einer Studioeinspielung der kompletten Ring-Tetralogie gedacht, ein Projekt, das der Tod dieses epochalen Wagnerdirigenten im November 1954 jäh vereitelte. Eine großartige Besetzung und der einmalige Wagner-Sound der Wiener Philharmoniker verleihen dieser Aufnahme den Rang des Außerordentlichen.

GA mit A. Varnay, M. Mödl (Sieglinde), G. von Milinkov, M. Lorenz, H. Hotter, J. Greindl, Orchester der Bayreuther Festspiele 1954, J. Keilberth
Melodram MEL 574 (4 LP) + CD 36102 (3 CD)
Hochinteressant wegen Martha Mödls einmaligem Ausflug als Sieglinde an der Seite ihres Siegmund-Heimkehrers Max Lorenz auf den ‹Grünen Hügel›.

GA mit A. Varnay, G. Brouwenstijn, G. von Milinkovic, W. Windgassen, H. Hotter, J. Greindl, Orchester der Bayreuther Festspiele 1956, H. Knappertsbusch
Melodram MEL 567 (4 LP)

GA mit M. Harshaw, M. Schech, B. Thebom, R. Vinay, O. Edelmann, K. Böhme, Orchester der Metropolitan Opera New York, D. Mitropoulos (AD: 1957)
Nuova Era 2211/13 (3 CD) + Melodram MEL 004 (3 LP)

GA mit B. Nilsson, G. Brouwenstijn, R. Gorr, J. Vickers, G. London, D. Ward, London Symphony Orchestra, E. Leinsdorf (AD: 1961)
RCA LDS 6706 (5 LP) + DECCA 7BB 125/29 (5 LP)
Eindrucksvolles Dokument der majestätischen Wotangestaltung George Londons, umrahmt von Partnern auf gleicher künstlerischer Wellenlänge unter der musikalischen Obhut eines versierten Wagnerdirigenten. Empfehlenswert.

GA mit H. Behrens, J. Norman, C. Ludwig, G. Lakes, J. Morris, K. Moll, Orchester der Metropolitan Opera New York, J. Levine (AD: 1988)
DGG 423389-2 (4 CD)
Fortsetzung der neuen New Yorker «Ring»-Produktion mit namhaften Gesangsstars, die jedoch nicht auf Anhieb auch ein ‹Ensemble› bilden. Hildegard Behrens und James Morris (wo bleibt der Platten-Wotan seines amerikanischen Landsmannes Robert Hale?) bringen ihre europäischen Ring-Erfahrungen zum Nutzen des Ganzen ein.

GA mit E. Marton, C. Studer, W. Meier, R. Goldberg, J. Morris, M. Salminen, Symphonieorchester des Bayerischen Rundfunks, B. Haitink (AD: 1989)
EMI CDS 7495342 (4 CD)
Uneinheitlich besetzte Studioproduktion, die als Ganzes einem Vergleich mit ihren zahlreichen Konkurrenzaufnahmen nur bedingt standhält.

Einzelaufnahmen 1., 2. und 3. Aufzug

1. Aufzug mit L. Lehmann (Sieglinde), L. Melchior (Siegmund), E. List (Hunding), Wiener Philharmoniker, B. Walter (AD: 1935)
EMI CDH 7610202 + Danacord DACO 317-318 (+ 2. Aufzug)
Musikalische Sternstunde! Ein unbedingtes ‹Muß›.

1. Aufzug mit M. Teschemacher, M. Lorenz, K. Böhme, Staatskapelle Dresden, K. Elmendorff (AD: 1944)
Preiser Records 90015 + CD 74803 DA/Fonoteam
Hörenswertes Dokument für ausdrucksvollen Wagnergesang mit kompetenten Stimmen jener Zeit.

1. Aufzug mit M. Schech, F. Völker, F. Dalberg, Bayerisches Staatsorchester, G. Solti (AD: 1947)
Orfeo I 120842 (2 LP)
Hochinteressanter Livemitschnitt aus dem Münchner Prinzregententheater mit dem jungen Solti und Völker als maßstabsetzendem Wagnertenor. Ein echtes ‹Muß›!

1. Aufzug mit M. Müller, W. Windgassen, J. Greindl, Württembergisches Staatsorchester, F. Leitner (AD: 1951)
Heliodor 89863 + Heliodor 2548735

1. Aufzug mit B. Nilsson, S. Svanholm, J. Greindl, Symphonieorchester des NDR Hamburg, H. Schmidt-Isserstedt (AD: 1955)
Historical Record Enterprises HRE

1. Aufzug mit K. Flagstad, S. Svanholm, A. van Mill, Wiener Philharmoniker, H. Knappertsbusch (AD: 1957)
DECCA 2894-25963-2 ZS
Leicht verspätete Reminiszenz an die langjährige Bühnenpartnerschaft Flagstad-Svanholm im Wagnerfach. Knappertsbusch war hörbar kein Studio-Dirigent.

1. Aufzug mit D. Larsen, L. Melchior, M. Wedel, Dänisches Radioorchester, T. Jensen (AD: 1960)
Danacord DACO CD 319-321 (+ «Siegfried»-Szenen)

1. Aufzug mit H. Hillebrecht, M. del Monaco, O. von Rohr, Württembergisches Staatsorchester, F. Leitner (AD: 1966)
Legendary Recordings, inzw. gestr.
Einmaliges Auftreten Mario del Monacos als Siegmund und zugleich sein Rollendebüt als Partner der mitreißenden Sieglinde der Hildegard Hillebrecht.

1. Aufzug mit H. Dernesch, W. Cochran, H. Sotin, New Philharmonia Orchestra, O. Klemperer (AD: 1973)
EMI 193-02222/23 (2 LP)

1. Aufzug mit M. Caballé, R. Cassilly, M. Salminen, Orchester des Liceu Barcelona, H. Wallat (AD: 1978)
Historical Enterprises HRE

1. Aufzug mit E. Marton, P. Hofmann, M. Talvela, New Yorker Philharmoniker, Z. Mehta (AD: 1981)
CBS CD 39745 + CBS 39745 (1 LP)

2. Aufzug mit M. Fuchs/E. Flesch (Brünnhilde), L. Lehmann (Sieglinde), M. Klose (Fricka), H. Hotter/A. Jerger (Wotan), L. Melchior (Sieg-

mund), Staatskapelle Berlin, B. Seidler-Winkler (AD: 1938), Wiener Philharmoniker, B. Walter (AD: 1935)
EMI 2902123 (6 LP) + Danacord DACO CD 317-318 (2 CD)

2. Aufzug mit K. Flagstad, L. Lehmann, M. Meisle, L. Melchior, F. Schorr, Orchester des Opernhauses San Francisco, F. Reiner (AD: 1936)
Discocorp BWS 426 (1 LP)

3. Aufzug mit K. Flagstad, M. Müller, R. Bockelmann, Orchester der Covent Garden Opera London, W. Furtwängler (AD: 1937)
Discocorp BWS 417 (1 LP)

3. Aufzug mit G. Rünger, E. Friedrich, W. Rohde, Orchester des Reichsenders Königsberg, W. Brückner (AD: 1938)
Preiser LV 153/54

3. Aufzug mit H. Traubel (Brünnhilde), I. Jessner (Sieglinde), H. Janssen, New Yorker Philharmoniker, A. Rodzinsky (AD: 1945)
CBS 2-Odyssey 32260018 E (2 LP)

3. Aufzug mit K. Flagstad, M. Schech, O. Edelmann, Wiener Philharmoniker, S. Solti (AD: 1958)
DECCA KD 11025/1-2

Siegfried

GA mit A. Varnay (Brünnhilde), R. Siewert (Erda), W. Lipp (Waldvogel), B. Aldenhoff (Siegfried), S. Björling (Wanderer), P. Kuen (Mime), H. Pflanzl (Alberich), F. Dalberg (Fafner), Orchester der Bayreuther Festspiele 1951, H. von Karajan
Foyer FO 1004 (5 LP)
Karajans erster Bayreuther «Siegfried» in angemessener Besetzung.

Die Götterdämmerung

GA mit B. Nilsson (Brünnhilde), L. Rysanek (Gutrune), I. Malaniuk (Waltraute), B. Aldenhoff (Siegfried), G. Frick (Hagen), H. Uhde (Gunther), Chor und Orchester der Bayerischen Staatsoper, H. Knappertsbusch (AD: 1955)
Melodram MEL 425 (5 LP)
Birgit Nilssons erste «Götterdämmerung»-Brünnhilde auf deutschem Boden, Leonie Rysanek als Gutrune und einer von mehreren ‹Haustenören› als Siegfried und nicht zuletzt ‹Kna› am Pult seines geliebten Staatsorchesters: ein Fest nicht nur für Münchens Wagnerianer.

GA mit K. Flagstad, I. Bjoner, E. Gustavson, S. Svanholm, E. Nordsjö, W. Johnsen, Norwegischer Rundfunkchor, Chor des Opernhauses Oslo, Philharmonisches Orchester Oslo, O. Fjelstad (AD: 1956)
DECCA LXT 5205/10 (6 LP)
Kirsten Flagstads letzte «Götterdämmerung»-Brünnhilde an der Seite Set Svanholms: das bewegende künstlerische Dokument einer großen Künstlerin, die sich dankenswerterweise anschließend doch noch zu weiteren gesanglichen Aktivitäten im Schallplattenstudio überreden ließ.

Nach der Erstellung dieser Discographie sämtlicher Bühnenwerke Richard Wagners dürfte nicht nur ihr Verfasser zu der realistischen Erkenntnis gekommen sein, daß eine Erfassung nahezu sämtlicher Wagner-Opern auf Schallplatte ohne die gigantischen Aktivitäten des sogenannten ‹grauen› Schallplattenmarktes vergleichsweise sehr bescheiden ausfallen müßte. Ohne die energische und unermüdliche Initiative dieses ‹freien› Schallplattenmarktes wären auch wir Wagnerianer um sehr viele Kostbarkeiten und lehrreiche Livebeispiele ärmer. Dies gilt vor allem für die Dokumentation historischer Wagneraufführungen und ihrer Protagonisten. So wird – dank allen diesen Aufnahmen und Mitschnitten – die geradezu legendäre Verklärung vieler Sängerpersönlichkeiten nun auch für diejenigen Opern- und Gesangsfreunde nachvollziehbar, die ihnen schon aus Altersgründen nie in natura begegnen konnten. Deshalb sollten wir jenen, größtenteils anonym bleiben wollenden Musikfreunden dankbar sein, die uns zumindest eine akustische Wiederbegegnung oder sogar oft auch eine erste Bekanntschaft mit diesen bedeutenden Tondokumenten ermöglichen.

München, im Februar 1990   CDS

Register

Adam, Theo 256
Adler, Alfred 15
Adorno, Theodor Wiesengrund 45, 60, 116, 129, 137, 166, 177, 183, 185f., 192, 238
- *Nachschrift zu einer Wagner Diskussion* 299
- *Philosophie der Neuen Musik* 36
- *Versuch über Wagner* 185
Aischylos 31, 203
- *Eumeniden* 146
Allen, Woody 314
Ansermet, Ernest 18
Apel, Theodor 165
Appel, Wolf 269
Arvidson, Jerker 269, 281
Auber, Daniel François Esprit 49
Auroora, Irja 281
Avenarius, Eduard 165

Bach, Carl Philipp Emanuel 188
Bach, Johann Sebastian 30f., 131, 188
- *d-Moll-Partita BWV 1004* 190
- *Französische Ouvertüren BWV 1066–1069* 130
- *Das Wohltemperierte Klavier BWV 846–893* 130
Bakunin, Michail Alexandrowitsch 176
Balzac, Honoré de 197
Barenboim, Daniel 9, 308, 310ff., 314, 316, 319
Beethoven, Ludwig van 31, 35f., 49, 70, 131, 146, 188, 190, 203, 310
- *Fidelio* 55, 57, 62
- *Klavier-Sonate Op. 111 c-Moll* 190
- *Symphonie Nr. 2 Op. 36 D-Dur* 73
- *Symphonie Nr. 3 Op. 55 Es-Dur (Eroica)* 188
- *Symphonie Nr. 9 Op. 125 d-Moll* 219ff., 229
- *Tripelkonzert Op. 56 C-Dur (f. Violine, Violoncello und Klavier)* 8

Behrens, Hildegard 293, 296, 300
Bellini, Vincenzo 11, 63
Benjamin, Walter 288
Berg, Alban 21, 36
- *Wozzeck* 189
Bergmann, Ingmar 309
Berliner Philharmoniker 46
Berlioz, Hector 37
- *Harold in Italien* 189
Bernanos, George 222
Bernstein, Leonard 9
Bertram, Ernst 180
Blasi, Angela Maria 301
Bloch, Ernst 144, 216
- *Philosophie der Musik* 45
Bode, Hannelore 273, 280
Böhm, Karl 46, 254ff., 258ff., 300
Böhme, Kurt 258
Böse, Ursula 256
Boito, Arrigo 291
Boulez, Pierre 18, 203, 207f., 266f., 269, 273–280, 282, 284f., 300
Boy-Ed, Ida 190
Brahms, Johannes 30, 36f.
Brecht, Bertolt 124
Brinkmann, Bodo 301, 308, 320
Brown, Thomas 177
Bruckner, Anton 223, 310
Bülow, Hans von 15, 63, 133
Bundschuh, Eva Maria 320
Busch, Wilhelm 296

Calm, Birgit 301
Cavalieri, Catarina 88
Chatchaturian, Aram 147
Chéreau, Patrice 18, 265–284, 297, 305, 320
Chookasian, Lili 256
Chopin, Frédéric 16, 183
Clark, Graham 307, 312, 314
Claudel, Paul 38, 185f., 286
Cluytens, André 251
Cornelius, Peter 88

Dahlhaus, Carl 48, 100, 129, 160, 192, 207
Dali, Salvador 288
Da Ponte, Lorenzo 144
Debussy, Claude 188, 207
Deinhardstein, Ludwig Franz 118
Dernesch, Helga 257
Dickens, Charles 197
Dietrich, Marlene 135
Doré, Gustave 268
Dostojewski, Fjodor 193, 197
Downes, Edward 56
Dürrenmatt, Friedrich *Frank V.* 297
Dumas, Alexandre 268
Dvorakova, Ludmila 261

Ebermayer, Erich *Magisches Bayreuth* 17
Everding, August 136, 297

Fassbaender, Brigitte 301
Finnie, Linda 309, 319
Finscher, Ludwig 39
Flagstad, Kirsten 237
Flaubert, Gustave 197
Flora, Paul 307
Franck, César 188
– *A-Dur-Sonate* 190
– *Symphonie d-Moll* 188
Freny, Rudolf 142
Freud, Sigmund 15, 26
Frey-Rabine, Lia 319
Freytag, Gustav *Die Journalisten* 186
Friedrich, Caspar David 302
Friedrich der Große 31
Frisch, Max *Andorra* 270
Furtwängler, Wilhelm 9, 18, 147, 162, 190, 219, 237, 250

Gaulle, Charles de 103
Geibel, Emanuel 208
Geisler, Walter 250
Gjevang, Anne 308, 314, 319
Gluck, Christoph Willibald 11
Goethe, Johann Wolfgang von 16, 31, 86, 118, 131, 200
– *Faust I* 187, 191
– *Faust II* 191
– *Götz von Berlichingen* 104

– *Die natürliche Tochter* 201
– *Torquato Tasso* 35
Goldberg, Reiner 320
Gollancz, Victor *Zweifel am Ring* 263
Gounod, Charles *Margarethe* 191
Gozzi, Carlo *La donna serpente* 53
Gramatzki, Ilse 266
Grammann, Carl
– *Ingrid* 187
– *Melusine* 187
Greene, Graham 222
Gregor-Dellin, Martin (Hrsg.)
    Richard-Wagner-Handlexikon 72, 89 s. a. Soden, Michael
Greindl, Josef 260
Grillparzer, Franz 35
Grimm, Jacob *Deutsche Mythologie* 90
Grimm, Jacob *Deutsche Rechtsalter-thümer und Weisthümer* 90

Händel, Georg Friedrich 11, 36
– *Requiem* 36
Hall, Peter 18, 320
Hanslick, Eduard 27, 133
Hartmann, Rudolf O. 229
Haydn, Joseph 188
Hegel, Georg Friedrich Wilhelm 34, 36
Heger, Robert 63
Heine, Ferdinand 76
Heine, Heinrich 10, 23
Heinrich I., König 86, 103
Heinrich, Reinhard 308
Hesse, Hermann 143
Hindemith, Paul 270
Hitler, Adolf 17 ff., 21, 30, 138, 143, 159, 221
Hölle, Matthias 307, 310
Hoffmann E. T. A. 145, 268
– *Meister Martin der Küfner und seine Gesellen* 145
Hofmann, Peter 272 f., 309
Hofmannsthal, Hugo von 147
– *Die Frau ohne Schatten* 52
Holitscher, Arthur *Lebensgeschichte eines Rebellen* 184
Hotter, Hans 294
Hubermann, Bronislaw 189

Ibsen, Henrik 108, 171, 292

Jacobi, Johannes 242, 259
Jacobsohn, Siegfried 19
Jens, Walter 144
Jerusalem, Siegfried 312, 320
Johansson, Eva 307
Johnson, Uwe *Jahrestage* 194
Jones, Gwyneth 274, 277, 284
Jung, Carl Gustav 15

Kafka, Franz 134, 313
Kaiser, Georg *Gas* 302
Kang, Philip 307, 315, 320
Kannen, Günter von 308, 312
Kant, Immanuel 73
Karajan, Herbert von 203, 229, 250, 254
Kaufmann, Julie 298, 301
Kawahara, Yoko 266, 277
Kaye, Danny 314
Kelemen, Zoltan 269, 278
Kerr, Alfred 275
King, James 259
Klee, Paul *Engel* 270
Kleiber, Carlos 111
Kleist, Heinrich von 26
- *Das Käthchen von Heilbronn* 104
- *Der Prinz von Homburg* 104
Knappertsbusch, Hans 133, 202–205, 211, 225, 229
Koch, Karl O. 8
Koestler, Arthur 15
Kollo, René 275, 277, 296f., 300
Kracauer, Siegfried 19
Kraus, Karl 168
Krauss, Adelheid 266
Kruttge, Dr. Eigel 8
Kunz, Erich 230
Kupfer, Harry 8, 18, 166, 305–309, 311–318, 320

Lehmann, Lotte 189
Lehnhoff, Nikolaus 287, 289ff., 294, 301ff.
Leidland, Hilde 308, 315
Lenin, Wladimir Iljitsch 15, 318
Levi, Hermann 17, 215
Lévi-Strauss, Claude 35, 192
Lewis, Jerry 314
Liebermann, Rolf 206
Lipovsek, Marjana 293

Lippmann, Friedrich 39
Liszt, Franz 16, 44, 85, 87, 208
Lorenz, Alfred 192
Loriot (Vico von Bülow) *Martha* 288
Lortzing, Albert 118
Ludendorff, Erich 18
Ludwig, Christa 212
Ludwig II., König von Bayern 74
Luther, Martin 75, 118

Magritte, René 288
Mahler, Gustav 36f.
- *Symphonie Nr. 6 a-Moll* 83
Mann, Heinrich 187
Mann, Katja 190
Mann, Thomas 38, 143, 174, 180–200, 208, 220
- *Doktor Faustus* 180, 182, 193, 198
- *Die Entstehung des Doktor Faustus* 189
- *Die Geschichten Jaakobs* 181
- *Joseph und seine Brüder* 181f., 193f.
- *Der junge Joseph* 16
- *Königliche Hoheit* 193
- *Leiden und Größe Richard Wagners* 45, 171, 182, 186
- *Lotte in Weimar* 181f.
- *Tonio Kröger* 193
- *Tristan* 194f.
- *Wälsungenblut* 171, 194
- *Der Zauberberg* 196
Markevitsch, Igor 250
Marschner, Heinrich 49
- *Vampyr* 23
Marshall, George *Destry rides again* (Der große Bluff) 135
Martens, Kurt 184
Martial, Marcus Valerius Martialis 177
Marx, Karl 16, 25, 34
Mayer, Hans 21
- *Parnaß und Paradies* 142
Mazura, Franz 314
McIntyre, Donald 269, 274, 278
Meier, Waltraud 319
Melchior, Lauritz 189
Mendelssohn-Bartholdy, Felix
- *Antigone* 37
- *Die Hebriden* 37
- *Violinkonzert e-Moll Op. 64* 188

Meyer, Agnes E. 185
Meyerbeer, Giacomo 10f., 292
Meyer, Kerstin 257, 261
Milhaud, Darius 19
Milstein, Nathan 188
Minton, Yvonne 282
Mödl, Martha 212
Moll, Kurt 273, 293, 298
Monteverdi, Claudio 85
Morris, James 293, 298
Mozart, Wolfgang Amadeus 11, 31, 45f., 88, 144, 146, 188
– *Die Entführung aus dem Serail* 45, 110, 145
– *La finta giardiniera* 45
– *Die Hochzeit des Figaro* 35, 62, 176
– *Idomeneo* 45
– *Il re pastore* 45
– *Klavierkonzert Es-Dur KV 482* 47
– *Symphonie Nr. 1 Es-Dur KV 16* 47
– *Die Zauberflöte* 15, 35, 110
Muck, Karl 189
Munch, Edvard 262

Neidlinger, Gustav 256, 261
Nestroy, Johann 86, 105
Neumann, Angelo 17, 100
Newman, Ernest 177
Nietzsche, Friedrich 15, 38, 86, 137, 176, 185f., 209, 222, 231
– *Also sprach Zarathustra* 142
– *Der Fall Wagner* 93
– *Jenseits von Gut und Böse* 130f.
– *Unzeitgemäße Betrachtungen* 186
Nilsson, Birgit 260, 274

Orff, Carl *Antigonae* 249

Pampuch, Helmut 296, 307
Parmeggiani, Frieda 287, 297
Paul, Jean 193
Peduzzi, Richard 267, 272, 274, 283
Pfitzner, Hans 30, 35
– *Lohengrin* (Essay) 99
– *Palestrina* 202
Piccolomini, Max 251
Polaski, Deborah 310, 315, 320
Ponnelle, Jean Pierre 40

Preetorius, Emil 250
Price, Margaret 111

Randová, Eva 269, 271
Reger, Max 36
Reger, Philip 118
Rennert, Günther 174, 280
Richter, Hans 133, 203
Ridderbusch, Karl 282
Rilke, Rainer Maria *Aufzeichnungen des Malte Laurids Brigge* 313
Ritter, Julie 163
Rolland, Romain 174
Roosevelt, Franklin Delano 181, 189
Rosenberg, Alfred 143
Rossini, Gioacchino 49, 63, 156
– *Der Barbier von Sevilla* 68
Rostand, Edmond *Cyrano* 143
Rubinstein, Joseph 17
Rundgren, Bengt 269
Rysanek, Leonie 225, 259

Salminen, Matti 269, 273, 301
Sawallisch, Wolfgang 56, 232, 280, 287, 289f., 293, 298ff.
Schaaf, Johannes *Traumstadt* 272
Schavernoch, Hans 306, 311ff., 316
Schiller, Friedrich von 200, 220
– *Don Carlos* 213
– *Wallenstein* 251
Schlusnus, Heinrich 189f.
Schmidt, Franz 18
Schmidt, Jacques 272f.
Schnorr von Carolsfeld, Ludwig 88
Schönberg, Arnold 15, 36f., 223
Schopenhauer, Arthur 31, 229
Schreibmayer, Kurt 308
Schröder-Devrient, Wilhelmine 77, 138
Schubert, Franz 183, 189f., 255
Schumann, Robert 30, 37, 189, 193, 310
– *Carnaval* 58
Schunk, Robert 293
Schwarz, Hanna 277, 298
Secunde, Nadine 310
Sellner, Gustav Rudolf 249
Shakespeare, William 25, 31, 62, 104, 146, 203f.
– *Der Kaufmann von Venedig* 121, 176

- *Maß für Maß* 60f., 64
- *Der Sturm* 212
- *Was ihr wollt* 145

Shaw, George Bernard 150, 169, 175
- *Die heilige Johanna* 170
- *The perfecte Wagnerite* 169f.
- *Pygmalion* 170
- *My fair Lady* 170

Sieberth, Dorothea 257
Silja, Anja 256
Six, Les 36
Slezak, Leo 86
Soden, Michael (Hrsg.) *Richard-Wagner-Handlexikon* 72 s. a. Gregor-Dellin, Martin
Söderbaum, Kristina 307
Solti, Georg 18, 203, 300
Sophokles 26, 31
- *Ödipus* 25, 108

Speer, Albert 18
Spengler, Oswald 143
Spitzer, Daniel 168f., 173
Standhartner, Josef 133
Steinbach, Heribert 269
Stephan, Rudolf 109
Stettenheim, Julius *Das Judentum in den Meistersingern* 128f.
Stewart, James 135
Strauß, Johann 189
Strauss, Richard 54, 147, 255f., 270, 294
- *Arabella* 31
- *Capriccio* 31
- *Daphne* 31
- *Don Quixote* 31
- *Elektra* 31, 35
- *Die Frau ohne Schatten* 31, 52
- *Ein Heldenleben* 31, 183
- *Die Liebe der Danae* 31
- *Macbeth* 31
- *Der Rosenkavalier* 31
- *Salomé* 31, 35
- *Die schweigsame Frau* 31
- *Till Eulenspiegels lustige Streiche* 31

Strawinsky, Igor 18, 147, 188
- *Le sacre du printemps* 36, 115

Strindberg, August 262, 309
Stuckenschmidt, Hans Heinz 180, 243
Studer, Cheryl 292

Talvela, Martti 258
Tausig, Carl 17
Thackerey, William Makepeace 197
Thoma, Ludwig 167
Thomas, Jess 281
Tichatschek, Josef 86ff.
Tietjen, Heinz 250
Tizian *Himmelfahrt der Maria* 140
Tolstoi, Leo Graf 193, 197, 200, 295
Tomlinson, John 305, 309, 314
Toscanini, Arturo 183
Treptow, Günter 225
Trotzki, Leo 15
Tschaikowsky, Peter 85
- *Symphonie Nr. 6 h-Moll op. 74 («Pathétique»)* 3

Tschechow, Anton 200
Twain, Mark 86

Uhlig, Theodor 31f.

Valéry, Paul *Mon Faust* 191
Varnay, Astrid 225
Verdi, Guiseppe 77, 80, 85f., 290f.
- *Nabucco* 45
- *Oberto* 45

Voss, Egon 137

Wagenseil, Johann Christian 117
Wagner, Albert 42
Wagner, Cosima *Die Tagebücher* 37, 73ff., 212
Wagner, Friedelind 17
Wagner, Minna 23f.
Wagner, Richard
- *Die Feen* 7, 9, 20, 39ff., 43–49, 51, 53–60, 62, 64, 67, 70, 73f., 76, 78f., 84, 95
- *Der Fliegende Holländer* 18, 20, 23–26, 39, 41, 44, 48, 58, 72f., 76, 79, 83, 222, 232
- *Die Götterdämmerung* 26f., 31, 53, 70, 77ff., 85, 149, 152, 157–161, 168, 180, 187, 228f., 244, 249, 252, 257, 259ff., 276–285, 299f., 303, 316, 319f.
- *Das Liebesverbot* 9, 20, 39ff., 43ff., 49, 54f., 59–64, 67ff., 71–74, 76, 78, 84

- *Lohengrin* 7, 20, 26, 46, 54, 76, 83, 85–105, 198, 208, 232, 240
- *Die Meistersinger von Nürnberg* 17, 20, 26–29, 36, 46, 59, 62, 71, 83f., 90, 116–148, 164, 182, 193, 195, 222, 227, 229, 237–241, 243f., 246, 248, 250, 276, 298
- *Parsifal* 9, 20, 27, 37ff., 66, 76, 79, 85, 91f., 109, 182, 185, 189, 201f., 204–216, 221f., 224f., 241, 244ff., 250f., 298
- *Das Rheingold* 66, 79, 83, 149ff., 153, 155, 157, 161, 164, 167, 181, 195, 223f., 249, 255f., 257ff., 265–269, 278f., 284, 286–291, 294, 299f., 303, 305–308, 315, 319
- *Rienzi* 9, 20, 31, 39ff., 44, 59, 63, 71–84
- *Der Ring des Nibelungen* 7ff., 12, 18, 20, 27, 34, 66, 68, 83, 149–162, 164, 169, 174, 178, 180–200, 210, 227f., 245–249, 252, 254–256, 259–287, 301ff., 311f., 314–320
- *Siegfried* 103, 155, 157, 161–164, 166, 174–178, 217, 248f., 259f., 274–278, 280, 294f., 297–304, 312–315, 320
- *Siegfrieds Tod* 157
- *Tannhäuser und der Sängerkrieg auf der Wartburg* 20, 26f., 32f., 36, 38, 44, 48f., 63, 72, 76, 83f., 129, 138, 239, 248, 250
- *Tristan und Isolde* 7, 9, 20, 27, 44, 48, 58, 83, 85, 92, 106–115, 119, 131, 133, 164, 182, 187, 194, 208, 221f., 232f., 235ff., 241–244, 257, 276, 298
- *Die Walküre* 8, 76, 80, 154f., 157, 161–179, 189, 196, 225, 241, 248, 259, 260f., 270–274, 276, 280, 290–294, 309–312

- *Ein Ende in Paris* 164
- *Jesus von Nazareth* 228
- *Das Kunstwerk der Zukunft* 69
- *Mein Leben* 22, 137
- *Leubald und Adelaïde* 59
- *Eine Mitteilung an meine Freunde* 15, 93, 132
- *Oper und Drama* 11, 192
- *Über das Weibliche im Menschlichen* 34
- *Über die Anwendung der Musik auf das Drama* 68
- *Über die Benennung Musikdrama* 11
- *Über Meyerbeers Hugenotten* 11
- *Vierter Pariser Bericht* 10
- *Das Volk und die Kunst* 71

Wagner, Rosalie (verh. Marbach) 41, 43, 58
Wagner, Siegfried 17
Wagner, Verena 17
Wagner, Wieland 17f., 167, 202–205, 221, 223ff., 227ff., 232, 235, 238ff., 242f., 245–251, 253f., 256–259, 261–265, 280, 320
Wagner, Winifred 17, 221
Wagner, Wolfgang 17f., 219, 221, 232–235, 237, 243, 254, 265, 279
Walter, Bruno 188f.
Wapnewski, Peter 140, 194
Weber, Carl Maria von 47
Wedekind, Frank *Lulu* 301
Wenkel, Ortrun 269, 280
Werfel, Franz 128
Wesendonck, Mathilde 140f., 208
Wiener, Otto 250
Wilson, Robert 206
Wimmer, Maria 300
Windgassen, Wolfgang 257, 260f.
Wittgenstein, Caroline Fürstin v. 101
Wlaschiha, Ekkehard 298, 301
Wolfram v. Eschenbach *Parzival* 90f.
Wonder, Erich 287, 290f., 294f., 297, 303

Yakar, Rachel 269

Zednik, Heinz 268, 275, 280